2022年度版

中小企業診断士
最速合格のための
第2次試験
過去問題集

TAC中小企業診断士講座

TAC出版
TAC PUBLISHING Group

はしがき

中小企業診断士試験に限らず、試験合格には次の2つのことが必要です。

① 試験合格に必要な状態を知ること

② ①の状態になるための対策を考え、時間を確保し実際に行うこと

中小企業診断士の第2次筆記試験は、第1次試験合格者でなければ受験できません。したがって受験者はみなさん、1次で学習した知識および問題設定を読み取ったり、論理的に考えたりする能力をある程度持っています。しかし、合格率は20％前後とかなり低くなっています。

そのひとつの要因は、先にあげたひとつ目のポイントである"試験合格に必要な状態を知ること"の難しさにあります。つまり、合格確実な状態とはどのようなものなのかがわかりにくいということです。これがはっきりしなければ、効果的な対策を立てることも、実践することもできません。言い方を変えると、第2次試験は、"合格に必要な状態"を的確にとらえることができれば、ぐっと合格しやすくなるということです。そして、どのような試験においても"合格に必要な状態"を知るための材料としてもっとも重要かつ基本となるのは、過去の本試験問題です。

第2次試験は、事例Ⅰから事例Ⅳまでの4科目から構成されています。この4科目は、"80分で処理する事例問題"であるという共通点をもっていますが、それぞれ異なる特徴ももっています。この点に関しては、第1次試験が"マークシート形式の問題"という共通点をもつ7科目から構成されているのと同じです。1次の企業経営理論と財務・会計の特徴が異なるのと同様に、2次の事例Ⅰと事例Ⅳでは特徴が異なっています。もちろん、事例Ⅰと事例Ⅳだけではなく、事例Ⅱも事例Ⅲもそれぞれ固有の特徴をもっています。

したがって、本書の活用にあたっては、問題を何度も解いて慣れるということだけを目的にするのではなく、それぞれの科目（事例Ⅰから事例Ⅳ）がどのような特徴をもっているのか的確にとらえることも目的にしてください。

第2次試験の最大の特徴は"対応の難しさ"にあります。この難しさを的確にとらえ、有効な対策に結びつけるためには、"難しさを具体的な要素に分解する"ことが必要です。なぜなら「とても難しい」「やや難しい」「それほど難しくない」といった特徴のとらえ方では、具体的な対策を考えることができないからです。

対応を難しくしている要素としては、次のようなものがあります。

・問題本文のボリュームが多い

・問題数が多い（逆に問題数が極端に少ない）

・問題要求があいまい、特定しにくい

(2)

・問題本文に記述された事例企業の状況がわかりにくい
・解答の根拠を特定しにくい
・解答作成処理に時間を要する問題が多く含まれている
　　………

　このような要素に分解していくことができれば、それぞれに対して対策を考えることは可能です。要素に分解する作業は、問題を解くより時間を必要としますが、その効果は十分割に合うものですし、合格を確実なものにするために欠かせない作業です。

　さらに、あなたの対策を効果的なものにするために重要なポイントがもうひとつあります。それは"自分の状態を知ること"です。ここまで説明してきた作業により"試験合格に必要な状態を知ること"ができます。あとはその望ましい状態を目指して対策を考え実施すれば合格できます。ただ、その対策内容を具体化する際には自分の現状が必要です。つまり対策とは"目指すべき望ましい状態に比べて、現在の自分が不十分なところを補強する"ことですから、望ましい状態を知ったうえで、それをもとに自分の状況をチェックすることが必要だということです。

2022 年 1 月

TAC　中小企業診断士講座

講師室、事務局スタッフ一同

CONTENTS

1. 中小企業の診断及び助言に関する実務の事例Ⅰ
「組織（人事を含む）を中心とした経営の戦略および管理に関する事例」

　　令和 3 年度 ･･･ 3

　　令和 2 年度 ･･･ 31

　　令和 元 年度 ･･･ 63

　　平成 30 年度 ･･･ 93

　　平成 29 年度 ･･･ 119

2. 中小企業の診断及び助言に関する実務の事例Ⅱ
「マーケティング・流通を中心とした経営の戦略および管理に関する事例」

　　令和 3 年度 ･･･ 143

　　令和 2 年度 ･･･ 173

　　令和 元 年度 ･･･ 201

　　平成 30 年度 ･･･ 229

　　平成 29 年度 ･･･ 255

3. 中小企業の診断及び助言に関する実務の事例Ⅲ
「生産・技術を中心とした経営の戦略および管理に関する事例」

　　令和 3 年度 ･･･ 279

　　令和 2 年度 ･･･ 301

　　令和 元 年度 ･･･ 329

　　平成 30 年度 ･･･ 355

　　平成 29 年度 ･･･ 381

4. 中小企業の診断及び助言に関する実務の事例Ⅳ
「財務・会計を中心とした経営の戦略および管理に関する事例」

　　令和 3 年度 ･･･ 405

　　令和 2 年度 ･･･ 435

　　令和 元 年度 ･･･ 463

　　平成 30 年度 ･･･ 493

　　平成 29 年度 ･･･ 519

　　付　録　（2 次口述試験問題例）･･････････････････････････ 549

1

中小企業の診断及び助言に
関する実務の事例

I

【令和3年】問題
中小企業の診断及び助言に関する実務の事例Ⅰ

[別冊解答用紙：①]

　　A社は首都圏を拠点とする、資本金2,000万円、従業員15名の印刷・広告制作会社である。1960年に家族経営の印刷会社として創業し、1990年より長男が2代目として引き継ぎ、30年にわたって経営を担ってきたが、2020年より3代目が事業を承継している。

　創業時は事務用品の分野において、事務用品メーカーの印刷下請と特殊なビジネスフォームの印刷加工を主な業務としていた。当初は印刷工場を稼働しており、職人が手作業で活字を並べて文章にした版を作って塗料を塗る活版印刷が主流で、製版から印刷、加工までの各工程は、専門的な技能・技術によって支えられ、社内、社外の職人の分業によって行われてきた。

　しかしながら1970年代からオフセット印刷機が普及し始めると、専門化された複数の工程を社内、社外で分業する体制が崩れ始め、それまで印刷職人の手作業によって行われてきた工程が大幅に省略され、大量・安価に印刷が仕上げられるようになった。

　さらに2000年頃より情報通信技術の進化によって印刷のデジタル化が加速し、版の作成を必要としないオンデマンド機が普及することによって、オフィスや広告需要の多くが、より安価な小ロット印刷のサービスに置き換わっていった。とりわけ一般的な事務用印刷の分野においては、技術革新によって高度な専門的技術や知識が不要となったため、印刷業ではない他分野からの新規参入が容易になり、さらに印刷の単価が下がっていった。

　こうした一連の技術革新に伴う経営環境の変化に直面する中で、多くの印刷会社が新しい印刷機へと設備を刷新してきたのに対して、A社では、2代目が社長に就任すると、保有していた印刷機、印刷工場を順次売却し、印刷機を持たない事業へと転換した。制作物のデザイン、製版、印刷、製本までの工程を一括受注し、製版や印刷工程を、凸版、凹版、平版などの版式の違いに応じて専門特化された協力企業に依頼することで、外部にサプライチェーンのネットワークを構築し、顧客の細かいニーズに対応できるような分業体制を整えることに注力した。A社では、割り付けやデザインと紙やインク、印圧などの仕様を決定して、印刷、製本、加飾などの各工程において協力企業を手配して指示することが主な業務となっていった。当時、新しい技術に置き換わりつつあった事務用印刷などの事業を大幅に縮小し、多工程にわたり高品質、高精度な印刷を必要とする美術印刷の分野にのみ需要を絞ることで、高度で手間のかかる小ロットの印刷、出版における事業を幅広く展開できるようになった。その結果、

イベントや展示に用いられる紙媒体の印刷物、見本や写真、図録、画集、アルバムなどの高精度な仕上がりが求められる分野において需要を獲得していった。

　1990年代から行われた事業の転換は、長期にわたって組織内部のあり方も大きく変えていった。印刷機を社内で保有していた時は、製版を専門とする職人を抱えていたが、定年を迎えるごとに版下制作工程、印刷工程を縮小し、それらの工程は協力企業に依頼することとなった。そして、図案の作成と顧客との接点となるコンサルティングの工程のみを社内に残し、顧客と版下職人、印刷工場を仲介し、印刷の段取りを決定して協力企業に対して指示を出し、各工程間の調整を専門に行うディレクション業務へと特化していった。

　他方で2000年代に入ると、同社はデザインと印刷コンテンツのデジタル化に経営資源を投入し、とりわけ高精細画像のデータ化においてプログラミングの専門知識を持つ人材を採用し始めた。社内では、複数の事業案件に対してそれぞれプロジェクトチームを編成し、対応することとなった。具体的には、アートディレクターがプロジェクトを統括して事業の進捗を管理し、外部の協力企業を束ねる形で、制作工程を調整しディレクションする体制となった。

　また、広告代理店に勤務していた3代目が加わると、2代目は図案制作の工程を版下制作から独立させて、新たにデザイン部門を社内に発足させ、3代目に部門の統括を任せた。3代目は、前職においてデザイナー、アーティストとの共同プロジェクトに参画していた人脈を生かし、ウェブデザイナーを2名採用した。こうした社内の人材の変化を受けて、紙媒体に依存しない分野にも事業を広げ、ウェブ制作、コンテンツ制作を通じて、地域内の中小企業が大半を占める既存の顧客に向けた広告制作へと業務を拡大した。しかしながら、新たな事業の案件を獲得していくことは難しかった。とりわけ、こうした新たな事業を既存の顧客に訴求するためには、新規の需要を創造していくことが求められた。また、中小企業向け広告制作の分野においては、既に数多くの競合他社が存在しているため、非常に厳しい競争環境であった。さらに新規の市場を開拓するための営業に資源を投入することも難しいために、印刷物を伴わない受注を増やしていくのに大いに苦労している。

　新規のデザイン部門と既存の印刷部門はともに、サプライチェーンの管理を担当し、デザインの一部と、製版、印刷、加工に至る全ての工程におけるオペレーションは外部に依存している。必要に応じて外部のフォトグラファーやイラストレーター、コピーライター、製版業者、印刷職人との協力関係を構築することで、事業案件に合

事例
Ⅰ
③

わせてプロジェクトチームが社内に形成されるようになった。

　2代目経営者の事業変革によって、印刷部門5名とデザイン部門10名の2部門体制で事業を行うようになり、正社員は15名を保っている。3代目は特に営業活動を行わず、主に初代、2代目の経営者が開拓した地場的な市場を引き継ぎ、既存顧客からの紹介や口コミを通じて新たな顧客を取り込んできたが、売り上げにおいて目立った回復のないまま現在に至っている。

第1問 (配点20点)

　2代目経営者は、なぜ印刷工場を持たないファブレス化を行ったと考えられるか、100字以内で述べよ。

第2問 (配点20点)

　2代目経営者は、なぜA社での経験のなかった3代目にデザイン部門の統括を任せたと考えられるか、100字以内で述べよ。

第3問 (配点20点)

　A社は、現経営者である3代目が、印刷業から広告制作業へと事業ドメインを拡大させていった。これは、同社にどのような利点と欠点をもたらしたと考えられるか、100字以内で述べよ。

第4問 (配点20点)

　2代目経営者は、プロジェクトごとに社内と外部の協力企業とが連携する形で事業を展開してきたが、3代目は、2代目が構築してきた外部企業との関係をいかに発展させていくことが求められるか、中小企業診断士として100字以内で助言せよ。

第5問 (配点20点)

　新規事業であるデザイン部門を担う3代目が、印刷業を含めた全社の経営を引き継ぎ、これから事業を存続させていく上での長期的な課題とその解決策について100字以内で述べよ。

— 5 —

令和3年度　事例Ⅰ　解答・解説

解答例
第1問（配点20点）

技	術	革	新	に	よ	る	低	価	格	化	や	小	ロ	ッ	ト	化	な	ど	の
環	境	変	化	に	対	し	、	顧	客	の	細	か	い	ニ	ー	ズ	へ	の	対
応	や	高	品	質	、	高	精	度	な	仕	上	が	り	で	差	別	化	を	図
る	た	め	に	は	、	専	門	特	化	さ	れ	た	協	力	企	業	に	製	作
工	程	を	依	頼	す	る	の	が	得	策	で	あ	る	と	考	え	た	か	ら	。

第2問（配点20点）

社	外	に	お	け	る	経	験	や	人	脈	が	活	か	せ	る	こ	と	に	加
え	、	前	例	に	と	ら	わ	れ	ず	に	早	期	に	事	業	変	革	が	し
や	す	い	と	考	え	た	か	ら	。	ま	た	、	組	織	運	営	能	力	や
社	外	と	の	調	整	能	力	の	蓄	積	、	当	事	者	意	識	の	醸	成
な	ど	、	経	営	者	教	育	の	機	会	に	な	る	と	考	え	た	か	ら	。

第3問（配点20点）

利	点	は	、	紙	媒	体	に	依	存	せ	ず	、	よ	り	幅	広	い	ニ	ー
ズ	に	対	応	で	き	る	事	業	体	質	と	な	っ	た	こ	と	に	加	え	、
既	存	事	業	と	の	シ	ナ	ジ	ー	効	果	が	生	じ	た	こ	と	。	欠
点	は	、	厳	し	い	競	争	環	境	に	さ	ら	さ	れ	、	営	業	に	十
分	な	経	営	資	源	を	割	く	の	が	困	難	に	な	っ	た	こ	と	。

第4問（配点20点）

Ａ	社	か	ら	の	指	示	に	従	っ	て	も	ら	う	と	い	う	一	方	向
の	関	係	か	ら	、	双	方	向	コ	ミ	ュ	ニ	ケ	ー	シ	ョ	ン	に	よ
っ	て	新	た	な	製	品	や	サ	ー	ビ	ス	を	生	み	出	し	て	顧	客
に	提	案	す	る	な	ど	、	新	規	の	需	要	を	共	同	で	創	造	す
る	パ	ー	ト	ナ	ー	関	係	へ	発	展	さ	せ	る	べ	き	で	あ	る	。

第5問 (配点20点)

課	題	は	、	新	規	顧	客	獲	得	力	の	向	上	で	あ	る	。	解	決
策	は	、	ま	ず	は	3	代	目	が	ト	ッ	プ	セ	ー	ル	ス	を	行	い
な	が	ら	、	徐	々	に	営	業	担	当	者	の	採	用	・	育	成	を	行
う	。	そ	の	後	、	営	業	部	門	を	設	け	て	組	織	的	な	体	制
と	す	る	な	ど	、	計	画	的	・	段	階	的	に	進	め	て	い	く	。

事例Ⅰ③

解　説

1．事例の概要

　令和３年度の事例Ⅰは、印刷・広告制作会社が出題された。事例Ⅰでは圧倒的に製造業の出題が多いが、この点は本年も同様の状況である（印刷業は製造業に分類される）。

　本事例は、事業承継がテーマとして色濃く出た出題であった。よって、事業承継の際に生じる課題などのイメージがあると、解答の組み立てがしやすかった面はあったと思われる。

　問題のつくりとしては、基本的には根拠は示されている設問が多かったが、問題本文のボリュームは少な目であったにもかかわらず、整理するのは容易ではなかった。そのため、対応を誤ると、80分のバランスを崩すリスクがそれなりにある問題であったと思われる。問題要求については、例年事例Ⅰは解釈に難しさがあるのが特徴であるが、その点は例年と比較してそれほど難解なわけではなかった。

　形式的な面は、ここ数年同様、文章のみの問題構成であり（組織図などの図表はない）、この点については大きな変化はない。問題の構成としては、５問構成であり、久しぶりに助言問題が２問という構成であったが、基本的には事例Ⅰとしては標準的な構成である。

□**難易度**

　・問題本文のボリューム　　：少な目

　・題材の取り組みやすさ　　：標準

　・問題要求の対応のしやすさ：標準

□**問題本文のボリューム（本試験問題用紙で計算）**

　　２ページ半弱

□**構成要素**

　　文　章：68行（空行含まず）

　　問題数：５つ　解答箇所５箇所

　　第１問　20点　　　　　100字

　　第２問　20点　　　　　100字

　　第３問　20点　　　　　100字

　　第４問　20点　　　　　100字

— 8 —

```
第5問  20点          100字
          （合計）    500字
```

事例Ⅰ ③

(1) 問題本文のボリューム

問題本文のボリュームは、行数は68行と昨年の70行とほぼ同程度である（それ以前と比較すると少なめ）。読み取る量が多いことを要因として対応に苦慮するといったことはなかったと思われる。

(2) 題材の取り組みやすさ

業種は印刷・広告制作会社である。業種そのものはイメージしにくいわけではない。ただし、問題本文にはこの業界の変遷や業務内容についてかなり詳細な説明が記述されているが、そのことがかえって内容の理解を難しくしており、理解に多少時間を要した面があったと思われる。

(3) 問題要求の対応のしやすさ

前半の3題が診断系の設問であるが、すべて「考えられるか」という問い方であり、解答内容の類推が期待されている可能性があった。ただし、出題者が何を期待しているのかが想定しにくい文章表現となっているわけではないため、特段難解な印象にはならない。しかしながら、問題本文も踏まえていくと、解答根拠がある程度明示はされているため、そのまま問題本文の記述を整理して解答を構成すればよいのか、あるいは、問題本文の記述から類推も働かせて解答内容を構成する必要があるのかの判断に悩ましさがあった。

後半の2題が助言系の設問であるが（事例Ⅰにおいて助言系の設問が複数になるのは近年ではめずらしい）、第4問は問題要求だけを見ても、結論をどのようにまとめるべきであるかが難しく感じられる問われ方である。問題本文の根拠も見出しにくく、非常に難易度が高い。第5問の課題と解決策という問われ方は、事例Ⅰでは初めてであった（解決策という表現が問題要求文中で書かれたのも過去に1度のみ）。それでも、問題要求だけであれば特段難解な印象にはならないが、問題本文の根拠も併せて考えた際に、解答骨子の特定が難しくなる。

解答箇所は5箇所、制限字数は500字であり、この点については昨年と同様であり、ここ数年で見ても同様の状況である。

2．取り組み方

　まず、問題要求の解釈の段階では、助言問題が2題であり、その第4問と第5問の要求について、上述したように少し気になる点があるが、解釈そのものが難解であるという印象は受けない。よって、問題要求でそもそも何が問われているのかがわかりにくいといった事例Ⅰでよく見られる点は、例年に比べるとそれほどではなかったと思われる。

　問題本文を読み取っていくと、ボリュームは少ないものの、①時系列の整理が少しやっかいなつくりになっている、②業界や業務内容について事例Ⅰの割には事細かに書かれており、さらに同様の記述が繰り返し書かれている。①の時系列の整理はある程度する必要があるが、②については、これらを正確に読み取ろうという意識が強くなりすぎると、80分全体のバランスを崩す可能性がある。近年の事例Ⅰは、問題本文の記述内容がかなり具体的になってきており、このことは、本来は事例企業についての理解がしやすくなる側面を有しているわけであるが、逆に、書かれていることによって対応を難しくさせる場合がある。むしろ、場合によってはそれほど根拠が書かれておらず、一般的な知識で解答する設問のほうが対応は楽（しやすい）ということもある。さらに、事例Ⅰは他の事例と比較して解答根拠が重複することが多いが、今回はこの点はそれほどではない。ただし、検討の序盤においては、切り分けに多少苦慮する可能性がある。

　以下、各設問について簡単に言及すると、第1問は、根拠は明示されており、何も書けないということにはならないが、根拠の箇所が非常に多く、編集の難易度が高い。第2問は、ここも何も書けないということはなく、今回の設問の中では相対的に対応しやすい印象を持つと思われるが、事例のストーリーを踏まえた観点と一般的な知識から想起する観点が期待されていると思われるため、精度の高い解答をするとなると、それほど容易ではない。第3問は、やはりここも何も書けないということはなく、ドメインの知識もしっかりと想定しながら根拠を読み取っていけば、それなりの対応が可能である。第4問は、率直にかなり難易度は高いと思われる。少なくとも検討の序盤はまったく方向性が想定できない感覚になる可能性が高い。最終的にも、「現在の関係を一層強化」といった実質ほとんど意味のない内容にとどまってしまう可能性が高そうである。第5問は、課題と解決策という組み合わせや、長期的という制約条件やその他の記述により、問題要求に忠実に答えようとした際に解答内容に窮する可能性が高い。よって、この設問も難易度が高い。

　総じてみれば、ここ数年の中で見ると難易度は標準的からやや難といった状況であったと思われる。

3. 解答作成

第1問 (配点20点) ◢◢

(1) 要求内容の解釈

　直接の問題要求は「なぜ (理由)」である。具体的には、「ファブレス化を行った理由」である。ファブレスとは、メーカーでありながら製造部門をもたない経営形態である。つまり、企画、設計、開発、販売といった機能を社内で担い、製造は外部に委託することになる。本事例のA社は印刷・広告制作会社であり、問題要求文中にも、「印刷工場を持たない」と書かれているため、文字通り印刷するという作業そのものは、社内で担わないということになる。

　一般に、ファブレス化を行う理由として考えられることとしては、企画、開発、設計、デザインといった機能に経営資源を注力することで (経営資源が限られている、という背景も想定される)、強みとして強化する、これらの機能で高い付加価値を生み出す、差別化を生み出す。そして、これらによって競争優位を築くことを志向するといったことが想定される (裏を返せば製造機能によって付加価値が生み出しにくい状況であることも想定される)。また、製造工程を保有しないことによって経営方針や経営戦略を機動的に変更することが可能で、急激な経営環境の変化にも対応しやすいという利点をねらうといったことも考えられる。あるいは、企業として企業体質を変革する理由 (ファブレス化はそれなりに大きな経営上の意思決定)、ということで考えれば、A社のビジョンを実現するため、A社の経営課題を解決するため、といったことも想定される。さらに、「2代目経営者は」ということに着目すれば、2代目社長の考え、あるいは、2代目社長がこのような意思決定をした当時の内外の環境の変化へ対応すること、なども理由として考えられる。

　そして、「考えられるか」という問われ方であるので、本問は問題本文から根拠を見出しつつも、解答内容の類推を求められている可能性があることも踏まえて検討していくことが求められる。

(2) 解答の根拠探し

　本問に関連すると考えられる根拠はかなり多く示されている。まず、ファブレス化を行った直接的な記述に着目すると、以下が該当する。

＜第5段落＞

　こうした一連の技術革新に伴う経営環境の変化に直面する中で、多くの印刷会社が新しい印刷機へと設備を刷新してきたのに対して、A社では、2代目が社長に就任すると、保有していた印刷機、印刷工場を順次売却し、印刷機を持たない事業へと転換した。

— 11 —

＜第6段落＞

　1990年代から行われた事業の転換は、長期にわたって組織内部のあり方も大きく変えていった。印刷機を社内で保有していた時は、製版を専門とする職人を抱えていたが、定年を迎えるごとに版下制作工程、印刷工程を縮小し、それらの工程は協力企業に依頼することとなった。そして、図案の作成と顧客との接点となるコンサルティングの工程のみを社内に残し、顧客と版下職人、印刷工場を仲介し、印刷の段取りを決定して協力企業に対して指示を出し、各工程間の調整を専門に行うディレクション業務へと特化していった。

＜第1段落＞

　1960年に家族経営の印刷会社として創業し、1990年より長男が2代目として引き継ぎ、30年にわたって経営を担ってきたが、2020年より3代目が事業を承継している。

　上記第5段落の「2代目が社長に就任すると」という文脈から、ファブレス化（印刷機を持たない事業へと転換）は、2代目が社長に就任してそれほど時間が経過していない段階から行われたと読み取ることができる。そのことは、上記第6段落に「1990年代から行われた事業の転換～それらの工程は協力企業に依頼」からも読み取れる。「転換した」という表現も合わせると、就任して間もない段階である程度ファブレス化は完了したとも読めるが、加えて言うのであれば、「長期にわたって～定年を迎えるごとに版下制作工程、印刷工程を縮小」ということであるので、ある程度の時間をかけて進めていったことも示唆されている。そして、上記第1段落から、2代目の時代は、1990年から2020年の30年という期間であるので、この前半期、おそらく1990年代（場合によっては2000年代にかけて）に行われたと読み取ることができる。

　では、本問で問われているファブレス化した理由であるが、上記第5段落には、「こうした一連の技術革新に伴う経営環境の変化に直面」とある。つまり、「経営環境の変化に対応するため」というのが理由として想定される。さらに、この経営環境の変化に対して、「多くの印刷会社が新しい印刷機へと設備を刷新」ということであるが、A社はそれとはまったく異なる経営判断をしたことになる。そうであれば、理由として、「A社の場合にはそのほうが得策だった」といった論調になる可能性も高そうである。なぜなら、多くの印刷会社がそのような対応をしているということは、それも生き残る1つの道のはずである。そのような中で2代目がそのような経営判断をしたということは、そこにA社ならではの理由や、戦略に対する経営者としての考えなどがあった可能性が高いであろう。

　さて、あらためて、「経営環境の変化」に着目していくが、最初に着目したいのは

－ 12 －

以下である。

＜第3段落＞

　しかしながら1970年代から<u>オフセット印刷機が普及し始める</u>と、専門化された複数の工程を<u>社内、社外で分業する体制が崩れ始め</u>、それまで<u>印刷職人の手作業によって行われてきた工程が大幅に省略</u>され、<u>大量・安価に印刷が仕上げられるようになった</u>。

＜第4段落＞

　<u>さらに2000年頃より</u><u>情報通信技術の進化によって印刷のデジタル化が加速</u>し、版の作成を必要としないオンデマンド機が普及することによって、オフィスや広告需要の多くが、<u>より安価な小ロット印刷のサービスに置き換わっていった</u>。とりわけ一般的な事務用印刷の分野においては、<u>技術革新によって高度な専門的技術や知識が不要</u>となったため、印刷業ではない他分野からの新規参入が容易になり、<u>さらに印刷の単価が下がっていった</u>。

＜第5段落＞

　<u>こうした一連の技術革新に伴う経営環境の変化に直面する中で</u>、<u>多くの印刷会社が新しい印刷機へと設備を刷新してきた</u>のに対して、A社では、<u>2代目が社長に就任すると</u>、保有していた印刷機、印刷工場を順次売却し、<u>印刷機を持たない事業へと転換</u>した。

　上記4段落に、「2000年頃より」という時期の経営環境の変化が書かれている。しかしながら、上述したとおり、ファブレス化は、2000年代に入っても途上であった可能性はあるものの、少なくとも開始したのは1990年代であると思われる。そうすると、一見すると、この2000年頃に生じた環境変化は、2代目がファブレス化を図ろうと考えた当時には生じておらず、本問の理由とは無関係であるようにも思える。しかしながら、第5段落を再掲すると、第4、5段落は上記のような文章の流れになっており、2代目がファブレス化したのは、第4段落にある、2000年頃の「情報通信技術の進化～」であるとも読める。ただし、そのように読み取ると、ファブレス化したのが2000年代ということになり、第5段落の「就任すると（1990年）」という文脈と整合性がとれない。そこで、あらためて第5段落冒頭であるが、「"こうした一連の"技術革新に伴う経営環境の変化」とある。「こうした」「一連の」であるので、経営環境の変化はこの2000年頃のことだけを指しているのではないということである。実際に、第4段落の冒頭は、「さらに」とある。そうすると、その前の記述が上記第3段落ということになり、ここも踏まえて考えると、印刷業界は「オフセット印刷機の普及」「オンデマンド機の普及（情報通信技術の進化による印刷のデジタル化）」といった印刷技術の進化（技術革新）、そして、それに伴い、「印刷職人の手作業の工程

— 13 —

の大幅な省略」「高度な専門技術や知識が不要（一般的な事務用印刷の分野）」となっていった。そして、その過程では、「大量・安価」「より安価な小ロット印刷」「さらに印刷の単価が下がっていった」といった変化が生じている。

つまり、1970年代から生じてきた環境変化もファブレス化の意思決定に寄与している可能性があり、また、2000年代に生じた環境変化についても、「一連の流れ」であることや、そのことを1990年代の時点で2代目がある程度見越していたと考えれば、これらの一連の環境変化の内容が、すべてA社がファブレス化した理由として可能性があることになる。

そして、上述した「職人」に関連しては以下の記述も踏まえる。

＜第2段落＞

当初は印刷工場を稼働しており、職人が手作業で活字を並べて文章にした版を作って塗料を塗る活版印刷が主流で、製版から印刷、加工までの各工程は、専門的な技能・技術によって支えられ、社内、社外の職人の分業によって行われてきた。

上記第2段落の状況や、第3段落（印刷職人の手作業によって行われてきた工程が大幅に省略）、第5段落（製版を専門とする職人を抱えていたが、定年を迎えるごとに版下制作工程、印刷工程を縮小）なども踏まえると、職人の技術の価値が相対的に低下し、競争力の要因になりにくくなってきた側面もあることが想定される。

さて、ここまで見てきたように、環境変化がファブレス化のトリガーとなっていることは間違いないが、すでに考察したように、この経営環境の変化に対して、「多くの印刷会社が新しい印刷機へと設備を刷新」ということであったので、なぜA社はファブレス化という経営判断をしたのかを解答上表現したい。

以下の記述に着目する。

＜第5段落＞

制作物のデザイン、製版、印刷、製本までの工程を一括受注し、製版や印刷工程を、凸版、凹版、平版などの版式の違いに応じて専門特化された協力企業に依頼することで、外部にサプライチェーンのネットワークを構築し、顧客の細かいニーズに対応できるような分業体制を整えることに注力した。

＜第5段落＞

当時、新しい技術に置き換わりつつあった事務用印刷などの事業を大幅に縮小し、多工程にわたり高品質、高精度な印刷を必要とする美術印刷の分野にのみ需要を絞ることで、高度で手間のかかる小ロットの印刷、出版における事業を幅広く展開できるようになった。その結果、イベントや展示に用いられる紙媒体の印刷物、見本や写真、図録、画集、アルバムなどの高精度な仕上がりが求められる分野において需要を獲得していった。

製版や印刷工程は専門特化された協力企業に依頼することで、「顧客の細かいニーズに対応」「多工程にわたり高品質、高精度〜美術印刷の分野に需要を絞る〜高度で手間のかかる小ロットの印刷」など、まさに小ロット化という環境変化への対応であり、それが「版式の違いに応じて専門特化された協力企業」に依頼することで実現することができ、Ａ社としてはこのような形で対応することを選択したということである。さらにいえば、専門特化している企業に依頼することで、自前で行っている他の印刷会社との差別化が図れている可能性も想定されるであろう。

さらに、2000年代の記述として以下がある。

＜第7段落＞

他方で2000年代に入ると、同社はデザインと印刷コンテンツのデジタル化に経営資源を投入し、とりわけ高精細画像のデータ化においてプログラミングの専門知識を持つ人材を採用し始めた。社内では、複数の事業案件に対してそれぞれプロジェクトチームを編成し、対応することとなった。具体的には、アートディレクターがプロジェクトを統括して事業の進捗を管理し、外部の協力企業を束ねる形で、制作工程を調整しディレクションする体制となった。

「デザインと印刷コンテンツのデジタル化に経営資源を投入」ということであるので、ここに経営資源を注力するためにファブレス化を図ったというのも妥当性があるであろう。また、ファブレス化により、Ａ社の役割は「ディレクション」になっていくことが、上記第7段落と第6段落の最後にも記されている。よって、専門特化した企業に依頼することが得策であるということは、裏を返せば、Ａ社はディレクション業務に特化すべきと考えた、と言うこともできる。

さらに、2代目が行った事業変革は以下の内容も含まれる。

＜第8段落＞

また、広告代理店に勤務していた3代目が加わると、2代目は図案制作の工程を版下制作から独立させて、新たにデザイン部門を社内に発足させ、3代目に部門の統括を任せた。

3代目は、事業を承継したのは2020年であるが、全体の文脈からもＡ社に加わった時期はそれ以前である。しかしながら、その時期は明示されていない。ただし、全体の文脈や内容から、上記第8段落の3代目が加わって以降の内容も2代目社長が行った事業の転換の1つであり、このような展開（デザイン部門を立ち上げて新規事業を展開していく）も想定してファブレス化を行った、というのも論理として通らないわけではない。ただし、かなり因果関係として遠い内容であることや、ファブレス化を行ったのとはかなり時期が離れていると読み取るのが自然であること、その他に

優先して捉えるべき理由が多くあることなどから、現実的には本問の解答要素としての妥当性は低い。

(3) 解答の根拠選択

　上述してきたように、かなり根拠として想定できる記述が多いため、100字でまとめるために根拠を選択するのは容易ではない。ただし、解答の肝心な骨子は外さないようにしたい。そうすると、まずは、「環境変化」が大きな要因になっていることは間違いないため、文頭にそれを記し、それに対してファブレス化によってどのような形で対応できるのかを記す形で構成したい。環境変化としては、「技術革新」がまず生じ、それによって「低価格化」「小ロット化」などを記したい。そして、それに対して「顧客の細かいニーズへの対応」「高品質、高精度な仕上がり」の実現によって対応できること、そして、それが「差別化要因」になること、さらに、他の企業とは異なり、Ａ社の場合にはこの方向性（ファブレス化）が望ましかったということ、などを記述したい。

(4) 解答の構成要素検討

　上述した解答要素を記述していくが、大まかな構成としては、「環境変化」＋「Ａ社の戦略としての対応（ファブレス化によって実現できること）」といった構成でまとめるのが望ましい。

※他の解答の可能性

　解答例以外では、上述してきたように、以下の内容（文言）は可能性があると思われる。

・印刷職人の専門的な技能・技術の価値が低下したから
・さまざまな版式の違いに応じて（専門特化された協力企業の特徴として）
・経営資源が限られていたから
・さらなる分業化を進め、美術印刷分野に注力すること
・多工程にわたり高品質、高精度な印刷を必要とする美術印刷の分野にのみ需要を絞るため
・デザインと印刷コンテンツのデジタル化に経営資源を投入するため
・ディレクション業務に特化すべきであると考えたから

※得点見込み

　まったく得点できないタイプの設問ではないが、上述したように根拠がふんだんに示されているため、どこに重きを置いて記述するかによって解答内容は変わることになる。ただし、結果としてはそこまで受験者の解答はばらつかないようにも思える。環境変化とファブレス化によって実現できることを、肝心な骨子を外さずに

記述できれば、それなりに得点可能と思われる。

第2問 (配点20点) ◢◢

(1) 要求内容の解釈

直接の問題要求は第1問同様「なぜ（理由）」である。具体的には、「3代目にデザイン部門の統括を任せた理由」である。まず、これだけで考えれば、3代目が有している能力などから適任だったから、といった方向性が考えられる。よって、3代目がどのような人物であるか、また、デザイン部門がどのような部門であるかが根拠となる可能性がある。

そして、本問の解答の方向性を考えるにあたってそれ以上に重要なのが、「A社での経験のなかった3代目」という記述である。ここに着目すると、あえてA社での経験がない人物に任せるのがよい、というのが理由として考えられる。そうすると、たとえば、A社の文化や風土、しきたり、前例といったものに染まっていない人物であることが望ましいといったこと、あるいは、逆にA社の組織内にはない考えや価値基準などを有しており、そういう人物であることが望ましいといったことが考えられる。

さらに、「2代目経営者が任せた」「3代目」ということであるので、この段階では3代目は次期経営者であると考えられる。そうすると、このような責任ある立場に据えることの一般的な理由として、経営者としての教育の機会にするといった視点が想起できるとなおよい。実際に事業承継を進める中で、前経営者の時代の段階で、次期経営者を育成するための取り組みとして、組織をマネジメントする立場に据えることはよく行われることである。

また、第1問同様、「考えられるか」という問われ方であるので、本問は問題本文から根拠を見出しつつも、解答内容を類推することが求められている可能性があることも踏まえて検討していくことが求められる。

(2) 解答の根拠探し

本問に直接関連する記述は以下である。

＜第8段落＞

また、広告代理店に勤務していた3代目が加わると、2代目は図案制作の工程を版下制作から独立させて、新たにデザイン部門を社内に発足させ、3代目に部門の統括を任せた。3代目は、<u>前職においてデザイナー、アーティストとの共同プロジェクトに参画していた人脈を生かし</u>、ウェブデザイナーを2名採用した。こうした<u>社内の人材の変化</u>を受けて、<u>紙媒体に依存しない分野にも事業を広げ</u>、ウェブ制作、コンテンツ制作を通じて、地域内の中小企業が大半を占める既存の顧客に向けた<u>広告制作へと業務を拡大</u>した。

— 17 —

まず、上記第8段落を踏まえると、3代目に部門の統括を任せたことにより、「前職における人脈を生かして採用」ができ、「社内の人材が変化」している。その結果、「紙媒体に依存しない分野」にも事業が広がり、「広告制作へと業務を拡大（できた）」ということである。つまり、この一連の流れを実現させることを見越して（人脈を有している、このような事業展開をするために適した経験やスキルを有している）、統括を任せたというのは論理が通ることになる。

　しかしながら、これだけでは、「A社での経験のなかった」という点を十分に踏まえた解答とは言い難い。そうすると、問題要求の解釈時点で想定した「A社の文化や風土、しきたり、前例といったものに染まっていない」といったことも踏まえ、以下に着目したい。

＜第6段落＞

　1990年代から行われた事業の転換は、<u>長期にわたって組織内部のあり方も大きく変えていった</u>。

　第1問でも見てきたように、2代目社長は、1990年に就任してからファブレス化を図り、事業変革を行ってきた。そして、3代目にデザイン部門を任せるというのは、その変革の後半、ないしは仕上げと言ってもよいかもしれない。上記第6段落には、事業変革がそれなりに時間をかけて行われてきたことが示唆されている。このことも踏まえると、良くも悪くも異なる考え、新しい考えをもっていることも想定される3代目を据えることで、最後の仕上げともいえる変革が早期に進められると考えた、といった視点は可能性があるであろう。現に、上記第8段落には、3代目の人脈を生かした採用によって、「社内の人材の変化」とあり、短期間で組織内に変化をもたらしたことが示唆されている。

　そして、問題本文全体の流れを踏まえると、問題要求の解釈の時点でも想定したように、やはり、3代目の経営者としての育成の機会という視点は出題者が想定している可能性が高いと考えられる。より具体的には、統括を任せることで組織運営能力を蓄積することや、社内や社外の業務の調整能力といったこと、また、責任ある立場に据え、またそれによって自社の状況を理解することで、この組織をゆくゆくは自らが率いていかなければならないという当事者意識の醸成といったことは、事業承継における大きな課題として一般的に言われることである。

(3)　解答の根拠選択

　基本的には上述してきた根拠を用いて組み立てていけばよいと考えられる。ただし、第8段落の、「前職における人脈を生かして採用」ができ、「社内の人材が変化」している、その結果、「紙媒体に依存しない分野」にも事業が広がり、「広告制作へと業務を拡大」といった流れをそのまま記述すれば、それだけで100字の解答が構成

できてしまうが、この構成では観点が１つになってしまうし、あまりにも組み立てが易しすぎるため、①人脈や経験が活かせること、②前例にとらわれずに早期に変革がしやすい、③後継者としての育成、といった複数の骨子で構成したい。

(4) 解答の構成要素検討

上述したように、解答構成としては、結論を複数列挙する形が望ましい設問であると考えられる。よって、①人脈や経験が活かせること、②前例にとらわれずに早期に変革がしやすい、③後継者としての育成の３つを並列的に示す、あるいは、①と②は多少関連性があるため（人脈による人材の採用は変革につながる）、そのような文脈で記述するのもよいであろう。

※他の解答の可能性

解答例以外では、上述してきたことも含め、以下の内容（文言）は可能性があると思われる。

・これまでのＡ社にはいない人材の採用が見込まれるから
・これまでにはないネットワークが構築できることが見込まれるから
・紙媒体に依存しない分野に事業領域を拡大するために適任だから
・広告制作へと業務を拡大していくために適任だから
・円滑な事業承継のため

※得点見込み

第８段落の内容は多くの受験者が着目できるであろうし、実際に加点要素にもなるため、まったく得点できないという設問ではない。それ以外の視点は、事例全体の流れや知識（事業承継がテーマであること、事業変革の一環であること）が問われるため、これらの視点の解答が記述できるかによって多少差がつく可能性がある。

第３問 (配点20点) ◢◢ ◢◢

(1) 要求内容の解釈

直接の問題要求は「利点」と「欠点」である。利点は、利益のある点、有利な点、得なところ、長所、優れたところといった意味合いで、欠点は、不十分なところ、足りないところ、短所といった意味合いである。

本問は具体的には、「事業ドメインを拡大させていったことがもたらす利点と欠点」ということである。まず、ドメインは事業領域ということであるが、一般に、企業としての事業領域である企業ドメインと、１事業の事業領域である事業ドメインという２つのレベルで論じられる。ただし、２つのレベルで論じられるのは、原則、その企

業が複数の事業を展開している場合である。裏を返せば、展開している事業が１つであれば、企業ドメインと事業ドメインは同一ということになる。本問は事業ドメインと書かれているため、Ａ社がこの当時、どのような事業を展開していたのかは念のため注意して読み取りたい。そして、いずれにしてもドメインを拡大するということであるので、一般的な利点としては、顧客ニーズへの対応範囲が広がるといったことが考えられる。また、事例Ⅰということでいえば、拡大することで、Ａ社の強みが活かせる、強みが強化される、といった視点も考えられる。一方欠点としては、経営資源が分散する、多くの競争に巻き込まれる、といったこと、先ほどの逆であるが、Ａ社の強みが活かせない、強みが強化されない、といったことが考えられる。また、本問は「印刷業から広告制作業へ」ということであるので、この２つ、あるいは、拡大した部分と既存の部分の関係性によっては、多角化に準ずる効果（利点）が得られる可能性があり、シナジー効果、リスク分散といったことも想定できる可能性がある。

　また、ドメインを拡大させていったのは現経営者である３代目であるが、この当時のＡ社が置かれている内外の環境も関連する可能性も想定しておきたい。

(2)　解答の根拠探し

　まず、本問で問われている事業ドメインの拡大は、以下の記述が該当する。

＜第８段落＞

　こうした社内の人材の変化を受けて、紙媒体に依存しない分野にも事業を広げ、ウェブ制作、コンテンツ制作を通じて、地域内の中小企業が大半を占める既存の顧客に向けた広告制作へと業務を拡大した。しかしながら、新たな事業の案件を獲得していくことは難しかった。とりわけ、こうした新たな事業を既存の顧客に訴求するためには、新規の需要を創造していくことが求められた。また、中小企業向け広告制作の分野においては、既に数多くの競合他社が存在しているため、非常に厳しい競争環境であった。さらに新規の市場を開拓するための営業に資源を投入することも難しいために、印刷物を伴わない受注を増やしていくのに大いに苦労している。

＜第10段落＞

　３代目は特に営業活動を行わず、主に初代、２代目の経営者が開拓した地場的な市場を引き継ぎ、既存顧客からの紹介や口コミを通じて新たな顧客を取り込んできたが、売り上げにおいて目立った回復のないまま現在に至っている。

　「紙媒体に依存しない分野にも事業を広げ」という内容は、「依存しない」という表現からも、利点であると読み取ることができる。また、「既存の顧客に向けた広告制作へと業務を拡大」についても、利点と考えることができる。既存顧客に対して販売できるサービスが増えた、あるいは幅広いニーズに対応できるようになったと考えられるため、いわゆるクロスセル（関連製品の販売）のイメージに近い。上記第10段

落には「既存顧客からの紹介や口コミを通じて新たな顧客を取り込んできた」とあり、事業ドメインの拡大によって新たな顧客の獲得が促進された可能性もあるかもしれない。ただし、これらの内容を利点として記述するべきであるかは躊躇する面がある。上記第8段落に書かれているように、このように事業領域を拡大したものの、この当時、そして現在に至るまで、「非常に厳しい競争環境」であり、「営業に資源を投入することも難しい」「印刷物を伴わない受注を増やしていくのに大いに苦労している」ということであり、これらの記述はむしろ欠点といえるからである。その一方で、まったく利点ではない、としてしまうと、この事業ドメインの拡大を一体何のために実施したのかということになる。そうすると、ここで本事例の設問および問題本文の構造を俯瞰して考えたい。

　問題本文全体の流れからは、この事業ドメインの拡大は明らかに今後のA社が成長していくための方向性である。そうすると、利点としては、これまでの紙媒体に依存した事業内容ではなくなったこと、それによって、既存の顧客に向けて幅広いニーズに対応できる形になったことは、ひとまず今後の成長を見据えることができる事業体質になったという点で利点ととらえることもできる。

　このことについて、このあと見ていく本事例の助言問題である第4問、第5問を見据えた設問の流れから考えたい。第4問、第5問は、この拡大した事業ドメインにおいて、売り上げを回復、そして拡大していくための助言をする流れとなる。そうすると、この第3問はそれを見据えた現状のA社の状況把握の設問となる。つまり、本問で解答する利点は、必ずしも結果（端的には売り上げ）がまだ出ていなかったとしても解答要素になると考えることもできる（このような利点があるので、それを生かして今後売り上げを上げていく、という流れとなる）。そして、欠点は、現状は未だ結果（売り上げ）が上げられていない点を指摘すればよい（このような欠点を今後解消していく）。

　その他の視点としては、一般に事業承継が行われる際に、次期経営者がこれまでの経営を見直し、ドメインを再設定することはよく見られることである。そして、それによる効果として、①既存事業と新規事業の間にシナジー効果が期待できること、②これまでの既存事業の意味を再考させる機会になること、などが一般にも言われるため、これらの視点も妥当性があるであろう。特に今回であれば、事業ドメインを拡大することによって展開する新規事業は明らかに既存事業との関連性があるため、①のシナジー効果が期待できることは十分妥当性がある。

(3)　解答の根拠選択

　上述してきた解釈に基づき、利点は、「紙媒体に依存しない」「幅広いニーズに対応できる」「既存事業とのシナジー効果が生じる」といった点、欠点は、「厳しい競争環境にさらされること」「営業に十分な経営資源を割くのが困難」といった内容の優先

度が高いと考えられる。

(4) 解答の構成要素検討

上述した要素を、場合によっては列挙する形であってもよいので、複数示す構成が望ましい。

※他の解答の可能性

解答例以外では、上述してきたように、以下の内容（文言）は可能性があると思われる。

- より付加価値の高いサービスが提供できる
- 経営リスクの分散
- 既存顧客からの紹介や口コミを通じて新たな顧客を取り込むことが可能になった（ただし、この内容は事業ドメインの拡大との関連性は定かではなく、むしろ薄いと思われる。よって、加点対象となる可能性は低いとは思われる）

※得点見込み

第8段落には着目できるであろうし、実際に加点要素にもなる。よって、まったく得点できないという設問ではない。ただし、新規事業の販売は苦戦しているのが現状であることをどのように解釈して記述するかといったことや、知識の引き出しの状況によって多少差がつく可能性がある。

第4問 (配点20点) ◢ ◢

(1) 要求内容の解釈

直接の問題要求は「外部企業との関係をいかに発展させていくことが求められるか」である。めずらしい要求の仕方であり、「いかに発展」という抽象的な問い方であるので、問題要求だけを見ても対応が難しいことが想定される。

本問は今後についての助言問題である。本事例は事例Ⅰとしてはめずらしく次の第5問と合わせて助言問題が2問という構成である。よって、問題本文に示されているA社の課題に準ずる要素は、この2つの設問に対応づけることになる。本問であれば、発展させるということは、それがA社として必要だということであり、それが課題の解決だということである。

また、事例Ⅰであることを踏まえると、A社の強みが強化されるといった論調になる可能性もある。つまり、外部企業との関係性がA社の強みなのであれば、それを発展させることで一層強化されるといったことである。

さて、このように要求してくるということは、単に今の関係の強化といったことではなく、現状の状態とは質的に異なる関係になるということである。

そして、「2代目が構築してきた現状の関係」を踏まえる必要があるが、問題要求にも「プロジェクトごとに社内と外部の協力企業とが連携する形で事業を展開」という関係性についての記述がある。もし、この状態から発展させるということであれば、「プロジェクトごとではない形にする」、といったことは想定される。

(2) 解答の根拠探し

まずは、問題要求の解釈時点でも想定したように、本問および第5問が本事例における助言問題であるので、A社の現状および今後に向けての課題を確認する。

＜第8段落＞

しかしながら、新たな事業の案件を獲得していくことは難しかった。とりわけ、こうした新たな事業を既存の顧客に訴求するためには、新規の需要を創造していくことが求められた。また、中小企業向け広告制作の分野においては、既に数多くの競合他社が存在しているため、非常に厳しい競争環境であった。さらに新規の市場を開拓するための営業に資源を投入することも難しいために、印刷物を伴わない受注を増やしていくのに大いに苦労している。

＜第10段落＞

3代目は特に営業活動を行わず、主に初代、2代目の経営者が開拓した地場的な市場を引き継ぎ、既存顧客からの紹介や口コミを通じて新たな顧客を取り込んできたが、売り上げにおいて目立った回復のないまま現在に至っている。

端的にいえば、「売り上げの回復」が経営課題といえる。そして、「既存の顧客」に対しては、「新規の需要の創造によって新たな事業を訴求する」ということ、「新規の市場を開拓（新規顧客）」は、現状は、「既存顧客からの紹介や口コミ」によるものであり、「営業に資源を投入することも難しい」ということである。

詳しくは後ほど見ていくが、次の第5問では「長期的な課題」が問われている。一方で、「売り上げにおいて目立った回復のないまま現在に至っている」というのは、長期的に解決すればよいのではなく、喫緊の課題である。そうであれば、本問で解答する外部企業との関係の発展は、売り上げの回復に寄与する方向で考えたい。そうすると、「新規の市場を開拓（新規顧客）するための営業に資源を投入するのは難しい」ということであり、この記述をそのまま読み取ると、①外部企業との関係によるものというよりはA社の社内における課題であること、②すぐに実現するのは難しい、と読み取れる。よって、これは「長期的な課題」として問われている次の第5問に対応すると考えられる。そうすると、本問において実現するのは、「新規の需要の創造によって新たな事業を既存の顧客に訴求する」ということである。

ここまでを踏まえたうえで、現状の外部企業との関係性について確認する。

＜第9段落＞

　新規のデザイン部門と既存の印刷部門は<u>ともに、サプライチェーンの管理</u>を担当し、デザインの一部と、製版、印刷、加工に至る<u>全ての工程におけるオペレーションは外部に依存</u>している。<u>必要に応じて</u>外部のフォトグラファーやイラストレーター、コピーライター、製版業者、印刷職人との協力関係を構築することで、<u>事業案件に合わせて</u>プロジェクトチームが社内に形成されるようになった。

　現在の関係性について直接的に書かれているのが上記第9段落である。ここから発展させることができる余地を見出してみる。

　「全ての工程におけるオペレーションは外部に依存」については、依存という表現から、改善すべきであるニュアンスも感じるが、本事例全体の流れからすると、少なくとも工程を再びA社社内で担うという方向性はあり得ない。よって、これについては基本的には問題ないと解釈したい。

　「必要に応じて」「事業案件に合わせて」という記述は、「その都度」といったニュアンスとも考えられ、そうであれば、「継続的、固定的、強固な関係性の構築」といった方向性の可能性があるかもしれない。

　2つの部門がそれぞれ「サプライチェーンの管理」を行っているという記述については、問題本文にここ以外にもサプライチェーンという文言が登場しており、「サプライチェーンの強化」、そのための「情報共有の在り方」といった方向性は考えられるかもしれない（ただし、問われているのはあくまで「関係性の発展」なので、そのようにまとめる必要はある）。そして、「管理」という表現に着目すると、これに準ずる記述は他の箇所にも書かれている。

＜第5段落＞

　制作物のデザイン、製版、印刷、製本までの工程を一括受注し、製版や印刷工程を、凸版、凹版、平版などの版式の違いに応じて専門特化された協力企業に依頼することで、外部にサプライチェーンのネットワークを構築し、顧客の細かいニーズに対応できるような分業体制を整えることに注力した。A社では、割り付けやデザインと紙やインク、印圧などの仕様を決定して、印刷、製本、加飾などの各工程において協力企業を手配して<u>指示</u>することが主な業務となっていった。

＜第6段落＞

　印刷機を社内で保有していた時は、製版を専門とする職人を抱えていたが、定年を迎えるごとに版下制作工程、印刷工程を縮小し、それらの工程は協力企業に依頼することとなった。そして、図案の作成と顧客との接点となるコンサルティングの工程のみを社内に残し、顧客と版下職人、印刷工場を仲介し、印刷の段取りを決定して協力企業に対して<u>指示</u>を出し、<u>各工程間の調整を専門に行うディレクション業務へと特化</u>

— 24 —

していった。

＜第7段落＞

　社内では、複数の事業案件に対してそれぞれプロジェクトチームを編成し、対応することとなった。具体的には、アートディレクターがプロジェクトを統括して事業の進捗を管理し、外部の協力企業を束ねる形で、制作工程を調整しディレクションする体制となった。

　上記の第5、6、7段落の状況は、最近になっての状況ではないが、全体の文脈から、現在も同様の状況であると考えられる。具体的には、A社は、外部企業を「管理」「指示」「調整」している、それを一言でまとめると、「ディレクション」を行っているということである。

　この現状と、すでに見た本問で解決したいA社の課題である「新規の需要の創造によって新たな事業を既存の顧客に訴求する」を合わせると、新規の需要の創造であるので、こちら側から創り出していく、つまり、「提案」という観点も妥当性がある。それを行うためには、外部企業に対してA社側から一方向的に業務を依頼するというのではなく、ある意味では対等な立場で新たな需要を共同で生み出すパートナーのような関係になっていくことが求められると考えられる。そして、そのためには、双方向コミュニケーションが活発に行われる状態が必要であろう。

　本問は問題本文の根拠を踏まえつつも思考を発展させる必要があるため難易度が高いが、A社の経営課題と、現状の外部企業との関係性を踏まえてどんな発展の形が考えられるか、という点に焦点をしっかりと当てることができれば、このような方向性が非常に妥当性を持った内容として浮上してくる。

(3) 解答の根拠選択

　上述してきたように、喫緊の課題である「新規の需要を創造する」といった観点、また、そのために、「双方向コミュニケーション」「パートナー関係」「提案」といった要素の優先度が高いと考えられる。また、「いかに発展」であるので、発展後の姿はもちろん、発展前（現状）について踏まえておくことも妥当性があるため、「指示」「一方向の関係」といった要素を優先したい。

(4) 解答の構成要素検討

　発展前（現状）について端的に記したうえで、発展後の姿を記す構成とし、その中に、A社の喫緊の課題の解決に寄与することを表現していく形でまとめる。

※他の解答の可能性

　解答例以外では、上述してきたように、以下の内容（文言）は可能性があると思われる。

・売り上げの回復を図る（関係性を発展させることによる効果としての記述）

・受注した事業案件に合わせたプロジェクトチームの形成だけではないこと

・主体的にイノベーションを起こしていく関係性

・付加価値の高い（新たな製品やサービスを生み出す）関係性

・大きな相乗効果が得られる関係性

・より継続的（固定的）な関係性

・密な情報共有を行う関係性

・管理や指示を行うのではない関係性

※得点見込み

　基本的には難易度が高く、出題者の意図を特定して解答するのは容易ではない。ただ、本問の場合には、逆にあまり差がつかない可能性が高いため、採点が緩くなることが想定される。その場合には、まったくあさっての方向の記述をしていなければ加点される可能性もあり、それなりの得点ができることも見込まれる。

第5問 (配点20点) ◢ ◢

(1) 要求内容の解釈

　直接の問題要求は「課題」と「解決策」である。課題という要求は事例Ⅰにおいてよく見られるが、解決策という要求は、過去に1度だけこれに近い要求があったが、それも15年以上前の本試験である。さらにいえば、このように2つの内容を明示的に問うというのは、事例ⅡやⅢではよく見られるが、事例Ⅰではレアケースである。

　まず課題であるので、A社の「あるべき（目指す）姿」と「現状」のギャップが課題であるというイメージを持ちたい。本問の場合には、「事業を存続させていく」ことがあるべき姿であるとも捉えられるため、そのための課題（要件）を解答することになる。そして、本問はそのための解決策が問われている。課題が問われていることに加えてのこの問い方であるため、それなりに具体的な策が問われていると判断したい。ただし、さらに解釈が難しいのが、「長期的」という文言である。単純に読み取れば、課題とその解決策もともに長期的な視点での内容ということになるが、解決策という問い方には違和感がある。長期的な視点で打つ策、つまり、すぐに実施するわけではない解決策を助言するというのも妙である。そうであれば、課題の達成は長期的に考えなければならないが、その課題を達成するための解決策は、少なくとも着手はすぐにするのではないかと考えられる。いずれにしても、課題が長期的視点であることは間違いないため、時間をかけて解決する課題（解決に時間がかかる課題）であることを想定して根拠を特定したい。

　また、事例Ⅰであるため、原則、助言問題は、組織・人事の観点での助言となる。

第４問がＡ社社内のことについて問うていないため、本問が組織・人事の観点であることを意識したい。

そして「新規事業であるデザイン部門を担う３代目が、印刷業を含めた全社の経営を引き継ぎ」という内容からは、これまでは一部の部門を担っていたが、３代目として事業を承継し、経営者として全社に責任を持つ立場になるということである。つまり、本問は全社的な課題であると考えることになる。また、「デザイン部門」と「印刷業」というそれぞれの特徴も解答に関連する可能性があることも踏まえて読み取っていきたい。

第４問のところでも述べたように、本問と第４問が助言問題であるため、ある程度２つの設問をセットで考え、問題本文に書かれているＡ社の課題に準ずる記述を対応づけていきたい。

(2) 解答の根拠探し

まず、第４問のところで検討した本問において解決すべき課題について以下で確認する。

＜第８段落＞

また、中小企業向け広告制作の分野においては、既に数多くの競合他社が存在しているため、非常に厳しい競争環境であった。さらに新規の市場を開拓するための営業に資源を投入することも難しいために、印刷物を伴わない受注を増やしていくのに大いに苦労している。

＜第10段落＞

２代目経営者の事業変革によって、印刷部門５名とデザイン部門10名の２部門体制で事業を行うようになり、正社員は15名を保っている。３代目は特に営業活動を行わず、主に初代、２代目の経営者が開拓した地場的な市場を引き継ぎ、既存顧客からの紹介や口コミを通じて新たな顧客を取り込んできたが、売り上げにおいて目立った回復のないまま現在に至っている。

「長期的な課題」が問われている本問に対応するのは、「新規の市場を開拓（新規顧客）」による売り上げの拡大（あるいは回復）である。よって、このことが本問で問われている課題そのものとして記述する内容であるという可能性も大である。

そして、営業に資源を投入するのは難しいということであるが、この記述から、少なくとも短期的には困難であることは間違いない。では長期的であれば可能であるかは少し考えたいところである。そのことに関連して、営業ということでいえば、「３代目は特に営業活動を行わず」と書かれている。「行えない（行うのが難しい）」ではなく、「行わず」である。つまり、そのまま読めば、「行えないわけではないが、行っていない」とも読める日本語である。ただし、繰り返しになるが、第８段落には「営

業に資源を投入することも難しい」と書かれている。ということは、第10段落の「3代目は特に営業活動を行わず」というのは、「社長である3代目本人が営業活動を行っていない」ということを言っている可能性がある。確かに、従業員数15名の企業であるので、社長が自ら営業を行う、いわゆるトップセールスを行うというのは自然である。よって、これを行うというのが解決策の方向性として想定できる。ただし、これだけだと、①組織・人事の解決策ではない、②長期的に考える内容ではない、といった点で解答としては適さない。

　ここで、問題要求の解釈の時点でも想定したように、①解決策は、着手自体はすぐ着手するのではないかということ、②その解決策によって達成される課題は長期的視点であること、などを踏まえると、解決策も継続的な取り組みが必要になる可能性が高い。そうすると、トップセールスを行うことそのものはすぐに着手できると考えられる。そして、少なくともすぐには難しい「営業に資源を投入」については、その後徐々に実施することで、組織としての営業力や新規顧客獲得力の向上を図る、といった組み立てができる。そして、組織・人事の事例であり、解決策という要求から具体的な内容が問われていることも踏まえると、営業担当者を計画的に採用・育成する、その後は、上記第10段落にも記されているように、現状は印刷部門とデザイン部門の2部門体制であり、当然営業部門は存在しないため、組織としての体制として営業部門の創設といった形で、段階的に進めていくというのが方向性であると考えられる。

　ここまで見てきたことに関連して、上記第10段落から、現状は「地場的な市場」が対象であり、「既存顧客からの紹介や口コミ」が頼りであるので、対象市場の地理的な拡大、紹介や口コミに頼らない形にする、といった観点も解答要素としての可能性がある。

(3)　解答の根拠選択

　課題は「新規顧客獲得力の向上」、解決策は、「トップセールス」→「営業担当者の採用・育成」→「営業部門を設ける」、そして、これらを「計画的、段階的に行う」といった要素を記述する。

(4)　解答の構成要素検討

　「課題」＋「解決策」という構成で、上述した要素を駆使して構成する。

※他の解答の可能性

　解答例以外では、上述してきたように、以下の内容（文言）は可能性があると思われる。

・売り上げの回復（拡大）

・印刷物を伴わない受注を増やしていく

・営業力強化に資源を投入する

・新規開拓を評価する評価制度の整備

・部門間で公平・公正な評価制度

・新規開拓を行う企業文化を醸成していく

・配置転換

・対象市場の地理的な拡大

・紹介や口コミに頼らない形にする

・印刷部門に精通している人材の確保

※得点見込み

　まずは、営業や売り上げの観点を記述することができれば、一定の得点は確保できるとは思われるが、基本的にはその内容の精度を高めるのは難易度が高い。本問は解決策に重きが置かれていると思われるため、ここの記述内容の妥当性によって差が付く可能性はある。

事例Ⅰ③

【令和2年】問題
中小企業の診断及び助言に関する実務の事例Ⅰ

［別冊解答用紙：②］

【注意事項】
　新型コロナウイルス感染症（COVID-19）とその影響は考慮する必要はない。

　A社は、わが国を代表する観光地として知られる温泉地にある老舗の蔵元である。資本金は2,000万円、売上は約5億円で、中小の同業他社と比べて売上が大きい。A社の軒下には杉玉がぶら下がり壁際に酒樽などが並んではいるものの、店の中に入るとさまざまな土産物が所狭しと並んでいる。中庭のやや燻（いぶ）した感じの石造りの酒蔵（さかぐら）だけが、今でも蔵元であることを示している。

　A社の売上のうち約2億円は昔ながらの酒造事業によるものであるが、残りの3億円はレストランと土産物店の売上である。現在、この老舗の当主は、40代前半の若いA社長である。A社の4名の役員は全て親族であるが、その中で直接A社のビジネスに関わっているのはA社長一人だけである。A社長、従業員40名（正規社員20名、非正規社員20名）、それにA社の社員ではない杜氏を加えて、実質42名体制である。

　実は、江戸時代から続く造り酒屋のA社は、現在のA社長と全く血縁関係のない旧家によって営まれていた。戦後の最盛期には酒造事業で年間2億円以上を売り上げていた。しかし、2000年代になって日本酒の国内消費量が大幅に減少し、A社の売上高も半分近くに落ち込んでしまった。そこで、旧家の当主には後継者がいなかったこともあって廃業を考えるようになっていた。とはいえ、屋号を絶やすことへの無念さに加えて、長年にわたって勤めてきた10名の従業員に対する雇用責任から廃業を逡巡していた。近隣の金融機関や取引先、組合関係者にも相談した結果、地元の有力者の協力を仰ぐことを決めた。

　最終的に友好的買収を決断したこの有力者は、飲食業を皮切りに事業をスタートさせ次々と店舗開拓に成功しただけでなく、30年ほど前には地元の旅館を買収して娘を女将にすると、全国でも有名な高級旅館へと発展させた実業家である。蔵元として老舗の経営権を獲得した際、前の経営者と経営顧問契約を結んだだけでなく、そこで働いていたベテラン従業員10名も従来どおりの条件で引き継いだ。

　インバウンドブームの前兆期ともいえる当時、日本の文化や伝統に憧れる来訪者にとっても、200年の年月に裏打ちされた老舗ブランドは魅力的であるし、それが地域の活性化につながっていくといった確信が買収を後押ししたのである。そして、当時首都圏の金融機関に勤めていた孫のA社長を地元に呼び戻すと、老舗酒造店の立て直しに取り組ませた。

— 31 —

幼少時から祖父の跡を継ぐことを運命づけられ、自らも違和感なく育ってきたA社長は金融機関を退職し帰郷した。経営実務の師となる祖父の下で、3年近くに及ぶ修行がスタートした。酒造りは、経営顧問と杜氏、そしてベテランの蔵人たちから学んだ。

　修行の合間を見ながら、敷地全体のリニューアルにも取り組んだ。以前、製品の保管や居住スペースであった建物を土産物店に改装し、また中庭には古民家風の建物を新たに建て地元の高級食材を提供するレストランとした。1階フロアは個人客向け、2階の大広間は団体観光客向けである。また、社員の休憩所なども整備した。さらに、リニューアルの数年後には、酒蔵の横の一部を改装して、造りたての日本酒を堪能できる日本酒バーも開店している。

　こうした新規事業開発の一方で、各部門の責任者と共に酒造、レストラン、土産物販売といった異なる事業を統括する体制づくりにも取り組んだ。酒造りは杜氏やベテランの蔵人たちが中心になり、複雑な事務作業や取引先との商売を誰よりも掌握していたベテランの女性事務員が主に担当した。また、A社長にとって経験のないレストラン経営や売店経営は、祖父に教えを請いながら徐々に仕事を覚えていった。

　他方、酒造以外の各部門の責任者となる30代から40代半ばまでの経験のある人材を正規社員として、またレストランと土産物店の現場スタッフには地元の学生や主婦を非正規社員として採用した。正規社員として採用した中からレストラン事業、土産物販売事業や総務部門の責任者を配置した。その間も、A社長は酒造りを学びながら、一方でこれらの社員と共に現場で働き、全ての仕事の流れを確認していくと同時に、その能力を見極めることにも努めた。

　レストラン事業と土産物販売事業は責任者たちが手腕を発揮してくれたことに加えて、旅館などグループ企業からの営業支援もあって、インバウンドの追い風に乗って順調に売上を伸ばしていった。レストランのフロアでは、日本の大学を卒業後、この地域の魅力に引かれて長期滞在していたときに応募してきた外国人数名も忙しく働いている。

　そして、現在、A社長の右腕として重要な役割を果たしているのは、酒の営業担当の責任者として敏腕を発揮してきた、若き執行役員である。ルートセールスを中心とした古い営業のやり方を抜本的に見直し、直販方式の導入によって本業の酒造事業の売上を伸長させた人材であり、杜氏や蔵人と新規事業との橋渡し役としての役割も果たしている。典型的なファミリービジネスの中にあって、血縁関係がないにもかかわ

らず、A社長の頼りがいのある参謀として執行役員に抜擢されている。また、総務担当責任者も前任のベテラン女性事務員と2年ほど共に働いて知識や経験を受け継いだだけでなく、それを整理して情報システム化を進めたことで抜擢された若い女性社員である。

　A社長は、この10年、老舗企業のブランドと事業を継いだだけでなく、新規事業を立ち上げ経営の合理化を進めるとともに、優秀な人材を活用して地元経済の活性化にも大いに貢献してきたという自負がある。しかしながら、A社の人事管理は、伝統的な家族主義的経営や祖父の経験や勘をベースとした前近代的なものであることも否めない。社員の賃金を同業他社よりやや高めに設定しているとはいえ、年功序列型賃金が基本である。近い将来には、自身が総帥となる企業グループ全体のバランスを考えた人事制度の整備が必須であるとA社長は考えている。

第1問（配点40点）
　以下は、老舗蔵元A社を買収する段階で、企業グループを経営する地元の有力実業家であるA社長の祖父に関する設問である。各設問に答えよ。

（設問1）
　A社の経営権を獲得する際に、A社長の祖父は、どのような経営ビジョンを描いていたと考えられるか。100字以内で答えよ。

（設問2）
　A社長の祖父がA社の買収に当たって、前の経営者と経営顧問契約を結んだり、ベテラン従業員を引き受けたりした理由は何か。100字以内で答えよ。

第2問（配点20点）
　A社では、情報システム化を進めた若い女性社員を評価し責任者とした。ベテラン事務員の仕事を引き継いだ女性社員は、どのような手順を踏んで情報システム化を進めたと考えられるか。100字以内で答えよ。

第3問（配点20点）

現在、A社長の右腕である執行役員は、従来のルートセールスに加えて直販方式を取り入れ売上伸長に貢献してきた。その時、部下の営業担当者に対して、どのような能力を伸ばすことを求めたか。100字以内で答えよ。

第4問（配点20点）

将来、祖父の立ち上げた企業グループの総帥となるA社長が、グループ全体の人事制度を確立していくためには、どのような点に留意すべきか。中小企業診断士として100字以内で助言せよ。

令和2年度　事例Ⅰ　解答・解説

解答例

第1問（配点40点）

（設問1）

老舗ブランドである蔵元を加えれば、日本の文化や伝統の発信力が高まり、高級旅館や飲食店との相乗効果も生じてグループとしてインバウンド客の獲得力が高まる。これにより地域経済の活性化を牽引する存在になること。

（設問2）

酒造りについてはノウハウがない上、長年の経験が必要であり、杜氏や顧客との関係性も重要である。そのため、当面の事業展開や直接指導によるノウハウ継承を円滑に行っていくために、必要な人材であると判断したから。

第2問（配点20点）

複雑な事務作業や取引先との商売に関する情報といった、ベテラン女性事務員の暗黙知の状態である知識と経験を共に働いて理解した。その上で、その知識と経験の簡素化や標準化、明文化を進めるなど形式知化していった。

第3問（配点20点）

新規顧客の開拓を強化するための、ブランド力や製品力をベースとした提案能力、顧客ごとに異なる多様な顧客ニーズの収集・分析能力、既成概念にとらわれずに多様な販売先を開拓していく発想力や行動力、などである。

第4問 (配点20点)

グ	ル	ー	プ	内	で	効	果	的	な	人	事	異	動	が	し	や	す	く	、
次	代	を	担	う	若	手	従	業	員	の	実	績	が	正	当	に	評	価	さ
れ	る	な	ど	、	非	正	規	社	員	も	含	め	た	多	様	な	人	材	が
意	欲	的	に	働	け	る	よ	う	に	、	グ	ル	ー	プ	全	体	と	し	て
の	公	平	性	と	透	明	性	を	担	保	す	る	よ	う	留	意	す	る	。

事例 Ⅰ ②

解　説

1．事例の概要

　令和２年度の事例Ⅰは、江戸時代から続く老舗の蔵元（酒造業）が出題された。事例Ⅰでは圧倒的に製造業の出題が多いが、この点は本年も同様の状況である（本事例のＡ社はレストラン、土産物店なども行っている）。

　ただし、Ａ社は10年ほど前に買収されてから今の経営者一族によって経営されているという事例企業であり、企業グループのうちの１社という設定である。この点では変則的であり、状況を把握する点において多少戸惑いが生じたと思われる。出題テーマとしても、「情報システム化を進めた手順」「営業担当者に伸ばすことを求めた能力」など、これまでの事例Ⅰではあまり見られなかった問題要求が含まれていた。ただし、詳しくは後述していくが、問題要求自体は事例Ⅰとしては比較的わかりやすかったといえる。また、問題本文の記述ボリュームは標準的であるが、解答根拠は、明示されている設問と、ほとんど書かれていない設問に分かれた。

　形式的な面は、ここ数年同様、文章のみの問題構成であり（組織図などの図表はない）、この点については大きな変化はない。問題の構成としては、４問構成（設問レベルでは５問）であり、助言問題が１問という点も合わせて、事例Ⅰとしては標準的である。

　難易度については、ここ数年の中で比較すると標準的であったと思われる。

□**難易度**
　・問題本文のボリューム　　　：標準
　・題材の取り組みやすさ　　　：やや取り組みにくい
　・問題要求の対応のしやすさ：標準

□**問題本文のボリューム（本試験問題用紙で計算）**
　２ページ半

□**構成要素**
　文　章：70行（空行含まず）
　問題数：４つ　解答箇所５箇所
　第１問　40点（設問１）100字
　　　　　　　　（設問２）100字
　第２問　20点　　　　　100字
　第３問　20点　　　　　100字

— 38 —

第4問 20点	100字
（合計）	500字

(1) 問題本文のボリューム

問題本文のボリュームは、行数は70行と昨年の82行から減少した状況である（昨年は過去最高のボリュームであった）。読み取る量の多さは、苦慮する要因ではなかったと思われる。

(2) 題材の取り組みやすさ

業種は老舗の蔵元（酒造業）である。取り扱い製品そのものはイメージしやすい。しかしながら、上述したように、企業の生い立ちが変則的であるため、事例企業についての理解に多少時間を要した面があったと思われる。

(3) 問題要求の対応のしやすさ

過去の事例Ⅰにおいて馴染みのない要求内容が含まれていたため、その点が問題要求の解釈の時点では気になる点となる。ただし、出題者が何を期待しているのかが特定しにくい文章表現となっているわけではないため、特段難解な印象は受けない。ただし、問題本文も加味したうえでの対応においては、解答根拠が明示されているものと、そうでないものがある。明示されていない設問は、特に第2問、第3問であるが、それに加え、この2つの設問が事例Ⅰとして馴染みのない要求であるため、解答内容の組み立てがしにくく、一般的な知識を用いた組み立てとしてしまってよいのかの判断に悩むことになる。

解答箇所は5箇所、制限字数は500字であり、この点については昨年と同様であり、ここ数年で見ても同様の状況である。

2．取り組み方

まず、問題要求の解釈の段階では、事例企業の設定が変則的であることから、戸惑いを抱く可能性が高く、そのことによって、いつもどおりの解釈ができなくなってしまうという事態が生じる可能性がある。ただし、要求内容として過去の本試験では見られないものがあったものの、事例Ⅰでありがちな、問題要求でそもそも何が問われているのかがわかりにくいといった要素は、例年に比べるとそれほどではなかったと思われる。

ただし、問題本文も含めて解答を検討する段階になった際に、根拠が明示されている設問とそうでない設問のギャップが大きく、この点も80分のバランスを崩してしまいがちな要素である。このような状況になると、根拠が明示されていない設問に関

して、「自分が読み取れていないのではないか」という疑念から、根拠が読み取れている設問に対する自信も揺らぐことになり、結果として取れる設問も十分な解答にならないといったことが生じる。ただ、このような状況に対してパニックにならず、落ち着いて、あるいは割り切って対応すれば、それなりに解答はできる問題である。

問題本文については、近年の事例Ⅰは、記述内容がかなり具体的になってきており、今回も基本的には同様である（一部例外はある）。このことは、本来は事例企業についての理解がしやすくなる側面を有しているわけであるが、逆に根拠が具体的に書かれているということは、書かれている内容をしっかり解釈して解答を組み立てなければならない要素が強くなる。むしろ、場合によってはそれほど根拠が書かれておらず、一般的な知識で解答する設問のほうが対応は楽（しやすい）ということもある。

さらに、事例Ⅰは他の事例と比較して解答根拠が重複することが多いが、今回はこの点はそれほどではなく、切り分けは比較的しやすいと思われる。

また、顕著なものについては後述するが、今回の問題本文（一部の問題要求も含む）は、文章表現が不適切、極端な言い方をすれば矛盾しているのではないかと思われるところがあったり、日本語表現が不適切であったりといったところがみられる。80分という時間内ではあまり気に留めないようなところではあるかもしれないが、しっかりと解釈しようとした場合には、非常に困ったことになるはずである。

総じて、ここ数年の中で見ると難易度は標準的であったと思われる。ただし、上述したように、難しくさせる要素がないわけではないため、個人差は想定される。

3．解答作成

第1問（配点40点）

本問は2つの設問で構成されている。このように1つの問題が複数の設問で構成されている場合には、設問間の関連に注意して検討する必要がある。このような形になっているのは、ただ単に同一のテーマであるから（リード文に書かれている内容）という場合もあるが、それだけにとどまらず、（設問1）で解答した方向性が、（設問2）の解答にも影響を及ぼす構造になっている場合もある。後者の場合には、（設問1）の方向性を誤ると大きな失点になるリスクがあるため、慎重に検討する必要がある。

また、上述したように、リード文には全体としてのテーマが書かれているが、当然ながら、（設問1）（設問2）の両方がこのことに関連した設問ということになるため、この点は前提のうえで検討する必要がある。

本問は具体的には、「企業グループを経営する地元の有力実業家であるA社長の祖父」について問われている。変則的な問い方であり、文脈的には、現在の社長はA社

— 40 —

長であろうから、祖父はそれ以前の経営者であるとも思われるが、"企業グループを経営"とあり、さらには、「老舗蔵元"A社を買収"する段階」とある。このリード文だけを見た段階では、状況がうまく掴めずに困惑した受験生も多かったと思われる。

　この段階では上記のような反応になる可能性が高いため、厳密に解釈する意識が持ちにくいかもしれないが、少なくとも最終的には、「老舗蔵元A社を買収する段階」であることを踏まえて解答すること、このA社長の祖父が「企業グループの経営者という立場」であることを踏まえて解答を構成していく必要がある。

（設問1）

(1)　要求内容の解釈

　直接の問題要求は「経営ビジョン」である。一般に経営ビジョンは、企業のトップ・マネジメントによって表明された、自社の望ましい未来像といったものである。自社が中長期的に目指すイメージや到達点といった言い方もできるであろう。

　このような解釈をベースに解答を検討していけばよいが、過去の本試験における事例Ⅰにおいては、経営ビジョン（ビジョン）について、問題本文に示されているケースがあり、その際には、「売上高30億円の企業になる」といった定量的な内容であったことは頭において検討したい。そして、リード文を踏まえると、この時点では、A社長の祖父は企業グループの経営者であると考えられるため、本問で問われている経営ビジョンは、「A社としての経営ビジョン」である可能性もあるが、基本的には「企業グループとしての経営ビジョン」が問われている可能性が高いと想定される。この点をどのように考えるかによって、解答内容は変わってくることになる（少なくとも、最終的には、「A社」「企業グループ」いずれのレベルの経営ビジョンが問われているのかは明確にして記述していきたい）。

　また、「A社の経営権を獲得する際に」ということであり、リード文同様、状況が掴みにくい面があったかもしれないが、このあたりで、「祖父の時代にA社を買収したのが、現在のA社であり、現在は、祖父からA社長が引き継いでいる」といった状況が掴めてくるかもしれない。

　そして、「A社の経営権を獲得する"際に"」という点については、2つの解釈が考えられる。具体的には、①A社の買収とは無関係に、この当時に描いていた経営ビジョン、②A社の買収を想定した際に描けた経営ビジョン、ということである。①であれば、A社を買収することが、経営ビジョン達成に寄与するといった構造であろう。②であれば、A社を買収すると、〇〇のような経営ビジョンを描くことができる、といった構造であろう。

　また、状況が掴みにくいため、想定もしにくいと思われるが、事例Ⅰにおいては、

事例企業の強みが解答に関連することが多い。そのことを踏まえれば、A社長の祖父が想定する経営ビジョンは、強みを維持・強化していくことで、あるいは強みを活かした事業展開によって達成できるという構造である可能性があり、その場合、解答の要素として強みが含まれる場合がある。

　以上から、特に「どのレベルの経営ビジョンなのか（A社単体、企業グループ全体）」「経営ビジョンとA社買収との関連性」については、問題本文の記述も加味して解釈を固めていくことを想定しながら読み取りと組み立てを行っていきたい。

（2）　解答の根拠探し

　まず、買収の経緯については、第3、4段落に描かれている。そして、その流れを受けて、続く第5段落に経営ビジョンに直接関連すると思われる記述が書かれている。

＜第5段落＞

　　インバウンドブームの前兆期ともいえる当時、日本の文化や伝統に憧れる来訪者にとっても、200年の年月に裏打ちされた老舗ブランドは魅力的であるし、それが地域の活性化につながっていくといった確信が買収を後押ししたのである。

　A社長の祖父が買収にあたって考えたこととして、「インバウンドブームの前兆期」という経営環境がある。このことを踏まえると、「200年の年月に裏打ちされた老舗ブランドは魅力的」だと考えたこと。さらに、「地域の活性化につながる」と考えたということである。

　このことが経営ビジョンの骨子であるなら、問題要求の解釈時点で想定していた、「A社の買収を想定した際に描けた経営ビジョン」という解釈の妥当性が高いであろう。

　そうであれば、結論は「地域の活性化に貢献する企業グループ（あるいは企業）となる」といったことであろう。そして、その経営ビジョン達成のための要因が、「インバウンドブームの前兆期であったこと」「日本の文化や伝統に憧れる来訪者が存在すること」「老舗ブランドが魅力的であること」といったことである。「老舗ブランド」が魅力的であることについては、第12段落にも「老舗企業のブランド」と再度示されている（重要な要素であるからこそ、このように書かれている）。また、第3段落に「屋号を絶やすことへの無念さ」と表現されており、この屋号は200年の歴史であることから、代々続いてきたものを自らの代で絶やすことに対する申し訳なさ、といったことであろうが、このことは、絶やすにはあまりに惜しいという意味合いも感じられる。このように、この老舗ブランドは魅力的なものであることが再三強調されていることからも、これがビジョン達成の大きな要因になる可能性は高いであろう。

　また、「地域経済の活性化」については以下の記述もある。

— 42 —

＜第12段落＞

　A社長は、この10年、老舗企業のブランドと事業を継いだだけでなく、新規事業を立ち上げ経営の合理化を進めるとともに、優秀な人材を活用して地元経済の活性化にも大いに貢献してきたという自負がある。

　地元（地域）経済の活性化という経営ビジョン達成のための要因として「優秀な人材を活用」したことが示されている。よって、買収によって優秀な人材を活用してきたということであれば、このことも解答要素になる可能性がある。まず、買収によって直接獲得した人材としては以下である。

＜第4段落＞

　蔵元として老舗の経営権を獲得した際、前の経営者と経営顧問契約を結んだだけでなく、そこで働いていたベテラン従業員10名も従来どおりの条件で引き継いだ。

　また、第9段落以降に、「酒造以外の各部門の責任者となる30代から40代半ばまでの経験のある人材」「A社長の右腕であり、酒の営業担当の責任者として敏腕を発揮してきた若き執行役員」「総務担当責任者に抜擢された若い女性社員」など、買収以降に多くの優秀な若手社員を採用して活用している。これらの人材については、買収によって直接獲得したわけではないが（買収企業に所属していたわけではない）、買収によってこれらの人材の活躍の場を創出した、という点では、地域経済の活性化を実現していった一因といえるし、雇用の機会をつくり出すことそのものが、地域経済の活性化であるととらえることもできる。

　さて、他の視点として、問題要求の解釈の時点でも想定したように、本問で問われている経営ビジョンが、「A社としての経営ビジョン」と「企業グループとしての経営ビジョン」のいずれであるかを考えたい。企業グループを経営する立場として描いていた経営ビジョンであるので、基本的には企業グループとして考えたい。よって、グループの状況を確認する。

＜第4段落＞

　最終的に友好的買収を決断したこの有力者は、飲食業を皮切りに事業をスタートさせ次々と店舗開拓に成功しただけでなく、30年ほど前には地元の旅館を買収して娘を女将にすると、全国でも有名な高級旅館へと発展させた実業家である。

　グループとしての事業は、A社のほかに、「飲食業」「旅館」である。今回の解答の方向性として、日本の文化や伝統に憧れるインバウンド客の獲得が想定されるのであれば、飲食業については、どのような食事を提供する店であるかが描かれていないためはっきりしない部分はあるが、旅館に関しては日本の文化や伝統に触れることに

事例Ⅰ②

なるであろうし（女将という表現もそれを感じさせる）、インバウンド客であるので、そもそも宿泊する可能性が高い。つまり、老舗ブランドの蔵元が組み合わさることで、相乗効果（シナジー）が生まれることは想定される。このように考えると、やはり、グループとしての経営ビジョンという解釈の妥当性が高くなる。

　一方、A社単体としてのビジョンということで考えるとどうであろうか。この場合であっても「地域経済の活性化」に貢献するという方向性は変わらない。また、「インバウンドブームの前兆期であったこと」「日本の文化や伝統に憧れる来訪者が存在すること」「老舗ブランドが魅力的であること」といった点も同様である。変わってくるのが、上述した「相乗効果」という観点ではなくなること。そして、代わりに浮上してくるのが、「廃業の危機の状況であった企業を、経営手腕によって生まれ変わらせることができる（経営ノウハウが活かせる）」といった方向性である。

＜第7段落＞

　修行の合間を見ながら、敷地全体のリニューアルにも取り組んだ。以前、製品の保管や居住スペースであった建物を<u>土産物店</u>に改装し、また中庭には古民家風の建物を新たに建て地元の高級食材を提供する<u>レストラン</u>とした。1階フロアは個人客向け、2階の大広間は団体観光客向けである。また、社員の休憩所なども整備した。さらに、リニューアルの数年後には、酒蔵の横の一部を改装して、造りたての日本酒を堪能できる<u>日本酒バー</u>も開店している。

　買収前は、基本的には酒造のみを行っていたと想定されるが、上記のように、買収後には酒造業に加えて、土産物店、レストラン、日本酒バーといった新規事業を展開している。また、それを同じ敷地で行っているため、これらの事業間におけるシナジーという視点や、そもそもこれらの事業が可能になったのも、祖父の経営ノウハウによるところが大きいことが想定される。つまり、「自分が経営すれば、再生し、さらに売上規模を拡大させることができる」というビジョンを持ったということである。

　この売上という点は、問題要求の解釈時点でも想定したように、過去の本試験においても描かれていたことである。この観点で問題本文を確認すると、以下の記述がある。

＜第1段落＞

　資本金は2,000万円、売上は約5億円で、<u>中小の同業他社と比べて売上が大きい</u>。

＜第2段落＞

　A社の売上のうち約2億円は<u>昔ながらの酒造事業</u>によるものであるが、残りの3億円はレストランと土産物店の売上である。

＜第3段落＞

　戦後の<u>最盛期には酒造事業で年間2億円以上</u>を売り上げていた。しかし、<u>2000</u>

― 44 ―

年代になって日本酒の国内消費量が大幅に減少し、A社の売上高も半分近くに落ち込んでしまった。

つまり、買収前は1億円程度にまで落ち込んでいた売上を、酒造事業だけで2億円、A社全体としては5億円の規模にまで拡大させている。そして、これは中小の同業他社と比べても大きな規模だということである。このような売上規模にすることを経営ビジョンとして掲げていたという可能性も考えられるということである。

(3) 解答の根拠選択

上述してきたように、「地域経済の活性化に貢献（牽引）する存在になる」「インバウンドブームの前兆期であったこと」「日本の文化や伝統に憧れる来訪者が存在すること」「老舗ブランドが魅力的であること」といった点は優先度が高いと考えられる。そして、「A社としての経営ビジョン」「企業グループとしての経営ビジョン」のいずれであると想定するかによって記述要素が変わる。いずれの解釈であっても、それなりの解答として構成することはできるが、やはり、リード文にも「企業グループを経営する（立場）」ということが前提として振られていることを踏まえ、「企業グループとしての経営ビジョン」であると想定し、「相乗効果」を要素として構成するのが望ましいと考えられる。

また、「優秀な人材を活用（第12段落）」についてであるが、これは、主語がA社長になっていることもあり、買収時に引き継いだ前の経営者やベテラン従業員のことというよりは、その後に採用していった若手社員のことを指していると思われる（買収時に引き継いだ人材の雇用については、設問2のテーマでもある）。もちろん、買収後、A社長は祖父から経営を学びながら歩んできているため、若手社員のことについてもA社長の祖父が考えたことである可能性もあるが、第12段落の文脈は、「A社長は〜優秀な人材を活用して〜自負がある」とあり、A社長が考えて行ったようにも読めるといったこともあり、本問の解答要素として優先度が下がると考えられる。

(4) 解答の構成要素検討

問われているのは「経営ビジョン」であるので、それに沿った表現でまとめたい。記述する解答要素の想定はしやすい設問であるが、その要素からすると、「買収の目的」のような文脈になってしまいがちである。経営ビジョンは、要求解釈の時点でも示したように、自社の望ましい未来像、中長期的に目指すイメージや到達点といったものであるため、そのような文脈でまとめたい。

今回であれば、「地域経済の活性化を牽引する存在」としてまとめる。そして、そのような未来像となるための要因であり、買収することで実現できることを説明する要素として、「インバウンドブームの前兆期であったこと（獲得できる）」「日本の文化や伝統に憧れる来訪者が存在すること」「老舗ブランドが魅力的であること」「相乗

効果」といった点を記述していく。

※他の解答の可能性

上述してきたように、以下の内容は可能性があると思われる。

・優秀な人材の活用…このことをA社長だけでなく、A社長の祖父も想定していた可能性は考えられる。

・土産物店、レストラン、日本酒バーなどの親和性の高い事業も展開することで再生可能…この要素を記述する場合には、基本的にはA社単体での経営ビジョンという解釈が前提になる。

・売上規模を拡大させることができる…これも上記同様、基本的にはA社単体での経営ビジョンという解釈が前提になる。

※得点見込み

高い精度で組み立てることを考えれば易しくはないが、解答根拠は明示されており、比較的得点しやすい設問であると考えられる。多くの場合、第5段落には着目できる可能性が高く、ここをしっかりと踏まえて記述すれば、それだけで半分以上の得点は獲得できそうである。

（設問2）

(1) 要求内容の解釈

直接の問題要求は「理由」である。理由は、人間の意図が介在する根拠（なぜ、そうしたのかなど）の場合に用いられるのが通常である。少し似た言葉に「原因」があるが、原因は、人間の意図が介在しない事象の根拠（なぜそうなったのかなど）の場合に用いられることになる。

本問は具体的には、「買収に当たって、前の経営者と経営顧問契約を結んだり、ベテラン従業員を引き受けたりした理由」である。一般的な知識から想定すれば、「これらの人材（有しているノウハウ、知識、スキル）が必要」「雇用を維持すべきと考えた」といったことは考えられる。

また、A社グループとしての強みが強化されるという構造も可能性レベルで想定しておきたい（今回はまったく違うが）。

そして、「前の経営者と経営顧問契約を結んだ理由」と「ベテラン従業員を引き受けた理由」がそれぞれ別にある可能性もあり得るため、一応その前提で問題本文を読み取っていきたい。ただし、「～たり、～たり」という文章は、動作や状態を並列して述べる場合に用いられる。例としては、「行ったり来たりしている」「泣いたり笑ったりする」「高かったり安かったりで安定しない」「晴れたり曇ったりの空模様」（『明

鏡国語辞典』大修館書店）といったことである。ここに「理由」とつけると、「行ったり来たりしている理由」「泣いたり笑ったりする理由」「高かったり安かったりで安定しない理由」「晴れたり曇ったりの空模様となる理由」となるが、基本的には2つ別々の理由というよりも、2つを合わせたうえでの理由という解釈のほうがよさそうである。

(2) 解答の根拠探し

まずは、本問に関連する直接的な記述は以下である。

＜第4段落＞

　蔵元として老舗の経営権を獲得した際、前の経営者と経営顧問契約を結んだだけでなく、そこで働いていたベテラン従業員10名も従来どおりの条件で引き継いだ。

＜第3段落＞

　とはいえ、屋号を絶やすことへの無念さに加えて、長年にわたって勤めてきた10名の従業員に対する雇用責任から廃業を逡巡していた。近隣の金融機関や取引先、組合関係者にも相談した結果、地元の有力者の協力を仰ぐことを決めた。

　第4段落は、問題要求に書かれていることとほぼ同様の内容であるが、問題要求にはなかった要素として「従来どおりの条件で」と書かれている。文脈的に、賃金を含めた労働条件を悪化させるといったことはせずに雇用したということである。ここから、A社長の祖父の考えとして、「雇用の維持に貢献」することを考えとして持ったことは想定される。第3段落にもあるように、前経営者は廃業を考えながらも「雇用責任」が頭にあり、そのことを考えたうえで売却することを決断している。よって、A社長の祖父が、その「雇用責任という考えに共感した」ということが、理由として考えられる。

　また、問題要求の解釈時点でも想定したが、「これらの人材（有しているノウハウ、知識、スキル）が必要だから」といった視点でも根拠を見出すことができる。

＜第6段落＞

　経営実務の師となる祖父の下で、3年近くに及ぶ修行がスタートした。酒造りは、経営顧問と杜氏、そしてベテランの蔵人たちから学んだ。

＜第8段落＞

　また、A社長にとって経験のないレストラン経営や売店経営は、祖父に教えを請いながら徐々に仕事を覚えていった。

　第6段落には、A社長が酒造りについて、「経営顧問と杜氏、そしてベテランの蔵人たち」といった、本問で問われている引き受けた人材から学んだことが書かれている。つまり、このような学びのためにも人材を引き受ける必要があったというのが理

由として考えられる。また、このことに関連して、「長年にわたって勤めてきた」「ベテラン」といった表現からも、酒造りについては、一朝一夕で身につけられるものではないこともうかがえる（長年の経験が必要）。そうであれば、直接指導による教育（ノウハウ継承）についてはもちろんであるが、そもそも、当面のことを考えると、これらの人材がいなければ事業が成り立たないことが想定される。さらにいえば、製品品質が低下するようなことになれば、老舗ブランドの価値が低下することも懸念されるであろう。

このあたりの背景としても、買収時点でのＡ社長の祖父が経営するグループには、酒造りのノウハウがない。また、裏返しではあるが、上記第6、8段落から、Ａ社長の祖父は「経営実務」に関してはノウハウを有している。つまり、本問はＡ社長の祖父の立場で考えるため、「経営についてはＡ社長に教えることができるが、酒造りについては教えられない。よって、教えることができる人材を引き受けた」ということである。

また、上記第6段落にもあった杜氏について、以下のように書かれている。
＜第2段落＞
　　Ａ社長、従業員40名（正規社員20名、非正規社員20名）、それに<u>Ａ社の社員ではない杜氏</u>を加えて、実質42名体制である。

杜氏はＡ社の社員ではない。つまり、引き受けた人材ではない。杜氏は「酒づくりの職人の長であり、蔵人を束ねる存在」であるが、このことを正確に知らなくても、問題本文の状況から重要な存在であることは想定できるであろう。そうすると、仮に、ベテランの従業員である蔵人を引き受けなければ、杜氏との関係性も引き継げない可能性がある。よって、この関係性を維持するということも引き受けた理由として考えられる。さらに関係性ということでいえば、詳しくは第3問でテーマとなるが、買収した当初はルートセールスが主体の営業であった。それをこの後抜本的に見直していくことにはなるのだが、それでもそれまでの顧客との関係性は重要であろう。従業員を引き受けなければ、この関係性に関してもどうなるかわからない。よって、この関係性を維持することも引き受けた理由として考えられる。

なお、以下は解答内容検討という点では蛇足ではあるが、上述したようにこの買収は、前経営者が廃業を考えながらも「雇用責任」が頭にあり、そのことを考えたうえで売却することを決断している。よって、少なくとも「ベテラン従業員の雇用」については守られることが前提の買収話であるととらえることができる。そうすると、ベテラン従業員のほうにだけ焦点を当てると、本問で問われていることを少しくだいて解釈すると「ベテラン従業員を引き受けない形での買収ではなく、引き受ける形で買収することにしたのはなぜか」という点が問われているのではなく、「ベテラン従業

― 48 ―

員の引き受けが前提であるこの買収案件において、引き受けることにどのような必要性やメリットを感じたか」といったことのように読める。いずれにしても解答内容が変わるわけではないのだが、「前の経営者と経営顧問契約を結んだ理由」のほうは、A社長の祖父が考えたことであろうからこのような問題要求でも差し支えないが、「ベテラン従業員を引き受けた理由」のほうは、引き受けるのが前提である買収話であるのに、引き受けた理由を問うというのは、不自然な（おかしな）問題要求である。

(3) 解答の根拠選択

まず、もっとも重要な結論は、端的にいえば、「必要な人材だと判断したから」ということになる。その具体的な内容は、「当面の事業展開やノウハウ継承において必要だから」。そして、酒造りについては、「ノウハウがない」というグループとしての状況を背景に、「長年の経験が必要」「杜氏や顧客との関係性が重要」といった特性があるといった要素である。

「雇用責任（共感）」という点については、問題要求の解釈で述べた「～たり、～たり」という文章の意味を「2つに共通する理由」であると考えた際に、「前の経営者と経営顧問契約を結んだ」については、「雇用責任」が理由とは考えにくいこと、（設問1）で結論とした「地域経済の活性化」とテーマが重複する面があることなどから優先度を下げ、採用していない。

(4) 解答の構成要素検討

解答の根拠選択で述べた要素について、因果関係を構築して記述していく。

※他の解答の可能性

上述してきたように、以下の内容は可能性があると思われる。

- ・老舗ブランド（品質）の維持…解答例では、制限字数の観点で盛り込んでいない。
- ・雇用責任（旧家の当主の想いに共感）…少なくとも「ベテラン従業員を引き受けた理由」としては、ある意味シンプルに考えれば妥当性十分である。

※得点見込み

「必要な人材だから」という方向性の内容は記述しやすいと思われるため、まったく得点できない状況にはなりにくいと思われる。それをどこまで多様な観点をしっかりと盛り込む形で説明しきれるかで、得点は変わってくる。また、仮に「雇用の維持」の観点を出題者が想定しているのであれば、受験者の得点はばらつきが出る可能性もある。

第2問 (配点20点) ◢◢◢

(1)　要求内容の解釈

　直接の問題要求は「手順」である。一般的な意味合いは、「物事をする順序、段取り」といったことであるので、解答もこのようなイメージで記述する必要がある。たとえば、「○○をする」といった1つのアクションを解答するのではなく、「○○をして、次に△△をする」といった具合に、複数のアクションが書かれる形になると考えられる。

　「どのような手順を"踏んで"情報システム化を進めたと考えられるか」という文脈であるが、日本語表現としては、①情報システム化を完了させるところまでをアクションとして含んだ手順、②情報システム化をする前までのアクションの手順、のいずれも否定はしにくい。よって、問題本文の記述も加味して解釈を固めていくことになる。

　「ベテラン事務員の仕事を引き継いだ女性社員は、どのような手順を踏んで」という文脈であるので、日本語を素直に読めば、ここで問われている手順の内容は、「引き継いだ後」のことである（ただし、詳しくは後述するが、この解釈を前提にすると解答の組み立てにかなり苦慮する）。

　文頭には、「情報システム化を進めた若い女性社員を評価し責任者とした」とある。問題要求全体を踏まえると、順序としては、若い女性は、「ベテラン事務員の仕事を引き継ぐ」→「手順を踏んで情報システム化を進める」→「評価されて責任者となる」ということである。手順という問われ方からも、このあたりの流れは慎重に踏まえながら検討したい。

　また、本問で強みが関連する場合には、情報システム化を図ることが、強みの維持・強化のために有益といった構造が想定されるが、本問で問われているのは手順であるため、検討の際に考慮する必要性は低いと考えられる。

(2)　解答の根拠探し

　まず、若い女性がどのような流れで情報システム化を進めていったのかを順序立てて整理していく。本問に関連する問題本文の根拠は以下である。

＜第8段落＞

　酒造りは杜氏やベテランの蔵人たちが中心になり、<u>複雑な事務作業</u>や<u>取引先との商売</u>を誰よりも掌握していた<u>ベテランの女性事務員</u>が主に担当した。

＜第9段落＞

　他方、<u>酒造以外の各部門の責任者</u>となる30代から40代半ばまでの経験のある人材を正規社員として、またレストランと土産物店の現場スタッフには地元の学生や主婦を非正規社員として採用した。正規社員として採用した中からレストラン事業、土産物販売事業や<u>総務部門の責任者</u>を配置した。

＜第11段落＞

　また、総務担当責任者も前任のベテラン女性事務員と２年ほど共に働いて知識や経験を受け継いだだけでなく、それを整理して情報システム化を進めたことで抜擢された若い女性社員である。

　上記の根拠を踏まえて状況を整理するが、率直にいって、正確に状況を読み取ろうとすればするほどわからなくなる記述となっている。

・ベテランの女性事務員は、複雑な事務作業や取引先との商売を誰よりも掌握していた。

・ベテランの女性事務員が主に担当した。

　※上記を含んだ第８段落の文章は、主述関係が不適切なひどい日本語である。ベテラン女性が何を担当したのかが文章構造的には示されていない。というよりも、文章構造的には「酒造り」を担当したという記述になっている。しかしながら、文脈的にそれはありえないため、担当したのは複雑な事務作業や取引先との商売であると解釈する。

・酒造以外の各部門の責任者となる30代から40代半ばまでの経験のある人材を正規社員として（採用した）。（中略）正規社員として採用した中からレストラン事業、土産物販売事業や総務部門の責任者を配置した。

　※この文章も意味不明な面が多い。前半には「酒造以外の各部門の責任者」とあるため、後半の内容なども含めれば、酒造以外の各部門の責任者には総務部門の責任者も含まれると読むのが自然である。ところが、総務部門の責任者は、ベテラン女性のさらに前任が存在するという設定（30代から40代半ばの経験のある人材）は考えにくい。そして、「若い女性社員の"前任"がベテラン事務員」であるので、「買収時はベテラン女性、その後に若い女性社員」という変遷ということになる。よって、９段落に書かれている総務部門の責任者はこの２人のうちのいずれかであるが、ベテラン女性は30代から40代半ばの経験のある人材ではないし、若い女性社員も、仮に年齢はこのくらいであったとしても、入社段階では責任者ではない（情報システム化を行った後に抜擢されている）。つまり、第９段落の文脈は採用の段階で責任者として採用していると読むのが自然であるため、整合性がとれない。あるいは、第９段落の前半で言っている「酒造以外の各部門の責任者」は、「レストラン」と「土産物店」のことだけで、総務部門の責任者は含まれていないというひねくれた読み取りもできなくはないが、それでも、第９段落の後半の記述だけでも採用の段階で責任者として配置していると読むのが自然である。以上から、問題本文の記述が非常に雑であり、不適切な面が大きいと言わざるを得ない。

以上の内容と一部重複はするが、一連の変遷を整理すると以下のような状況である。

若い女性社員の取り組みなどの変遷	総務担当責任者
1. ベテラン女性事務員と2年ほど共に働いて知識や経験を受け継ぐ。	ベテランの女性事務員
2. それ（知識や経験）を整理した。	ベテランの女性事務員
3. 情報システム化を進めた。	ベテランの女性事務員
4. 総務担当責任者として抜擢される。	若い女性社員

　上記を踏まえて、本問で問われている手順を見定めていくが、まず、問題要求の解釈時点で想定したように、「ベテラン事務員の仕事を引き継いだ女性社員は、どのような手順を踏んで」という文脈であるので、日本語を素直に読めば、ここで問われている手順の内容は、「引き継いだ後」のことである。そうすると、上表でいう2以降となり、より具体的には、これも問題要求の解釈時点で想定したように、①情報システム化を完了させるところまでをアクションとして含んだ手順であれば「2と3」、②情報システム化をする前のアクションの手順であれば「2のみ」ということになる。

　2のみだとすると、「知識や経験（複雑な事務作業や取引先との商売）の整理」の手順ということになる。この解釈の場合、これまではベテラン女性事務員が"誰よりも掌握"していたということであるので、実質、暗黙知状態であったことが想定される。若い女性社員は2年間でこれを学んできたが（上表の1）、これを簡素化、標準化、明文化といった形式知化していくといったことが想定される。ただし、この2だけで手順というニュアンスにしようとすると、この形式知化のプロセスをもう一段階具体的に考える必要がある。第8段落には、ベテラン女性が「主に担当」とあるので、当然、ほかにも総務部門にメンバーがいることが想定される。よって、ほかのメンバーからヒアリングをして現状の業務を把握し、システム化するための課題を抽出するといったことは現実には考えられる。しかしながら、問題本文にまったく根拠がないことや、事例Ⅰで解答させる内容として疑問を感じる部分が大きい。

　2と3だとすると、上述した2のみの内容に3が加わる。そうすると、データベース化する、システム要件を整備する、といった技術的な要素が加わることになり、妥当性がまったくないわけではないが、やはり、事例Ⅰで解答させる内容としては疑問が大きいのと、この若い女性社員のITスキルが定かではないこともあり、技術的なことまですべて行えるのかの確証は持ちにくい。かといって、この若い女性が誰かにそれを依頼するというのも、根拠もないため考えにくい。

　よって、発想を少し柔軟に、出題者が結局どんなことをこの設問で問いたいのかを推し量ってみる（空気を読んでみる）。ここまでの検討で上表の1を含めなかったのは、問題要求が「ベテラン事務員の仕事を引き継いだ女性社員は、どのような手順を

踏んで」という文脈であるので、素直に読めば、ここで問われている手順の内容は、「引き継いだ後」のことだということが前提にある。当然、この解釈が日本語的には最も妥当であるが、この問題要求の最初の1行半を「この若い女性は、情報システム化を進めたことが評価されて責任者になった女性であるが、これまでベテラン事務員の仕事を引き継いできたこの女性は、情報システム化を行った際にどのような手順を踏んだのか」と読むことも可能である。つまり、最初の1行半をこの若い女性についての説明書きであると解釈するということである。この場合、上表の一連の流れすべてを含むという解釈となる。

上表の1を含むと仮定して、あらためて第11段落を確認すると、「ベテラン女性事務員と2年ほど共に働いて知識や経験を受け継いだ」「それを整理した」というステップ（手順）が問題本文に明示されている。そして、この解釈に基づくと、ベテラン女性事務員から学ぶ際には、知識や経験が暗黙知状態であるので、まずは、その暗黙知の内容を理解する必要がある。そして、それがおおよそ理解できたら、情報システム化するために形式知化していく、という流れとなる。

この解釈の場合、テーマは属人的な知識（暗黙知）を組織知（形式知）としていく、というものになり、事例Ⅰのテーマとしても妥当性が高い。

(3) 解答の根拠選択

上述してきたように、問題要求と問題本文を含めて考えていくと、問題本文の記述の不適切さもあり、何を拠り所に（信用して）解答を構成すべきかの判断は難しい。最終的には、①問題本文から根拠が見いだせる、②事例Ⅰのテーマとしての妥当性、③出題者が何を答えさせたくて設定している設問なのかを推し量る（空気を読む）、といった点を踏まえ、上表の1と2のステップ（手順）を解答していくことにするのがもっとも妥当性が高いと判断する。

(4) 解答の構成要素検討

上述したように、2段階の内容を順に記述していく構成とする。

※他の解答の可能性

上述してきたように、解釈によって他の解答要素も想定できる。

・上表2のみであると解釈した場合…総務部内のメンバーから現状の業務状況をヒアリングして把握する、業務要件を定義する（情報システム化の初期工程において、業務の流れを明確化すること）、現状やシステム化のための課題を抽出する、業務フローの整理、必要な業務と不必要な業務の選別、情報システム化する業務の洗い出し、など。

・上表2と3だと解釈した場合…「上表2のみ」の内容に加えて、データベース化する、システム要件を定義する（業務要件を満たすため、情報システムとして必

要な機能要件や非機能要件を定める）、システム開発を行う、など。

・OJT という解答が多く出そうであるが、本問は、「若い女性社員がどのような手
順を踏んだか」という文脈（若い女性が主語）の要求であるため、基本的には妥
当性は低いと考えられる。

※得点見込み

正確な読み取りをしようとすると非常に困る設問である。ある程度のところで割
り切って解答すれば、結果として、解答例に近い内容になる可能性もあるが、基本
的には得点はしにくい設問である。ただし、受験者によるバラツキは大きいと思わ
れ、さまざまな解答が加点対象になるようなら、何も書けないような設問ではない
ため、結果としてあまり大勢に影響がない可能性もある。

第3問 （配点20点） ◢◢▲

(1) 要求内容の解釈

直接の問題要求は「伸ばす能力」である。より具体的には、「営業担当者が伸ばす
能力」であるため、コミュニケーション能力、情報収集能力、分析能力、行動力、ク
ロージング能力など、多様なことが考えられる。そして、本問は「A社長の右腕であ
る執行役員が、従来のルートセールスに加えて直販方式を取り入れ売上伸張に貢献し
てきた時」ということであるので、端的にいえば、「直販方式による営業を実施する
ために伸ばすことが求められた能力」ということである。また、「ルートセールスに"加
えて"」という文脈であるので、ルートセールスもなくなるわけではないため、「ルー
トセールスを行うにあたっての能力」あるいは、「ルートセールスと直販方式の両方
を行っていくとなった場合に必要な能力」といった可能性もある。

一般には、ルートセールスは、「すでに取引実績のある既存顧客を担当し、定期的
な訪問などを通してフォローアップや新商品・新サービスの提案などを行う。関係維
持、ニーズの収集が重要になる」といった販売の形態である。一方、直販は、「生産
者が流通業者を通さずに、直接消費者に販売すること」である。漠然と解釈すると、
「新規顧客の開拓が必要になる」という方向性は浮かぶため、そのために必要な能力
を解答すればよいというイメージはできる。しかしながら、これも厳密に解釈すると、
「ルートセールス」と「直販」の対比というのも不自然である。上述したように、ルー
トセールスは、既存顧客から継続的に注文をとるということであるため、対比するの
は新規顧客を開拓して注文を獲得するということになる。しかしながら、直販は、直
接消費者に販売するという意味である。ただ、もしかすると、最終消費者に直接販売
するということではなく、卸売業者を通さずに酒屋やスーパーといった小売業者、飲
食店といった店舗に直接販売することを直販と表現している可能性もある。このよう

なことも含めて少し出題者の解答させたいことを推し量る（空気を読んでみる）と、ルートセールスに関しては、基本的にＢ to Ｂであるのは間違いないため、「Ｂ to Ｂが中心だった営業活動に、Ｂ to Ｃを加えていく」という解釈が１つである。もう１つは、ルートセールスは既存顧客向けの営業活動であるため、「既存顧客中心の営業活動に、新規顧客の開拓を強化していく」という解釈である。さらに、この２つの解釈を併せて「Ｂ to Ｂかつ既存顧客中心の営業活動に、新規顧客開拓の強化やＢ to Ｃの営業活動を強化していく」といったことである。

　最終的には問題本文の根拠の状況も踏まえて解釈を特定していきたい。

　また、強みとの関連ということでいえば、問題要求の文脈的には、営業担当者の能力そのものがこの時点で強みである可能性は低そうであるため、逆に、Ａ社の強みを営業担当者が顧客に訴求する（そのための能力）、といった観点はあり得るかもしれない。

(2)　解答の根拠探し

　まず、本問に直接関連する記述としては以下がある。

＜第11段落＞

　　そして、現在、Ａ社長の右腕として重要な役割を果たしているのは、酒の営業担当の責任者として敏腕を発揮してきた、若き執行役員である。ルートセールスを中心とした古い営業のやり方を抜本的に見直し、直販方式の導入によって本業の酒造事業の売上を伸長させた人材であり、杜氏や蔵人と新規事業との橋渡し役としての役割も果たしている。典型的なファミリービジネスの中にあって、血縁関係がないにもかかわらず、Ａ社長の頼りがいのある参謀として執行役員に抜擢されている。

　問題要求にも書かれている若き執行役員の取り組みが、より修飾された言葉も含めて書かれている。具体的には、「ルートセールスを中心とした古い営業のやり方を抜本的に見直した」ということである。つまり、「ルートセールスを中心とするのではない営業のやり方に変えた」ということでよいであろう。具体的には、直販方式を中心にするということか、あるいは、そこまでではなかったとしても、直販方式を取り入れることで、ルートセールス頼みの営業活動ではない形にしたということであり、これがＡ社にとっては抜本的な見直しということである。

　それから、これは若き執行役員が担っていることとして、「杜氏や蔵人と新規事業との橋渡し役としての役割」が書かれている。そのため、このことと本問との関連性を考えてみると、「杜氏や蔵人」と「新規事業」を橋渡ししているわけであるので、端的には、酒の販売は新規事業においても行っているということになる。新規事業については以下のように書かれている。

＜第7段落＞

　　修行の合間を見ながら、敷地全体のリニューアルにも取り組んだ。以前、製品の保管や居住スペースであった建物を<u>土産物店</u>に改装し、また中庭には古民家風の建物を新たに建て地元の高級食材を提供する<u>レストラン</u>とした。１階フロアは個人客向け、２階の大広間は団体観光客向けである。また、社員の休憩所なども整備した。さらに、リニューアルの数年後には、酒蔵の横の一部を改装して、造りたての日本酒を堪能できる<u>日本酒バー</u>も開店している。

　　つまり、「土産物店」で酒は販売しているであろうし、「レストランや日本酒バー」では酒を提供しているであろう。よって、酒造事業との間でなにがしかの連携を行っているということである。そして、この新規事業はＢ to Ｃであり、本問の直販に合致する。よって、この新規事業における酒の販売を強化するために、営業担当者に能力を伸ばすことを求めた可能性が想定される。

　　この点についてさらに検討する。

＜第8段落＞

　　こうした新規事業開発の一方で、各部門の責任者と共に酒造、レストラン、土産物販売といった<u>異なる事業を統括する体制づくり</u>にも取り組んだ。

＜第9段落＞

　　他方、<u>酒造以外の各部門の責任者</u>となる30代から40代半ばまでの<u>経験のある人材</u>を正規社員として

＜第10段落＞

　　<u>レストラン事業と土産物販売事業は責任者たちが手腕を発揮してくれたこと</u>に加えて

　　異なる事業を統括する体制づくりそのものはＡ社長が取り組んでいる。また、レストラン事業と土産物事業にはそれぞれ経験のある人材がおり、それぞれが手腕を発揮している。すでに見たように、若き執行役員は「新規事業との橋渡し役」も担っている。「酒の営業担当の責任者」とも書かれており、これらの記述だけであれば本問との関連性は捨てきれないが、あらためて第11段落の記述を踏まえると、「ルートセールスを中心とした古い営業のやり方を抜本的に見直し、“直販方式”の導入によって“本業の”“酒造事業”の売上を伸長させた人材」ということである。つまり、直販方式を取り入れて売上を伸長させたという本問で問われている売上は、あくまで、「本業の酒造事業」である。よって、レストランと土産物の販売における酒の販売は本問の解答の際に考慮する要素ではないと考えられる。

　　さて、こうなると、結局のところ、酒造事業本体における営業活動について考える

必要があるが、問題本文には具体的な根拠が書かれていない。よって、問題要求に立ち戻り、一般的な知識も加味して解答内容を検討していくことにする。

解釈としては、以下のような想定をしていた。

「BtoBが中心だった営業活動に、BtoCを加えていく」

「既存顧客中心の営業活動に、新規顧客の開拓を強化していく」

「BtoBかつ既存顧客中心の営業活動に、新規顧客開拓の強化やBtoCの営業活動を強化していく」

つまり、端的には、BtoCの営業活動を推進していくための能力、新規顧客を開拓していくための能力の2つの要素が想定される。

まず、BtoCの営業活動ということになると、すでに見た新規事業であるレストランや土産物における販売でないとなると、ほかに店舗を有しているという記述も、ホームページを有しているという記述もない。そのため、どこで販売していくのかが具体的に見出しにくい。一方、新規顧客の開拓ということになると、要求解釈の時点でも想定したように、酒屋やスーパーといった小売業者、飲食店といった可能性も考えられる。問題本文にも書かれていないため、相手が明確に想定しにくいが、いずれにしても、これまでのルートセールスとは異なり、自社の製品やブランドなどを伝える訴求力、提案力、といったこと。また、これまでのようにつき合いの長い相手ばかりではないため、顧客ニーズを収集する能力やそれを分析する能力といったことも妥当性がある。また、新規顧客の開拓ということでいえば、バイタリティや行動力といったことも必要であろう。

(3) 解答の根拠選択

上述してきた解釈に基づき、酒屋やスーパーといった小売業者、飲食店といった相手を新規顧客として獲得するといった幅広いイメージをしたうえで、想定される能力について複数記述していく対応が望ましいと考えられる。

(4) 解答の構成要素検討

上述のとおりである。

※他の解答の可能性

第1問（設問1）を踏まえれば、インバウンド客を獲得していくための語学力なども想起できるが、可能性は低いと思われる。

また、上述してきたように、問題本文を厳密に解釈すると、土産物屋、レストラン、日本酒バーといったところにおける販売は、本問で問われている方向性ではないと考えられる。しかしながら、ほかに具体的な根拠がないこともまた事実であるため、これらをベースにした解答が想定されている可能性はゼロとはいえない。ただ、営業担当者自身が店頭で販売するわけではないと考えられるため、この場合には、社

内における調整能力、連携能力といったことが想定される。

※得点見込み

解答根拠に乏しく、非常に対応しにくい。割り切って、それらしき能力を列挙する対応がもっとも無難かと思われるし、もしかすると、その程度の解答を求めており、それが高い得点になる可能性もある。そのため、なんとか問題本文から根拠を読み取って記述しようとする対応を最後まで捨てきれなかった場合、かなり得点としては厳しい状況になると想定される。

第4問 (配点20点) ◢◢

(1) 要求内容の解釈

直接の問題要求は「留意点」である。「注意点」と似た言葉であるが、注意点は「物事に神経を集中させ、それに対して用心する・警戒する」といったことであるのに対し、「留意点」は「物事を比較的長く心に留めておくこと」といった意味合いであるが、事例問題に対応する際に留意点が問われた場合には、「何かを実施するにあたって必要なこと（要件)」といった具合に、より解釈に幅を持たせて検討するのが望ましい。

本問は具体的には、「人事制度を確立していくための留意点」である。人事制度については、雇用管理（採用や配置)、評価、報酬、能力開発という4つの観点を想定することになるが、本問は人事制度そのものが問われているわけではない。上記の留意点の解釈に当てはめると、「人事制度を確立するために必要なこと（要件)」ということになる。より砕いていえば、人事制度を確立するにあたって、担保すべき要件のようなことを解答することになるであろう。

そして、本問は「グループ全体の人事制度の確立」である。文頭にあるように、A社長は「将来、企業グループの総帥」となる。このことを考えた際にということであるため、裏を返せば、現在は、A社長はあくまでA社の社長である。つまり、1社だけを見ていた状態から、グループ全体を見る立場になった際に、どんな人事制度を確立していくのかを考えることになる。

一般的な知識で考えれば、「グループ全体」という文言を踏まえると、グループ全体としての公平性、透明性、それによる納得性という観点は想起したい。同じグループ内で人事制度に不公平感があったり、不透明な部分があったりすれば、納得感が得られず、モチベーション、モラールに悪影響を及ぼす可能性がある。

また、本問は本事例唯一の助言問題であるため、問題本文にA社の課題に準ずる記述があれば、それは本問に対応づけることになる。さらに、A社の強みを維持・強化、活用を想定した際の、人事制度の在り方が問われている可能性も想定しておきたい。

(2)　解答の根拠探し

本問の直接的な根拠は以下である。

＜第12段落＞

　しかしながら、Ａ社の人事管理は、伝統的な家族主義的経営や祖父の経験や勘をベースとした前近代的なものであることも否めない。社員の賃金を同業他社よりやや高めに設定しているとはいえ、年功序列型賃金が基本である。近い将来には、自身が総帥となる企業グループ全体のバランスを考えた人事制度の整備が必須であるとＡ社長は考えている。

　まず、確立していく人事制度は、「企業グループ全体のバランスを考えたもの」とするということである。そのまま読み取れば、企業グループの人事制度を、特定の企業が明らかに優遇されている、報酬の原資となる財務的経営資源が多く投下されている、といったことにならないようにする、公平性、透明性、納得性のあるものにする、といったことであると考えられる。これは、必ずしも「統一化」を図るということではない。事業内容が異なれば、統一することは困難な可能性もあるし、バランスという表現を用いているのも、統一を要件としているわけではないことが想定される。

　また、見直しの方向として考えられることとして、「伝統的な家族主義的経営」「祖父の経験や勘をベースとしたもの」「前近代的なもの（否めない）」「社員の賃金を同業他社よりやや高めに設定している"とはいえ"、年功序列型賃金が基本」という点である。

　まず、「前近代的なもの」という表現は、「伝統的な家族主義的経営」「祖父の経験や勘をベースとしたもの」の両方にかかっている日本語表現である。これが「否めない」ということであるので、基本的には両方とも改善の方向で考えることになる。特に「祖父の経験や勘をベースとしたもの」については、内容的にもその色が強い。また、「社員の賃金を同業他社よりやや高めに設定している」こと自体は、そのあとの"とはいえ"という表現から、悪い意味ではないのかもしれない。逆に、「年功序列型賃金が基本」は好ましくない意味で書かれている。

　そして、これらは、「Ａ社」の人事管理として書かれている。一方で、本問は企業グループ全体の人事制度がテーマになっている。そのため、上述のＡ社の人事管理の内容の中で好ましくないものについては改善する方向であると想定されるが、場合によっては「同業他社よりやや高め」という賃金の是正が必要である可能性もある。このことは以下の記述からもうかがえる。

＜第4段落＞

　蔵元として老舗の経営権を獲得した際、前の経営者と経営顧問契約を結んだだけでなく、そこで働いていたベテラン従業員10名も従来どおりの条件で引き継いだ。

Ａ社の現在の従業員は40名であるので、上記の従業員10名は一部であるが（現時点ではこの全員が残っているとは限らないが）、文脈的に、Ａ社には優遇されている従業員がいることのひとつの要因と考えることもできる。つまり、今後、Ａ社だけを見ていた立場から、グループ全体を見る立場になった際に、Ａ社が特に優遇されている状況なのであれば、そのことも是正が必要である可能性が想定される。このことはすでに想定した、公平性といった観点が方向性であることを後押しする要素である。

　一方では、Ａ社の人事管理において好ましくない要素として考えられる「年功序列型賃金」については、対極的なものは「成果主義型」ということになる。年功序列ということは、単純にいえば年齢が高ければ報酬が高く、低ければ報酬が低いということになる。

　このことに関連すると思われる内容を見ていく。

＜第9段落＞

　他方、酒造以外の各部門の<u>責任者となる30代から40代半ばまで</u>の経験のある人材を正規社員として、またレストランと土産物店の現場スタッフには<u>地元の学生や主婦を非正規社員</u>として採用した。正規社員として採用した中からレストラン事業、土産物販売事業や総務部門の責任者を配置した。

＜第10段落＞

　レストランのフロアでは、日本の大学を卒業後、この地域の魅力に引かれて長期滞在していたときに応募してきた<u>外国人数名</u>も忙しく働いている。

＜第12段落＞

　<u>優秀な人材を活用</u>して地元経済の活性化にも大いに貢献してきたという自負がある。

　Ａ社の現在の人員構成を踏まえると、決して年功序列型によって優遇を受けやすい人材ばかりではなく、むしろ、第2問で見てきた若い女性、第3問で見てきた若き執行役員なども含め、若手を積極的に活用してきている。さらに、現在は人材のダイバーシティ化が進んでいる状況である。このことを踏まえれば、現状の年功序列型は適しているとはいいにくい。よって、働きぶりが正当に評価され、意欲をもって働いてもらうためには、成果主義的要素などを導入するなど、ある程度の是正は必要であろう。

　そして、「祖父の経験や勘をベースとしたもの」についてであるが、これを是正する方向は、評価の基準などを明瞭化、公平性のあるものにする、客観性のあるものにする、透明性のあるものにする、といった方向性であると考えられる。このことと内容は異なるが、ある意味で関連するともいえる記述として以下がある。

＜第9段落＞

　　その間も、Ａ社長は酒造りを学びながら、一方でこれらの社員と共に現場で働き、全ての仕事の流れを確認していくと同時に、その能力を見極めることにも努めた。

　　Ａ社長自身は、従業員について自らの目で見て把握し、直接確かめる形をとってきている。これは、「経験や勘」とは異なるが、一方で、自らの目でその都度確認して見極めるということは、組織として基準の明瞭化や透明化がなされていないことが想定される。また、今後、グループの総帥になることを考えると、これまでのように、すべてを直接目で見るというわけにはいかないであろうし、Ａ社の次期社長となる人物を考えても、いつまでも「社員と共に現場で働き」というのは現実的ではないとも思える。よって、ある程度評価の基準なども必要になるかもしれない。

　　さて、ここまで、若手従業員を含めて人材が多様化していることもあり、意欲の観点から、しっかりと報いるための制度が必要であり、また、グループ内における評価の基準などの明瞭化、公平性、客観性、透明性などが重要であるといったことが見いだせた。他の観点として想定されるものとして、以下に着目する。

＜第10段落＞

　　旅館などグループ企業からの営業支援もあって

　　グループ全体として最適な事業運営を行うことを考えれば、上記のように「支援」ということは今後も想定されるであろうし、場合によっては、グループ内における人員の異動もあるかもしれない。このことも考えれば、やはり、公平性、透明性といった要素は重要になると考えられる。

　　なお、上述したように、第12段落はおもにＡ社の人事管理として書かれてはいるが、「伝統的な家族主義的経営」「祖父の経験や勘をベースとしたもの」「前近代的なもの（否めない）」というのが、グループ内において特別Ａ社だけであるというのも考えにくい。特にグループの総帥であった「祖父の経験や勘をベースとしたもの」については、グループ全体に共通することであると考えるほうが自然である。

　　よって、グループ内においてバランスが取れていない点は是正することと、経験や勘をベースとしたものについては是正する、という２つの方向性は想定して問題ないと考えられる。

(3)　解答の根拠選択

　　上述してきた要素を組み立てて構成すればよいと考えられる。

(4)　解答の構成要素検討

　　若手を含めた多様な人員が正当に評価されて意欲をもって働けること、人員の異動が効果的に行えること、という２点が実現したいことであり、そのために留意すべき

こととして、グループ全体としての公平性や透明性が必要といった構成でまとめる。

　あくまで問われているのは、留意点であり、人事制度（施策）ではない点に注意しながら記述する必要がある。

※他の解答の可能性
　・家族主義的経営や祖父の経験や勘をベースとした前近代的なものを改めること
　・グループ全体のバランスを考えること
　・グループで統一された指標を導入すること
　・従業員に対して丁寧な説明を行うこと
　・血縁関係にとらわれない人材活用をグループ全体で行えるようにする
　・モラールの維持・向上
　・組織を活性化させること
　　また、上述したように、基本的には人事制度が問われているわけではないが、結論としての留意点を説明する要素として人事施策を記述することは妥当性がある。具体的には以下のようなものである。
　・買収時に引き継いだ条件の変更
　・成果主義的要素の導入
　・計画的な採用・配置
　・能力開発の機会を設ける

※得点見込み
　　第12段落から、大まかな方向性は想定できるため、大きく外れてしまうリスクは低いと思われる。そのうえで、問われているのはあくまで留意点であることを踏まえて構成できれば、ある程度得点できる設問であると考えられる。

【令和元年】問題
中小企業の診断及び助言に関する実務の事例Ⅰ

［別冊解答用紙：③］

　A社は、資本金8,000万円、売上高約11億円の農業用機械や産業機械装置を製造する中小メーカーである。縁戚関係にある8名の役員を擁する同社の本社は、A社長の祖父が創業した当初から地方の農村部にある。二代目の長男が現代表取締役のA社長で、副社長には数歳年下の弟が、そして専務にはほぼ同年代のいとこが就いており、この3人で経営を担っている。

　全国に7つの営業所を構えるA社は、若い経営トップとともに総勢約80名の社員が事業の拡大に取り組んでいる。そのほとんどは正規社員である。2000年代後半に父から事業を譲り受けたA社長は、1990年代半ば、大学卒業後の海外留学中に父が病気となったために急きょ呼び戻されると、そのままA社に就職することになった。

　A社長入社当時の主力事業は、防除機、草刈り機などの農業用機械の一つである葉たばこ乾燥機の製造販売であった。かつて、たばこ産業は厳しい規制に守られた参入障壁の高い業界であった。その上、関連する産業振興団体から多額の補助金が葉たばこ生産業者に支給されていたこともあって、彼らを主要顧客としていたA社の売上は右肩上がりで、最盛期には現在の数倍を超える売上を上げるまでになった。しかし、1980年代半ばに公企業の民営化が進んだ頃から向かい風が吹き始め、健康志向が強まり喫煙者に対して厳しい目が向けられるようになって、徐々にたばこ市場の縮小傾向が進んだ。さらに、受動喫煙問題が社会問題化すると、市場の縮小はますます顕著になった。しかも時を同じくして、葉たばこ生産者の後継者不足や高齢化が急速に進み、葉たばこの耕作面積も減少するようになった。こうした中で、A社の主力事業である葉たばこ乾燥機の売上も落ち込んで、A社長が営業の前線で活躍する頃には経営の根幹が揺らぎ始めていたといえる。とはいえ、売上も現在の倍以上あった上、一新人社員に過ぎなかったA社長に際立った切迫感があったわけではなく、存続危機に陥るなどとは考えていなかった。

　しかし、2000年を越えるころになって、小さな火種が瞬く間に大きくなり、2000年代半ばには、大きな問題となった。すでに5年以上のキャリアを積み経営層の一角となってトップ就任を目前にしていたA社長にとって、存続問題は現実のものとなっていた。そこで、自らが先頭に立って自社製品のメンテナンスを事業化することに取り組んだ。しかし、それはビジネスとして成り立たず、売上減少と費用増大という二重苦を生み出すことになってしまった。このままでは収益を上げることはもとより、100名以上の社員を路頭に迷わすことにもなりかねない状況であった。そこで、自社の技術を見直し、農作物や加工食品などの乾燥装置など葉たばこ乾燥機に代わる新製

— 63 —

品の開発に着手した。もっとも、その中で成功の部類に入るのは、干椎茸製造用乾燥機ぐらいであったが、この装置の売上が、最盛期の半分以下にまで落ち込んだ葉たばこ乾燥機の売上減少に取って代わる規模になるわけではなかった。その上、新しい事業に取り組むことを、古き良き時代を知っている古参社員たちがそう簡単に受け入れるはずもなかった。そして、二代目社長が会長に勇退し、新体制が発足した。

　危機感の中でスタートした新体制が最初に取り組んだのは、長年にわたって問題視されてきた高コスト体質の見直しであった。減価償却も済み、補修用性能部品の保有期間を過ぎている機械の部品であっても客から依頼されれば個別に対応していたために、膨大な数の部品が在庫となって収益を圧迫していたのである。また、営業所の業務が基本的に手書きの帳簿で処理され、全社的な計数管理が行われないなど、前近代的な経理体制であることが明らかとなった。そこで、A社のこれまでの事業や技術力を客観的に見直し、時代にあった企業として再生していくことを目的に、経営コンサルタントに助言を求めながら、経営改革を本格化させたのである。

　当然のように、業績悪化の真っただ中にあっても見直されることなく、100名以上にまで膨らんでしまっていた従業員の削減にも手を付けることになった。定年を目前にした高齢者を対象とした人員削減ではあったが、地元で長年にわたって苦楽を共にしてきた従業員に退職勧告することは、若手経営者にとっても、A社にとっても、初めての経験であり辛い試練であった。その後の波及効果を考えると、苦渋の決断ではあったが、これを乗り越えたことで従業員の年齢が10歳程度も引き下がり、コストカットした部分を成果に応じて支払う賞与に回すことが可能になった。

　こうして社内整備を図る一方で、自社のコアテクノロジーを「農作物の乾燥技術」と明確に位置づけ、それを社員に共有させることによって、葉たばこ乾燥機製造に代わる新規事業開発の体制強化を打ち出した。その結果、3年の時を経て、葉たばこ以外のさまざまな農作物を乾燥させる機器の製造と、それを的確に機能させるソフトウエアの開発に成功した。さらに、動力源である灯油の燃費効率を大幅に改善することにも成功し、新規事業の基盤が徐々に固まってきた。

　しかしながら、新規事業の拡大は機器の開発・製造だけで成就するわけではなく、新規事業を必要とする市場の開拓はもちろん、販売チャネルの構築も不可欠である。当初、経営コンサルタントの知恵を借りながらA社が独自で切り開くことのできた市場は、従来からターゲットとしてきたいわば既存市場だけであり、キノコや果物などの農作物の乾燥以外に、何を何のために乾燥させるのか、ターゲット市場を絞ること

— 64 —

はできなかった。

藁をもつかむ思いでA社が選択したのは、潜在市場の見えない顧客に用途を問うことであった。自社の乾燥技術や製品を市場に知らせるために自社ホームページ（HP）を立ち上げた。そして、そこにアクセスしてくれた潜在顧客に乾燥したいと思っている「モノ」を送ってもらって、それを乾燥させて返送する「試験乾燥」というサービスを開始した。背水の陣で立ち上げたHPへの反応は、1990年代後半のインターネット黎明期では考えられなかったほど多く、依頼件数は初年度だけで100件以上にも上った。生産農家だけでなく、それを取りまとめる団体のほか、乾物を販売している食品会社や、漢方薬メーカー、乾物が特産物である地域など、それまでA社ではアプローチすることのできなかったさまざまな市場との結びつきもできたのである。もちろん、営業部隊のプレゼンテーションが功を奏したことは否めない事実である。

こうして再生に向けて経営改革に取り組むA社の組織は、本社内に拠点を置く製造部、開発部、総務部と全国7地域を束ねる営業部が機能別に組織されており、営業を主に統括するのが副社長、開発と製造を主に統括するのが専務、そして大所高所からすべての部門にA社長が目配りをする体制となっている。

しかしながら、これまでリストラなどの経営改革に取り組んできたものの、A社の組織は、創業当時の機能別組織のままである。そこで、A社長が経営コンサルタントに助言を求めたところ、現段階での組織再編には賛成できない旨を伝えられた。それを受け、A社長は熟考の末、今回、組織再編を見送ることとした。

第1問 (配点20点)

A社長がトップに就任する以前のA社は、苦境を打破するために、自社製品のメンテナンスの事業化に取り組んできた。それが結果的にビジネスとして成功しなかった最大の理由は何か。100字以内で答えよ。

第2問 (配点20点)

A社長を中心とした新経営陣が改革に取り組むことになった高コスト体質の要因は、古い営業体質にあった。その背景にあるA社の企業風土とは、どのようなものであるか。100字以内で答えよ。

第3問 (配点20点)

A社は、新規事業のアイデアを収集する目的でHPを立ち上げ、試験乾燥のサービスを展開することによって市場開拓に成功した。自社製品やサービスの宣伝効果などHPに期待する目的・機能とは異なる点に焦点を当てたと考えられる。その成功の背景にどのような要因があったか。100字以内で答えよ。

第4問 (配点20点)

新経営陣が事業領域を明確にした結果、古い営業体質を引きずっていたA社の営業社員が、新規事業の拡大に積極的に取り組むようになった。その要因として、どのようなことが考えられるか。100字以内で答えよ。

第5問 (配点20点)

A社長は、今回、組織再編を経営コンサルタントの助言を熟考した上で見送ることとした。その最大の理由として、どのようなことが考えられるか。100字以内で答えよ。

令和元年度　事例Ⅰ　解答・解説

解答例

第1問 (配点20点)

市	場	が	縮	小	す	る	た	ば	こ	産	業	が	主	な	対	象	で	あ	る
上	、	単	に	既	存	事	業	に	関	連	す	る	内	容	で	あ	る	と	い
う	だ	け	で	コ	ア	テ	ク	ノ	ロ	ジ	ー	も	活	か	せ	ず	、	採	算
性	も	考	慮	さ	れ	て	い	な	い	。	以	上	か	ら	、	収	益	が	獲
得	で	き	る	事	業	領	域	の	設	定	で	は	な	か	っ	た	か	ら	。

第2問 (配点20点)

A	社	は	、	収	益	管	理	を	軽	視	し	た	営	業	体	質	と	な	っ
て	い	る	。	こ	れ	は	、	高	コ	ス	ト	体	質	で	あ	っ	て	も	そ
れ	を	上	回	る	売	上	を	獲	得	す	る	こ	と	で	存	続	し	て	き
た	過	去	の	体	験	に	よ	り	、	業	績	悪	化	に	対	す	る	切	迫
感	に	欠	け	、	変	化	を	拒	む	企	業	風	土	が	背	景	に	あ	る

第3問 (配点20点)

昨	今	の	イ	ン	タ	ー	ネ	ッ	ト	の	普	及	状	況	に	よ	り	、	ニ
ー	ズ	を	有	し	た	潜	在	顧	客	は	HP	へ	ア	ク	セ	ス	し	て	く
る	土	壌	が	あ	る	こ	と	か	ら	、	独	自	に	切	り	拓	く	の	が
困	難	な	、	既	存	市	場	以	外	の	多	様	な	市	場	と	数	多	く
の	結	び	つ	き	が	生	ま	れ	や	す	い	状	況	に	あ	っ	た	こ	と

第4問 (配点20点)

古	参	社	員	を	退	職	さ	せ	た	上	で	自	社	の	コ	ア	テ	ク	ノ
ロ	ジ	ー	を	明	確	に	し	た	た	め	、	新	た	な	戦	略	が	受	け
入	れ	ら	れ	た	こ	と	。	ま	た	、	販	売	見	込	み	の	高	い	タ
ー	ゲ	ッ	ト	市	場	が	明	確	に	な	り	、	成	果	主	義	的	要	素
の	動	機	づ	け	へ	の	寄	与	度	合	い	が	高	ま	っ	た	こ	と	。

第5問（配点20点）

新	規	事	業	の	基	盤	が	徐	々	に	固	ま	っ	て	き	た	段	階	で
あ	り	、	経	営	改	革	を	着	実	に	進	展	さ	せ	る	た	め	に	は、
経	営	陣	が	各	機	能	部	門	長	を	務	め	る	集	権	度	合	い	が
強	い	創	業	以	来	の	組	織	体	制	の	ま	ま	の	ほ	う	が	、	現
段	階	に	お	い	て	は	望	ま	し	い	と	判	断	し	た	か	ら	。	

事例 I 元

解 説

1．事例の概要

　令和元年度の事例Ⅰは、農業用機械や産業機械装置（農作物などの乾燥機）の製造業が出題された。事例Ⅰでは圧倒的に製造業の出題が多く、この点は本年も同様である。出題テーマとして奇抜だったわけではなく、組織・人事の事例である事例Ⅰとして、想定される内容であったといえる。ただし、詳しくは後述するが、問題要求の解釈の難易度は非常に高い。また、問題本文は記述ボリュームが非常に多く、ここ数年の傾向と同様、基本的には根拠はしっかりと書かれてはいる。ただし、ボリュームが多いことに加えて要求解釈の難易度が高いため、正確な対応付けがしにくい問題もあり、読み取りの難易度は高かったと思われる。

　形式的な面では、ここ数年同様、文章のみの問題構成であり（組織図などの図表はない）、大きな変化はない。問題の構成としては、5問構成であり、事例Ⅰとして至って標準的である。ただし、事例Ⅰでは、助言問題が1、2問設定されるのが典型的だが、今回はそれがまったくないという初めての設定であった。

　難易度については、ここ数年の中で比較すると若干難しい問題であったと思われる。

□**難易度**

　・問題本文のボリューム　　：多い

　・題材の取り組みやすさ　　：やや取り組みやすい

　・問題要求の対応のしやすさ：非常に対応しにくい

□**問題本文のボリューム（本試験問題用紙で計算）**

　・3ページ弱

□**構成要素**

　文　章：82行（空行含まず）

　問題数：5つ　解答箇所5箇所

　第1問　20点　　　　　100字

　第2問　20点　　　　　100字

　第3問　20点　　　　　100字

　第4問　20点　　　　　100字

　第5問　20点　　　　　100字

　　　　　（合計）　　　500字

(1) 問題本文のボリューム

問題本文のボリュームは、行数は82行と昨年の67行からかなり増加している。この5年間においてはもちろん、2次筆記試験が現在の形式となった平成13年度以降で最も多い分量となった。

(2) 題材の取り組みやすさ

業種は農業用機械や産業機械装置（主力製品は農作物などの乾燥機）の製造業である。事例Ⅰは、他の事例と比較して業種の制約は少ないが、過去の出題においても製造業の出題が多く、その点では例年どおりであるといえる。取り扱い製品は多少イメージしにくいものの、そのことによって問題本文が理解しにくいといったことはなかったと思われる。

(3) 問題要求の対応のしやすさ

全般的に非常に対応しにくい。理由としては、「最大の」といった形で要求されることにより、解答を特定しなければならない難しさがあったことや、「背景」といった形で、解答要素として"どこ"を書けばよいのかの判断の難しさがあったこと。また、個別には、第2問では「営業体質」についても記述するべきか否か、第3問では「どの点に焦点を当てたのか」を記述するべきか否か、第4問では、「新経営陣が事業領域を明確にした」ことによって生じることを記述するのが中心だが、単純にそれだけなのか否か、第5問では、「当初のA社長の考え」も記述するのか否か、といった解答要素の想定をどのようにするべきかの判断にも難しさがあった。

解答箇所は5箇所、制限字数は500字であり、この点については昨年と同様であり、ここ数年で見ても同様の状況である。

2. 取り組み方

まずは問題本文のボリュームの多さが際立ち、内容を読み取るのに時間を要する。また、問題要求については、すでに述べたように厳密に解釈しようとすると非常に悩ましい。ただし、実際に80分で対応している際の感覚は、個人差が大きそうな問題である。つまり、比較的平易な問題であると感じる方と、非常に難解な問題であると感じる方に分かれると思われる。その要因は、問題本文に根拠は書かれており、問題要求で問われていることも、厳密さを求めなければおおよそは把握できる。これは、裏を返せば、厳密さを求めると解釈を特定するのが非常に困難になるということである。よって、現実的には80分で検討できることには限りがあるので、実際には深く考えすぎないほうがかえって結果はよくなる可能性もある（仮に解釈が難しいと感じたとしても、一定程度80分の中で割り切って対応できるとよいということである）。

また、近年の事例Ⅰは、問題本文の記述がかなり具体的になってきており、今回も

その点は同様である。このことは、本来は事例企業についての理解がしやすくなる側面を有しているわけであるが、事例企業全体を捉えることができないと、個別の記述の解釈が難しいという面が大きかった。これらの点から、問題本文の解釈と整理は難易度が高かったといえる。

さらに、事例Ⅰは他の事例と比較して解答根拠が重複することが多いが、今回もその点が多く見られる。よって、問題要求から着眼点を明確に設定しないと、根拠の対応づけに迷うことになる。特に第1問と第2問における解答根拠の切り分け、また、これらの設問をどのように考えるかによって、特に第4問などは解答の方向性に影響が生じることになる。

総じて、問題要求の解釈の難しさ、問題本文の読み取り負荷の大きさから、ここ数年の中で見るとやや難易度は高かったと思われる（ただし、上述したように、この感じ方は個人差が出そうな問題ではある）。

3．解答作成

以下は創業からの大まかな経緯をまとめたものである。実際の80分の中でここまで整理するのは容易ではないが、ある程度は流れを把握する必要がある。今回の事例の場合には、生じた出来事やA社の対応の順序はそれほど複雑ではないが、時間の経過度合いをふまえることが重要であった。たとえば、メンテナンスの事業化に取り組んでから、経営改革が始まるまでは5年未満の時間しか経過していない、といったことである。

創業年（不明）	・現社長の祖父が創業。
1980年代半ば	・公企業の民営化が進み、たばこ産業、A社にとっては向かい風が吹き始める。 ※この時期以降、健康志向が強まり、受動喫煙問題の社会問題化などにより、たばこ市場の縮小傾向が進む。葉たばこ生産者の後継者不足や高齢化が急速に進み、葉たばこの耕作面積も減少していく。
1990年代半ば	・現社長が入社（存続危機に対する切迫感はない）。 ・主力事業は葉たばこ乾燥機。
2000年頃	・市場縮小の影響が拡大する（小さな火種が瞬く間に大きくなる）。
2000年代半ば	・存続問題が現実のものとなる（大きな問題となる）。 ・A社長は経営層の一角であり、トップ就任が目前となる。自ら

— 72 —

	が先頭に立って自社製品のメンテナンスの事業化に取り組むが、ビジネスとして成り立たず、売上減少と費用増大の二重苦を生み出す。 ・新製品開発に着手するが、古参社員が受け入れなかったこともあり、状況打開とはならず。
2000年代後半	・現社長となる（危機感の中でのスタート）。
現社長就任以降	※これ以降、現在に至るまで（約10年）経営改革に取り組む。 ・最初に取り組んだのは、長年にわたって問題視されてきた高コスト体質の見直し（在庫が収益を圧迫）。 ・手書きの帳簿で処理、全社的な計数管理など前近代的経理体制。 ・定年を目前にした高齢者（古き良き時代を知っている古参社員と同じと考えられる）を対象とした人員削減を行う。年齢が10歳程度も引き下がり、コストカットによって成果主義的要素をつくり出す。 ・自社のコアテクノロジーを「農作物の乾燥技術」と明確に位置づけ、それを社員に共有させ、新規事業開発の体制強化を打ち出す。それから3年の時を経て、葉たばこ以外のさまざまな農作物を乾燥させる機器の製造、ソフトウェアの開発、燃費効率の大幅改善など、新規事業の基盤が徐々に固まる。 ・市場の開拓や販売チャネルの構築に苦慮するが、HPを立ち上げてさまざまな市場（チャネル）との結びつきができる。
現在（2019年）	・縁戚関係にある8名の役員がいる（経営に従事しているのは同年代の若い世代の3人のみ）。 ・従業員数80名、ほとんどが正規社員となっている。 ・全国に7つの営業所を構えている。 ・創業当時の機能別組織（製造、開発、総務、営業）である。 ・副社長が営業、専務が開発と製造、社長が大所高所からすべての部門に目配りする体制となっている。

事例Ⅰ㊦

第1問 (配点20点) ◢◢◢

(1) 要求内容の解釈

　直接の問題要求は「最大の理由」である。"最大の"ということであるので、いくつかある理由のうちの、最も大きな理由を見定めて解答する必要がある（あるいは、出題者としては単に複数の内容を並列した形で記述させたくないために、このよう

な要求にしている可能性もある）。具体的には、「ビジネスとして成功しなかった最大の理由」である。"ビジネスとして成功"の具体的な状況はさまざまに考えられるが、少なくとも収益がしっかりと獲得できている状況であることは間違いない。そうであれば、「収益が獲得できる状況にならなかった最大の理由」と言い替えることもできる。

そして、具体的な内容は、「自社製品のメンテナンスの事業化」であるため、自社製品のメンテナンス事業そのものの特徴に理由がある可能性がある。また、「事業"化"」であるので、「事業にならなかった」理由、あるいは、事業にしていくプロセスに理由がある可能性がある。「取り組んできた」「結果的に」という文言からも、そのプロセスに理由がある可能性がある。

また、「苦境を打破するために」ということは、この事業化は苦境を打破できるものではなかったということである。本問はビジネスとして成功しなかった最大の理由を解答すればよいので、「ビジネスとして成功＝苦境を打破」ということであると思われるが、念のため、この苦境の内容を確認する必要がある（解答の方向性に影響がある可能性もあり得る）。そして、その苦境や、事業化の取り組みを行ったのは、「A社長がトップに就任する以前のA社」ということであるので、この時制も踏まえて内容を特定する。また、「A社長がトップに就任する以前だった」ということそのものも、解答の方向性に影響を与える可能性がある。

そして、事例Iにおいては、事例企業の強みが解答に関連する可能性がある。そうすると、このメンテナンス事業はA社の強みが活かせない事業内容だった、ということが解答要素になり得ることも想定しておきたい。

(2) 解答の根拠探し

最大の理由が問われているため、理由としての要素は多様に存在することが想定される。よって、まずは該当する要素は洩れなくピックアップしたうえで、何が最大の要素であるかを見定めていくことになる。

まずは、問われている自社製品のメンテナンス事業について確認する。

＜第4段落＞

しかし、2000年を越えるころになって、小さな火種が瞬く間に大きくなり、2000年代半ばには、大きな問題となった。すでに5年以上のキャリアを積み経営層の一角となってトップ就任を目前にしていたA社長にとって、存続問題は現実のものとなっていた。そこで、自らが先頭に立って自社製品のメンテナンスを事業化することに取り組んだ。しかし、それはビジネスとして成り立たず、売上減少と費用増大という二重苦を生み出すことになってしまった。

自社製品のメンテナンス事業に関することとして、①トップ就任を目前にしていた

Ａ社長自らが先頭に立って事業化に取り組んだこと、②売上減少と費用増大という二重苦を生み出したこと、が示されている。

　①が解答に関連するのであれば、Ａ社長自らが先頭に立って取り組んだことが成功しなかった一因だったということが考えられる。関連する可能性がある記述としては以下がある。

＜第2段落＞

　全国に7つの営業所を構えるＡ社は、<u>若い経営トップ</u>とともに総勢約80名の社員が事業の拡大に取り組んでいる。そのほとんどは正規社員である。2000年代後半に父から事業を譲り受けたＡ社長は、<u>1990年代半ば</u>、大学卒業後の海外留学中に父が病気となったために急きょ呼び戻されると、そのまま<u>Ａ社に就職</u>することになった。

＜第4段落＞

　その上、新しい事業に取り組むことを、<u>古き良き時代を知っている古参社員たちがそう簡単に受け入れるはずもなかった。</u>

　まず、Ａ社長は大学卒業後の海外留学中であった1990年代半ばにＡ社に入社している。そして、自社製品のメンテナンス事業を始めたのは、2000年代半ばであるので、おそらく30代前半といった年代であったと考えられる。その一方、Ａ社には上記のような特徴を有した古参社員がいる。そのため、先頭に立って取り組んでも賛同が得られずに成功しなかった、といったことが考えられる。

　一方、市場動向について確認しておく。

＜第3段落＞

　Ａ社長入社当時の主力事業は、防除機、草刈り機などの農業用機械の一つである<u>葉たばこ乾燥機の製造販売</u>であった。

＜第3段落＞

　しかし、1980年代半ばに公企業の民営化が進んだ頃から向かい風が吹き始め、健康志向が強まり喫煙者に対して厳しい目が向けられるようになって、徐々に<u>たばこ市場の縮小傾向が進んだ</u>。さらに、受動喫煙問題が社会問題化すると、<u>市場の縮小はますます顕著</u>になった。しかも時を同じくして、葉たばこ生産者の後継者不足や高齢化が急速に進み、葉たばこの耕作面積も減少するようになった。

　まず、Ａ社長入社当時の主力事業は、葉たばこ乾燥機の製造販売であり、他の文脈も合わせると、メンテナンス事業を行う自社製品もこの葉たばこ乾燥機が中心となる。そして、その葉たばこ乾燥機は、市場が縮小するたばこ産業において用いられるものである。よって、このように市場が縮小している事業であったことも成功しなかった理由であると考えられる。

②が解答に関連するのであれば、売上減少と費用増大という二重苦を生み出したことが最大の理由ということになるのかもしれないが、あらためて本問で問われているのは、「メンテナンス事業がビジネスとして成功しなかった理由」ということである。そうすると、売上減少というのは、メンテナンスを事業化することに取り組んだことで生じたことではあるが、元々ほとんど売上が存在していなかったと考えられるメンテナンスを事業化することで、メンテナンス事業の売上が減少するというのは不自然である。つまり、ここでの売上減少はA社全体としての売上であると考えられる（事業化というのが、事業として明確なものにするという意味合いであれば、メンテナンス自体はこれまでもまったく行っていなかったわけではない、という状況はあり得る）。一方の費用増大のほうは、事業化すれば、売上が生じるだけでなく、当然費用も生じる。よって、メンテナンスを事業化したことは、この費用の増大が大きかったということであろう。これは成功しなかった理由になると考えられる。

その費用の面に関連すると考えられる記述には以下がある。

＜第5段落＞

危機感の中でスタートした新体制が最初に取り組んだのは、長年にわたって問題視されてきた<u>高コスト体質</u>の見直しであった。減価償却も済み、<u>補修用性能部品の保有期間を過ぎている機械の部品であっても客から依頼されれば個別に対応していたために、膨大な数の部品が在庫となって収益を圧迫していた</u>のである。

まず、「A社は高コスト体質」ということであり、このことはA社長がこの後社長に就任して改革していくことになるが、この改革が始まるのはA社長が就任した2000年代後半である。そして、メンテナンスの事業化に取り組んだのは、2000年代半ばである。つまり、高コスト体質は「長年にわたって」ということであるので、メンテナンス事業を行う前からであることが示唆されている。そして、「補修用性能部品」は、メンテナンスに直接関連するものであると考えられる。つまり、従来からの企業としての高コスト体質が、このメンテナンス事業においても形となって表れているということである。よって、高コスト体質であることがメンテナンス事業においても表れており、収益が獲得できるビジネスにならなかったことが成功しなかった理由として考えられる。

ここまでの内容を整理して、端的に表現すると、「組織内の抵抗」「市場が縮小している事業であったこと」「高コスト体質によって収益が獲得できるビジネスにならなかったこと」があげられる。

これらのことに加えて、問題要求の解釈時点でも想定したように、A社の強みが活かせない事業であった、という観点で検討するためにA社の強みについて確認する。

＜第7段落＞

— 76 —

こうして社内整備を図る一方で、自社のコアテクノロジーを「農作物の乾燥技術」と明確に位置づけ、それを社員に共有させることによって、葉たばこ乾燥機製造に代わる新規事業開発の体制強化を打ち出した。

このように明確に位置づけたのは、A社長が就任してからの2000年代後半であるが、この強み自体は従来から有していたと考えられる。つまり、メンテナンス事業は、この「農作物の乾燥技術」というコアテクノロジーを活かすことができなかった、というのが成功しなかった理由として考えられる。

(3) 解答の根拠選択

「組織内の抵抗」「市場が縮小している事業であったこと」「高コスト体質によって収益が獲得できるビジネスにならなかったこと」「強みが活かせなかったこと」といった要素を抽出してきた。

まず、「組織内の抵抗」、つまり、古き良き時代を知っている古参社員が受け入れなかった点であるが、このことも理由となっている可能性はあるが、問題本文の文脈から、古参社員が受け入れなかったのは、自社製品のメンテナンス事業ではなく、たばこ乾燥機に変わる新製品の開発である可能性が考えられる。第4段落には、メンテナンス事業を行い、それがかなり厳しい状況であったので、新製品の開発を行ったという流れである（「そこで」という接続詞で表現されている）。また、A社は元々このような組織であったにもかかわらず、たばこ市場が縮小したことで存続問題が生じている。つまり、組織内の要素が最大の理由だとするならば、創業時からの事業展開にもそれなりの支障が出るはずである。それがなかったのは、市場が拡大し、規制にも守られた競争環境だったからである。よって、最大の理由として、本問の解答を構成する際に、市場の縮小の面にまったく触れないのは整合性が取れないことになる。

それ以外の要素であるが、一見すればそれぞれ別個の内容であるように見えるが、一言でまとめれば、「このような事業を選んだことが、そもそも成功しなかった最大の理由である」と表現することができる。この結論づけに「市場が縮小している事業であったこと」「高コスト体質によって収益が獲得できるビジネスにならなかったこと」「強みが活かせなかったこと」という3つの要素を盛り込んだ形で解答をまとめることにする。

(4) 解答の構成要素検討

解答構成にあたっては、第4問の問題要求にある「事業領域」という文言を用い、「事業領域の設定が好ましくなかった」といった形でまとめる。そして、なぜ好ましくないかを、①市場が縮小している事業であったこと、②強みが活かせなかったこと、③高コスト体質によって収益が獲得できるビジネスにならなかったこと、を用いて説明する。③については、単にA社が高コスト体質であると記述してしまうとうまく組

事例 I 元

み込めないため、まず、そもそもメンテナンス事業を行うにあたって、それまで同様のコスト意識の低さによって採算性が考慮されていないこと（このことも事業領域の設定の説明）として記述する。

　最終的には、「ビジネスとして成功しない」というのは、問題要求の解釈時点でも認識したように、「収益が獲得できる状況にならなかった」ということであることをふまえた形でまとめる。

※他の解答の可能性

　検討過程において登場したが、「組織内の抵抗」、つまり、古き良き時代を知っている古参社員が受け入れなかった点も、組織・人事の事例である事例Ⅰにおいては十分に考えられる内容である（解答例において採用していない理由は上述したとおり）。

　それ以外に妥当性があると考えられる解答要素（文言）としては、「事業化の手順が適切でなかったから」「メンテナンス事業は付加価値が高くなかったから」。市場縮小について詳しく記述する場合には「健康志向の高まりなどによるたばこ市場の縮小」「葉たばこ生産者の後継者不足や高齢化による葉たばこの耕作面積減少」「葉たばこ乾燥機の市場も縮小」など。コスト面について詳しく記述する場合には「減価償却も済み、補修用性能部品の保有期間を過ぎている機械の部品であっても客から依頼されれば個別に対応していたために、膨大な数の部品が在庫となって収益を圧迫した」など。これらの要素は妥当性があると考えられる。

※得点見込み

　難易度は非常に高いと考えられる。「最大の」という要求であるため、それを特定しなければならない。そして、検討してきたように、それなりに妥当性のある要素は描かれているため、その特定の仕方によっては、まったく解答の方向性が変わる可能性もある。また、「ビジネスとして成功しない」というのがどういうことであると捉えるかによっても、文脈が変わってくることになる。

　上記で検討したような要素をある程度抽出しつつ、それらの要素を駆使しながら1つの結論としてまとめる形で表現することができれば、ある程度の得点が見込まれる。

第2問 （配点20点）◢◢

(1) 要求内容の解釈

　直接の問題要求は「企業風土」である。一般には組織風土と表現されることが多く、また、組織文化と類似した概念でもある。組織文化が組織構成員によって共有された

価値観、規範といったものであるのに対し、組織風土は、組織構成員によって知覚された組織特性であるとされる。より具体的には、構成員の満足やモチベーションの影響要因であり、組織文化よりもミクロ的な要素を取り扱う。また、測定することが可能な組織特性の個人や集団への影響に焦点を当てるとされる。厳密にはこのように異なる意味合いを有しているが、一般にはほぼ同様のことであるとして用いられることも多いため、幅広く解釈しておくほうが無難であると考えられる（一般には組織風土と表現されることが多い中において企業風土という文言を用いていることからも、出題者はそこまで組織文化と組織風土についても厳密に異なるものとして認識して表現しているとは考えにくい）。

　そして、この本問で問われている企業風土を背景として、「古い営業体質」が形成されている。そして、この古い営業体質を要因として、「高コスト体質」が形成されている。そして、この高コスト体質の改革に、Ａ社長を中心とした新経営陣が取り組むことになったという関連性である。つまり、「企業風土」→「古い営業体質」→「高コスト体質」という関連性である中で、企業風土が問われているので、企業風土については直接的には書かれておらず、古い営業体質や高コスト体質の内容から、どのような企業風土であるかを推し量ることが求められている可能性が高い。よって、高コスト体質の状況と、それを形成している営業体質をまずは特定し、そのような体質になっているのは、どのような企業風土が存在しているからであるかを解答することになる。

　直接問われているのは企業風土であるが、場合によっては営業体質についても解答に含む構成となることも考えられる。

(2) 解答の根拠探し

　まずは「高コスト体質」や「古い営業体質」について確認していく。

＜第5段落＞

　危機感の中でスタートした新体制が最初に取り組んだのは、長年にわたって問題視されてきた高コスト体質の見直しであった。減価償却も済み、補修用性能部品の保有期間を過ぎている機械の部品であっても客から依頼されれば個別に対応していたために、膨大な数の部品が在庫となって収益を圧迫していたのである。また、営業所の業務が基本的に手書きの帳簿で処理され、全社的な計数管理が行われないなど、前近代的な経理体制であることが明らかとなった。

　一言でいえば、コスト管理（あるいは収益管理）が軽視された営業体質であることが読み取れる。そのような営業体質であるため、結果として高コスト体質になっているということである。そして、このような体質になった背景に企業風土があるということである。

A社の企業風土に関連すると思われる内容として以下がある。

＜第4段落＞

　その上、新しい事業に取り組むことを、古き良き時代を知っている古参社員たちがそう簡単に受け入れるはずもなかった。

　「古参社員」は風土に大きな影響を及ぼしていると考えられる。そして、「古き良き時代を知っている」ため、「新しい事業に取り組むことを簡単に受け入れない」ということである。つまり、過去の成功体験があり、かつ、それに固執しており、変化を拒む体質が根付いている、これがおおよそA社の企業風土といってよさそうである。

　過去の成功体験については以下のように描かれている。

＜第3段落＞

　かつて、たばこ産業は厳しい規制に守られた参入障壁の高い業界であった。その上、関連する産業振興団体から多額の補助金が葉たばこ生産者に支給されていたこともあって、彼らを主要顧客としていたA社の売上は右肩上がりで、最盛期には現在の数倍を超える売上を上げるまでになった。

＜第3段落＞

　とはいえ、売上も現在の倍以上あった上、一新人社員に過ぎなかったA社長に際立った切迫感があったわけではなく、存続危機に陥るなどとは考えていなかった。

　A社には、たばこ産業の成長という市場機会に乗り、売上を拡大させてきたという歴史がある。このような成功体験により、上述した企業風土を形成している。

　では、このような風土がどのように「古い営業体質」や「高コスト体質」につながるのかを考えると、従来は黙っていても売上が拡大してきたため、コストや収益に対する意識、あるいはそれを管理する意識を持たなくても、業績が確保でき、存続することができた、ということである。

(3)　解答の根拠選択

　基本的には上述の要素をふまえて構成すればよいと考えられる。

(4)　解答の構成要素検討

　直接問われているのは企業風土であるが、その企業風土によって古い営業体質が形成されているという関係であるため、営業体質についても触れた上で、企業風土について詳述する構成が望ましいと考えられる。

※他の解答の可能性

　　方向性は上述したようなことであると思われるが、記述する解答要素として考えられるのは、「過去の成功体験を有し、そのことが固定観念として根付いている」「い

つかは成功するだろうと考えている」「長年、規制に守られた業界において事業活動を行っていたこと」「コスト意識が低い」「業界の参入障壁の高さや補助金の影響で以前は業績が右肩上がりだったこと」「精緻な管理を軽視する」「客から依頼されれば個別に対応し、膨大な数の部品が在庫となって収益を圧迫している（古い営業体質）」「基本的に手書きの帳簿で処理され、全社的な計数管理が行われていないなど、前近代的な経理体制（古い営業体質）」といった要素は妥当性がある。

※得点見込み

　企業風土自体は、文言レベルでは書き方がさまざまになると思われるが、創業時からの成功と古参社員の記述から、大まかな方向性は描けると思われる。営業体質について記述することがどこまで求められているのか（あるいは求められていないのか）は定かではないが、直接問われているわけではないので、こちらの記述ボリュームが多くなり、企業風土の記述ボリュームが少なくなると、結果としてあまり得点が入らない可能性がある。

　また、本問が難しいのは、この問題単体というよりも、第1問との切り分けである。大きな失点になるとすれば、切り分けに悩むことで、結果として第2問の解答要素にずれが生じる形であると思われる。

第3問 (配点20点) ◢◢ ◢

(1) 要求内容の解釈

　直接の問題要求は「要因」である。そして、「成功の背景に」ということである。単に成功要因を問うのであれば、「背景」という表現は不要であると考えれば、「成功できたのは背景にどのようなことがあったからなのか」といったことが求められている可能性がある。この場合、「文字通りの成功要因としてA社が行ったこと」が求められているのではないと考えられる。そして、ここでいう成功は「市場開拓」ということであるので、解答内容は、市場開拓の成功に寄与する内容ということになる。そして、本問は問題要求がかなり複雑な構造にあるが、この市場開拓の成功は、「試験乾燥のサービスを展開すること」によってもたらされている。そして、試験乾燥のサービスを展開するにあたっては、「新規事業のアイデアを収集する目的でHPを立ち上げた」ということも関連している。そして、そのHPでは、「自社製品やサービスの宣伝効果などHPに期待する目的・機能とは異なる点に焦点を当てたと考えられる」ということである。少し整理すると、この異なる点に焦点を当てたHPを作成し、試験乾燥のサービスを展開することによって市場開拓に成功している。つまり、上述したが、単に成功要因を問うのであれば、半ば答えが書かれていることになる。よって、「このような一連の流れによって市場開拓に成功したのは、背景に何があったの

か」が問われている内容であると考えられる。

(2) 解答の根拠探し

まずは市場開拓に成功した状況について確認する。問題要求に書かれていた「自社製品やサービスの宣伝効果などHPに期待する目的・機能とは異なる点に焦点を当てた」ことが成功の一因であるため、この具体的な内容を問題本文で確認する。

＜第9段落＞

藁をもつかむ思いでA社が選択したのは、潜在市場の見えない顧客に用途を問うことであった。

＜第9段落＞

自社の乾燥技術や製品を市場に知らせるために自社ホームページ（HP）を立ち上げた。そして、そこにアクセスしてくれた潜在顧客に乾燥したいと思っている「モノ」を送ってもらって、それを乾燥させて返送する「試験乾燥」というサービスを開始した。背水の陣で立ち上げたHPへの反応は、1990年代後半のインターネット黎明期では考えられなかったほど多く、依頼件数は初年度だけで100件以上にも上った。

＜第9段落＞

生産農家だけでなく、それを取りまとめる団体のほか、乾物を販売している食品会社や、漢方薬メーカー、乾物が特産物である地域など、それまでA社ではアプローチすることのできなかったさまざまな市場との結びつきもできたのである。

＜第8段落＞

当初、経営コンサルタントの知恵を借りながらA社が独自で切り開くことのできた市場は、従来からターゲットとしてきたいわば既存市場だけあり、キノコや果物などの農作物の乾燥以外に、何を何のために乾燥させるのか、ターゲット市場を絞ることはできなかった。

＜第9段落＞

もちろん、営業部隊のプレゼンテーションが功を奏したことは否めない事実である。

「顧客に用途を問う」「自社の乾燥技術や製品を市場に知らせる～アクセスしてくれる」とある。問題要求には、「自社製品やサービスの宣伝効果などを目的とするのではなく」とあるため、これらを加味して言えるのは、A社の製品やサービスを単純に宣伝するのではなく、A社の乾燥技術や製品はどのような用途で用いられそうか、潜在顧客を発掘することを主目的とした、ということであると考えられる。このような点に焦点を当てたことが、多くの依頼件数につながり、市場開拓につながったということである。

以前は、独自で切り拓くことができたのは既存市場だけということであったが、HPを立ち上げたことによって、これまでターゲットとしてきた既存市場（生産農家）だけでなく、さまざまな市場との結びつきができたことによって市場開拓を実現している。さらに、営業部隊のプレゼンテーションも功を奏している。

　さて、これらが市場開拓に成功した要因であるが、問題要求の解釈時点でも想定したように、単純に市場開拓の成功要因を解答するのであれば、これらの要素について因果関係を構成したり、並列関係としたりすることでまとめ上げればよいが、「背景」ということであるので、「このような一連の流れによって市場開拓に成功したのは、背景に何があったのか」を考えたい。そうすると、上記第9段落にある、「インターネット黎明期では考えられなかったほど多くの依頼件数」という内容に着目すると、市場開拓が成功した背景には、「黎明期とは異なるインターネットの普及」といったものがあった、ということである。また、このことに付随して、問題要求にあるように、従来のHPの主な目的・機能が「自社製品やサービスの宣伝効果」であったのだとすれば、現代は、「自社にはわからないニーズを有した潜在顧客は、自ら必要なものを探してアクセスしてくる時代」であることが背景である考えられる。その結果、すでに見たように、「多様な市場（食品会社、漢方薬メーカーなど）と、数多くの（初年度だけで100件以上）結びつきが生じやすい状況である」といった形で、内容をあくまで「背景」としてまとめるのが望ましい。

(3)　解答の根拠選択

　おおよそ、上記の内容をまとめればよいと考えられるが、成功要因ではなく、成功の背景（にある要因）としてまとめるため、「営業部隊のプレゼンテーションが功を奏したこと」は、HPにおける焦点とは観点が異なるため、要素から除外して構成する。

(4)　解答の構成要素検討

　「インターネットの普及」→「ニーズのある顧客は自らが必要なものを探しにくる（それがわかるHPを求める）」→「多様な市場と数多く結びつきやすい」といった形で、因果関係で構成するのが望ましい。

※他の解答の可能性

　単純に成功要因として解答することが求められているのであれば、「営業部隊のプレゼンテーションが功を奏したこと」「試験乾燥によって効果を実感させることができたこと」「双方向コミュニケーションが図れるようになったこと」「ターゲット市場を絞ることができたこと」「用途を問うことができたこと」なども要素として考えられる。

　ただし、これまで見てきたように、「成功要因ではなく成功の背景にある要因」

であること、問題要求に「HPにおける焦点」と書かれているといったことから、少なくとも作問当初の想定では、単に成功要因として解答することを求めていたのではないと考えられる。

※得点見込み

　関係する段落が第9段落であることはわかりやすいため、何も書けないということはなく、まったく得点できない状況も少ないと思われるため、本事例においては相対的に得点しやすい設問であると考えられる。ただし、問題要求の解釈を正確に行うのは難しいため、何を解答要素とすればよいのかに迷うと、苦戦することも想定される。

第4問 (配点20点) ◢ ◢

(1)　要求内容の解釈

　直接の問題要求は「要因」である。具体的には、「新規事業の拡大に積極的に取り組むようになった要因」ということである。素朴に考えれば、なにがしかの要因によって動機づけ（モチベーション）が高まった、といった方向性は想定される。本問の場合には、「古い営業体質を引きずっていたA社の営業社員」ということであるが、これについての解釈としては、①古い営業体質が解消されたことで取り組むようになった、②古い営業体質は残りながらも取り組むようになった、の両方が考えられる。いずれにしても、第2問同様、古い営業体質についてはふまえたうえで内容を検討したい。

　そして、「新経営陣が事業領域を明確にした結果」ということであるので、これによって新規事業の拡大に積極的に取り組むようになった、ということである。そうすると、本問で問われている要因は、「新経営陣が事業領域を明確にする」ことによって生じること（あるいは明確にすることの意味）が問われているということでよいであろう。

(2)　解答の根拠探し

　まずは、事業領域（ドメイン）を明確にしたことについての記述として以下がある。
＜第7段落＞

　こうして社内整備を図る一方で、<u>自社のコアテクノロジーを「農作物の乾燥技術」と明確に位置づけ</u>、それを社員に共有させることによって、<u>葉たばこ乾燥機製造に代わる新規事業開発の体制強化</u>を打ち出した。

　自社のコアテクノロジーを明確にした、つまり、この「農作物の乾燥技術」を軸として事業展開していくことが、本問でいう事業領域を明確にしたことである。このこ

とによって、新規事業の拡大に積極的に取り組むことになったわけであるが、このように事業領域（ドメイン）を明確にすることによる効果としては、①意思決定者たちの焦点が定まる、②必要な経営資源が明確になる、③一体感が醸成される、といったことが考えられる。これらのことは新規事業の拡大に積極的に取り組むことに寄与しないわけではないので、解答要素としての妥当性はゼロではない。ただし、直接的ではないようにも思える。よって、「古い営業体質を引きずっていた営業社員」という点に着目して根拠を見出すことにする。そうすると、古い営業体質は、第2問でも検討したように、「収益管理を軽視する」といったことであり、その背景には、「変化を拒む企業風土」があった。あらためてではあるが、これらのことを端的に示したのが以下の記述であった。

＜第4段落＞

　その上、新しい事業に取り組むことを、古き良き時代を知っている古参社員たちがそう簡単に受け入れるはずもなかった。

　つまり、新しいことに対する抵抗が組織内にあったということである。そのようななか、本問でいう事業領域を明確化することは、いってみれば、A社の戦略を明確にするということである。自社のコアテクノロジーを「農作物の乾燥技術」と明確に位置づけることは、それまでの葉たばこ乾燥機製造とは異なる戦略を打ち出したといえる。そうすると、これまでのA社であれば、抵抗が生じるはずである。それが生じなかったのは以下が大きく影響している。

＜第6段落＞

　当然のように、業績悪化の真っただ中にあっても見直されることなく、100名以上にまで膨らんでしまっていた従業員の削減にも手を付けることになった。定年を目前にした高齢者を対象とした人員削減ではあったが、地元で長年にわたって苦楽を共にしてきた従業員に退職勧告することは、若手経営者にとっても、A社にとっても、初めての経験であり辛い試練であった。

　A社長を中心とした新体制になって開始された経営改革の中で、従業員の削減にも手を付けた。そして、その対象は定年を目前にした高齢者が中心ということである。この「定年を目前にした高齢者」と「古き良き時代を知っている古参社員」が同じであると明示はされていないが、文脈上、この人員削減の対象になっているのは、A社の中で最も上の世代の人員である。その一方で、古き良き時代を知っている古参社員はその世代とは別の世代であるというのは不自然である。また何よりも、本問において、「新規事業の拡大に積極的に取り組むようになった要因」を検討しているわけであるが、仮に古参社員が残っているという設定になってしまうと、これまでは新しい

ことに取り組むことに抵抗が生じる組織であり、それが風土として根付いてもいるが、そのような風土がまったく変わらずに、事業領域を明確にしただけで取り組む組織になるというのはあまりに不自然である。つまり、古参社員がいなくなり、風土が変わり始めたことも、新規事業の拡大に積極的に取り組むようになった要因となっているのは間違いない。ただし、本問で問われているのは、「事業領域を明確にした結果」ということであるので、「古参社員を退職させた上で事業領域を明確にしたので、新規事業の拡大に積極的に取り組むようになった」ということである。「古い営業体質を引きずっていたＡ社の営業社員」ということであるが、これまでは古参社員を中心に形成してきた企業風土や営業体質に染まってはいたが、その中心勢力がいなくなったことで、本問でいうＡ社の営業社員は、この時点でもそれまでの体質を引きずってはいるものの、それが強硬であった古参社員とは違うため、受け入れることができた、ということである。

　事業領域の明確化については、この第７段落の自社のコアテクノロジーを明確に位置づけることが該当するのは明らかであるが、以下の内容にも着目しておきたい。

＜第８段落＞

　当初、経営コンサルタントの知恵を借りながらＡ社が独自で切り開くことのできた市場は、従来からターゲットとしてきたいわば既存市場だけであり、キノコや果物などの農作物の乾燥以外に、何を何のために乾燥させるのか、ターゲット市場を絞ることはできなかった。

＜第９段落＞

　生産農家だけでなく、それを取りまとめる団体のほか、乾物を販売している食品会社や、漢方薬メーカー、乾物が特産物である地域など、それまでＡ社ではアプローチすることのできなかったさまざまな市場との結びつきもできたのである。

　事業領域（ドメイン）を設定する手法に、エーベルの３次元枠組があるが、これは、「顧客」「機能」「技術」という３つの次元で事業領域を設定するというものである。自社のコアテクノロジーを明確に位置づけたことは、このうちの「技術」を明確にしたといえる。そして、第３問で検討してきた内容である上記第８、９段落の内容は、一言で言えば、Ａ社の今後のターゲット市場を明確にしたということである。つまり、３次元のうちの「顧客」に相当する。

　そして、ニーズを有した（販売見込みの高い）ターゲット市場が明確になったということであるので、これは新規事業の拡大に積極的に取り組むようになる要因になるであろう。このことに関連させる形で以下の記述がある。

＜第６段落＞

　その後の波及効果を考えると、苦渋の決断ではあったが、これを乗り越えたことで

従業員の年齢が10歳程度も引き下がり、コストカットした部分を<u>成果に応じて支払</u>
<u>う賞与に回すことが可能になった。</u>

　報酬に成果主義的要素を組み込んだことが示されている。このことは、素朴に考え
ても新規事業の拡大に積極的に取り組むことに寄与すると考えられる。ただし、あく
まで本問は「事業領域を明確にした結果」ということで問われているため、単に「成
果主義的要素を導入したこと」として記述するのではなく、「販売見込みの高いター
ゲット市場が明確化」→「成果主義的要素がより機能するようになった」といった文
脈でまとめるのが望ましいと考えられる。

(3)　解答の根拠選択

　事業領域（ドメイン）設定による効果である、①意思決定者たちの焦点が定まる、
②必要な経営資源が明確になる、③一体感が醸成される、といった内容は、本事例の
設定に適用させる場合には、解答要素としての優先度は下がると思われる。よって、
上述してきた第7段落と第8、9段落の内容を根拠として構成するのが望ましいと考
えられる。

(4)　解答の構成要素検討

　「古参社員を退職させた＋コアテクノロジーを明確化」→「新たな戦略が受け入れ
られた」→「新規事業に積極的に取り組む」という内容と、「販売見込みの高いターゲッ
ト市場が明確化」→「成果主義的要素がより機能するようになった」→「新規事業に
積極的に取り組む」という内容の、大きく2つで構成する。

※他の解答の可能性

　上述した事業領域（ドメイン）設定による効果である、①意思決定者たちの焦点
が定まる、②必要な経営資源が明確になる、③一体感が醸成される、といった内容
は妥当性がある。これに準ずる文言としては、「会社の方針や自らの役割が明確に
なったこと」「主体的な取り組みが行われやすくなったこと」「共通意識が醸成され
たこと」といったもの。

　また、本問は「新経営陣が事業領域を明確にした結果」という文脈で振られてい
るので可能性は低いと思われるが、上述したように、事例の設定としては、事業領
域を明確にしただけで新規事業の拡大に積極的に取り組むようになるのは不自然
なので、その他の要因をそのまま記述するという構成もあり得る。具体的には、「古
参社員のリストラによって抵抗要因がなくなったこと」「成果に応じた賞与が支払
われるようになったこと」「新規事業開発の体制強化を打ち出したこと」といった
ことである。

※得点見込み

　少なくとも第7段落には着目できるため、何も解答できないということはない。ただし、記述要素がドメインの一般的な知識よりになると、十分な得点にならない可能性が高いと思われる。あくまでA社の設定をふまえ、古い営業体質を引きずっていたA社の営業社員が取り組むようになったのはなぜか、という視点で解答を構成したい。そういう論調の解答にすることができれば、ある程度の得点は見込める。第8、9段落をふまえて解答するのは容易ではないと思われる（まずは明らかに第3問の根拠であることもその一因である）。

第5問 (配点20点) ◢ ◢

(1) 要求内容の解釈

　直接の問題要求は「最大の理由」である。第1問同様、"最大の"ということであるので、いくつかある理由のうちの、最も大きな理由を見定めて解答する必要がある（あるいは、出題者としては単に複数の内容を並列した形で記述させたくないために、このような要求にしている可能性もある）。

　本問は具体的には、「組織再編を見送ることとした理由」である。セオリーとしては、組織は戦略や事業展開に適合するように構築するため、見送ることとしたということは、現状のままの組織のほうが、A社の戦略や事業展開に適合するという判断に至ったということであろう。なお、「経営コンサルタントの助言を熟考した上で」ということであるが、経営コンサルタントが再編すべきか見送るべきかのいずれの助言をしたのかは、この段階でははっきりしないが、結果として見送ることにしたということなので、見送ることを助言した可能性が高いであろう。

　また、「今回」「熟考」「見送る」ということであるので、組織再編は、「今回は行わないが、いずれは行う」ということであると考えられる。つまり、今はその時期ではない、というニュアンスの解答になると考えられる。

(2) 解答の根拠探し

　まずは本問に対応する直接的な記述として以下がある。

＜第11段落＞

　しかしながら、これまでリストラなどの経営改革に取り組んできたものの、A社の組織は、<u>創業当時の機能別組織のまま</u>である。そこで、A社長が経営コンサルタントに助言を求めたところ、現段階での組織再編には賛成できない旨を伝えられた。それを受け、A社長は熟考の末、今回、組織再編を見送ることとした。

　まず、組織再編については、A社長は実施しようと考えたが、経営コンサルタントが賛成せず、それを受けてA社長が熟考の末、見送ったという流れである。

そして、問題本文には、Ａ社長が考えた再編の内容（経営コンサルタントが賛成しなかった再編の内容）については一切書かれていない。よって、Ａ社の現状、Ａ社の今後の方向性、Ａ社の現在の組織といった点をふまえて検討していくことにする。

そうすると、現状のＡ社の組織として、「創業当時の機能別組織のまま」と書かれている。よって、Ａ社長が考えたこととしては、①創業当時のままである状況を是正したい、②創業当時と同じ機能別組織である状況を是正したい（同じ機能別組織であっても違った形にしたい）、③機能別組織である状況を是正したい、といったことが考えられる。

一方、「今回」は見送ったという設定であるので、経営コンサルタントも、組織再編そのものをするべきではないと考えて賛成しなかったということではなく、ゆくゆくは必要なことだが、今はまだその時ではないので賛成しなかった、ということであろう。

また、Ａ社の現状や今後の方向性といった点を確認していく。

＜第10段落＞

こうして再生に向けて経営改革に取り組むＡ社の組織は、本社内に拠点を置く製造部、開発部、総務部と全国７地域を束ねる営業部が機能別に組織されており、営業を主に統括するのが副社長、開発と製造を主に統括するのが専務、そして大所高所からすべての部門にＡ社長が目配りをする体制となっている。

Ａ社は、新体制となって経営改革を進め、約10年が経過しているが、現在も再生に向けて取り組んでいる途上にある。そして、上記第10段落には、「再生に向けて経営改革に取り組むＡ社の組織」と書かれている。つまり、本問は組織再編について問われているが、Ａ社がどのような組織であるべきかを考えるにあたっては、この文言から、「経営改革に取り組んでいる状況である」ということをふまえて、どのような組織であるべきかを考えることが示唆されていると読むこともできる。では、Ａ社の経営改革はどんな段階であろうか。以下の記述に着目する。

＜第７段落＞

こうして社内整備を図る一方で、自社のコアテクノロジーを「農作物の乾燥技術」と明確に位置づけ、それを社員に共有させることによって、葉たばこ乾燥機製造に代わる新規事業開発の体制強化を打ち出した。その結果、３年の時を経て、葉たばこ以外のさまざまな農作物を乾燥させる機器の製造と、それを的確に機能させるソフトウェアの開発に成功した。さらに、動力源である灯油の燃費効率を大幅に改善することにも成功し、新規事業の基盤が徐々に固まってきた。

上記の記述は、第４問で検討してきた自社のコアテクノロジーを明確化し、そこか

ら３年で、「機器の製造」「ソフトウェアの開発」「燃費効率の大幅な改善」といった取り組みを経ての状況として表現されている。そして、このことに加えて、第３、４問で検討してきたようにターゲット市場を明確化している（第８、９段落）。いずれにしても、その後、これらの事業が完全に軌道に乗ったといったことは明示されておらず、現在も再生に向けて経営改革に取り組む、ということであるので、まだまだこれからである、といったニュアンスを感じ取ることができる。そして、最終的に今回組織再編を見送ることになったということであるので、それは、この経営改革の状況をふまえた際にそのような判断を下したということである。

　あらためて上記第10段落の記述を確認すると、経営陣が各機能部門長を担っていることがわかる。この状況は、組織の本来の姿ではないと考えることはできる。そうであれば、Ａ社長はこの状況を是正する、つまり、部門長を従業員に担わせようとした可能性が考えられる。あらためてであるが、Ａ社長が是正しようとしたのは、「創業当時の機能別組織」である。創業当時の組織の状況は明示されていないが、仮に、創業当時から経営陣が部門長を担うことが多く、Ａ社長がその状況を本来の組織の姿へ是正すべきであると考えた可能性はある。

　一方、最終的には経営コンサルタントの助言に沿った形になっており、それは経営改革のことをふまえてのことであると考えられる。よって、従業員が部門長を担うという組織としての本来の形にすることは、ゆくゆくは必要であるが、現在の経営改革の進展状況においてはまだその段階ではない、ということである。確かに経営改革を進めていくためには、経営陣による統制、言い替えれば集権度合いの高い状況も必要であると考えられる。熟考したということであるが、最終的にはそのように判断したということである。

　なお、これらに関連するとも考えられる以下の記述を確認しておく。

＜第１段落＞
　縁戚関係にある８名の役員を擁する同社の本社は、Ａ社長の祖父が創業した当初から地方の農村部にある。二代目の長男が現代表取締役のＡ社長で、副社長には数歳年下の弟が、そして専務にはほぼ同年代のいとこが就いており、この３人で経営を担っている。

＜第２段落＞
　全国に７つの営業所を構えるＡ社は、若い経営トップとともに総勢約80名の社員が事業の拡大に取り組んでいる。

＜第６段落＞
　その後の波及効果を考えると、苦渋の決断ではあったが、これを乗り越えたことで従業員の年齢が10歳程度も引き下がり、コストカットした部分を成果に応じて支払う賞与に回すことが可能になった。

まず、すでに検証したように、A社長は1990年代半ばに20代前半でA社に入社している。よって、経営陣は現在、40代半ばから後半といった年代である。この年代が若いと言い切れるのかは微妙なところではあるが、問題本文には若い経営トップであると明示されている。ただ、40代後半という年代を指して若いと言っていることからも、定年を目前にした高齢者を退職させ、年齢が若返ったとはいえ、それでも、A社の社内には、経営陣よりも年代が上の従業員が一定割合存在するからであると考えられる。そうすると、第4問の問題要求にもあるように、まだ古い営業体質を多少なりとも引きずっている者もいる可能性もある。このようなこともふまえると、組織として統制を取り、改革を進めていく段階においては、経営陣がしっかりと統制する体制でなければ、極端な場合、組織がバラバラになることも可能性がないわけではない。よって、着実に経営改革を進めていくことを最優先すべきであると考え、今回は見送ったということである。

(3) 解答の根拠選択

基本的には上述の要素をふまえて構成すればよいと考えられる。

(4) 解答の構成要素検討

A社の現状と今後の方向性を示したうえで、そのための組織上の要件と、現在の組織がそれを満たす、といった形で表現すればよいと考えられる。

※他の解答の可能性

機能別組織という点に着目して、「専門性を高めることを重要視すべき」といった方向性は考えられる。これに準ずる文言としては、「自社のコアテクノロジーに磨きをかけることが優先されるから」「開発や製造、営業といった各部門の専門性を維持・向上させることが安定した事業基盤の構築のために望ましい」といった内容。あるいは、機能別組織の集権度合いの高さに着目し、「同族会社であることによる意思決定のスピードがある状況が望ましい」「大局的な意思決定が可能な状況が望ましい」「従業員の年齢が10歳程度も引き下がったため、経営陣による統制が必要」といったこと。

あるいは、組織再編が現状では困難である、といった内容として、「従業員の年齢が10歳程度引き下がり、管理者としての人材が不足している」といった内容。

また、「A社長が組織再編を行おうと考えた理由」についても解答要素として記述し、行う理由と行わない理由を対比する形で記述する構成が考えられる。その場合、行おうと考えた具体的な内容として、「中長期的な成長発展のためには、早期に部門長を従業員に任せ、組織をあるべき姿にすべきであると考えた」「経営改革を完結させるためには、部門長を従業員に任せて進めていくことが必要であると考えた」といった内容が考えられる。

※得点見込み

　まず、「経営改革」を基軸に解答内容を組み立てることができるかどうかがポイントであり、ここから外れると、得点見込みが下がると考えられる。その場合には機能別組織であることに着目した内容になると考えられるが、その場合であっても経営改革と関連づけてまとめられるかどうかで大きく得点状況は変わると思われる。

【平成30年】問題
中小企業の診断及び助言に関する実務の事例Ⅰ

［別冊解答用紙：④］

　A社は、資本金2,500万円、売上約12億円のエレクトロニクス・メーカーである。役員5名を除く従業員数は約50名で、そのほとんどが正規社員である。代表取締役は、1970年代後半に同社を立ち上げたA社長である。現在のA社は電子機器開発に特化し、基本的に生産を他社に委託し、販売も信頼できる複数のパートナー企業に委託している、研究開発中心の企業である。この10年間は売上のおよそ6割を、複写機の再生品や複合機内部の部品、複写機用トナーなどの消耗品が占めている。そして、残りの4割を、同社が受託し独自で開発している食用肉のトレーサビリティー装置、業務用LED照明、追尾型太陽光発電システムなど、電子機器の部品から完成品に至る多様で幅広い製品が占めている。

　大手コンデンサーメーカーの技術者として経験を積んだ後、農業を主産業とする故郷に戻ったA社長は、近隣に進出していた国内大手電子メーカー向けの特注電子機器メーカーA社を創業した。その後、同社のコアテクノロジーであるセンサー技術が評価されるようになると、主力取引先以外の大手・中堅メーカーとの共同プロジェクトへの参画が増えたこともあって、気象衛星画像データの受信機や、カメラ一体型のイメージセンサーやコントローラーなど高精度の製品開発にも取り組むことになった。もっとも、当時は売上の8割近くを主力取引先向け電子機器製造に依存していた。

　しかし、順調に拡大してきた国内大手電子メーカーの特注電子機器事業が、1990年代初頭のバブル経済の崩壊によって急激な事業縮小を迫られると、A社の売上も大幅に落ち込んだ。経営を足元から揺るがされることになったA社は、農産物や加工食品などの検品装置や、発電効率を高める太陽光発電システムなど、自社技術を応用した様々な新製品開発にチャレンジせざるを得ない状況に追い込まれた。

　平成不況が長引く中で、A社は存続をかけて、ニッチ市場に向けた製品を試行錯誤を重ねながら開発し、事業を継続してきた。もちろん開発した製品すべてが市場で受け入れられるわけもなく、継続的に安定した収入源としてA社の事業の柱となる製品を生み出すこともかなわなかった。そうした危機的状況が、A社長の製品開発に対する考え方を一変させることになる。開発した製品を販売した時点で取引が完了する売切り型の事業の限界を打ち破ることを目標にして、新規事業開発に取り組んだのである。それが、複写機関連製品事業である。

　大口顧客は事務機器を販売していたフランチャイズ・チェーンであり、2000年代後半のリーマン・ショックに至る回復基調の景気を追い風にしてA社の業績も伸長した。ところが、リーマン・ショックによって急速に市場が縮小し始めると、A社の売

— 93 —

上も頭打ちになった。同業者の多くがこの市場から撤退する中で、A社はシェアこそ拡大させたが、もはや、その後の売上の拡大を期待することのできる状況ではなかった。

ところが、A社がこの事業に参入した頃から、情報通信技術の急速な進歩に伴って、事務機器市場が大きく変化してきた。そのことを予測していたからこそ、A社長は、後進に事業を委ねる条件が整うまで自らが先頭に立って、新規事業や製品の開発にチャレンジし続けているのである。

これまで幾度かの浮き沈みを経験してきた同社であるが、営業職や事務職、人事・経理・総務などの管理業務を兼務している者を加えた約50名の社員のうち、技術者が9割近くを占めている。創業以来変わることなく社員の大半は技術者であるが、売上が数十倍になった今日に至っても従業員数は倍増程度にとどまっている。

従前A社では、電子回路技術部門、精密機械技術部門、ソフトウェア技術部門と専門知識別に部門化されていた。しかし、複写機関連製品事業が先細り傾向になった頃から、製品開発部門、品質管理部門、生産技術部門に編成替えをし、各部門を統括する部門長を役員が兼任した。製品開発部門は、環境エネルギー事業の開発を推進するグループ、法人顧客向けの精密機械を開発するグループ、LED照明関連製品を開発するグループに分けられ、電子回路技術、精密機械技術、ソフトウェア技術などの専門知識を有する技術者をほぼ同数配置した混成チームとした。品質管理部門と生産技術部門には、数名の技術者が配属され、製品開発部門の業務をサポートすると同時に、複数の生産委託先との調整業務を担っている。

絶えず新しい技術を取り込みながら製品領域の拡大を志向してきたA社にとって、人材は重要な経営資源であり、それを支えているのが同社の人事制度である。

その特徴の一つは、戦力である技術者に新卒者を原則採用せず、地元出身のUターン組やIターン組の中途採用者だけに絞っていることである。また、賃金は、設立当初から基本的に年功給の割合をできるだけ少なくして、個人業績は年二回の賞与に多く反映させるようにしてきた。近年、いっそう成果部分を重視するようになり、年収ベースで二倍近くの差が生じることもある。それにもかかわらず、A社の離職率が地元の同業他社に比べて低いことは、実力主義がA社の文化として根付いていることの証左である。とはいえ、その一方で家族主義的な面も多く見られる。社員持株制度や社員全員による海外旅行などの福利厚生施策を充実させているし、1990年代半ばには、技術者による申請特許に基づく装置が売れると、それを表彰して売上の1％を報

奨金として技術者が受け取ることができる制度を整備し運用している。

このように、A社は、研究開発型企業として、取引先や顧客などの声を反映させていた受け身の製品開発の時代から、時流を先読みし先進的な事業展開を進める一方で、伝統的な家族主義的要素をも取り入れて成長を実現している企業だといえる。

第1問（配点20点）
研究開発型企業であるA社が、相対的に規模の小さな市場をターゲットとしているのはなぜか。その理由を、競争戦略の視点から100字以内で答えよ。

第2問（配点40点）
A社の事業展開について、以下の設問に答えよ。

（設問1）
A社は創業以来、最終消費者に向けた製品開発にあまり力点を置いてこなかった。A社の人員構成から考えて、その理由を100字以内で答えよ。

（設問2）
A社長は経営危機に直面した時に、それまでとは異なる考え方に立って、複写機関連製品事業に着手した。それ以前に同社が開発してきた製品の事業特性と、複写機関連製品の事業特性には、どのような違いがあるか。100字以内で答えよ。

第3問（配点20点）
A社の組織改編にはどのような目的があったか。100字以内で答えよ。

第4問（配点20点）
A社が、社員のチャレンジ精神や独創性を維持していくために、金銭的・物理的インセンティブの提供以外に、どのようなことに取り組むべきか。中小企業診断士として、100字以内で助言せよ。

平成30年度　事例Ⅰ　解答・解説

解答例
第1問 （配点20点）

個	々	の	市	場	規	模	が	小	さ	い	こ	と	か	ら	、	大	手	企	業
と	の	直	接	的	な	競	争	を	回	避	し	や	す	く	、	多	様	な	市
場	へ	の	進	出	も	し	や	す	い	。	そ	の	結	果	、	強	み	で	あ
る	研	究	開	発	力	を	継	続	的	に	強	化	で	き	、	差	別	化	し
た	製	品	を	生	み	出	し	や	す	い	と	考	え	て	い	る	か	ら	。

第2問 （配点40点）
（設問1）

限	ら	れ	た	従	業	員	数	で	売	上	を	拡	大	し	て	い	く	た	め
に	、	技	術	者	が	大	半	を	占	め	る	人	員	構	成	と	し	て	専
門	性	の	高	い	研	究	開	発	力	を	強	化	し	、	そ	こ	に	価	値
を	見	出	す	事	業	者	向	け	の	製	品	開	発	を	中	心	に	し	た
事	業	展	開	を	す	べ	き	で	あ	る	と	考	え	て	き	た	か	ら	。

（設問2）

そ	れ	以	前	の	製	品	は	受	け	身	の	製	品	開	発	に	よ	る	売
切	り	型	で	あ	っ	た	。	そ	れ	に	対	し	、	複	写	機	関	連	製
品	は	情	報	通	信	技	術	の	急	速	な	進	歩	を	踏	ま	え	た	主
体	的	な	製	品	開	発	が	求	め	ら	れ	、	消	耗	品	の	需	要	な
ど	に	よ	る	顧	客	と	の	継	続	的	な	取	引	が	生	じ	る	。	

第3問 （配点20点）

製	品	開	発	部	門	を	、	製	品	領	域	別	に	グ	ル	ー	プ	分	け
す	る	こ	と	で	業	界	知	識	を	蓄	積	し	、	各	要	素	技	術	を
有	す	る	技	術	者	に	よ	る	混	成	チ	ー	ム	と	し	て	要	素	技
術	間	の	擦	り	合	わ	せ	を	円	滑	化	す	る	こ	と	で	、	製	品
領	域	の	ス	ピ	ー	デ	ィ	ー	な	拡	大	を	実	現	す	る	こ	と	。

— 96 —

第4問（配点20点）

組	織	管	理	能	力	を	有	し	た	人	材	を	育	成	し	て	部	門	長
な	ど	に	配	置	し	、	新	規	事	業	や	製	品	の	開	発	を	従	業
員	主	導	で	行	う	。	ま	た	、	個	々	の	技	術	者	の	グ	ル	ー
プ	間	異	動	を	活	発	化	し	、	多	様	な	業	界	知	識	を	有	し
た	新	た	な	価	値	を	生	み	出	せ	る	人	材	を	養	成	す	る	。

事例 I ㉚

解　説

1．事例の概要

　平成 30 年度の事例Ⅰは、エレクトロニクス・メーカーが出題された。事例Ⅰでは圧倒的に製造業の出題が多いが、この点は変わっていない。出題論点については、第1問の競争戦略という問いは、事例Ⅰではこれまで見られなかったものであり、この制約条件をどのようにとらえるかが難しいところであったが、他の設問については、人員構成を踏まえた分析、複数の事業の違い、組織改編など、事例Ⅰで問われる典型的な内容であった。形式的な面は、ここ数年同様、文章のみの問題構成であり（組織図などの図表はない）、この点についても大きな変化はない。問題は4問構成であり、事例Ⅰとして至って標準的である。また、事例Ⅰでは、助言問題が2問設定されるのが典型的だが、今回は1問であった。問題本文については、ここ数年の傾向と同様、比較的根拠がしっかりと書かれているつくりであった。ただし、その根拠の数の多さによる整理の難しさ、解釈の難しさといったことから、読み取りの難易度は高かったと思われる。問題要求については、制約条件がはっきり書かれていることから問題本文の根拠の対応付けはしやすいが、出題者の期待とずれてしまうリスクの高い問題が含まれていた。よって、難易度については、ここ数年の中で比較すると、若干難しい問題であったと思われる。

□**難易度**

　・問題本文のボリューム　　：標準

　・題材の取り組みやすさ　　：やや取り組みにくい

　・問題要求の対応のしやすさ：やや対応しにくい

□**問題本文のボリューム（本試験問題用紙で計算）**

　・2ページ半弱

□**構成要素**

　文　章：67 行（空行含まず）

　問題数：4つ　解答箇所5箇所

　第1問　20 点　　　　　100 字

　第2問　40 点　　　　　200 字

　第3問　20 点　　　　　100 字

　第4問　20 点　　　　　100 字

　　　　　　（合計）　　　500 字

(1) 問題本文のボリューム

問題本文のボリュームは、行数は 67 行と昨年の 61 行からやや増加という状況である。この 5 年間でみれば標準的な分量といえる。

(2) 題材の取り組みやすさ

業種はエレクトロニクス・メーカーである。事例Ⅰは、他の事例と比較して業種の制約は少ないが、過去の出題においても製造業の出題は多く、その点では例年どおりであるといえる。ただし、取り扱い製品が最終消費者向けではなく、事業者向け（研究開発型）であったことなどから、若干イメージがしにくいと感じた方もいたと思われる。

(3) 問題要求の対応のしやすさ

問題要求については、「競争戦略の視点」「人員構成から考えて」「それまでとは異なる考え方」「金銭的・物理的インセンティブの提供以外に」など、検討にあたっての制約条件が示されている問題要求が多く見られた。制約条件は解答の方向性を指し示すヒントでもあるため、問題本文の根拠を特定しやすくする面がある。この点は本事例でも同様であったが、いざ解答を記述する際に、どのような要素を含めて構成するべきかの判断に難しさがあった。

解答箇所は 5 箇所、制限字数は 500 字であり、事例Ⅰでは、これまでで最も少なかった平成 28 年度の本試験と同様の制限字数である（過去 4 年間は 500 ～ 550 字という状況である）。

2. 取り組み方

すでに述べたように、今回の問題は、問題要求については制約条件が明確に示されている問題が多く、その意味で、問題本文の根拠の対応づけは相対的にはしやすかったと思われる。ただし、創業から現在に至るまでに、事業内容の変化を中心とした変遷の整理に苦慮することと、その変遷の整理も踏まえ、A 社がどのような時期にどのような変化を遂げてきたのかを掴むことが設問に対応するにあたって必要であり、その把握に難しさがあった。また、近年の事例Ⅰは、かなり問題本文の記述が具体的になってきており、今回もその点は同様であった。このことは、本来は書かれている内容の解釈がわかりやすくなることが多いが、今回はその解釈に難しさがある記述が散見されたことや、解答の根拠となりそうな具体的な根拠の数が多かったといえる。これらの点から、問題本文の解釈と整理は難易度が高かったといえる。

第 1 問に関しては、「競争戦略」には何が含まれて、何が含まれないのかをしっかりと考える必要があり、ここが曖昧な状況で検討し、解答を構成すると、内容が競争戦略の視点でなくなり、それによる大きな失点となる可能性が高い設問であった。相

対的に難易度は高く、仮にこの設問を序盤に取り組み、多くの時間を要した場合には、問題本文の整理にも時間を要する可能性が高い本事例においては、80分全体としてのバランスを崩してしまうリスクがあったといえる。

　第2問（設問1）は、人員構成については比較的特定しやすいため、大まかな方向性は描きやすいと思われる。ただし、「最終消費者に向けた製品開発にあまり力点を置かなかった理由」としてまとめるのか、「事業者に向けた製品開発に力点を置いた理由」としてまとめるかによって記述内容が変わるため、この判断によって得点が大きく変わる可能性がある。

　第2問（設問2）も、それぞれの事業特性については問題本文から抽出することができるため、まったく得点にならない解答になるリスクは低いと考えられるが、「A社長の考え方」をどのように解答に落とし込むかを考えた際に、構成に悩むことになる可能性が高い。

　第3問は、要求内容は非常にシンプルなので、問題要求の解釈ミスという心配はない。問題本文も根拠の箇所は明瞭であるため、その点の心配もないが、解答要素の候補となるものは比較的多く考えることができるため、制限字数内に何を重視して記述するかの判断が求められ、それを適切に行うためには、知識とA社についての理解が必要であった。

　第4問は、本事例唯一の助言問題である。よって、今後のA社を見据えた際に関連すると考えられる問題本文の記述は基本的には本問の解答で使用することになる。また、人事・組織の観点で記述することを忘れなければ、記述するための材料は問題本文にそれなりに書かれている。ただし、何を書くかは、問題本文の解釈によって大きく変わることになる。たとえば、新卒社員の採用や、成果主義などについて、A社はこのままでよいのか、あるいは変える必要があるのか、これらの解釈によって解答内容はまったく異なるものとなる。

　総じて、問題本文の読み取りの難しさから、ここ数年の中で見ればやや難易度は高かったと思われる。ただし、制約条件がしっかりしている分、解答根拠の切り分けはしやすいため、80分の中で落ち着いて問題本文の解釈を行えば、大きな失敗のない対応は可能である。

3．解答作成

　以下は創業からの大まかな経緯をまとめたものである。実際の80分の中でここまで整理するのは容易ではないが、本事例は問題を検討するにあたって、創業から現在に至るまでの事業展開の流れをある程度把握する必要性が高かった。

1970年代後半 （創業期）	・国内大手電子メーカー向けの特注電子機器メーカーとして創業する。 ・コアテクノロジーであるセンサー技術が評価され、主要取引先以外の大手・中堅メーカーとの共同プロジェクトへの参画が増加（ただし、8割は主力取引先向け電子機器製造に依存）。
1990年代初頭 （バブル崩壊）	・国内大手電子メーカーの特注電子機器事業が急激に縮小する（A社の経営が足元から揺るがされる）。 ・農産物や加工食品などの検品装置、発電効率を高める太陽光発電システムなど、自社技術を応用した様々な新製品開発にチャレンジせざるを得ない状況に追い込まれた。
1990年代 （長引く平成不況）	・存続をかけて、ニッチ市場に向けた製品を試行錯誤を重ねながら開発（①市場で受け入れられるものとそうでないものがある不安定な状況、②継続的に安定した収入源として柱となる製品も生まれない）。 ・このような危機的状況が、製品開発に対する考え方を一変させる。売切り型から、継続的な取引が見込める複写機関連製品事業へ。 ・情報通信技術の急速な進歩に伴って、事務機器市場が大きく変化。
2000年代 （景気回復基調）	・複写機関連製品事業は、事務機器販売のフランチャイズ・チェーンを大口顧客として好調。業績は伸張する。
2008年 （リーマン・ショック後）	・複写機関連製品は、急速に市場が縮小し、同業者の多くが撤退する。A社はそれによってシェアは拡大したが、売上は頭打ちとなる（その後の売上拡大は期待できない）。 ・組織改編は、複写機関連製品事業が先細り傾向となったこの頃。
現在 （この10年）	・売上の6割は、複写機の再生品、複合機内部の部品、複写機用トナーなどの消耗品。残りの4割は、受託し独自で開発している食用肉のトレーサビリティー装置、業務用LED照明、追尾型太陽光発電システム。 ・電子機器の部品から完成品に至る多様で幅広い製品を取り扱う。

第 1 問 (配点 20 点) ◢ ◢ ◥

(1) 要求内容の解釈

　直接の問題要求は「理由」である。解答の構成としては、１つの結論としてまとめる形と、複数の結論を示す形が考えられる。具体的には、「相対的に規模の小さな市場をターゲットとしている理由」であるため、Ａ社よりも経営資源に勝る大手企業との直接的な競争を避けるため、という視点は浮かぶ。ただし、「研究開発型企業であるＡ社が」ということであるため、単に、「相対的に規模の小さな市場をターゲットとする理由」について解答するのではなく、「研究開発型企業が相対的に規模の小さな市場をターゲットとする理由」を解答する必要がある。一般に研究開発型企業がどのような事業展開を行うのかを考えてみると、研究開発に注力している企業であるので、それによって競争力のある製品を数多く生み出せることが重要であるというのは考えられる。いずれにしても、たとえば解答の論調として、「研究開発型企業として生き残りを図るためには相対的に規模の小さな市場をターゲットとすることが必要（有効）だから」というのがオーソドックスであるが、場合によっては、「研究開発企業であるにもかかわらず、相対的に規模の小さな市場をターゲットとしているのはこういう理由だから」、といった論調も考えられる。そして、「競争戦略の視点から」という制約条件が書かれているため、競争優位の構築、競争回避、差別化戦略、コストリーダーシップ戦略といった、競争戦略の内容としてまとめ上げる必要がある。また、本問は、文脈的にＡ社の現在（あるいは過去から現在）のことが問われていることは、しっかりと踏まえてまとめたい。

(2) 解答の根拠探し

　まずは、現在のＡ社の戦略に関連する記述を抽出していくことにする。

＜第１段落＞

　現在のＡ社は電子機器開発に特化し、基本的に<u>生産を他社に委託し、販売も信頼できる複数のパートナー企業に委託している、研究開発中心の企業</u>である。

＜第１段落＞

　この 10 年間は売上のおよそ６割を、複写機の再生品や複合機内部の部品、複写機用トナーなどの消耗品が占めている。そして、残りの４割を、同社が受託し独自で開発している食用肉のトレーサビリティー装置、業務用 LED 照明、追尾型太陽光発電システムなど、電子機器の部品から完成品に至る<u>多様で幅広い製品が占めている</u>。

＜第９段落＞

　<u>絶えず新しい技術を取り込みながら製品領域の拡大を志向してきたＡ社</u>にとって、人材は重要な経営資源であり、それを支えているのが同社の人事制度である。

　⇒まず、研究開発型企業として、生産と販売を他社に委託している。つまり、研究開発に経営資源を注力する形で事業を行っているということである。この理由を

— 102 —

率直に考えれば、研究開発力を強化し、その面で差別化を図る、優位性を築く、といったことであろう。また、製品領域の拡大を志向する形で事業を展開し、現在のA社は実際に多様で幅広い製品を取り扱っている。製品領域の多様化は、研究開発力の強化にもつながると考えられる（研究開発力の強化が製品領域の多様化を実現できる、という因果関係も考えられる）。

＜第2段落＞

もっとも、当時は<u>売上の8割近くを主力取引先向け電子機器製造に依存していた</u>。

＜第3段落＞

しかし、順調に拡大してきた国内大手電子メーカーの特注電子機器事業が、1990年代初頭のバブル経済の崩壊によって急激な事業縮小を迫られると、A社の売上も大幅に落ち込んだ。<u>経営を足元から揺るがされることになった</u>A社は、農産物や加工食品などの検品装置や、発電効率を高める太陽光発電システムなど、<u>自社技術を応用した様々な新製品開発にチャレンジ</u>せざるを得ない状況に追い込まれた。

＜第4段落＞

平成不況が長引く中で、A社は存続をかけて、<u>ニッチ市場</u>に向けた製品を試行錯誤を重ねながら開発し、事業を継続してきた。

⇒ニッチ市場（小さな市場）に向けた事業展開を始めた経緯が描かれている。売上の多くを依存していた取引先に対する売上が大幅に落ち込んだことがきっかけである。このような経緯によってニッチ市場に展開したことを踏まえれば、ニッチ市場は市場規模がそれほど大きくはないため、そのような市場を中心として事業展開することは、多くの市場（製品領域）に事業展開することも可能になると考えられる。よって、経営リスクを分散することができることは考えられる。

(3) 解答の根拠選択

大まかな方向性としては、①研究開発力の強化により、製品差別化を図ること、②製品領域を多様化することで経営リスクを分散すること、③大手企業との直接的な競争を回避すること（問題要求の解釈時点で想定）といったことが考えられる。このうち、②については、「競争戦略の視点」という本問の制約条件からすると直接的には合致しにくい。よって、①と③を軸に解答を構成することにする。

(4) 解答の構成要素検討

因果関係の組み立て方が色々考えられるが、競争戦略の視点としての結論を一言で表すなら、「強みである研究開発力を継続的に強化し、差別化した製品を生み出しやすいと考えている」とするのが望ましいと考えられる。これを結論にすることは、「研究開発型企業であるA社」であることに重きを置いた結論である。そして、それを可能にするのが、個々の市場規模が小さいことから、大手企業との直接的な競争を回避しやすく、多様な市場への進出もしやすい、といったことであろう。このように、解

答を構成する要素が多く、因果関係の組み立てが難しい場合には、まずは結論を見定めた上で、文章を構成するのが望ましい。

※他の解答の可能性

　解答例の内容に準ずるものとしては、①潤沢ではない経営資源で競争優位が実現できるから、②コアコンピタンス戦略が生き残りの道だと考えているから、といったことが考えられる。また、「競争戦略」という言葉の範囲をどこまで許容するかによって変わってくる部分はあるが、小さな市場をターゲットとすることで各市場において競争優位を発揮でき、その結果、多様な市場へ進出することによる経営リスクの分散、といった内容は、主力取引先に売上の多くを依存していたことを踏まえた方向性である。競争戦略の要素も含まれた内容ではあるものの、結論がリスク分散になるため、「競争戦略」という要求には合わないとは思われる。

※得点見込み

　難易度は高いと考えられる。理由は、①対象としているのが、現在のA社についてだけでなく、これまでのA社の経緯についても踏まえて組み立てる必要があるのかを見定める必要がある（この可能性があるため、問題本文全般を通してA社がどのような企業であるかを踏まえる必要がある。つまり、根拠の可能性となる問題本文の対象範囲が広い）、②「競争戦略」には何が該当して、何が該当しないのかを判断する必要がある、③研究開発型企業であることを踏まえた内容にする必要がある、といった要件があるためである。限られた試験時間の中では、明確に競争戦略の内容としてまとめるのは容易ではなく、上述した「経営リスクの分散」の視点で解答された方もそれなりに多いと思われる。そうすると、競争戦略という問題要求の制約条件から外れた論調の解答になる可能性が高い。総じて得点しにくい設問であるといえる。

第2問 （配点40点）▲▲

　本問は2つの設問で構成されている。このような場合には、設問間の関連性の有無に注意する必要がある。関連がある場合には、（設問1）で方向性を誤ると、（設問2）も連鎖して誤ることになり、大きな失点につながる可能性が高まるためである。

　リード文には、「A社の事業展開について」とだけ記されているため、特段注意が必要な制約条件というわけではなさそうである。

（設問1）

（1）要求内容の解釈

　直接の問題要求は「理由」である。第1問同様、解答の構成は柔軟に組み立てることが可能である。具体的には、「最終消費者に向けた製品開発にあまり力点を置い

てこなかった理由」である。言い替えれば、A社の製品開発の力点は、事業者向けであったと考えられる。一般に考えられる事業者向けの製品を展開することと最終消費者向けの製品を展開することとの違いとしては、事業者向けは、専門性の高さ、個々の顧客（事業者）の要望への対応、といったことがより求められる、最終消費者向けは、企業としての認知度向上といったプロモーション、大量生産（製品にもよるが）、といったことがより求められる。A社は研究開発型企業であるので、それなりに開発に関して専門性を有していると考えられる。よって、研究開発型企業である時点で、事業者向けのほうがその強みを活かしやすいといったことが考えられる。逆に、最終消費者向けの製品を展開するために必要なことを実現するには、経営資源が不足している、あるいは、経営資源の分散を招く、といったことで力点を置いていない、といったことが考えられる。

　そして、本問は、「人員構成から考えて」という制約条件が書かれている。つまり、A社が最終消費者に向けた製品開発にあまり力点を置いてこなかった理由が、人員構成に表れているということである。具体的には以下のような構造が考えられる。①最終消費者に向けた製品開発にあまり力点を置いてこなかったので（事業者に向けた製品開発に力点を置いてきたので）、このような人員構成になっている、②このような人員構成にしてきた（だった）ため、最終消費者に向けた製品開発に力点を置けなかった（事業者に向けた製品開発に力点を置いてきた）。つまり、人員構成が「原因」になっている構造と、「結果」になっている構造が考えられる。そして、本問は「創業以来」と書かれている。この創業以来という言葉は、基本的には「最終消費者に向けた製品開発にあまり力点を置いてこなかった」という内容にかかっているが、人員構成にもかかっている可能性がある。もし、人員構成も創業以来同様ということなのであれば、文脈としては②である可能性が高くなる。いずれにしても、A社の人員構成を見定め、それに紐付く理由を解答することになる。

(2) 解答の根拠探し

　まずは、A社の人員構成についての記述を抽出していく。

＜第1段落＞

　役員5名を除く従業員数は約50名で、そのほとんどが正規社員である。

＜第1段落＞

　現在のA社は電子機器開発に特化し、基本的に生産を他社に委託し、販売も信頼できる複数のパートナー企業に委託している、研究開発中心の企業である。

＜第7段落＞

　これまで幾度かの浮き沈みを経験してきた同社であるが、営業職や事務職、人事・経理・総務などの管理業務を兼務している者を加えた約50名の社員のうち、技術者が9割近くを占めている。創業以来変わることなく社員の大半は技術者であるが、売

上が数十倍になった今日に至っても従業員数は倍増程度にとどまっている。

＜第10段落＞

その特徴の一つは、戦力である技術者に新卒者を原則採用せず、地元出身のUターン組やＩターン組の中途採用者だけに絞っていることである。

⇒「ほとんどが正規社員」「技術者が９割近くを占めている」という内容は、人員構成についての記述と考えてよいであろう。また、「戦力である技術者は新卒者を原則採用せず、中途採用者だけに絞っている」という内容は、人員構成と言えないことはないかもしれないが、少なくとも優先度は下がると考えられる。では、「最終消費者に向けた製品開発にあまり力点を置いてこなかった」ことによって表れている人員構成の状況は何であるかを考えると、まずは「技術者が９割近くを占めている」という内容が該当すると考えられる。問題要求の解釈時点でも想定したように、研究開発型企業であり技術者が多い人員構成なのであれば、専門性の高い開発が行われるであろうし、逆に大規模なプロモーションなどは行いにくいであろう。さらに、「創業以来変わることなく社員の大半は技術者」ということであるので、この記述は問題要求の「創業以来」という記述とも合致する。よって、創業以来、技術者が多い人員構成とすることで、研究開発力に磨きをかけてきた、専門性の高い開発を行ってきた、ということであろう。そして、そのような開発による製品は、最終消費者向けというよりは、事業者向けのほうが活かされる、価値を見出してもらえる、といったこと、あるいは、経営資源の観点から事業者向けに注力せざるを得なかった、といったことが考えられる。上記第７段落には、「売上が数十倍になった今日に至っても従業員数は倍増程度」とあり、上記第１段落には、「生産と販売は他社に委託している」とある。つまり、研究開発に特化することで付加価値の高い製品を生み出し、限られた従業員数で売上を拡大させてきたということである。仮に、このこともある程度狙って行ったのであれば、このことも理由の１つになるであろう。

(3) 解答の根拠選択

上述したように、「人員構成」については、「技術者が大半（９割近くを占める）」「ほとんどが正規社員」「戦力である技術者は中途採用者」といった要素が候補となるが、結論としては、「技術者が大半（９割近くを占める）」という要素に着目して構成することにする。

(4) 解答の構成要素検討

記述する要素としては、「理由」と「人員構成」となる。ただし、どのような文脈にするかはやや悩ましい。「人員構成」＋「理由」といった具合に、まずは人員構成をはっきりと明示し、それを踏まえて理由を記述していく形が１つである。問題要求の解釈においても述べたように、①最終消費者に向けた製品開発にあまり力点を置い

— 106 —

てこなかったので（事業者に向けた製品開発に力点を置いてきたので）、このような人員構成になっている、②このような人員構成にしてきた（だった）ため、最終消費者に向けた製品開発に力点を置けなかった（事業者に向けた製品開発に力点を置いてきた）、という両方が考えられるが、技術者が大半を占める構成は創業以来であるので、①のほうが望ましい。あるいは、「理由」の記述の中に「人員構成」について織り交ぜる形で記述するというのも1つである。本問の場合には、このほうが文章構成がしやすいかとは思われる。

※他の解答の可能性

　解答例の内容に準ずるものとしては、①コア技術を活かせる領域に特化することを志向したから、②事業者向けのほうが少ない人員で売上拡大が可能なことから、高収益体質となるから、といったことが考えられる。

　そして、本問は以下の観点が加点されると、かなり多くの解答が加点対象になるというのが実態であると思われる。「最終消費者に向けた製品開発にあまり"力点を置いてこなかった"」ということであるので、「最終消費者に向けた製品開発が"できなかった"理由」が問われているわけではないと考えるのが妥当である（基本的には「事業者向けの製品開発に力点を置いてきた理由」を解答するほうが望ましい）。ただし、それでも「力点を置かなかったのは、できるような人員構成ではなかったから」という内容も可能性は低いがゼロではないと考えられる（あるいは、出題者の当初の想定ではなかったが、加点される可能性は考えられる）。仮に、「最終消費者に向けた製品開発が"できなかった"理由」で構成するのだとすれば、マーケティングノウハウがない、営業活動に割く人員が不足している、その結果、最終消費者市場で生き残るために必要な認知度向上が困難、最終消費者は、A社の専門性の高い技術に価値を見出さない、事業者向けに特化してきたので最終消費者市場で生き残るノウハウがない、経営資源が分散してしまう、といった内容が想定される。

※得点見込み

　「他の解答の可能性」でも述べたように、現実的には多くの解答が、「最終消費者に向けた事業展開が困難」といった論調になっていると思われるが、この内容は少なくとも当初出題者が想定していた解答ではないと考えられるため、得点見込は著しく低くなると考えられる。ただし、仮にこの内容が加点対象になると、むしろ、かなり得点は見込まれると思われる。

（設問2）

(1) 要求内容の解釈

　直接の問題要求は「違い」である。具体的には、「それ以前に同社が開発してきた製品の事業特性」と「複写機関連製品の事業特性」の違いである。事業特性であるの

で、顧客、製品やサービス、競合他社、必要な技術など、その事業に関する多様な観点の性質が該当する可能性がある。また、複写機関連製品事業は、「（A社長が）それまでとは異なる考え方に立って」着手したということである。この考え方そのものはA社長の考え方であるので事業特性ではないが、A社長は、事業特性を踏まえてそれまでとは異なる考え方に立った可能性が高いため、A社長がどのように考え方を異なるものにしたのかは解答に関連することになるし、解答の構成要素になる可能性もある。そして、異なる考え方に立ったのは「経営危機に直面した時」ということであるので、まずはこの経営危機がどのようなものであったかが根拠となるため、この内容を特定する必要がある。

解答の構成としては、直接問われているのは「事業特性の違い」であるが、問題要求の文脈的に、A社長の考え方の変化についても記述すべきかについては検討したいところではある。ただし、あくまで結論は事業特性の違いであるので、A社長の考えによって事業特性が決まるわけではない。事業特性があり、それによってA社長は考えを異なるものとしたという因果関係であるため、その点は踏まえた上で構成する必要がある。

(2) 解答の根拠探し

まずは経営危機の状況について見定めていく。

＜第3段落＞

しかし、順調に拡大してきた国内大手電子メーカーの特注電子機器事業が、1990年代初頭のバブル経済の崩壊によって急激な事業縮小を迫られると、A社の売上も大幅に落ち込んだ。経営を足元から揺るがされることになったA社は、農産物や加工食品などの検品装置や、発電効率を高める太陽光発電システムなど、自社技術を応用した様々な新製品開発にチャレンジせざるを得ない状況に追い込まれた。

＜第4段落＞

平成不況が長引く中で、A社は存続をかけて、ニッチ市場に向けた製品を試行錯誤を重ねながら開発し、事業を継続してきた。もちろん、開発した製品すべてが市場で受け入れられるわけもなく、継続的に安定した収入源としてA社の事業の柱となる製品を生み出すこともかなわなかった。そうした危機的状況が、A社長の製品開発に対する考え方を一変させることになる。開発した製品を販売した時点で取引が完了する売切り型の事業の限界を打ち破ることを目標にして、新規事業開発に取り組んだのである。それが、複写機関連製品事業である。

　　⇒問題本文を見ていくと、A社はこれまでに少なくとも2度の経営危機を経てきていることが読み取れる。1度目はバブル崩壊による主力取引先の急激な事業縮小、2度目は平成不況が長引く中において開発した製品に当たり外れがあり（すべてが市場で受け入れられるわけではない）、継続的に安定した収入源としてA

社の事業の柱となる製品を生み出せなかった、といった要因による危機的な状況
である。そして、2度目の経営危機により、「A社長の製品開発に対する考え方
を一変させることになる」ということであるので、本問で問われている経営危機
は2度目の経営危機のほうである。

　そして、同じ第4段落には、それ以前にA社が開発してきた製品について、「開
発した製品を販売した時点で取引が完了する売切り型の事業」であることが示さ
れている。このことは、本問で問われている事業特性ととらえてよいであろう。
そして、「この限界を打ち破ることを目標にして、新規事業開発として取り組ん
だのが複写機関連製品事業」ということであるので、複写機関連製品事業はこの
売切り型であることによるデメリットを解消するものである。つまり、販売して
それで取引が完了するわけではないということであり、言い替えれば継続的な取
引が見込まれる、ということである。このことに準ずる内容は以下のように書か
れている。

＜第1段落＞

　この10年間は売上のおよそ6割を、複写機の<u>再生品</u>や複合機内部の<u>部品</u>、複写機
用トナーなどの<u>消耗品</u>が占めている。

　⇒複写機は、再生品、部品、消耗品といった、複写機そのものの販売にとどまらず、
　　その後の継続的な取引が見込めるものであることが示されている（A社が複写機
　　関連製品事業を開始したのは約20年ほど前であると考えられ、約10年前の時
　　点で先細り傾向となり、この10年は再生品、部品、消耗品による売上が大半な
　　のであると思われる）。よって、第4段落で見てきたことが、具体的に書かれて
　　いる。

　以上で事業特性の違いは描くことができたが、問題要求にある「A社長がそれま
とは異なる考えに立った」ことについてもう少し検討したい。すでに見た事業特性の
違いにより、A社長の考えが、「売切り型ではなく継続的な取引が見込める製品を開
発する」といった変化を遂げたことは考えられる。その他の観点を考えるに際して、
以下の記述に着目する。

＜第6段落＞

　ところが、A社がこの事業に参入した頃から、<u>情報通信技術の急速な進歩</u>に伴っ
て、事務機器市場が大きく変化してきた。そのことを予測していたからこそ、A社長
は、後進に事業を委ねる条件が整うまで自らが先頭に立って、新規事業や製品の開発
にチャレンジし続けているのである。

＜第11段落＞

　このように、A社は、研究開発型企業として、取引先や顧客などの声を反映させて
いた受け身の製品開発の時代から、<u>時流を先読みし先進的な事業展開を進める一方</u>

事例 I ㉚

で、伝統的な家族主義的要素をも取り入れて成長を実現している企業だといえる。

⇒第6段落に書かれているＡ社が参入した事業というのは、複写機関連製品事業である。そして、Ａ社長は、情報通信技術の急速な進歩（および事務機器市場の大きな変化）を予測していたということである。Ａ社長が考えたこととしてこのように描かれているが、もし、複写機関連製品事業で成功を果たすためには先を読んでいくことが重要なのであれば、これも事業特性といえる。そして、このことに関連しそうな記述が第11段落に書かれている。この記述はＡ社のこれまでの事業展開をまとめたものであるが、「取引先や顧客などの声を反映させていた受け身の製品開発の時代から、時流を先読みし先進的な事業展開を進める」というＡ社の大きな転換について書かれている。では、この転換が起こったのは、どのタイミングであったのかを考えたい。このような大きな転換を生じさせるのは、大きな外部環境の変化、Ａ社の経営状況が厳しい状況に置かれた、など、なにがしかの変化が生じている可能性が高い。そのようなことも踏まえて問題本文全体を把握すると、候補となるのはやはり、本問で検討した2度の経営危機のタイミングである。そうすると、1度目は、「売上の8割を依存していた取引先の急激な事業縮小により、自社技術を応用した様々な新製品にチャレンジ」、2度目は、「開発した製品に当たり外れがあり、継続的に安定した収入源としてＡ社の事業の柱となる製品を生み出せなかったことにより、複写機関連製品事業に乗り出した」ということである。そうすると、1度目は、自社技術を応用した様々な新製品に"チャレンジ"ということであるので、この内容は受け身ではないとも読み取れる。2度目は、「製品開発に対する考え方を一変」ということであるので、Ａ社の事業展開に関する大きな転換点である。結論としては、2度目の経営危機が「受け身から時流を先読みし先進的な事業展開を進めるようになった転換点」であると考えられる。その理由としては、1度目は、「チャレンジ"せざるを得ない"」ということで、先を見通した上でというニュアンスではなく、せざるを得ないという発想自体が受け身であるとも考えられること、また、2度目に関連して、「情報通信技術の急速な進歩に伴う事務機器市場の大きな変化を、Ａ社長は予測していた」ということであるので、このことは、時流を先読みしていたこととらえられる。さらに、上述したように、第11段落はＡ社のこれまでの事業展開を要約したものである。文脈的に、受け身の時代から脱却してその後成長を遂げたということであるので、1度目の経営危機の段階では、まだそのような成長軌道には乗っておらず、存続をかけて試行錯誤しながら製品開発を行っている状況である。よって、成長軌道に乗ったのは2度目の経営危機を乗り越えたことによってであり、「製品開発に対する考え方を一変させた」という2度目の経営危機からの脱却が、Ａ社の最も大きな転換点であると考えるのが自然である。

— 110 —

以上から、解答要素として、「受け身から主体的に」というＡ社長の製品開発に対する考え方を盛り込んでおきたい。ただし、あくまで問われているのは事業特性の違いであるので、これらの要素を事業特性として記述する必要がある。

(3) 解答の根拠選択

　基本的には上述してきた要素を駆使して解答を組み立てればよいと考えられる。

(4) 解答の構成要素検討

　２つの事業特性について対比する形で記述することになる。そして、「Ａ社長の考え方」についても盛り込んでおきたいが、たとえば、「Ａ社長の考え方」＋「２つの事業特性」といった形で構成することはできない。なぜなら、Ａ社長の考え方によって事業特性が変わるわけではないため、事業特性を説明するための要素としてＡ社長の考え方は書けないからである。よって、「Ａ社長がこのように考えを変えたということは、こういう事業特性なのであろう」という風に考えを組み立てることで、あくまで事業特性の説明として、「受け身の開発"となる"」「情報通信技術の急速な進歩を踏まえた主体的な製品開発が"求められる"」といった形で記述するのが望ましい。

※他の解答の可能性

　複写機関連製品事業の事業特性として、「時流を先読みし先進的な開発が求められる」というのはまったく妥当性がないわけではないが、この記述はあくまでＡ社が大きな転換点を経た後の事業展開を総称している。よって、それを「複写機関連事業の固有の事業特性」として記述するのは躊躇する。逆に、「受け身の製品開発が求められる」のほうは、本問で問われているのが「それ以前のＡ社の開発全般」を指しているので妥当性がある。

　「それ以前の製品の事業特性」はニッチ市場向けで、「複写機関連製品の事業特性」はニッチ市場ではない、という対比での解答についてであるが、この解釈に基づくと、現在のＡ社の事業内容である「複写機関連製品」はニッチではない、「食用肉のトレーサビリティー」「業務用 LED 照明」「追尾型太陽光発電システム」がニッチである、という解釈になるが、第１問でＡ社は現在もニッチ市場をターゲットにしており、「複写機関連製品」は売上の６割を占めているため、これをニッチではないととらえることの妥当性は低いと思われる。

　「それ以前の製品の事業特性」は「開発した製品すべてが市場で受け入れられるわけではない（リスクが高い）」という記述から、「複写機関連製品の事業特性」は「受け入れられる見込が高い（リスクが低い）」といった形での対比は、事実としてそうかもしれないが、事業特性としての対比としては違和感がある。

　解答例の内容に準ずる解答要素としては、「それ以前の製品の事業特性」は「継続的に安定した収入源とならない」「複写機関連製品の事業特性」は「継続的に安定した収入源となる」という記述は妥当性がある。

— 111 —

※得点見込み

　2つの事業特性の骨子はとらえやすいと思われるため、まったく得点ができないという状況にはならない設問である。ただし、その他の要素の記述は容易ではないため、0点にはならないが、高得点は容易ではないと思われる。

第3問 (配点20点) ◢ ◢

(1) 要求内容の解釈

　直接の問題要求は「目的」である。具体的には「組織改編の目的」であり、問題要求はシンプルである。おそらく問題本文には組織改編についての記述があると思われるため、その内容を読み取り、そこからどのような目的で行ったのかを考えることになる。あるいは、この組織改編を行った当時のA社の課題が描かれていれば、それを解決するのが目的であるという構造も考えられる。

(2) 解答の根拠探し

　組織改編については、第8段落にまとまって描かれている。

＜第8段落＞

　従前A社では、電子回路技術部門、精密機械技術部門、ソフトウェア技術部門と専門知識別に部門化されていた。しかし、複写機関連製品事業が先細り傾向になった頃から、製品開発部門、品質管理部門、生産技術部門に編成替えをし、各部門を統括する部門長を役員が兼任した。製品開発部門は、環境エネルギー事業の開発を推進するグループ、法人顧客向けの精密機械を開発するグループ、LED照明関連製品を開発するグループに分けられ、電子回路技術、精密機械技術、ソフトウェア技術などの専門知識を有する技術者をほぼ同数配置した混成チームとした。品質管理部門と生産技術部門には、数名の技術者が配属され、製品開発部門の業務をサポートすると同時に、複数の生産委託先との調整業務を担っている。

　　⇒上記のように、改編の内容は、細分化すると多岐にわたる。①部門を、専門知識別から機能別にした、②部門長を役員が兼任した、③部門の1つである製品開発部門は製品（事業内容）ごとにグループ分けした、④各グループには、各専門知識を有する技術者を配置して混成チームとした、⑤品質管理部門と生産技術部門にも技術者が配属され、製品開発部門の業務のサポートを行う、といったことである。これらを行った目的が問われているわけであるが、①は、端的に言えば機能別組織にしたということであるので、機能別組織の利点を狙ったということが考えられる。一般に機能別組織にすることによる利点には、専門性を高める、規模の経済性を発揮する、集権的な組織によって大局的な意思決定を可能にする、といったことが考えられる。しかしながら、改編前が、専門知識別に部門化されていたということを考えると、専門性が高まるわけではないのはもちろんのこ

— 112 —

と、それ以外についても利点が特段得られるようには読み取れない。②は、考えられることとしては、経営層が部門長となることで、意思決定の迅速化、責任の所在の明確化、といったことが考えられる。特に意思決定の迅速化は、妥当性はあると考えられる。③は、Ａ社の強みである製品開発についてこのようなグループ分けをすることで、製品（事業）ごとの業績管理がしやすい、各製品（業界）についての知識が蓄積されやすい、といったことが考えられる。製品開発部門はＡ社の中心となる部門であるので、経営へのインパクトが大きい。よって、組織改編の目的として、このグループ分けによる効果は有力な解答要素である。④は、各専門知識を有した技術者が同じチームとなるため、それらの技術的な融合による価値の創出、あるいは、擦り合わせが円滑化することによるスピードの向上、といったことが考えられる。これも③同様製品開発部門についての内容であるので優先度は高いと考えられるし、特に改編前は、専門知識別で分けていたということであるので、それが一緒になってチームを組むというのは大きな変化である。⑤は、製品開発部門以外にも技術者はおり、サポートも行うという、製品開発を重要視する形であることを表現している記述であると考えられる。

　上記のように問題本文に書かれている組織改編の内容からは、さまざまなことが目的として考えられる。ただし、仮にこれらを記述していく際には、直接問われている目的に加え、「製品領域別にグループ分けすることにより」といった何によってそれが果たされるのかについても記述するべきであると考えられる。そうすると、上記の内容をすべて記述するのは、制限字数から困難である。よって、Ａ社の状況に照らし合わせて主要な目的が何であるかを見定めたい。

　この組織改編が行われたのは「複写機関連製品事業が先細り傾向になった頃」ということであるので、第５段落に書かれているリーマン・ショック後であると考えられる。つまり、約10年前というイメージとなる。よって、問題要求の解釈時点で見たように、組織改編が当時のＡ社の課題を解決するためであると考えると、複写機関連製品事業が先細りになり、他の製品を開発していく必要性が生まれた、といったことは、組織改編の内容が一言で言えば製品開発体制の強化であることからも伺える。さらに具体化すれば、組織改編の具体的な内容のうち、上述した①〜⑤のうち、③と④が中心となる可能性が高い。これらを踏まえると、新たな製品を今後も開発していくためには、業界知識の蓄積、擦り合わせの円滑化などを重要視した、ということなのであれば、それによって実現できるのは、スピーディーな製品開発（製品領域の拡大）を行うこと、といったことであろう。Ａ社はそれまでにも製品領域の拡大は行ってきているが、今後はそれをさらに強化することの必要性を感じた、ということである。

(3) 解答の根拠選択

上述した③と④を中心にして組み立てるのが妥当であると考えられる。

(4) 解答の構成要素検討

上述したように、③と④を中心とし、それによって実現できること（目的）を最終的な結論として記述する構成とする。

※他の解答の可能性

解答例の内容に準ずるものとしては、①自己完結組織（プロジェクト型）とすることによる意思決定の迅速化、②各技術領域の連携強化による柔軟な開発、③シナジー効果、といったことが考えられる。

解説内において①～⑤の要素を記したが、解答例では③④を軸に構成している。よって、①部門を、専門知識別から機能別にした、②部門長を役員が兼任した、⑤品質管理部門と生産技術部門にも技術者が配属され、製品開発部門の業務のサポートを行うといった要素を用いた構成も妥当性はゼロではないと思われる。特に、②については、加点対象になる可能性があると思われる。

「時流を先読みした先進的な開発を実現する」は、A社がこのようになったのは組織改編のタイミングではなく、「情報通信技術の急速な進歩に伴って、事務機器市場が大きく変化することを予測していた頃（つまり、複写機関連製品事業に参入した頃）」であると考えられるため、基本的には本問の解答要素ではないと思われるが、まったく可能性がないわけではないと思われる。

※得点見込み

問題本文の根拠が１つの段落にまとまっており、ここに書かれていることをしっかりと読み取って検討すれば、まったく得点にならないことはないと思われる。組織構造面の知識をベースに組み立てることができれば、高得点のチャンスもある設問である。

第４問 (配点20点) ◢◢ ◢

(1) 要求内容の解釈

直接の問題要求は「どのようなことに取り組むべきか」である。組織的、人事施策といった具体的な指示はないが、事例Ⅰにおける取り組みであり、本事例問題は、今後についての助言問題は本問だけであるので、当然、組織面、人事面の取り組みということになるであろう。また、「金銭的・物理的インセンティブの提供以外に」とあり、この内容は分類するなら「報酬」ということになる。よって、このような制約があるということは、期待されている解答は、この制約と同様のレベルの内容である可能性が高い。つまり、人的資源管理の採用・配置、評価、報酬、能力開発といった内容である。よって、これらの中で報酬以外の観点が問われているという可能性と、同

じ報酬の観点でも「金銭的・物理的ではないインセンティブ」が問われている可能性も念のため想定しておけるとよいであろう。

そして、本問で問われている取り組みの目的は、「社員のチャレンジ精神や独創性の維持」である。維持ということであるので、現在もこれらがないというニュアンスではない。ただし、このまま何の取り組みもしないと失われてしまうことが懸念されるといったことであろう。そうすると、単にチャレンジ精神や独創性の維持のために有効であると考えられる取り組みについて解答すればよいという可能性もあるが、何か環境変化が生じていて、これまでとは状況が変化するので取り組まなければ維持が困難になっている、今後の事業展開を見据えた場合には、取り組まなければ維持が困難になる、といったこれまでや現状のA社との変化を踏まえて解答を組み立てる必要がある可能性もある。これまでもチャレンジ精神や独創性はあるわけなので、構造上、何か変化がなければ、基本的にはなぜ維持するための取り組みが必要なのかの説明が困難だからである。よって、このようなA社の変化に関連しそうな記述は抽出したい。特にA社の課題に準ずるような要素は本問に関連する可能性が高い。

(2)　解答の根拠探し

まず、今後のA社の方向性について指し示していると考えられる記述として以下がある。

＜第6段落＞

そのことを予測していたからこそ、A社長は、<u>後進に事業を委ねる条件が整うまで自らが先頭に立って</u>、新規事業や製品の開発にチャレンジし続けているのである。

⇒「後進に事業を委ねる条件が整うまで」ということであるので、条件が整えば「自らが先頭に立つのではない形」で新規事業や製品の開発にチャレンジするのが望ましいということであり、上記の内容は「し続けている」という記述から、現在も社長が先頭に立っている点は変わりないということである。なお、ここでの「後進に委ねる」というのは、「事業承継」といったことではないと考えられる。なぜならその後に、「自らが先頭に立って」と書かれている。事業承継を指すのであれば、むしろ、いつまでも自らが先頭に立っていては一向に承継は進まないであろうし、文脈的にも、「後進に事業を委ねる条件が整えば、自らが先頭に立ってチャレンジするのではない形にする」ということであろう。言い方を変えると、従業員主導でチャレンジしていく形にできる状況が、条件が整うということであると考えられる。

いずれにしても、事例問題の問題本文にこのようにわざわざ書かれているのであれば、この条件を整えずに終えるというのは不自然である。よって、本問の取り組みによって整えるという方向性で検討したい。そうすると、このことに類似するともいえる記述として以下がある。

— 115 —

＜第8段落＞

　しかし、複写機関連製品事業が先細り傾向になった頃から、製品開発部門、品質管理部門、生産技術部門に編成替えをし、各部門を統括する部門長を役員が兼任した。

　⇒各部門を統括する部門長を役員が兼任したのは、約10年前の組織改編の際である。兼任であるので、基本的には本来の形ではないと考えるのが妥当である。そうすると、この状況を是正し、従業員が部門長となることを考えてみると、従業員の統括によって組織が運営されることになる。このような形態で運営されれば、第6段落にある社長が考える後進に事業を委ねる条件である、従業員主導でチャレンジしていく体制が整うと考えることもできる。そして、このような組織運営とすることは、本問で問われている「社員のチャレンジ精神の維持」に寄与すると考えられる。

　さて、チャレンジ精神の維持については、第6段落の記述を踏まえると、今後のA社の展開を考えた場合に取り組みが必要、という構造であった。しかしながら、もう1つの要素である「独創性の維持」については、問題本文に失われてしまうことが懸念されるような記述が特段見当たらない。よって、A社の状況を踏まえた際に、維持するために効果的である取り組み内容として妥当性のあるものを検討したい。そうすると、問題本文全体を読み込むことで1つ浮かんでくる可能性があるのが、「新卒者の採用強化により、固定観念のない新たな発想を取り入れる」というものである。このことは一般にも妥当性があると考えられることであるし、第10段落に、「新卒者を原則採用せず」と書かれているため、採用を強化することができる余地がある。あるいは、A社の現状を踏まえると、独創性を維持したいのは、やはり技術者ということになる。10年ほど前の組織改編により、各技術者は自らが有する専門知識とは別の専門知識を有した技術者と混成チームを組むことで、スピーディーな製品開発につなげている。その一方で、第8段落の組織改編についての記述からは、たとえば環境エネルギー事業の開発を推進するグループに属する技術者は、環境エネルギー事業の開発のみに従事するものと考えられる。よって、独創性の維持ということでいえば、新たな視点、多様な視点を身に付けることが有効であろう。よって、技術者のグループ間異動を活発に行うことが、有効性が高く、A社の現状にマッチすると考えられる。

(3)　解答の根拠選択

　基本的には第6段落を軸にした内容と、第8段落に描かれている10年ほど前の組織改編をさらに進化させる内容で構成すればよいと考えられる。

　また、新卒者の採用強化については、優先度は低いと考えられる。理由としては、第9段落に「人材は重要な経営資源であり、それを支えているのが同社の人事制度である」と書かれており、その具体的な内容が第10段落に書かれている。つまり、人事制度については現状のA社に合っていることが示されている。もちろん、今後のこ

― 116 ―

とを考えれば変化させたほうがよいということはあるかもしれないが、ここまで明示されているので、構造上、変えるべきであるという根拠がなければ積極的には変えるという方向性は採用しにくい。これまでは言ってみれば即戦力を採用しており、教育コストも生じない、また、能力があるため成果主義も機能する。その結果として、限られた従業員で売上を伸ばしてもいる。それが、新卒を採用すれば、教育も必要になり、当然、これまでのように少ない従業員で多くの売上を上げるという体質もくずれる可能性がある。ここまでの要素を踏まえると、妥当性は低いと考えられる。

(4) 解答の構成要素検討

２つの取り組みについて並列する形で記述する構成とする。

※他の解答の可能性

新卒採用と教育により、固定観念にとらわれない発想が生まれる土壌を強化する、あるいは組織が活性化する、といった新卒採用に関する内容は、妥当性がないわけではないが、上述したように基本的には本事例では想定されている解答ではないと思われる。

成果だけでなく、チャレンジすることを評価する、家族主義を維持することを重要視し、協力して行うことを評価する、長期的視点の評価項目を設ける、といった評価に関する解答も妥当性がないわけではない。ただ、本問の場合には、「金銭的・物理的インセンティブの提供以外に」と書かれているため、評価について解答した場合、その評価を何で報いるのかを示す必要があり、その点から書きにくい設定となっている。

第６段落の解釈によっては事業承継（次世代の経営者の養成）ということも考えられなくはないが、妥当性はかなり低いことと、社員のチャレンジ精神や独創性の維持という点でも、直接的ではない。

社外との連携による多様な発想を取り入れることは、視野を広げることになり、独創性につながると考えられる。よって、妥当性はあるが、本事例に当てはめた場合には根拠が薄い。

各個人の興味に基づく研究を行わせる、といった内容はチャレンジ精神や独創性の維持に寄与しそうであるが、これも根拠がやや薄い。さらに、このことによる内発的動機づけが損なわれないようにする、という点も成果主義が色濃いＡ社に当てはまりそうであるが、現状のＡ社の人事制度は効果的に機能しているという解釈で考えた場合にはやはり妥当性が下がることになる。

金銭的・物理的ではないインセンティブの提供は、問題要求の文脈からすれば妥当性があるが、実際に解答としてどのようなインセンティブがよいかを決める根拠がないため、完全に知識ベースの解答となってしまう。

※得点見込み

知識を総動員することや、第 10 段落の解釈によって、かなり多様な解答が考えられる設問である。よって、採点にも幅が出る可能性が高い問題であると考えられる。どこまで拾ってもらえるかは定かではないが、受験生の解答はそれなりにばらつくと思われるので、妥当性のある内容を複数記述する対応をすれば、それなりに得点できると思われる。

【平成29年】問題
中小企業の診断及び助言に関する実務の事例Ⅰ

[別冊解答用紙：⑤]

　A社は、資本金1,000万円、年間売上高約8億円の菓子製造業である。A社の主力商品は、地元での認知度が高く、贈答品や土産物として利用される高級菓子である。A社の人員構成は、すべての株式を保有し創業メンバーの社長と専務の2名、そして正規社員18名、パートタイマー中心の非正規社員約70名をあわせた約90名である。A社は、2000年の創業以来、毎年数千万円単位の規模で売り上げを伸張させてきた。近年では、全国市場に展開することを模索して、創業時から取り扱ってきた3種類の主力商品に加えて、新しい菓子の開発に取り組んでいる。同社のビジョンは、売上高30億円の中堅菓子メーカーになることである。

　現在、A社の組織は、製造部門、営業部門、総務部門の3部門からなる機能別組織である。部門長と9名の正規社員が所属する製造部門は、餡づくり、生地づくり、成型加工、そして生産管理を担当している。また、自社店舗による直接販売は行っていないため、創業以来営業を担当してきた専務をトップに6名からなる営業部門は、県内外の取引先との折衝や販売ルートの開拓のほか、出荷地域別にくくられた取引先への配送管理と在庫管理が主な業務である。非正規社員70名のうち毎日出社するのは30名程度で、残りの40名は交代勤務である。非正規社員の主な仕事は、製造ラインの最終工程である箱詰めや包装、倉庫管理などの補助業務である。人事・経理などの業務は、3名の正規社員から成る総務部門が社長の下で担当している。

　長期的な景気低迷期の激しい企業間競争の中で順調に売上規模を拡大することができたのは、A社が事業を引き継ぐ以前のX社時代から、現在の主力商品の認知度が地元で高かったからである。A社の前身ともいえるX社は、70年近い歴史を誇る菓子製造販売業の老舗であり、1990年代後半までは地元の有力企業として知られていた。創業当初、小さな店構えにすぎなかったX社は、その後直営店をはじめ様々な販売ルートを通じて、和・洋の生菓子、和洋折衷焼菓子など100品目以上の菓子を扱うようになり、年間売上高は10億円を超えるまでになった。しかしながら、1990年代後半バブル経済崩壊後の長期景気低迷の中で販路拡大・生産力増強のための過剰投資によって巨額の負債を抱え、事業の継続を断念せざるを得なくなった。それに対して、当時、県を代表する銘菓として人気を博していた商品が売り場から消えてしまうことを惜しみ、菓子工業組合に贔屓筋がその復活を嘆願するといった動きもみられた。さらに、県内外の同業メーカーからその商標権を求める声も相次いだ。

　その商標権を地元の菓子工業組合長がX社社長から取得していたこともあって、A社に譲渡することが短期間で決まった。もちろん、A社社長がX社の社員であったと

— 119 —

事例Ⅰ ㉙

いうことは重要な点であった。1970年代半ばから長年にわたって営業の最前線でキャリアを積んだA社社長は、経営破綻時に営業課長の職にあった。一連の破綻処理業務で主要取引先を訪れていた折に、販売支援の継続を条件に商品の存続を強く求められたことで一念発起し、事業の再興に立ち上がったのである。

　企業経営者としての経験がないといった不安を抱えながらも、周囲の後押しを受けてA社社長が過半数を出資し、X社で共に働いていた仲間7名もわずかな手持ち資金を出資して事業再建の道をスタートさせた。主力商品だけに絞って、商品名を冠にした新会社設立の準備を急ピッチで進めた。資金の不足分については、県の支援で低利融資で賄った。とはいえ、かつてと同じ品質や食感を出すために必要な機器を購入するためには多額の資金が必要であり、昔ながらの味を復活させるには、その後数年の年月がかかっている。餡（あん）づくりはもとより、旧式の窯を使用した焼き上げ工程を含めて菓子づくりのほとんどが、人手による作業であった製造工程を大幅に変更し、自動化によって効率性を高められるようになったのは、現在の工場が完成する2005年であった。

　製造設備面の課題こそあったものの、商品アイテムを主力商品だけに限定してスタートしたA社は、創業直後から一定水準の売り上げを確保することができただけでなく、年を重ねるにつれ売り上げを伸ばし続け、今日の規模にまで成長したのである。2000年代半ばには増資して、手狭になった工場を、そこから離れた郊外の、主に地元の企業を誘致対象とした工業団地に移転させた。また、その新工場は、食品製造の国際標準規格であるHACCP（ハサップ）に準拠するとともに、銘菓といわれたかつての商品に勝るとも劣らない品質や食感を確保し、現在の3種類のラインアップの焼菓子を日産50,000個体制にまで整備した。

　しかし、創業からおよそ17年の時を過ぎたとはいえA社の主力商品は、前身であるX社が築きあげてきた主力商品に依存しており、A社が独自で創りあげたものではないことは事実である。かねてより目標として掲げてきた全国市場への進出の要件ともいうべき首都圏出店の夢もいまだにかなっているわけではない。売上高30億円というビジョンを達成するためには、全国の市場で戦うことのできる新商品の開発が不可避であるし、それを実現していくための人材の確保や育成も不可欠である。

　17年の時を経て、共に苦労を乗り越えてきた戦友の多くが定年退職したA社は、正に「第三の創業期」に直面しようとしているのである。

第1問（配点20点）
　景気低迷の中で、一度市場から消えた主力商品をA社が再び人気商品にさせた最大の要因は、どのような点にあると考えられるか。100字以内で答えよ。

第2問（配点20点）
　A社の正規社員数は、事業規模が同じ同業他社と比して少人数である。少人数の正規社員での運営を可能にしているA社の経営体制には、どのような特徴があるのか。100字以内で答えよ。

第3問（配点20点）
　A社が工業団地に移転し操業したことによって、どのような戦略的メリットを生み出したと考えられるか。100字以内で答えよ。

第4問（配点20点）
　A社は、全国市場に拡大することでビジョンの達成を模索しているが、それを進めていく上で障害となるリスクの可能性について、中小企業診断士の立場で助言せよ。100字以内で答えよ。

第5問（配点20点）
　「第三の創業期」ともいうべき段階を目前にして、A社の存続にとって懸念すべき組織的課題を、中小企業診断士として、どのように分析するか。150字以内で答えよ。

事例 I ㉙

— 121 —

平成29年度　事例Ⅰ　解答・解説

解答例

第1問（配点20点）

地元において高い認知度を有した商標を冠にした社名とした上で、昔ながらの味を追い求めつつ、主力商品だけに絞った商品展開とした。これにより、ブランドイメージを明確化し、消費者に対する浸透力を向上させたこと。

第2問（配点20点）

製造工程を自動化していることや自社店舗を有していないことなどにより、社内業務が非正規社員でも担いやすい補助業務などの比率が高く、業務調整の量も少ない。そのため、少人数の管理者による組織管理が可能である。

第3問（配点20点）

広い敷地に工場を構えることで、銘菓としての品質や食感を確保するために必要な機器の導入と、自動化による生産効率の高い生産体制の構築により、商品価値のさらなる向上と需要量の伸張への対応を実現できたこと。

第4問（配点20点）

新商品開発と首都圏出店が要件となるが、競争力のある独自商品が開発できずにいたずらに商品アイテムが拡大すると、ブランドイメージの稀釈化や過剰投資による資金不足に直面し、全国市場への展開の継続が困難になる。

— 122 —

第5問 (配点20点)

これまでのA社を支えてきた創業メンバーの多くが退職して組織力が低下する中、従来とは大きく異なる事業展開によって事業規模拡大を図っていくことになる。そのため、組織管理の体制や運営方法の制度化を図ることや、新商品開発能力や店舗運営を含めた管理能力を備えた正社員を中心とした人材の確保や育成が課題となる。

解　説

1. 事例の概要

　平成29年度の事例Ⅰは、出題論点や難易度など、総じて例年と大幅な変化はない。出題論点は、戦略について分析させる問題や、組織管理などの組織構造面の問題、採用や育成といった人的資源管理についての問題など、事例Ⅰらしい出題であったといえる。難易度についてはやや易化したという印象であり、その一番の要因は、問題本文の読み取りがしやすかった点にある。形式的な面も、ここ数年同様、文章のみの問題構成であり（組織図などの図表はない）、この点についても変化はない。問題の構成としては、5問構成であり、事例Ⅰとして至って標準的である。

　ただし、問題要求については、過去の出題にはない問われ方がいくつかあり、その点については戸惑う要因であったと思われる。第1問、第2問、第3問はこれまでのこと（過去のこと）を問うており、第4問、第5問で今後のことが問われており、全体の流れはオーソドックスである。

　問題本文については、分量が少なめであり、書かれている内容の整理に苦慮するような状況ではなかった。また、解答するための根拠がかなり明示されていた。そのため、それなりにじっくりと検討することはできるつくりであったが、そのことによって、慎重かつ丁寧な対応になりすぎてしまい、かえって時間のバランスを崩すリスクがあったと思われる。

　以上から、記述する内容がまったく思いつかないといった状況にはなりにくかったと思われるが、問題要求の解釈によって出題者の意図（解答要素）を正確にとらえるという点についての悩ましさがある問題であった。

□**難易度**

　・問題本文のボリューム　　：標準

　・題材の取り組みやすさ　　：標準

　・問題要求の対応のしやすさ：やや対応しにくい

□**問題本文のボリューム（本試験問題用紙で計算）**

　2ページ強

□**構成要素**

　文　章：61行（空行含まず）

　問題数：5つ　解答箇所5箇所

　第1問　20点　　　　　100字

　第2問　20点　　　　　100字

第3問	20点	100字
第4問	20点	100字
第5問	20点	150字
	（合計）	550字

(1) 問題本文のボリューム

問題本文のボリュームは、行数は61行と昨年の77行より大幅に減少した。これは、この5年間でみると、平成25年度に次いで少ない分量であった。解答箇所は5箇所、制限字数は550字であり、制限字数については、この5年間の事例Ⅰで最も多い（過去4年間は500～520字であった）。

(2) 題材の取り組みやすさ

業種は菓子製造業である。事例Ⅰは、他の事例と比較して業種の縛りは少ないが、過去の出題においても製造業の出題は多く、その点では例年どおりである。また、業種のイメージはしやすく、題材としては取り組みやすかったと思われる。

(3) 問題要求の対応のしやすさ

問題要求については、「リスクの可能性についての助言」「組織的課題の分析」など、これまでの本試験にはなかった問われ方があったり、解答の構成要素に悩む問われ方があったりしたため、対応はしにくかったと思われる。

2．取り組み方

今回の問題は、問題要求の解釈が上手くできれば、問題本文にそれなりに根拠が明示されており、また、文章の量もそれほど多くないため、大きく崩れない対応は十分可能であったと思われる。

第1問に関しては、問題要求自体は明瞭で、問題本文に根拠もあるが、解答根拠の候補がかなり多く、解答内容を特定するのに時間を要してしまう可能性が高い問題であり、全体としてのバランスを崩すリスクがあったと思われる。

第2問は、問われていることがまったくわからないわけではないため、何も書けないという状況にはならないが、解答の方向性は組み立てられたとしても、実際に解答欄にどんな要素を、どのような文脈で記述するかについて悩んでしまう可能性のある問題であった。

第3問も同様に、何も書けないということはないものの、「戦略」という言葉をどのようにとらえるか、どのようなレベル感の文言でまとめるか、といった点に悩ましさがあった。

第4問は、「助言」という要求をどのようにとらえるかで、解答としてどこまで記述するのかの判断が変わってしまう可能性があった。また、第5問との切り分けに難しさがあったと思われる。

第5問についても「分析」という要求から、解答要素として何を記述するかの判断が難しかった。第4問との切り分けについては難しさがあるが、問題本文に根拠はあるため、内容が重複してしまうことを過度に恐れずに対応すれば、得点を確保することは可能である。

総じて、あまりに考えすぎてしまうと厳しい状況になった可能性はあるが、しっかりと得点できるところで得点していこう、という姿勢で臨めば、5つの解答箇所すべてで、少しずつ得点を積み上げることは十分可能であったと考えられる。

3. 解答作成

第1問 (配点20点) ◢◢

(1) 要求内容の解釈

直接の問題要求は「要因」である。また、"最大の"ということであるため、いくつかある要因の中から、最大のものを見定めて記述していくことが求められていると考えられる。具体的には、「A社が再び人気商品に"させた"最大の要因」であるため、オーソドックスに考えれば、「A社が採った効果的なアクション」を解答することになる可能性が高い。そして、「A社の強み」「この当時の外部環境における機会」といったことも関連する可能性がある。また、「再び」ということであるので、以前も人気商品であったことが示唆されている。それにもかかわらず「一度市場から消えた」ということであるので、この消えてしまった理由をA社が解消するようなアクションを採ったのだとも考えられる。さらに、この主力商品が有している特徴が解答に関連する可能性もあるため、その点も確認したい。

まずは、人気商品になることに寄与したであろう要素をピックアップしたうえで、その中から最大の要因となるものを見定めていく。その際には、一度市場から消えた理由も加味して検討していくことになるであろう。

※なお、本問の問題要求は、問題本文を読み取る前の段階においては違和感を覚える文章である。「一度市場から消えた主力商品をA社が再び人気商品にさせた」という文脈は、元々はA社の商品ではないのか？という印象を持つということである（問題本文を読み取ればこの違和感の意味がわかるわけであるが）。

(2) 解答の根拠探し

人気商品にさせるのに寄与しそうな要素や、人気商品であることを表している記述

は、以下のように問題本文にかなり多くの記述が見つかる。

（主力商品の特徴）

＜第1段落＞

　「A社の主力商品は、地元での認知度が高く、贈答品や土産物として利用される高級菓子である。」

＜第3段落＞

　「長期的な景気低迷期の激しい企業間競争の中で順調に売上規模を拡大することができたのは、A社が事業を引き継ぐ以前のX社時代から、現在の主力商品の認知度が地元で高かったからである。」

（A社が採ったアクション）

＜第1段落＞

　「A社は、2000年の創業以来、毎年数千万円単位の規模で売り上げを伸張させてきた。」

＜第4段落＞

　「その商標権を地元の菓子工業組合長がX社社長から取得していたこともあって、A社に譲渡することが短期間で決まった。もちろん、A社社長がX社の社員であったということは重要な点であった。」

＜第5段落＞

　「主力商品だけに絞って、商品名を冠にした新会社設立の準備を急ピッチで進めた。」

＜第5段落＞

　「とはいえ、かつてと同じ品質や食感を出すために必要な機器を購入するためには多額の資金が必要であり、昔ながらの味を復活させるには、その後数年の年月がかかっている。」

＜第6段落＞

　「製造設備面の課題こそあったものの、商品アイテムを主力商品だけに限定してスタートしたA社は、創業直後から一定水準の売り上げを確保することができただけでなく、年を重ねるにつれ売り上げを伸ばし続け、今日の規模にまで成長したのである。」

＜第6段落＞

　「また、その新工場は、食品製造の国際標準規格であるHACCP（ハサップ）に準拠するとともに、銘菓といわれたかつての商品に勝るとも劣らない品質や食感を確保し、現在の3種類のラインアップの焼菓子を日産50,000個体制にまで整備した。」

事例 I ㉙

— 127 —

（外部の主体からの支援）

＜第3段落＞

　「それに対して、当時、県を代表する銘菓として人気を博していた商品が売り場から消えてしまうことを惜しみ、菓子工業組合に贔屓筋がその復活を嘆願するといった動きもみられた。さらに、県内外の同業メーカーからその商標権を求める声も相次いだ。」

＜第4段落＞

　「一連の破綻処理業務で主要取引先を訪れていた折に、販売支援の継続を条件に商品の存続を強く求められたことで一念発起し、事業の再興に立ち上がったのである。」

＜第5段落＞

　「企業経営者としての経験がないといった不安を抱えながらも、周囲の後押しを受けて A社社長が過半数を出資し、X社で共に働いていた仲間7名もわずかな手持ち資金を出資して事業再建の道をスタートさせた。」

＜第5段落＞

　資金の不足分については、県の支援で低利融資で賄った。

　⇒かなり重複する内容も多いが、要点を整理すると、この主力商品の特徴としては、①地元において認知度が高い、②商標権の価値が高い、③県を代表する銘菓である、といったことである。そして、A社が採ったアクションとしては、①商標を冠にして新会社を設立した、②主力商品だけに絞った、③かつてと同じ品質や食感を出し、昔ながらの味を復活させた（ただし、数年の年月を要している）、といったことである。また、A社にとっての追い風として、取引先や県といったさまざまな外部の主体からの支援などの後押しがあった、という状況である。そして、その結果、創業以来（創業直後から）、売り上げを伸張させてきた、ということである。

　本問の問題要求には「A社が人気商品にさせた」という文脈で書かれているため、基本的にはA社のアクションが解答の中心になり、そのアクションによって形作られた人気商品である要因を記述すればよいであろう。そうすると、上記のアクションによって得られる効果として、①ブランドイメージの明確化や、それによる消費者に対する浸透力の向上、②経営資源を集中することができた、③昔ながらの味を復活させることで顧客を呼び戻した、といったことが考えられる。

　また、解答をまとめるにあたって考えておきたいこととして、①主力商品が人気商品でなくなったタイミングは、X社時代の晩年なのか、それともX社が廃業して名実ともに市場から消えたときなのか（なくなれば、当然人気商品ではなくなる）、②A社が人気商品にさせたタイミングは、創業してすぐなのか、創業して何年かを経てからなのか（場合によっては現在に至るまでの期間で）、といったことがある。これら

— 128 —

をどのようにとらえるかによって、解答内容の骨子は変わらなかったとしても、100字の中にどのような文言が書かれるかに影響を及ぼすことになる。

(3) 解答の根拠選択

最大の要因であるので、当然ながら複数の内容を列挙することはできない。しかしながら、必ずしも抽出した要素の中の1つを用いて解答するというわけではなく、制限字数は100字であるので、最大の要因を説明するために複数の要素を用いることになる。

結論としては、人気商品にさせた最大の要因は、「ブランドイメージの明確化による浸透力の向上」であると考えられる。

これは、「"再び"人気商品にさせた」という問題要求の文言から、X社時代の晩年において、商品アイテムが100品目以上となったことで、過剰投資となったことはもちろん、ブランドイメージの稀釈化も生じた可能性が考えられる、という解釈に基づいている。また、A社は創業直後から毎年数千万円単位の規模で売り上げを伸張させているということから、創業してから何年も経ってようやく人気商品となったというよりも（もちろん、数年の年月をかけて昔ながらの味を復活させたことでさらに人気となったとは考えられるが）、ある程度、創業段階で人気となる要素を備えていたという解釈に基づいている。

よって、それを実現するための要素である、①主力商品だけに絞った商品展開としたこと、②地元において高い認知度を有した商標を冠にした社名にしたこと、③昔ながらの味を追い求めたこと（昔ながらの味を復活させたことそのものは最大の要因ではないが、ブランドイメージが骨子であるため、味も無関係ではないということである）、といった要素を用いて解答することになる。

(4) 解答の構成要素検討

1つの内容について100字で説明することになるため、基本的には「解答の根拠選択」で示した解答要素を因果関係でつないで構成していくことになる。

※他の解答の可能性

解答例の内容に準ずる解答要素としては、①県を代表する銘菓であること、②主力商品だけに絞ることで経営資源を集中したこと、③商標権を獲得できたこと、④X社出身の仲間7名が再建に加わったこと（思いやノウハウを有している）、⑤贔屓筋、県内外の同業メーカー、取引先、県といった外部のあらゆる主体からの後押しがあったこと、⑥品質や食感を確保し、昔ながらの味を復活させたこと、⑦HACCPに準拠した工場を設立したこと、などが考えられる。特に⑥を結論とした解答は可能性があると思われるが、この味についてはX社も同様であったことから、仮にX社時代の晩年に人気に陰りが出始めていたということであれば、人気商品にさせた最大の要因は味ではないと考えられる。よって、X社

とA社の違いは何か、と考えて組み立てた場合には解答例のような内容になると思われる。

※得点見込み

　　問題本文に根拠は十分に書かれているため、まったく得点できないという状況にはなりにくいと思われる。また、問題要求の指示どおりに１つの内容について記述する構成にすれば、それなりの解答にはなるであろう。ただし、問題本文に根拠の数が多く、結論としての最大の要因を何にするかによって、それを修飾する文言も微妙に変わると考えられるため、０点にはならなくても、出題者が結論や修飾する要素を厳格に設定していて、それ以外は加点対象外という採点をした場合には、あまり得点が伸びない可能性もある。

第２問 (配点20点) ◢◢

(1)　要求内容の解釈

　直接の問題要求は「特徴」である。具体的には「経営体制の特徴」であり、A社の経営体制には他社とは異なる点があり、それを解答することになる。「経営体制」という言葉は、狭義では文字どおり経営をする体制、つまり、経営層がどのような体制で経営を行っているのかという上位階層についてであると考えることもできるが、広義では企業を運営していくこと全般を経営ととらえ、運営体制に関連することはすべて含む可能性も考えられる。そして、本問の場合にはA社の経営体制は、「少人数の正規社員での運営を可能にしている」ということであるので、経営陣の体制だけを指しているわけではないと解釈するのが妥当である。

　本問は問われている解答の要素についての解釈が少し難しい。問われているのは「経営体制の特徴」であるが、問題要求の文中に書かれている「少人数の正社員で運営することができる」というのも、内容的にも文脈的にも経営体制の特徴といえる。よって、このことも加味し、全体の文脈から問題要求を言い換えると、「少人数の正規社員で運営が可能な体制の場合、どのように経営（運営）が行われるのか」ということが問われていると考えられる。解答の検討にあたっては、「A社の組織や業務内容といったあらゆる要素がどんな状況なのか」を見定めることになる。

　また、比較の対象としては、「事業規模が同じ同業他社」ということであるが、事業規模は、売上規模、従業員の人数といったことが考えられる。売上規模が同じという意味なのであれば、少ない正社員で同じだけの売上を獲得することができるということであり、従業員の人数が同じという意味なのであれば、正規社員と非正規社員の比率に焦点が当たっていると考えられる。

(2)　解答の根拠探し

　まずは、A社の事業規模に関連することについて以下のように書かれている。

＜第1段落＞

「A社は、資本金1,000万円、年間売上高約8億円の菓子製造業である。」

＜第1段落＞

「A社の人員構成は、すべての株式を保有し創業メンバーの社長と専務の2名、そして正規社員18名、パートタイマー中心の非正規社員約70名をあわせた約90名である。」

⇒A社の現在の売上高は約8億円であるため、仮に事業規模を売上規模と解釈すると、比較の対象は同様に8億円程度の売上を獲得している同業他社ということになる。しかしながら、第1問でも見てきたように、A社の売上は毎年数千万円単位の規模で拡大している。そのため、この売上の伸張も含めて同様でなければ比較の対象として「同じ事業規模」とはいいにくい部分がある。その一方で、人員の構成が書かれており、非正規社員の比率が高いことが示唆されているように読み取れる。よって、本問における事業規模とは、基本的には従業員数という認識のもとで、「A社は正規社員の比率が低い」という前提で検討するのが妥当であると考えられる。

さらに、A社の経営体制に直接関連するであろう記述は以下の第2段落にまとまって記述されている。

＜第2段落＞

「現在、A社の組織は、製造部門、営業部門、総務部門の3部門からなる機能別組織である。部門長と9名の正規社員が所属する製造部門は、餡（あん）づくり、生地づくり、成型加工、そして生産管理を担当している。また、自社店舗による直接販売は行っていないため、創業以来営業を担当してきた専務をトップに6名からなる営業部門は、県内外の取引先との折衝や販売ルートの開拓のほか、出荷地域別にくくられた取引先への配送管理と在庫管理が主な業務である。非正規社員70名のうち毎日出社するのは30名程度で、残りの40名は交代勤務である。非正規社員の主な仕事は、製造ラインの最終工程である箱詰めや包装、倉庫管理などの補助業務である。人事・経理などの業務は、3名の正規社員から成る総務部門が社長の下で担当している。」

⇒問題要求の解釈の時点で想定したように、「A社の組織や業務内容といったあらゆる要素がどんな状況なのか」という点について、「正規社員が少人数」という点も絡めて検討すると、A社は非正規社員が多いが、その非正規社員は「補助業務」を担っている。そして、その具体的な内容や文脈から、端的にいえば「単純作業」を担っているということが読み取れる。人数比率の高い非正規社員が単純作業を担っているということであるので、単純でない作業が社内業務として少ないということもできる。その一因としては、上述のように自社店舗による直接販売は行っていないということが考えられる。そして、それ以外にも以下の記述が

事例Ⅰ
㉙

ある。

＜第5段落＞

「餡づくりはもとより、旧式の窯を使用した焼き上げ工程を含めて菓子づくりのほ
とんどが、人手による作業であった製造工程を大幅に変更し、自動化によって効率性
を高められるようになったのは、現在の工場が完成する 2005 年であった。」

⇒自動化を進展させているということは、人手によらず機械で作業する割合が高い
ということである。よって、A 社の社内業務は人の手による高度なスキルをベー
スにしたものは少なく、非正規社員でも担いやすい、ということが読み取れる。
これは裏を返せば正規社員の人数は少なくて済むということであるともいえる。

さらに、このことと問題要求の解釈時点で想定した、「少数の正規社員で運営が可
能な体制の場合、どのように経営が行われるのか」ということをつなげて検討する。
これも問題要求の解釈時点で想定したように、本問における経営体制とは、「経営陣
の体制だけを指しているわけではない」という前提で考えると、ここでの経営とは、
「組織の管理」であると読み替えるのが、問題本文に書かれている組織や業務内容の
記述も加味すると妥当であると考えられる。そうすると、A社の組織管理はこれまで
の内容から、業務調整の量が少なく、そのことが少人数の管理者による運営を可能に
していると考えることができる。通常は、管理者は正規社員が担うわけであるので、
この点からも少人数の正規社員での運営を可能にしているということである。

(3)　解答の根拠選択

基本的には上述したように、第2段落を中心に解釈を加えて解答を構成すればよい
と考えられる。

(4)　解答の構成要素検討

経営体制の特徴を決定づける根拠はA社の組織内の業務特性であるため、「組織内
の業務特性」＋「経営体制の特徴」といった構成でまとめればよいと考えられる。

※他の解答の可能性

大筋での方向性は上述したとおりでよいと思われるが、問題要求の解釈時点で
述べたように、解答の要素についての解釈が少し難しいこともあり、記述する文
言としては、①熟練した能力を必要としない業務が多い、②高度な組織管理の必
要性が高くない、③組織の階層構造がフラットである、④交代勤務であることに
言及して解答する、⑤商品ラインアップが3種類と少ないため組織管理の負荷が
少ない、⑥ HACCP によって省人化を実現していること、などは考えられる。

※得点見込み

問題要求の解釈の難しさから、結論の書き方が色々と想定できてしまうため、
この点をどこまで厳格に採点してくるかによっても変わるが、正規社員と非正規
社員の割合、補助業務が多い、といった点には着目しやすいと思われるため、まっ

たく得点できないという問題ではないと思われる。

第3問 (配点20点) ◢◢ ◢◢

(1) 要求内容の解釈

　直接の問題要求は「戦略的メリット」である。シンプルに考えれば、A社の戦略にとってよい効果を及ぼした内容を解答すればよいであろう。具体的には「工業団地に移転し操業したこと」によるメリットである。工業団地であるので、一般的に考えられることとしては、騒音面など操業上の制約が軽減する、敷地が拡大する、他の事業者との連携機会が生まれる、といったことは考えられる。その一方でA社がどのような戦略を有しているのかを見定めながら方向性を検討することになる。

(2) 解答の根拠探し

　まず、工業団地への移転については以下のように書かれている。

＜第6段落＞

「2000 年代半ばには増資して、手狭になった工場を、そこから離れた郊外の、主に地元の企業を誘致対象とした工業団地に移転させた。」

　⇒手狭になったということが書かれている。このように書かれていることからも、単純に狭くなったということが、工業団地に移転する一因である可能性がある。そして、手狭になるということは、それまではそうではなかったが、規模の拡大などのなにがしかの変化が生じていて、すでに手狭になっている、あるいは、現時点ではまだ手狭ではないが、今後のことを考えると今のままでは狭い、といったことであるが、いずれにしても、今後はより広い敷地、あるいはスペースが必要だということである。

　新工場については以下が直接的な記述である。

＜第6段落＞

「また、その新工場は、食品製造の国際標準規格である HACCP（ハサップ）に準拠するとともに、銘菓といわれたかつての商品に勝るとも劣らない品質や食感を確保し、現在の3種類のラインアップの焼菓子を日産 50,000 個体制にまで整備した。」

　⇒つまり、この新工場を操業したことで、①品質や食感を確保した、②生産規模を拡大した、ということが読み取れる。そして、品質や食感については以下のように書かれている。

＜第5段落＞

「主力商品だけに絞って、商品名を冠した新会社設立の準備を急ピッチで進めた。資金の不足分については、県の支援で低利融資で賄った。とはいえ、かつてと同じ品質や食感を出すために必要な機器を購入するためには多額の資金が必要であり、昔ながらの味を復活させるには、その後数年の年月がかかっている。」

— 133 —

⇒上記の「その後数年の年月」については、基準となっているのが「新会社設立の準備を急ピッチで進めた頃」ということになる。なお、この準備にどのくらいの期間を要したかは明示はされていないが、第3段落の「売り場から消えてしまうことを惜しみ」という文脈、第4段落の「商標権がA社に譲渡されることは短期間で決まった」、そして「急ピッチで進めた」といった記述から、少なくとも年単位ということではなく、X社が破綻してからそれほど期間を空けずに（せいぜい数ヶ月で）A社が設立されたと考えるのが妥当である。つまり、創業時点（設立準備段階）で昔ながらの味を復活させていたのではなく、創業から数年を経て、2000年代半ばに新工場を設立した際に復活させたという流れである。よって、上記第5段落に書かれている「必要な機器」についても、新工場設立のタイミングにおいて、それまでに稼ぎ出した資金があり、敷地も広くなったことから導入するに至ったということである。

A社はそれでも創業時から売上を伸張させてきているので、創業時点においても味が悪かったわけではないが、ここにきて昔ながらの味を復活させ、さらに商品価値を向上させたということである。

一方、生産規模の拡大については、以下の記述が関連する。

＜第5段落＞

「餡(あん)づくりはもとより、旧式の窯を使用した焼き上げ工程を含めて菓子づくりのほとんどが、人手による作業であった<u>製造工程を大幅に変更し、自動化によって効率性を高められるようになったのは、現在の工場が完成する2005年</u>であった。」

⇒自動化によって効率性を高められるようになったのは、「現在の工場が完成する2005年」ということであるが、これは、①工場の完成に伴って製造工程を大幅に変更した、②それまで少しずつ製造工程を変更してきて、ちょうど工場が完成する2005年頃に自動化による効率性向上が実現された、という解釈が考えられるが、「製造工程の大幅な変更」という文脈も「自動化」についても「徐々に」というニュアンスではないことから、上記①のように、工場の完成に伴って行われたと解釈するほうが自然である。

いずれにしても、自動化によって効率化を図り、そのことが生産規模の拡大につながったのだと考えられる。A社は毎年売上を拡大しているため、需要量が年々拡大しており、その状況に対応することができたということである。

また、A社の戦略に関連することでいえば、以下の記述がある。

＜第1段落＞

「近年では、<u>全国市場に展開することを模索して</u>、創業時から取り扱ってきた3種類の主力商品に加えて、<u>新しい菓子の開発に取り組んでいる</u>。同社のビジョンは、<u>売上高30億円の中堅菓子メーカー</u>になることである。」

＜第7段落＞

「売上高30億円という<u>ビジョンを達成するためには、全国の市場で戦うことのできる新商品の開発が不可避である</u>し、それを実現していくための人材の確保や育成も不可欠である。」

⇒現在のA社の売上高は約8億円であるため、3倍以上の売上規模にすることを志向している。そのためには、新商品の開発が必要であることが示されている。また、当然、これだけ売上を拡大させるためには、操業規模を拡大することが必要になる。よって、工業団地に移転したことによる戦略的メリットとして、このビジョン達成のための体制を構築することができた、という方向性が考えられる。

(3) 解答の根拠選択

　基本的には、第5、6段落を用いて解答を構成すればよいと考えられる。よって、「売上高30億円というビジョン達成のため」という視点はおそらく本問で求められている内容ではないと考えられる。理由は、この工業団地に移転したのは2000年代半ばであり、上述したように、ビジョンを達成するためには全国市場で戦うことのできる新商品の開発が不可避であるが、その開発は「近年」取り組み始め、未だ実現することができていない。つまり、2000年代半ばに戦略として全国市場への展開を見据えていたのだとすれば、それがそれから約12年経っても進んでいないどころか、近年模索し始めたということである。これはあまりにも不自然であるし、少なくとも「メリット」とよべる状況ではない。

(4) 解答の構成要素検討

　「品質面」と「効率性向上による生産規模の拡大」という2つの観点について、問題本文の記述を駆使して構成していくことになる。

　※他の解答の可能性

　　　全国市場への展開に絡める内容は、上記のように基本的には可能性は低いと思われるが、出題者が戦略的メリットという表現をどんなニュアンスで用いているかが定かではないため、可能性はゼロではない。つまり、当時において、戦略として想定していたわけではないが、現在における戦略を遂行するためのメリットに結果としてなった、ということで想定している可能性はあるかもしれない。そのほかの解答要素としては、解答例の内容に準ずる文言として、①騒音面などの周囲への配慮の必要性が低下、②製造工程の機械化を進めることができた、③人手による作業の自動化により、少ない人手で銘菓としての品質や食感を確保した商品を効率的に生産できるようになった、④大量生産体制により、一層売上を拡大基調にした、といった内容。また、⑤HACCPに準拠することで企業信用が向上、従業員のモラール向上、衛生面を含めた品質向上、なども考えられる。

※得点見込み

　　考えすぎてしまうと十分な得点にならない可能性はあるが、第5、6段落を素
　朴に駆使して解答すれば、それなりの得点になると思われる。

第4問 (配点20点)

(1)　要求内容の解釈

　直接の問題要求は「リスクの可能性」の「助言」である。シンプルに考えれば、「可
能性のあるリスク」について答えればよいのだと考えられるが、「助言」という表現
もされているため、そのリスクに対する「対応」まで記述することが問われていると
いう解釈も可能である。

　また、「障害となる」ということであるので、本問の場合であれば、「全国市場への
拡大」を進めていくうえでそれを妨げるようなことが生じる可能性があるということ
である。つまり、「○○のような事態に陥るリスクがある」というニュアンスという
よりは、「進めていくにあたっての壁となるようなリスク要因」というニュアンスで
ある。問題本文の根拠次第の面もあるが、この辺りは意識して解答をまとめたい。

(2)　解答の根拠探し

　まずは、A社の「全国市場への拡大」「ビジョン」について以下のように書かれて
いる。

＜第1段落＞

　「近年では、<u>全国市場に展開することを模索して</u>、創業時から取り扱ってきた3種
類の主力商品に加えて、<u>新しい菓子の開発に取り組んでいる</u>。同社のビジョンは、<u>売
上高30億円の中堅菓子メーカーになることである</u>。」

＜第7段落＞

　「しかし、創業からおよそ17年の時を過ぎたとはいえ<u>A社の主力商品は、前身で
あるX社が築きあげてきた主力商品に依存しており、A社が独自で創りあげたもので
はないことは事実である</u>。<u>かねてより目標として掲げてきた全国市場への進出の要件
ともいうべき首都圏出店の夢もいまだにかなっているわけではない</u>。売上高30億円
というビジョンを達成するためには、<u>全国の市場で戦うことのできる新商品の開発が
不可避であるし、それを実現していくための人材の確保や育成も不可欠である</u>。」

　⇒まず、ビジョンを達成するためには、全国市場に拡大することが必要であるが、
　　そのためには、「全国市場で戦うことのできる（A社独自で創り上げた）新商品
　　開発が不可避」「首都圏出店が要件」ということが読み取れる。よって、この2
　　つの実現に向けて進めていった際に障害となるものがあるということで検討す
　　ればよいと考えられる。

　　　まず、首都圏出店であるが、これはA社にとって夢であると記されている。ま

た、「いまだにかなっているわけではない」という文脈であるので、最近思い立ったのではなく、以前から考えていたということであろう。その一方で、上記第1段落には、「近年～全国市場に展開することを模索～新しい菓子の開発に取り組んでいる」とある。"近年"が指しているのが、「全国市場に展開することの模索」と「新しい菓子の開発の取り組み」の両方を指しているのか、「新しい菓子の開発の取り組み」だけを指しているのかが、この記述だけでは定かではない。ただし、第7段落には、全国市場への進出は「かねてより目標」とあるため、少なくとも全国市場への進出はごく最近に考え始めたのではないが、新しい菓子の開発については近年ようやく始めた、という流れであると思われる。そうすると、首都圏出店がいまだにかなっていないのは、商品の開発ができていないから、というのが理由である可能性は考えられる。

　また、新商品開発についてであるが、実現するためには「人材の確保や育成も不可欠」とある。よって、これができなければ新商品開発が実現しないため、「人材の確保や育成ができないこと」が障害とも思える。そして、新商品開発に関連して以下の記述がある。

＜第3段落＞

　「創業当初、小さな店構えにすぎなかったX社は、その後直営店をはじめ様々な販売ルートを通じて、和・洋の生菓子、和洋折衷焼菓子など100品目以上の菓子を扱うようになり、年間売上高は10億円を超えるまでになった。しかしながら、1990年代後半バブル経済崩壊後の長期景気低迷の中で販路拡大・生産力増強のための過剰投資によって巨額の負債を抱え、事業の継続を断念せざるを得なくなった。」

　　⇒失敗事例としてX社の廃業の原因が書かれている。その一因として、製品アイテムが多くなり、そのための販路拡大・生産能力増強が過剰投資になったということが示されている。つまり、投資に見合った売上が確保できなかったということであるため、競争力のある製品が開発できなかったり、過度にアイテムが多くなったりすると、このような状況になることが想定されるということである。また、商品アイテムが多くなるということで考えると、第1問においてA社が再び人気商品にさせることができた一因として、主力商品に絞ってブランドイメージを明確化したというものがあった。よってむやみに商品アイテムが拡大し、しかも競争力がないとなれば、そのブランドイメージの稀釈化が生じ、ますます厳しい状況になるであろう。そうなれば、X社のように負債を抱えることになるなど、事業の継続を断念するまでにはならなかったとしても、資金面が障害となり、その後の事業展開が困難になるといった事態は考えられる。

(3)　解答の根拠選択

　「人材の確保や育成も不可欠」については、これができなければ新商品開発ができ

ないため、「人材の確保や育成ができないこと」が障害とも思えるが、本問で問われているのは「リスクの可能性についての助言」である。このように不可欠であると問題本文にはっきりと明示されている内容について「可能性」という表現を用いて問うというのは違和感があり、「助言」という問われ方にもならないと思われる。また、第5問で組織的課題が問われており、「人材の確保や育成」は人的資源管理のテーマではあるものの、組織という言葉は広い意味では人的資源管理も含まれることから、第5問で問われている可能性が高いと思われる。

(4) 解答の構成要素検討

「新商品開発」と「首都圏出店」が要件であることを明示し、それを進めていくためには「競争力のある商品開発が不可欠」であること。そして、「開発が上手くいかない場合には障害に直面する」といった流れでまとめる。

※他の解答の可能性

「人材の確保や育成ができないこと」については、上述したとおり第5問で問われている可能性が高いと考えられるが、第4問で問われている可能性もゼロとはいえない。そのほかには、①経営資源の分散が生じる、②マクロ的な外部環境変化（景気低迷など）による経営上のリスクが増大する、③業務や製品の品質の標準化が困難になる、④全国においてはA社の商品やブランドの知名度は低く、取引先も存在しないため、販売拡大が困難なこと、⑤進出に必要な資金が調達できないこと、などが考えられる。

※得点見込み

第5問との切り分けに悩むと思われる。また、「助言」という文言にしっかりと着目すると、どこまで記述するのかかえって迷う可能性がある。その点、難易度は高いが、少なくともX社の失敗と同じ轍は踏まない、といったことを意識した上で組み立てられれば、まったく違う方向性にはならず、ある程度の得点は確保できると思われる。

第5問 （配点20点）◢ ◢

(1) 要求内容の解釈

直接の問題要求は「組織的課題」を「分析」することである。組織という言葉はかなり幅が広く、組織構造、組織行動、人的資源管理といった内容すべてに可能性がある。そして、分析という問われ方は、解答要素をどのように組み立てるべきかの判断が難しいが、制限字数が150字であることからも、端的に課題を答えるのではなく、A社の「現状」と「あるべき姿や今後の方向性」を見据えた上で、「課題」を記述していく必要があると思われる。つまり、なぜその課題なのかについても詳しく説明するということである。

「存続にとって懸念すべき」ということであるので、A社が存続していくにあたっては、この点（組織的課題）をしっかりと踏まえておかないと、存続が危うくなる可能性があるというニュアンスである。そして、それが「第三の創業期」という段階を目前にして生じてきているという文脈である。

　まずは問題本文から、「存続のための要件」や「第三の創業期」についての記述を確認することになる。

(2)　解答の根拠探し

　「第三の創業期」については、以下のように書かれている。

＜第8段落＞

　「17年の時を経て、<u>共に苦労を乗り越えてきた戦友の多く</u>が定年退職したA社は、正に「第三の創業期」に直面しようとしているのである。」

　　⇒これまでA社を支えてきたメンバーが退職したということであり、戦力がダウンしたことが読み取れる。このことによって、「第三の創業期」となった、あるいはならざるを得なかったということであると思われる。ストレートに考えれば、このメンバーに代わる人材の採用や育成が必要であると思われる。

　また、現在のA社は、第4問でも検討してきたように、以下を見据えている。

＜第7段落＞

　「売上高30億円というビジョンを達成するためには、全国の市場で戦うことのできる<u>新商品の開発が不可避</u>であるし、それを実現していくための<u>人材の確保や育成も不可欠</u>である。」

　　⇒ここでも、人材の確保や育成が必要であると示されている。そして、その人材とは、新商品の開発ができる人材ということである。また、これまでとは異なる事業展開によって、かなり事業規模が拡大していくことを考えれば、組織を管理する能力を有した人材の確保も必要であろう。そうなると、現状の非正規社員の割合が高い状況から、正規社員の割合を増加させることが必要になる。

　そして、人材の確保に加えて、現在のA社は、このような新たな事業展開に対応できる組織体制になっているとはいい難い。第2問でテーマになっていたように、A社は少人数の正規社員によって組織運営が行われている。これまではそれが適していたわけであるが、今後の事業展開においてはある程度体制や仕組みといった組織構造面の整備も必要になると思われる。

(3)　解答の根拠選択

　基本的には上述したように、第7、8段落を軸にして、「A社の現状」と「A社のあるべき姿」を想定した上で解答を組み立てていけばよいと考えられる。

(4)　解答の構成要素検討

　問題要求の解釈時点でも想定したように、「A社の現状」と「A社のあるべき姿や

今後の方向性」を記述した上で、そのギャップを埋める「課題」を記述していくことになる。

※他の解答の可能性

　第4問との切り分けが難しく、第4問で解答すべきと思われる要素が、第5問で問われている可能性もゼロではない。具体的には、①存続のためには全国市場へ進出することが必要である、②全国市場で戦うことができる独自の新商品を開発することが必要である、③首都圏出店が必要になる、といったことである。その他では、④組織として商品開発ノウハウを蓄積すること、⑤首都圏店舗を出店し、仮にその後も全国の他の場所にも店舗を出店するという展開になるのであれば、事業所が分散することによる社内の一体感が損なわれないようにすること（戦友がいなくなっていることによっても、この可能性が考えられる）、など。

※得点見込み

　事例Ⅰで150字という字数はかなり久しぶりであり、問題要求も初めての形式であったため、解答の構成要素を上手く描けないと、十分に要素を記述できずに得点を確保することができない可能性はある。また、第4問との切り分けがうまくいかなかった場合も同様である。現実的には、第4問と第5問は多少、内容が重複しても、それぞれの解答欄ごとに最善の解答を記述する方針で対応すれば、それなりに書ける要素はあるため、高い得点は難しくても、まったく得点ができないような状況にはならないと思われる。

2

中小企業の診断及び助言に関する実務の事例

Ⅱ

2 【令和3年】問題
中小企業の診断及び助言に関する実務の事例II

[別冊解答用紙：⑥]

B社は資本金300万円、社長を含む従業者数15名の豆腐の製造販売業者である。B社は清流が流れる地方都市X市に所在する。この清流を水源とする地下水は良質な軟水で、滑らかな豆腐づくりに向く。

1953年(昭和28年)、現社長の祖父がX市の商店街にB社を創業した。地元産大豆、水にこだわった豆腐は評判となり、品評会でも度々表彰された。なお、X市は室町時代に戦火を避けて京都から移り住んだ人々の影響で、小京都の面影を残している。そのため、京文化への親近感が強く、同地の職人には京都の老舗で修行した者が多い。同地の繁盛店は、B社歴代社長、新しい素材を使った菓子で人気を博す和菓子店の店主、予約が取りにくいと評判の割烹の板前など京都で修行した職人が支えている。

1981年(昭和56年)、創業者の病をきっかけに、経営は息子の2代目に引き継がれた。その頃、X市でもスーパーマーケットなど量販店の出店が増加し、卸販売も行うようになった。従来の商店街の工場兼店舗が手狭になったため、良質な地下水を採取できる農村部の土地に工場を新設した。パートの雇用も増やし、生産量を拡大した。

2000年(平成12年)、創業者の孫にあたる現社長が、京都での修行を終えてB社を継承した。その頃、地場資本のスーパーマーケットからプライベート・ブランド(PB)の製造呼びかけがあった。国産大豆を使いながらも、価格を抑え、集客の目玉とするPBであった。地元産大豆にこだわった祖父と父のポリシーに反するが、事業拡大の好機と捉え、コンペ(企画競争型の業者選定会)に参加し、受注に成功した。そしてPB製造のための材料用倉庫と建屋も新築し、パートも増やした。その後、数度のコンペで受注契約を繰り返し、最盛期はB社売上比率の約半分がPBで占められた。しかし、2015年(平成27年)のコンペで大手メーカーに敗れ、契約終了となった。

PBの失注のタイミングで、X市の大手米穀店Y社からアプローチがあり、協議の結果、農村部の工場の余剰設備をY社へ売却し、整理人員もY社が雇用した。X市は豊富な水を活かした米の生産も盛んで、Y社は同地の米の全国向けECサイトに注力している。Y社社長は以前より在庫用倉庫と炊飯に向く良質な軟水を大量に採取できる井戸を探していた。Y社は建屋を改修し、B社の地下水を購入する形で、Y社サイトのお得意さまに限定販売するペットボトル入り水の製造を開始した。またY社は「X市の魅力を全国に」との思いからX市企業の佃煮、干物などもY社サイトでコラボ企画と称して販売している。近年、グルメ雑誌でY社サイトの新米、佃煮が紹介されたのをきっかけに、全国の食通を顧客として獲得し、サイトでの売上が拡大している。

B社社長はPB関連施設の整理のめどが立った頃、B社の将来について、残った従業員と会議を重ねた。その結果、各地で成功例のある冷蔵販売車を使った豆腐の移動販売の開始を決意した。売上の早期回復のために移動販売はフランチャイズ方式を採用した。先行事例を参考に、フランチャイジーは加盟時に登録料と冷蔵販売車を用意し、以降はB社から商品を仕入れるのみで、その他のフィーは不要とする方式とした。また、フランチャイジーは担当地域での販売に専念し、B社はその他のマーケティング活動、支援活動を担当する。結果、元商店経営者やB社の元社員などがフランチャイジーとして加盟した。

　移動販売の開始と同時に原材料を全て地元産大豆に戻し、品揃えも大幅に見直した。手頃な価格の絹ごし豆腐、木綿豆腐の他、柚子豆腐、銀杏豆腐などの季節の変わり豆腐も月替わりの商品として加えた。新商品のグラム当たり単価はいずれもスーパーマーケットの高価格帯商品よりも高く設定した。

　移動販売は戸別訪問の他に、豆腐の製造販売店がない商店街、遊戯施設、病院などの駐車場でも許可を得て販売している。駐車場での販売は高齢者が知り合いを電話で呼び、井戸端会議のきっかけとなることも多い。移動販売の開始後、顧客数は拡大したものの客単価は伸び悩んでいたが、フランチャイジーの1人がデモンストレーション販売をヒントに始めた販売方法が客単価を引き上げた。自身が抱える在庫をどうせ廃棄するならば、と小分けにし、使い捨て容器に盛り付け、豆腐に合った調味料をかけて試食を勧めながら、商品説明を積極的に行った結果、次第に高単価商品が売れ始めた。フランチャイジーと高齢者顧客とのやり取りは来店前の電話での通話が主体である。インスタント・メッセンジャー（IM）の利用を勧めた時もあったが敬遠されたため、電話がメインになっている。ただし若年層にはIMによるテキストでのやり取りの方が好まれ、自社の受注用サイトを作る計画もあったが、ノウハウもなく、投資に見合った利益が見込めないとの判断により、IMで十分という結論に達した。

　移動販売の開始以降、毎年秋には農村部の工場に顧客リストの中から買い上げ額上位のお得意さまの家族を招いて、日頃のご愛顧への感謝を伝える収穫祭と称するイベントを実施してきた。これは昔ながらの方法で大豆の収穫を体験するイベントである。収穫の喜びを顧客と共有すると共に、B社の顧客は高齢者が多いため、一緒に昔を懐かしむ目的で始めた。しかし、食べ物が多くの人の努力を経て食卓に届くことを孫に教えたいという声が増え、年を追うごとに子連れの参加者が多くなった。収穫体験の後には食事会を開き、B社商品を使った肉豆腐や湯豆腐を振る舞う。ここで参加

者が毎年楽しみにしているのは炊きたての新米に、出来たての温かい豆腐を乗せ、鰹節としょうゆ、薬味の葱少々をかけた豆腐丼であった。豆腐丼は祖父の時代からB社でまかないとして食べてきたものである。「豆腐に旅をさせるな」といわれるように出来たての豆腐の風味が最も良く、豆腐と同じ水で炊き上げた新米との相性も合って毎年好評を得ていた。同市の年齢分布を踏まえると主婦層の顧客が少ないという課題を抱えつつ、移動販売は高齢層への販売を伸ばし続けていた。

　しかしながら、新型コロナウイルス感染症のまん延に伴い、以降、試食を自粛した。また、人的接触を避けるために、駐車場での販売から戸別販売への変更を希望したり、戸別訪問を断ったりする顧客が増えてきた。収穫祭では収穫体験のみを実施し、室内での食事会を中止した。その際に、豆腐丼を惜しむ声が複数顧客より寄せられた。B社社長が全国に多数展開される豆腐ECサイトを調べたところ、多くのサイトで豆乳とにがりをセットにした商品が販売されていることを知り「手作り豆腐セット」を開発し、移動販売を開始した。顧客が豆乳とにがりを混ぜ、蒸し器で仕上げる手間のかかる商品であるが、出来たての豆腐を味わえる。リモートワークの浸透を受け、自宅での食事にこだわりを持つ家庭が増え、お得意さま以外の主婦層にも人気を博している。この商品のヒットもあり、何とかもちこたえてきたものの、移動販売の売上は3割落ち込んだままである。そこで、人的接触を控えたい、自宅を不在にする日にも届けてほしいという高齢層や主婦層の声を踏まえ、生協を参考に冷蔵ボックスを使った置き配の開始も検討している。そして、危機こそ好機と捉え、豆腐やおからを材料とする菓子類による主婦層の獲得や、地元産大豆の魅力を伝える全国向けネット販売といった夢をこの機にかなえたいと考えている。しかし、具体的な打ち手に悩んだB社社長は2021年（令和3年）8月末に中小企業診断士に相談することとした。

第1問（配点20点）

　2021年（令和3年）8月末時点のB社の状況を、移動販売の拡大およびネット販売の立ち上げを目的としてSWOT分析によって整理せよ。①～④の解答欄に、それぞれ30字以内で述べること。

第2問（配点25点）

　B社社長は社会全体のオンライン化の流れを踏まえ、ネット販売を通じ、地元産大豆の魅力を全国に伝えたいと考えている。そのためには、どの商品を、どのように販売すべきか。ターゲットを明確にした上で、中小企業診断士の立場から100字以内で助言せよ。

第3問（配点30点）

　B社のフランチャイズ方式の移動販売において、置き配を導入する場合に、それを利用する高齢者顧客に対して、どのような取り組みを実施すべきか。中小企業診断士の立場から(a)フランチャイザー、(b)フランチャイジーに対して、それぞれ50字以内で助言せよ。

第4問（配点25点）

　B社ではX市周辺の主婦層の顧客獲得をめざし、豆腐やおからを材料とする菓子類の新規開発、移動販売を検討している。製品戦略とコミュニケーション戦略について、中小企業診断士の立場から100字以内で助言せよ。

令和3年度　事例Ⅱ　解答・解説

解答例

第1問（配点20点）

① S
地元産大豆や良質な水を用いた豆腐の品質と、Y社との関係性。

② W
受注用サイトのノウハウがなく、主婦層の顧客が少ないこと。

③ O
リモートワーク浸透による自宅での食事にこだわる家庭の増加。

④ T
感染症による人的接触回避の傾向と、全国の豆腐ECサイトとの競合。

第2問（配点25点）

Y社サイトの顧客である全国の食通に対し、「手作り豆腐セット」をコラボ企画として、X市の魅力を伝えるY社サイトで販売する。Y社の米と水及び「豆腐丼」のレシピを添えることで全国のECサイトとの差別化を図る。

第3問（配点30点）

(a)
冷蔵ボックスを調達した上で、置き配開始を告知するマーケティングツールを作成し、試食用商品を手配する。

(b)
毎月顧客に電話をかけ月替わり商品の説明を積極的に行い、接点確保により愛顧を向上させ、継続的購入を促す。

— 148 —

第4問（配点25点）

京	文	化	の	親	和	性	を	持	つ	X	市	の	和	菓	子	店	と	共	同
で	製	品	開	発	し	、	コ	・	ブ	ラ	ン	ド	戦	略	を	採	用	す	る。
既	存	顧	客	に	対	し	、	新	素	材	を	使	っ	た	菓	子	で	人	気
の	和	菓	子	店	と	の	製	品	を	IM	で	訴	求	し	、	話	題	性	を
高	め	て	ク	チ	コ	ミ	に	よ	る	拡	散	を	期	待	す	る	。		

事例Ⅱ③

解　説

1．事例の概要

　令和3年度の事例IIは、問題数が4問（解答箇所8箇所）のみであり、制限字数が420字と非常に少ない字数となった。難易度は高く、得点できる問題で得点を積み重ねる対応が求められた。以下に、令和3年度の特徴を挙げる。

・業種は異なるが、食品製造に関する事例は令和2年度と同様であった。

・施策の助言中心であることは近年の傾向どおりである。

・図表は2年連続で出題されなかった。

・小規模法人であることは例年どおりである。

・顧客のニーズが読みづらい点が、難易度を上げている。

□難易度

　　・問題本文のボリューム　　：多い

　　・題材の取り組みやすさ　　：やや難しい

　　・問題要求の対応のしやすさ：やや難しい

□問題本文のボリューム（本試験問題用紙で計算）

　　・約3ページ

□構成要素

　　文　章：85行

　　問題数：4つ　解答箇所8箇所

　　第1問　20点　　　　　　30字×4

　　第2問　25点　　　　　100字

　　第3問　30点　　　　　50字×2

　　第4問　25点　　　　　100字

　　　　　　（合計）　　420字

(1)　問題本文のボリューム

　行数は85行でボリュームとしては多い。事例IIで頻出である図表がなかったため読み取りの負担は多少低減されている。例年どおり具体的な表現が多い面もあるが、解釈が難しい表現も示されており、80分で読み解くことは難しい。

(2)　題材の取り組みやすさ

　業種は豆腐製造販売業者である。企業の歴史や現状、豆腐の市場環境など、一つひ

― 150 ―

とつの内容は想像しやすい内容であった。しかし、問題本文の根拠と問題要求との対応付けについては難易度が高い。問題要求を解釈した上で、問題本文の根拠がどの問題と対応するか、という見極めを行い、その後解答として構成する手順が必要となる。

(3) 問題要求の対応のしやすさ

第1問のSWOT分析は、令和元年度、2年度にも出題されており、大まかに対応することは可能であろう。直近2年間と異なり「SWOT分析の目的」が示され、字数が短くなったため、解答要素の取捨選択が必要となる。一方、第2問以降は助言問題となっており、第2問の「ネット販売」、第3問の「フランチャイズ方式」、第4問の「新製品開発および販売」、それぞれに強く関連する問題本文の要素を明確に対応付けすることが求められる。

第2問以降の問題要求の結論は、比較的明確に示されており、解答の表現も可能な範囲で問題要求の結論に合致させることが望ましい。

2. 取り組み方

本事例は、全体のボリュームが多い上に、問題本文と問題要求の対応付け、解答の骨子作成も難しく80分ですべての問題を高いレベルでまとめることは現実的ではない。限られた試験時間内に一定の得点を獲得するためには、どの問題から解答するかも大きな要素となってくる。具体的には、比較的問題要求の表現と、問題本文の根拠を対応付けしやすい第2問を先に仕上げたい。次に、第4問は解答を丁寧にまとめ上げることは難しいが、大まかに関連する問題本文の根拠を選択することまではできそうである。第3問は、問題本文のどの要素を使うかの難しさに加え、2つの解答欄のどちらに要素を振り分けるかという選択も迫られるため、構造的に難易度が高い。第1問は解答の編集にあまり時間を割くことなく一定の得点を確保する、といった対応が望ましい。

目標としたい得点は、第1問は配点20点中10点程度、第2問は配点25点中15～20点程度、第3問は配点30点中10～15点程度、第4問は配点25点中15点程度と考えられる。

3. 解答作成

第1問 (配点20点) ◢◢

(1) 要求内容の解釈

直接の問題要求は「SWOT分析」である。令和元年度、2年度に続き、3年連続の出題形式である。制約として「2021年（令和3年）8月末時点のB社の状況」「移

動販売の拡大およびネット販売の立ち上げを目的として」と示されている。特に後者の目的を明示した SWOT 分析はこの 2 年にはなかったケースである。問題本文中の根拠から、目的に合致したものを優先的に選択することが求められる。目的に関しての解釈として、「移動販売の拡大」に関する根拠、および「ネット販売の立ち上げ」に関する根拠がそれぞれ別に示されている場合もあれば、共通のものとして示されている場合もあることを想定したい。

SWOT 分析とは、Strength（強み）、Weakness（弱み）の内部資源の観点、および Opportunity（機会）、Threat（脅威）の外部環境の観点から、企業の置かれている環境を分析し、戦略構築を行うためのフレームワークである。

第 1 問で環境分析を行う意味合いは、ここでとらえた環境を踏まえて、第 2 問以降で経営戦略やマーケティング戦略に関する助言を行うということである。そのため、第 2 問以降で活かすことができる強みや克服すべき弱み、および乗じるべき機会や意識すべき脅威などを指摘するような意識をもって解答づくりに取り組みたい。

また、それぞれの解答は 30 字という短字数となっている（前 2 年はそれぞれ 40 字）。前述の目的に合致した根拠を優先的に選択して簡潔に示したい。30 字で示すことができるのは、それぞれ 1 つまたは 2 つの要素であろう。

> 【問題要求から得る着眼点】
> ・「2021 年（令和 3 年）8 月末時点」という時制の表現
> ・「移動販売の拡大およびネット販売の立ち上げ」に関する環境や要件、必要な経営資源
> ・市場や競合といった外部環境における機会、脅威など
> ・B 社の特徴、強み、弱みなど

(2)　解答の根拠探し

まず、直接的な SWOT の解答とはならないかもしれないが、問題要求の「目的」を考慮して、移動販売やネット販売の現状を確認する。

・移動販売の現状

　＜第 10 段落＞

　「しかしながら、新型コロナウイルス感染症のまん延に伴い、以降、試食を自粛した。また、人的接触を避けるために、駐車場での販売から戸別販売への変更を希望したり、戸別訪問を断ったりする顧客が増えてきた。（中略）リモートワークの浸透を受け、自宅での食事にこだわりを持つ家庭が増え、お得意さま以外の主婦層にも人気を博している。この商品のヒットもあり、何とかもちこたえてきたものの、移動販売の売上は 3 割落ち込んだままである。」

・ネット販売の現状

＜第8段落＞

「ただし若年層にはIMによるテキストでのやり取りの方が好まれ、<u>自社の受注用サイトを作る計画もあったが、ノウハウもなく、投資に見合った利益が見込めないとの判断により、IMで十分という結論に達した。</u>」

　移動販売は、感染症の影響もあり売上が3割落ち込んだままである。問題要求の「移動販売の拡大」は、「積極的拡大」というよりも「落ち込んだ売上を回復させる」と捉えるべきであろう。

　また、ネット販売は現在行っていない。IMによるやりとりのみで十分という結論から、近隣の既存顧客限定の取引が前提となろう。「広範な商圏の実現」や「(IMのアカウントを獲得していない)新規顧客との取引」は現状では難しい。この点に注目すれば、ネット販売を立ち上げる目的として「商圏拡大」や「新規顧客獲得」などの可能性が感じられる。

① S（強み）

＜第1段落＞

「B社は資本金300万円、社長を含む従業者数15名の豆腐の製造販売業者である。B社は清流が流れる地方都市X市に所在する。<u>この清流を水源とする地下水は良質な軟水で、滑らかな豆腐づくりに向く。</u>」

＜第2段落＞

「<u>地元産大豆、水にこだわった豆腐は評判となり、品評会でも度々表彰された。</u>」

＜第7段落＞

「移動販売の開始と同時に<u>原材料を全て地元産大豆に戻し</u>」

⇒豆腐の品質や、その原材料の大豆や水はB社の特徴といえる。制約条件の「移動販売の拡大およびネット販売の立ち上げ目的」という観点においては、この高い商品力をもった豆腐を販売することが販売拡大の前提と考えてよいであろう。

＜第5段落＞

「PBの失注のタイミングで、<u>X市の大手米穀店Y社からアプローチがあり、協議の結果、農村部の工場の余剰設備をY社へ売却し、整理人員もY社が雇用した。</u>X市は豊富な水を活かした米の生産も盛んで、<u>Y社は同地の米の全国向けECサイトに注力している。</u>Y社社長は以前より在庫用倉庫と炊飯に向く良質な軟水を大量に採取できる井戸を探していた。<u>Y社は建屋を改修し、B社の地下水を購入する形で、Y社サイトのお得意さまに限定販売するペットボトル入り水の製造を開始した。</u>またY社は「X市の魅力を全国に」との思いからX市企業の佃煮、干

物などもＹ社サイトでコラボ企画と称して販売している。近年、グルメ雑誌でＹ社サイトの新米、佃煮が紹介されたのをきっかけに、全国の食通を顧客として獲得し、サイトでの売上が拡大している。」

⇒Ｙ社とは設備売却、雇用継続、水の取引などの経緯から強固な関係が構築されていると考えられる。これは、第２問の方向性となるであろうＹ社のサイトを通したネット販売の立ち上げを考慮した際、強みと認識してよい。

　　問題要求の「ネット販売の立ち上げ」について、第２問の解説でも触れるが「ネットサイトの立ち上げ」ではなく「ネット販売の立ち上げ」であることには注意したい。ネットサイトを立ち上げるのであれば、Ｙ社との関係性は強みになると言い切れないが、ネット販売（事業）の立ち上げと捉えれば、Ｙ社との関係性は強みと認識できる。

② 　W（弱み）

＜第９段落＞

「同市の年齢分布を踏まえると主婦層の顧客が少ないという課題を抱えつつ、移動販売は高齢層への販売を伸ばし続けていた。」

⇒SWOTの目的である「移動販売の拡大」を意識した場合、主婦層を十分に獲得できていないことは弱みといえる。この弱みを克服して移動販売を拡大する、という方向性が第４問のテーマとなる。

＜第８段落＞

「ただし若年層にはIMによるテキストでのやり取りの方が好まれ、自社の受注用サイトを作る計画もあったが、ノウハウもなく、投資に見合った利益が見込めないとの判断により、IMで十分という結論に達した。」

⇒受注用サイトのノウハウが無い弱みを克服して、ネット販売（事業）を立ち上げる方向性を考慮すると、弱みと認識することができる。

　　なお、「受注サイトのノウハウ」については、以下のような推察も可能である。もし、受注サイトのノウハウを有していたのであればＹ社との関係性は不要となるであろうか。Ｙ社サイトは全国の食通を顧客に抱え、売上が拡大している。そうであれば、Ｂ社が自社で受注サイトを立ち上げるよりも、Ｙ社とともにネット販売を行った方が有用性は高い。ここで、「Ｂ社の受注サイトに関するノウハウの有無に関わらずＹ社とともにネット販売を行うのであれば、Ｂ社にノウハウが無い点は弱みと考えなくてもよいのではないか」と考えることもできる。解答例では、「主婦層の顧客を獲得できていないこと」と比較して、「受注用サイトのノウハウがないこと」は弱みとしての妥当性がやや劣ると考えながら、全く否定するものではないため、採用している。

— 154 —

③　O（機会）

＜第10段落＞

「リモートワークの浸透を受け、自宅での食事にこだわりを持つ家庭が増え、お得意さま以外の主婦層にも人気を博している。」

⇒移動販売やネット販売を目的とした場合、自宅での食事にこだわりを持つ家庭の増加は明確に機会といえる。なお、この根拠の「こだわりの強さ」に焦点をあてれば、他社の製品よりもこだわった製品を販売できることが要件となる。

④　T（脅威）

＜第10段落＞

「しかしながら、新型コロナウイルス感染症のまん延に伴い、以降、試食を自粛した。また、人的接触を避けるために、駐車場での販売から戸別販売への変更を希望したり、戸別訪問を断ったりする顧客が増えてきた。収穫祭では収穫体験のみを実施し、室内での食事会を中止した。（中略）B社社長が全国に多数展開される豆腐ECサイトを調べたところ、多くのサイトで豆乳とにがりをセットにした商品が販売されていることを知り「手作り豆腐セット」を開発し、移動販売を開始した。（中略）そして、危機こそ好機と捉え、豆腐やおからを材料とする菓子類による主婦層の獲得や、地元産大豆の魅力を伝える全国向けネット販売といった夢をこの機にかなえたいと考えている。」

⇒B社の既存の販売方法（移動販売を含む）を継続したのでは、プロモーションや販売の機会が減少することは確実である。この脅威（危機）を好機として、移動販売のてこ入れ、ネット販売の立ち上げに挑むというストーリーである。

　また、移動販売、ネット販売の競合となり得るのが全国の豆腐ECサイトであろう。多くのECサイトが販売している「手作り豆腐セット」をB社も販売していることから、両者は競合していることが伺える。競合を意識した差別化などの可能性が第2問以降で問われる可能性がある。

　なお、2021年（令和3年）8月末時点現在のSWOT分析という制約を踏まえた場合、「手作り豆腐セット」は移動販売でヒット商品となっており、全国の豆腐ECサイトと激しい競合状況になっているわけではない。この観点を強く意識すれば、この根拠は優先度が低くなる。解答例では、第2問の解答の方向性を意識して採用している。

(3)　解答の根拠選択

①　S（強み）

　強みについては、「豆腐（大豆、水）の品質の高さ」と「Y社との関係性」について、前述したとおりである。

　解答例のほかに検討すべき要素には以下のようなものがある。

— 155 —

・「小京都に関連した京都での修行経験や同地の繁盛店など」…これについても妥当性は認められる。字数を考慮し、解答例ではこれらを盛り込んでいない。

・「フランチャイジーとの関係、移動販売のチャネルを保有していること」…2021年（令和3年）8月末時点現在、移動販売チャネルは売上が3割減のままである。外部環境の影響があるとはいえ、フランチャイザーであるB社がヒット商品（手作り豆腐セット）を提供し、何とかもちこたえてこの状態であり、この時点でのフランチャイジーは有効に機能しているとは言いづらい（弱みとするほどではない）。

② W（弱み）

弱みについては、「主婦層の顧客を獲得できていないこと」と「受注サイトのノウハウがないこと」について、前述したとおりである。

解答例のほかに検討すべき要素には以下のようなものがある。

・「（第4段落の）プライベート・ブランド（PB）の失注」…2015年に失注している。その後、Y社との施設売却など整理を行い、移動販売を開始している。PBの件は、2021年（令和3年）8月末時点のSWOT分析としては、優先度が低い。

③ O（機会）

機会については、「自宅での食事にこだわる家庭の増加」について、前述したとおりである。

解答例のほかに検討すべき要素には以下のようなものがある。

・「Y社のサイトの売上が拡大していること」…第2問の方向性を意識すれば、一定の妥当性はある。解答例では、強みとしてY社との関係性に触れているため、採用していない。

④ T（脅威）

脅威については、「感染症」および「全国のECサイトとの競合」について、前述したとおりである。

SWOTのすべての項目にいえることであるが、第1問の配点が20点、SWOTそれぞれ5点の配点と思われる。解答する項目のすべてが、出題者が意図したものと合致する可能性は高くない。現実的には、他の問題に多くの時間を割き、第1問は最後にとりかかる、あまり時間をかけない、などの対応が求められる。

(4) 解答の構成要素検討

結論　①～④まで取捨選択しながら、優先度が高い項目を複数（制限字数から1つか2つが妥当）盛り込む

第2問（配点25点）▲▲

(1) 要求内容の解釈

　直接の要求は「どの商品を」「どのように販売すべきか」「ターゲットを明確に」の3点である。制約としては、「ネット販売を通じて販売すること」「地元産大豆の魅力を全国に伝えること」の2点である。

　第1問の問題要求にある「ネット販売の立ち上げを目的として」という表現から、現在B社はネット販売を行っていないものと思われる。新たにネット販売を開始する場合、「自社販売サイトを構築し自前で販売する」「ECモールなどに出店して自前で販売する」「ネット販売を行っている他社に卸販売する」などの可能性が考えられるため、チャネル構築または開拓の可能性を確認する必要がある。

　また目的は「地元産大豆の魅力を全国に伝える」ことである。ネット販売であるので、商圏は全国に及ぶ。「地元産大豆を用いた商品を販売すること」や「（単に商品を販売するだけでなく）伝えるための仕組みの構築」が要件となろう。「伝える」という点に重きを置けばコミュニケーション施策またはプロモーション施策が必要となるが、問題要求では、商品と販売方法の選択が問われている（コミュニケーション施策は問われていない）。解釈が難しいが、「適した商品を販売すれば地元産の大豆の魅力を伝えることができる」ということかもしれない。

　なお、「どの商品（を販売するか）」という表現は、新製品開発ではなく、既存商品の中からネット販売に適した商品を選択することが求められていると捉えたい。

　そして、ターゲット層はB社の商品に対してニーズをもっている層が存在するものと思われる。現在B社商品を購入している近隣の顧客と同じニーズをもった層が全国に存在していれば、ネット販売で商圏を拡大することが可能となろう。

> 【問題要求から得る着眼点】
> ・現在のB社の品揃え（どの商品がネット販売に適しているか）
> ・チャネル構築または開拓の可能性（どの経営資源を生かすか）
> ・地元産大豆の魅力を全国に伝える手段
> ・適したターゲット層の存在およびそのニーズ

(2) 解答の根拠探し

　ネット販売に関連する問題本文の根拠を確認する。

＜第5段落＞

　「PBの失注のタイミングで、X市の大手米穀店Y社からアプローチがあり、協議の結果、農村部の工場の余剰設備をY社へ売却し、整理人員もY社が雇用した。X市は豊富な水を活かした米の生産も盛んで、Y社は同地の米の全国向けECサイトに注力している。Y社社長は以前より在庫用倉庫と炊飯に向く良質な軟水を大量に採取

できる井戸を探していた。Y社は建屋を改修し、B社の地下水を購入する形で、Y社サイトのお得意さまに限定販売するペットボトル入り水の製造を開始した。またY社は「X市の魅力を全国に」との思いからX市企業の佃煮、干物などもY社サイトでコラボ企画と称して販売している。近年、グルメ雑誌でY社サイトの新米、佃煮が紹介されたのをきっかけに、全国の食通を顧客として獲得し、サイトでの売上が拡大している。」

＜第8段落＞

「ただし若年層にはIMによるテキストでのやり取りの方が好まれ、自社の受注用サイトを作る計画もあったが、ノウハウもなく、投資に見合った利益が見込めないとの判断により、IMで十分という結論に達した。」

⇒ネット販売は、自社でサイト構築するよりも、Y社サイトで販売する方が適していると思われる。その理由として「B社とY社との強固な関係性によりB社製品を採用する可能性が高い」「X市の魅力を全国に伝えたいという思いが共通している」「全国の食通を抱え売上が拡大しているため、B社にとって魅力的であること」などが挙げられる。

　注意したい点は、Y社にメリットがあるかどうかである。Y社サイトの品揃えとして、米、水、佃煮、干物などが示されている。B社の豆腐だけでなく、米、水などが一緒に売れる、Y社にとっても新規顧客が拡大する、などの可能性も合わせて検討したい。

　Y社サイトで販売できた際には、ターゲットは「全国の食通」となることが考えられる。

　次に、B社の品揃えについて確認する。

＜第7段落＞

「移動販売の開始と同時に原材料を全て地元産大豆に戻し、品揃えも大幅に見直した。手頃な価格の絹ごし豆腐、木綿豆腐の他、柚子豆腐、銀杏豆腐などの季節の変わり豆腐も月替わりの商品として加えた。新商品のグラム当たり単価はいずれもスーパーマーケットの高価格帯商品よりも高く設定した。」

＜第9段落＞

「移動販売の開始以降、毎年秋には農村部の工場に顧客リストの中から買い上げ額上位のお得意さまの家族を招いて、日頃のご愛顧への感謝を伝える収穫祭と称するイベントを実施してきた。これは昔ながらの方法で大豆の収穫を体験するイベントである。収穫の喜びを顧客と共有すると共に、B社の顧客は高齢者が多いため、一緒に昔を懐かしむ目的で始めた。しかし、食べ物が多くの人の努力を経て食卓に届くことを孫に教えたいという声が増え、年を追うごとに子連れの参加者が多くなった。収穫体験の後には食事会を開き、B社商品を使った肉豆腐や湯豆腐を振る舞う。ここで参加

者が毎年楽しみにしているのは炊きたての新米に、出来たての温かい豆腐を乗せ、鰹節としょうゆ、薬味の葱(ねぎ)少々をかけた豆腐丼であった。豆腐丼は祖父の時代からB社でまかないとして食べてきたものである。「豆腐に旅をさせるな」といわれるように出来たての豆腐の風味が最も良く、豆腐と同じ水で炊き上げた新米との相性も合って毎年好評を得ていた。同市の年齢分布を踏まえると主婦層の顧客が少ないという課題を抱えつつ、移動販売は高齢層への販売を伸ばし続けていた。」

＜第10段落＞

「豆腐丼を惜しむ声が複数顧客より寄せられた。B社社長が全国に多数展開される豆腐ECサイトを調べたところ、多くのサイトで豆乳とにがりをセットにした商品が販売されていることを知り「手作り豆腐セット」を開発し、移動販売を開始した。顧客が豆乳とにがりを混ぜ、蒸し器で仕上げる手間のかかる商品であるが、出来たての豆腐を味わえる。リモートワークの浸透を受け、自宅での食事にこだわりを持つ家庭が増え、お得意さま以外の主婦層にも人気を博している。この商品のヒットもあり、何とかもちこたえてきたものの、移動販売の売上は3割落ち込んだままである。」

⇒それぞれの商品やB社が提供してきた食事などについて以下のように整理する。

	原材料（X市産大豆は共通）	チャネル	ターゲット	価格帯
絹ごし豆腐、木綿豆腐	―	移動販売	高齢層	手頃な価格
柚子豆腐等の月替わり商品	柚子、銀杏などの季節を感じる食品			高価格
豆腐丼	肉豆腐、湯豆腐　肉、野菜など 豆腐と同じ水で炊いた新米、出来たての豆腐、鰹節、しょうゆ、葱	収穫祭	お得意様の高齢層、孫など	（無料）
手作り豆腐セット	豆乳、にがり（を用いて出来たての豆腐を味わえる）	移動販売	高齢層、主婦層	不明

上表の分析などから、適した商品は「手作り豆腐セット」であることが読み取れる。その理由として、「全国の豆腐ECサイトで販売実績があること」「広い顧客層に好評であること（高齢層だけではないこと）」などが挙げられる。

しかし、注意すべき点は、「手作り豆腐セット」のみで販売するのではなく、「豆腐丼」として訴求することである。具体的には、すでに実績がある「Y社の米と佃煮のコラボ企画」のように、「Y社の米・水とB社の豆腐および「豆腐丼」のレシピを合わせてコラボ企画」として販売してもらうことが望ましい。Y社の米・水を合わせること

でY社の収益向上も期待できるため、協力が期待できる。また、他の豆腐ECサイトとの差別化を図ることができる。

また、Y社は「X市の魅力を伝える」ノウハウをもっており、実際に販売するのはB社ではなくY社（のサイト）である。よって、地元産の大豆の魅力を伝える点は、ノウハウに劣るB社が検討するよりも、Y社に任せた方がよいであろう。

(3) 解答の根拠選択

優先度が高い根拠は、直接の要求に応える結論である「豆腐手作りセット（商品）」「Y社サイトのコラボ企画で販売する（販売方法）」「全国の食通（ターゲット）」であろう。また、「Y社の米、水」「豆腐丼のレシピ」なども合わせて盛り込むことができれば望ましい。

前述のとおりであるが、第1問の「ネット販売の立ち上げ」の表現から「Y社サイトを利用するのではなく自社サイトを立ち上げる」と判断した場合は、解答の組立てが大きく変わってしまう。連携により経営資源を補完するのは事例Ⅱの典型的パターンの1つであり、実現可能性の観点からY社との事業とする方向性を導出したい。

第2問は、第3問、第4問と比較して問題要求の文言と、問題本文中の根拠が直接的につながりやすい。本問で一定の得点を重ねておきたい。

解答例のほかに検討すべき要素には以下のようなものがある。

・「豆腐丼は祖父の時代からB社でまかないとして食べてきたもの」…X市に根付いた企業の歴史あるストーリーは、X市の大豆の魅力を伝えることに寄与しそうであり、一定の妥当性がある。

・「ターゲットを、自宅での食事にこだわりをもつ家庭、主婦層などとする」…一定の妥当性はある。しかし、Y社のサイトを通して販売する（販売するのはY社）ので、Y社の顧客として明示されていた「全国の食通」の方が妥当性は高いと判断できる。

・「商品を、柚子豆腐などの変わり豆腐とする」…「豆腐に旅をさせるな」（第9段落）とあるように、豆腐そのものを通信販売することは避けたい。また、Y社のサイトで販売する場合、Y社側にもメリットが必要となる。Y社の商品は「米、水」である。佃煮や干物をコラボ企画で販売しているのも、米が売れるからであろう。これらより、変わり豆腐よりも豆腐丼の方が、Y社とのコラボ企画としての妥当性が高いと考えられる。

(4) 解答の構成要素検討

結論「ターゲット、商品、販売方法」＋ 妥当性を示す補足「Y社製品、情報を付加することでの差別化」

第3問 (配点30点) ◢◢

(1) 要求内容の解釈

　直接の要求は「置き配を導入する場合に、利用する高齢者顧客に対する取り組みに対する助言」である。フランチャイザーとフランチャイジーに対してそれぞれ50字という短字数の助言である。フランチャイズシステムの知識として、フランチャイザー（＝本部）、フランチャイジー（＝加盟店）を認識できる必要がある。問題要求の補足として、「B社のフランチャイズ方式の移動販売において」とある。つまり、本部と加盟店の役割分担などは一般論でなく、問題本文に書かれているであろうB社のフランチャイズ方式をベースに判断することとなる。

　「置き配を導入する場合の助言」ということは、「置き配を導入していない現状との比較」が必要である。つまり、現在の移動販売の販売方法と置き配の特徴を比較し、置き配を導入したからこそ必要となる取り組み、を解答したい。

　また、ターゲットは利用する高齢者顧客に絞られている。もし、置き配を若年層が利用したとしても、その層に対する取り組みは本問では問われていないこととなる。置き配に対する高齢層のニーズなどを把握する必要がある。

【問題要求から得る着眼点】
- 現在の移動販売の販売方法および置き配の特徴
- B社のフランチャイズ方式
- （置き配に対する）高齢者のニーズ
---

(2) 解答の根拠探し

　現在の移動販売の販売方法および置き配の特徴を確認する。

＜第8段落＞

　「移動販売は戸別訪問の他に、豆腐の製造販売店がない商店街、遊戯施設、病院などの駐車場でも許可を得て販売している。駐車場での販売は高齢者が知り合いを電話で呼び、井戸端会議のきっかけとなることも多い。移動販売の開始後、顧客数は拡大したものの客単価は伸び悩んでいたが、フランチャイジーの1人がデモンストレーション販売をヒントに始めた販売方法が客単価を引き上げた。自身が抱える在庫をどうせ廃棄するならば、と小分けにし、使い捨て容器に盛り付け、豆腐に合った調味料をかけて試食を勧めながら、商品説明を積極的に行った結果、次第に高単価商品が売れ始めた。フランチャイジーと高齢者顧客とのやり取りは来店前の電話での通話が主体である。」

＜第10段落＞

　「しかしながら、新型コロナウイルス感染症のまん延に伴い、以降、試食を自粛した。また、人的接触を避けるために、駐車場での販売から戸別販売への変更を希望し

たり、戸別訪問を断ったりする顧客が増えてきた。（中略）「手作り豆腐セット」を開発し、移動販売を開始した。（中略）この商品のヒットもあり、何とかもちこたえてきたものの、移動販売の売上は3割落ち込んだままである。そこで、人的接触を控えたい、自宅を不在にする日にも届けてほしいという高齢層や主婦層の声を踏まえ、生協を参考に冷蔵ボックスを使った置き配の開始も検討している。」

⇒移動販売の販売方法および置き配の特徴、および高齢者顧客の動向を整理すると以下のとおりとなる。

		プロモーション（集　客）	販　売　方　法	コロナ（人的接触回避）の影響によるニーズの変化
移動販売	駐車場販売	フランチャイジーと顧客が来店前電話。顧客が知り合いを電話で呼び、井戸端会議。	顧客が来店し、商品を購入。デモンストレション販売による単価向上。	来店減少
	戸別訪問	不明（来店前電話？）	訪問し、対面販売	駐車場販売からの変更による増加。訪問を断る客発生による減少。
置き配（戸別販売）		不　明	訪問し、冷蔵ボックスに置く（対面なし）	人的接触回避、不在時受取可能による増加。

　ここからは、問題本文から直接読み取れない部分もあり、ある程度の推測を含みつつ判断する必要がある。

　移動販売では、駐車場販売と戸別訪問を行っている。置き配を開始することで、初めて戸別訪問を行うわけではないことに注意が必要である。置き配と現在の販売方法との違いを探る。

①　インフラや販売の仕組み

　確実に必要となるのは、「冷蔵ボックス」である。また、どのように注文を受けるかであるが、第8段落には「フランチャイジーと高齢者顧客とのやり取りは来店前の電話での通話が主体」との表現がある。「来店」という表現にこだわれば、これは駐車場販売に関する受注方法であり、来店はせず訪問する戸別訪問に関する受注方法ではない、といえる。一方、戸別訪問に関する受注方法は他に明記されていない。これは問題本文中にあってしかるべき情報である（明らかにしないと解答を導けない重要な情報である）。これらを総合的に判断し、「来店前」という表現に重きを置かず、「販売前」という意味合いで捉えて、戸別訪問でも訪問前に電話で受注しているものと考える。そうであれば、置き配を開始しても受注方法を変える必

要はない。

② 売上を向上させる取り組み

売上が３割減少したままであるのは「客数の減少」および「客単価の減少」の両面が考えられるが、より大きく影響しているのは「客数の減少」であろう。顧客が人的接触を回避してＢ社を利用しなくなった場合、豆腐の消費自体を減らしているか、他社（たとえば生協や豆腐ＥＣサイト）の豆腐を、人的接触を回避しながら購入している可能性がある。

まず、必要となるのは「置き配開始の告知」である。特に、以前はＢ社を利用していたが、現在はＢ社を利用していない（離反してしまった）顧客に対して告知することの重要性が高い。もちろん、今も利用し続けている顧客に対しても、将来の離反可能性を下げるために告知は必要である。

そして、Ｂ社と顧客との関係性の観点では、人的接触（顧客との接点）がなくなってしまうことの代替として、さらなる電話の利用が求められる。具体的には、顧客からの電話を待つだけでなく、定期的にＢ社側から電話をかけるプッシュ型のアプローチが求められる。どのような周期が適切かは不明であるが、「柚子豆腐、銀杏豆腐などの季節の変わり豆腐も月替わりの商品」（第７段落）という表現を生かせば、毎月商品説明をする電話をかけることは有効であろう。

また、この高単価商品の効果的な販売方法は「試食＆商品説明」であった。人的接触を回避しながら試食を行うことができれば客単価の維持、向上が期待できる。

そして、以前は「井戸端会議」でクチコミ集客が可能であった点を代替する方法があるとよいが、これは問題本文から読み取ることが難しい。問題本文に具体的なプロモーション施策が示されていないということは、出題者は具体的方法までは求めていないものと思われる。よって、「マーケティングツールの作成（チラシなどが考えられる）」といった抽象的な表現にとどめておくことが有効である。

次に、Ｂ社のフランチャイズ方式について確認する。

＜第６段落＞

「売上の早期回復のために移動販売はフランチャイズ方式を採用した。先行事例を参考に、フランチャイジーは加盟時に登録料と冷蔵販売車を用意し、以降はＢ社から商品を仕入れるのみで、その他のフィーは不要とする方式とした。また、フランチャイジーは担当地域での販売に専念し、Ｂ社はその他のマーケティング活動、支援活動を担当する。結果、元商店経営者やＢ社の元社員などがフランチャイジーとして加盟した。」

⇒問題要求で、フランチャイザー（＝本部）、フランチャイジー（＝加盟店）を仮に取り違えてしまったとしても、この問題本文の記述によって修正することができるであろう。物的資産である冷蔵販売車や商品の負担、および金銭負担などは明確で

— 163 —

ある。一方、業務分担については「販売」と「マーケティング」の境界の判断が必要となる。フランチャイジー（加盟店）側の「販売」とは、具体的には仕入、受注、商品配達（戸別訪問、置き配）、接客（駐車場販売）などが該当する。

　なお、仕入に関しては、第8段落の「フランチャイジーが自らの余剰在庫を試食商品とした」という内容に検討が必要となる。フランチャイジーは駐車場販売を行うため事前に仕入を行い、在庫を負担する。戸別訪問（対面販売）については、受注前の仕入の要・不要は不明であり、どちらもありうる。置き配販売については、注文を受けてからでないと配達できないため、受注後に仕入れることが可能かもしれない（置き配比率が高まれば、フランチャイジーの余剰在庫は減少する）。さらに、「試食」が客単価向上に効果的であることが判明している以上、B社全体で行う販売促進活動と捉えるべきであり、<u>マーケティング活動としてB社が試食用商品を負担すべき</u>であろう（フランチャイジー任せでは、人的接触減少および余剰在庫減少に伴い、試食回数の減少、すなわち客単価の減少が続くものと考えられる）。

　また、「置き配の開始の告知」については、離反顧客、休眠顧客などに対しても漏れなく行うためにも、B社が行うべきであろう。これについては、「顧客リスト」に基づいて電話をかけると考えられる。問題本文には以下の「顧客リスト」の表現がある。

＜第9段落＞

「移動販売の開始以降、毎年秋には農村部の工場に<u>顧客リストの中から買い上げ額上位のお得意さまの家族を招いて</u>、日頃のご愛顧への感謝を伝える収穫祭と称するイベントを実施してきた。」

⇒主語が明らかでないが、収穫祭に顧客を招いているのはB社であるように読み取れる。一方、すでに確認したように、日頃顧客と電話で話しているのはフランチャイジーである。若干疑問に感じる点は、「顧客リストはB社が整備しているのか、各フランチャイジーから共有されるのか」「たとえば駐車場販売の販売実績（誰がいくら買ったか）などは把握できるのか（把握できないと、買い上げ額上位のお得意さまを判断できない）」などである。ここでは、明確に状況を判断することができないものの、収穫祭の招待の表現からB社は顧客リストを持っているものと捉える。

　情報量が多く、整理に手間がかかるが、まとめると以下のようになる。

	取 り 組 み
フランチャイザー（B社）	・冷蔵ボックスの調達（支援活動） ・置き配開始の告知（マーケティング活動） ・マーケティングツールの作成（マーケティング活動） ・試食用商品の負担（マーケティング活動）
フランチャイジー（加盟店）	・定期的に顧客に電話をかけて、接点を確保する ・電話で商品説明をする

事例 Ⅱ ③

　解答例では、フランチャイジーが電話をかける効果（目的）として、接点を確保して愛顧（ロイヤルティ）向上、継続的購入を促す、という点まで指摘している。B社は収穫祭の招待において、買い上げ額上位のお客様への施策（層別対応）を行っている。個々のニーズに沿った対応や接点を増加させて、顧客ロイヤルティの向上やそれによる固定客化を図る活動は、B社ではなく、顧客と接するフランチャイジーの役割とすることが妥当であろう。

(3) 解答の根拠選択

　本問の解答は、非常に難易度が高い。その理由として、①高齢者顧客に対する取り組み自体を特定することが難しい、②フランチャイザーとフランチャイジーの切り分けが難しい、③それぞれ50字の短字数であるため、広めに多くの項目を書いておくことができない、などが挙げられる。

　また、30点の配点も大きく、受験生の心理的負担も大きくなる（これが配点20点の問題であれば、そこまで多くの時間を割かずに、割り切って書くことができるかもしれない）。0点にはしたくないが、難易度が高い問題であることを判断し、後回しにする、必要以上に時間をかけすぎないなどの対応が求められる。

　解答例のほかに検討すべき要素には以下のようなものがある。

・「置き配に関する注意事項などを盛り込む（配達済、ボックスの置き場などの連絡など）…一定の妥当性はある。しかし、中小企業診断士の立場からの助言としては、オペレーションの細部よりも「売上向上（回復）につながる大きな枠組み作り」が優先されると考えられる。

(4) 解答の構成要素検討

結論 「フランチャイザー（フランチャイジー）の役割を踏まえた具体的活動」を複数ずつ

第4問 (配点25点) ◢◢

(1) 要求内容の解釈

　直接の要求は「製品戦略」と「コミュニケーション戦略」である。制約としては、「X市周辺の主婦層の顧客獲得を目指すこと」「豆腐やおからを材料とする菓子類の新

— 165 —

規開発、移動販売」が示されている。

　製品戦略には、開発する製品の特徴やアイテム（品揃え）、ブランド、パッケージなどが含まれる。また、コミュニケーション戦略であるので、対象顧客との双方向のやり取りや、コミュニケーションの相手（本問は相手（ターゲット）は明記されている）・媒体・内容などを想定する。コミュニケーション戦略は、広義のプロモーション戦略に含まれるが、狭義のプロモーション戦略と比較すると、顧客との接点づくりや情報交換などに焦点があたり、直接的な販売促進ではないということができる（たとえばクーポンや値引きなどではない）。また、販売戦略ではないため、販売方法そのものは問われていない。

　ターゲット（X市周辺の主婦層）に関して、この層との接点や販売実績の有無、購買行動などの特徴、既存商品や本問の対象の菓子などに関するニーズなどを確認したい。

　また、豆腐やおからを材料とする菓子類について、商品特性、競合他社の販売実績、当該商品へのニーズなどを確認する。

　そして、既存製品ではない新製品の開発となるため、製造に関する知見（ノウハウ）の有無を確認したい。具体的には、製品に関する知見（豆腐やおからの知見、および菓子の知見）、エンドユーザーに関する知見を確認したい。製品に関する知見を持っている場合は「強みを生かす」ことになり、知見を持っていない場合は「資源補完としての連携」などが考えられる。また、ターゲット層との接点があるようであれば、「ユーザーニーズの収集」を行うことも検討したい。さらに、既存製品の開発方法なども強みが生きる点があれば流用したい。

　第1問や第3問の問題要求の表現から、B社はすでに移動販売を行っていることが伺える。既存製品の移動販売と異なる変更点がある可能性はあるが、前述のとおり、問題要求に「販売戦略」が含まれないことから、移動販売に関する助言は優先度が低い。

【問題要求から得る着眼点】
- X市周辺の主婦層とB社の接点、豆腐やおから、それらを用いた菓子に関する需要動向
- 豆腐やおからを材料とする菓子類の特徴や、他社の販売実績、ニーズ
- 当該菓子類の製造に関する知見の有無、連携の可能性

---

(2)　解答の根拠探し

　X市周辺の主婦層について、問題本文を確認する。

＜第9段落＞

「同市の年齢分布を踏まえると主婦層の顧客が少ないという課題を抱えつつ、移動

販売は高齢層への販売を伸ばし続けていた。」

＜第10段落＞

「その際に、豆腐丼を惜しむ声が複数顧客より寄せられた。B社社長が全国に多数展開される豆腐ECサイトを調べたところ、多くのサイトで豆乳とにがりをセットにした商品が販売されていることを知り「手作り豆腐セット」を開発し、移動販売を開始した。顧客が豆乳とにがりを混ぜ、蒸し器で仕上げる手間のかかる商品であるが、出来たての豆腐を味わえる。リモートワークの浸透を受け、自宅での食事にこだわりを持つ家庭が増え、お得意さま以外の主婦層にも人気を博している。この商品のヒットもあり、何とかもちこたえてきたものの、移動販売の売上は3割落ち込んだままである。そこで、人的接触を控えたい、自宅を不在にする日にも届けてほしいという高齢層や主婦層の声を踏まえ、生協を参考に冷蔵ボックスを使った置き配の開始も検討している。そして、危機こそ好機と捉え、豆腐やおからを材料とする菓子類による主婦層の獲得や、地元産大豆の魅力を伝える全国向けネット販売といった夢をこの機にかなえたいと考えている。」

　また、「主婦層」とは明記されていないものの顧客セグメントの表現として、「若年層」という表現も使われている。

＜第8段落＞

「フランチャイジーと高齢者顧客とのやり取りは来店前の電話での通話が主体である。インスタント・メッセンジャー（IM）の利用を勧めた時もあったが敬遠されたため、電話がメインになっている。ただし若年層にはIMによるテキストでのやり取りの方が好まれ、自社の受注用サイトを作る計画もあったが、ノウハウもなく、投資に見合った利益が見込めないとの判断により、IMで十分という結論に達した。」

⇒一般的に、主婦層の中には高齢者も若年者も存在するので、主婦層＝若年層とすることはできない。しかし、問題本文中では、高齢者層に対するセグメントとして「主婦層」「若年層」が用いられているため、イコールではないものの重複することが多いと捉えた方がよいであろう。「主婦層かつ若年層をターゲットにする」という解答もできるかもしれないが、第2問の問題要求では「ターゲットを明確にした上で」とあり、第4問の問題要求では「X市周辺の主婦層」が明記されていることからも、主婦層の中からさらにセグメントを絞り込む必要はないと考えられる。

　主婦層（若年層）についてのニーズや購買行動に関してまとめると以下のようになる。

①　B社の絹ごし豆腐、季節の変わり豆腐などはあまり売れていないが、手作り豆腐セットは売れている

②　人的接触の回避、不在時配達のニーズはある

③　IMによるテキストでのやり取りが好まれる

— 167 —

上記の①について、なぜ絹ごし豆腐等が主婦層に売れていないかは気になる点である。しかし、これを解明できる根拠は明確には示されていないので、必要以上に追求する必要はない。理想的な状態としては「菓子類で主婦層を顧客開拓して、その結果豆腐も売れるようになる」という想定ができるが、本事例では「豆腐やおからを材料とする菓子類による主婦層の獲得（中略）といった夢をこの機にかなえたい」（第10段落）という表現もあることから、豆腐の販売まで意識する必要は低そうである（豆腐の販売まで含めると「販売戦略」が要求されそうである）。

　上記の②について、置き配は第3問のテーマであり（高齢者顧客が対象ではあるものの）、第4問の問題要求にも「移動販売」が明示されていて、販売戦略が問われていないことから、特別な助言は不要であろう。

　上記の③については、コミュニケーション戦略を問われていることからも「IMを活用すること」は求められているものと思われる。

　次に、豆腐やおからを材料とする菓子類に関する記述は確認できない（ドーナツなどの具体例、低カロリーなどの商品特性なども確認できない）。よって、どのような菓子にするかといった助言は求められていないであろう。

　最後に、新規開発に関する知見（ノウハウ）について、B社の豆腐に関する新商品開発力は確認できるが、菓子類を開発、製造できるノウハウは確認できない。よって、菓子類の製造に関する外部資源の活用（連携など）が求められている可能性がある。

＜第2段落＞

「なお、X市は室町時代に戦火を避けて京都から移り住んだ人々の影響で、小京都の面影を残している。そのため、<u>京文化への親近感が強く</u>、<u>同地の職人には京都の老舗で修行した者が多い</u>。同地の繁盛店は、<u>B社歴代社長</u>、<u>新しい素材を使った菓子で人気を博す和菓子店の店主</u>、予約が取りにくいと評判の割烹^{かっぽう}の板前など京都で修行した職人が支えている。」

⇒B社が豆腐やおからを提供すれば、新しい素材を使った菓子の製造に特色を持つ和菓子店が菓子類を製造することは可能であろう。連携を考える際は、以下の2点を確認したい。

①　連携の前提として、連携相手との関係性が構築されていること

②　連携の要件として、資源補完の観点から、相互にメリットがあること (win-win)

　①の関係性の点は明確に示されていないので連携の方向性を指摘しづらい面はあるが、B社に菓子製造ノウハウがない以上、和菓子店の力は不可欠と判断する。問題本文の解釈としては、「京文化への親近感、京都の修行経験の共通性」を連携可能な根拠と捉える。

　②の資源補完の観点では、B社のメリットは明確であるが、和菓子店のメリット

は何であろうか。和菓子店はX市の繁盛店であり同じ商圏内で、B社の顧客を紹介してもらう必要性はそれほど高くなさそうである。この点について、B社の「移動販売」の資源（チャネル）が生かされる。和菓子店はB社と連携することで、X市周辺の顧客まで顧客開拓が可能となる。

　このように相互メリットが確認できるため、B社が豆腐やおからの原材料提供やその特性（知見）の提供を行い、菓子類の開発、企画、製造は和菓子店が担うという連携の可能性が感じられる。

　和菓子店のメリットの観点や、菓子類の販売という観点から、開発した製品には「和菓子店のブランド」を記す必要がある。和菓子店が製造しB社ブランドとして販売するOEMの仕組みでは、和菓子店のメリットは低く、豆腐店の菓子という製品訴求力も低い。和菓子店のブランドを記した場合、B社のブランドを記さなければ、和菓子店の菓子をB社が販売するという形態となる。また、B社のブランドを併記すれば「コ・ブランド」戦略となる。

　「コ・ブランド戦略」とは、2つ以上の企業ブランドなどを1つの製品に併記する戦略である。製品や販売に関する好感度が高い2つ以上のブランドを併記することで、製品の訴求力が向上する。解答例では、「コ・ブランド戦略」を採用している。その理由として、以下のような点が挙げられる。

・（前述のとおり）和菓子店にメリットがある

・「製品戦略」の要求に対して、ブランド戦略が解答となりうる

・B社のブランドを付さないで販売する事業が、B社社長の「夢」として若干弱い
　印象がある

　次に、コミュニケーション戦略について考える。「X市周辺の主婦層」には、少数ではあるが「手作り豆腐セット」などを移動販売で利用している既存顧客が存在する。問題要求の「主婦層の獲得をめざし、菓子類を新規開発」という内容から、現在B社の豆腐を購入していない新規顧客層の新規顧客を新製品で獲得することを意図しているものと思われる。

　この場合、B社と新規顧客には直接の接点がない。通常であれば、コミュニケーション戦略として求められるのは接点づくりからであるが、問題本文の設定から接触型、対面型のイベントなどは開催しづらい。

　したがって、B社が直接コミュニケーションを取れるのは、主婦層の既存顧客であるが、目的として獲得したいのは主婦層の新規顧客となる。ここからはある程度の推察も含めることになるが、コミュニケーション戦略の構造を整理すると以下のようになるものと思われる。

| B社 | → （商品などの訴求）→ | 既存顧客 | → （クチコミ）→ | 新規顧客 |

まず、既存顧客への訴求について、媒体は「インスタント・メッセンジャー（IM）」を活用したい。既存顧客とはIMを通したテキストのやり取りをすでに行っている。訴求内容は、顧客ニーズが不明のため特定するのは難しいが、クチコミにつなげることを意識すると、和菓子の繁盛店との共同開発製品であることなど、話題性が高いものであることが望ましい。そして、既存顧客から新規顧客へのクチコミについては、B社が直接管理したり、発信したりできるものではないので、「クチコミを期待する」という程度の表現で十分であろう。なお、問題本文には以下のような記述がある。

＜第8段落＞

「移動販売は戸別訪問の他に、豆腐の製造販売店がない商店街、遊戯施設、病院などの駐車場でも許可を得て販売している。駐車場での販売は高齢者が知り合いを電話で呼び、井戸端会議のきっかけとなることも多い。」

⇒対象も販売方法も異なるが、B社の既存顧客からのクチコミが顧客獲得の手段となりうることは示されている。論理的な説明として完全に妥当性を満たすものではないが、問題設定から一定の妥当性は認められるであろう。

(3) 解答の根拠選択

本問を解答するにあたっての情報（問題要求および問題本文）には、多少曖昧な面もあり、解答の難易度は高い。優先度が高い要素は、「和菓子店（新素材で菓子を作れること、繁盛していること)」「コ・ブランド戦略」（製品戦略）、「IMの利用」（コミュニケーション戦略）であろう。

「コ・ブランド戦略」を明示することは難しいかもしれない。しかし、共同開発までは十分記述できると考えられる。

解答例のほかに検討すべき要素には以下のようなものがある。

・「双方向性、顧客からニーズを収集する」…一定の妥当性はある。令和2年度の事例Ⅱ第3問（設問2）に近い解答となる。令和2年度の設定は、顧客から製品の用途などのニーズを聞き出して、事例企業が製品を開発するというものであった。しかし、本事例ではB社は顧客ニーズを収集しても菓子類を製造することはできないことや、和菓子店は新しい素材で菓子を製造して繁盛していることから、B社が顧客ニーズを収集する必要性は相対的に低くなる。もし、「顧客ニーズを収集する」という方向性を示した場合は、和菓子店との連携ではなく自社製造であればつながりはよくなる。しかし、この場合は菓子製造のノウハウをどのようにして補完するか、という点に疑問が残る。

・「製品開発に際して試食を行う」…これも前述の「顧客ニーズ収集」のニュアンスを含むこととなる。また、問題本文の「試食」（第8段落）については、フランチャイズ方式（商品負担）についてのメッセージが強く、第3問の根拠である可能性が高い。

・「和菓子店のメリット（商圏拡大など）や、Ｂ社の菓子製造ノウハウなど補完できるメリット」…これは妥当性が高い。解答例では、字数制限の都合でこの内容を含んでいない。

(4) 解答の構成要素検討

　結論「製品戦略（共同開発＋コ・ブランド戦略)」＋ 結論「コミュニケーション戦略（IM の活用、話題性の提供)」＋ 期待効果「新規顧客獲得（目的）につながるクチコミの期待」

【令和2年】問題
中小企業の診断及び助言に関する実務の事例Ⅱ

[別冊解答用紙：⑦]

【注意事項】
　新型コロナウイルス感染症（COVID-19）とその影響は考慮する必要はない。

　B社は、資本金450万円、社長をはじめ従業者10名（パート・アルバイト含む）の農業生産法人（現・農地所有適格法人）である。ハーブの無農薬栽培、ハーブ乾燥粉末の一次加工・出荷を行っている。

　B社は、本州から海を隔てたX島にある。島は車で2時間もあれば一周できる広さで、島内各所には海と空、緑が鮮やかな絶景スポットがある。比較的温暖な気候で、マリンスポーツや釣りが1年の長い期間楽しめ、夜は満天の星空が広がる。島の主力産業は、農業と観光業である。ただし島では、若年層の人口流出や雇用機会不足、人口の高齢化による耕作放棄地の問題、農家所得の減少などが深刻化し、地域の活力が低下して久しい。

　B社の設立は10年ほど前にさかのぼる。この島で生まれ育ち、代々農業を営む一家に生まれたB社社長が、こうした島の窮状を打開したいと考えたことがきっかけである。B社設立までの経緯は以下のとおりである。

　社長は、セリ科のハーブY（以下「ハーブ」と称する）に目を付けた。このハーブはもともと島に自生していた植物で、全国的な知名度はないが、島内では古くから健康・長寿の効能があると言い伝えられてきた。現在でも祝いの膳や島のイベント時に必ず食べる風習が残り、とくに高齢者は普段からおひたしや酢みそあえにして食べる。社長はこのハーブの本格的な栽培に取り組み、島の新たな産業として発展させようと考えた。

　まず社長が取り組んだのは、ハーブの栽培手法の確立であった。このハーブは自生植物であるため、栽培ノウハウは存在しなかった。しかし、社長は農業試験場の支援を得て実験を繰り返し、無農薬で高品質のハーブが同じ耕作地で年に4～5回収穫できる効率的な栽培方法を開発した。一面に広がるハーブ畑は、生命力あふれる緑の葉が海から吹く風に揺れ、青い空と美しいコントラストを生み出している。

　一般的にハーブの用途は広く、お茶や調味料、健康食品などのほか、アロマオイルや香水などの原材料にもなる。社長は次に、このハーブを乾麺や焼き菓子に練りこんだ試作品をOEM企業に生産委託し、大都市で開催される離島フェアなどに出展して販売を行った。しかし、その売上げは芳しくなかった。社長は、このハーブと島の知名度が大消費地では著しく低いことを痛感し、ハーブを使った自社による製品開発を

— 173 —

いったん諦めた。社長はハーブの販売先を求めて、試行錯誤を続けた。

B社設立の直接的な契機となったのは、社長が大手製薬メーカーZ社と出合ったことである。消費者の健康志向を背景にますます拡大基調にあるヘルスケア市場では、メーカー間の競争も激しい。Z社は当時、希少性と効能を兼ね備えた差別的要素の強いヘルスケア製品の開発可能性を探っており、美しい島で栽培された伝統あるハーブが有するアンチエイジングの効能と社長の高品質かつ安全性を追求する姿勢、島への思い入れを高く評価した。社長もZ社もすぐに取引を開始したかったが、軽い割にかさばるハーブを島から島外の工場へ輸送するとなるとコストがかかることがネックとなった。

そこで社長自ら島内に工場を建設し、栽培したハーブを新鮮なうちに乾燥粉末にするところまで行い、輸送コスト削減を図ろうと考えた。Z社もそれに同意した。その結果、B社はハーブの栽培・粉末加工・出荷を行うための事業会社として、10年ほど前に設立された。

Z社は予定どおり、B社製造のハーブの乾燥粉末を原材料として仕入れ、これをさらに本州の工場で加工し、ドリンクやサプリメントとして全国販売した。これらの製品は、島の大自然とハーブからもたらされる美を意識させるパッケージで店頭に並び、主として30〜40歳代の女性層の支持を獲得した。この島の空港や港の待合室にも広告看板が設置され、島とハーブの名前が大きく明示されている。そのため、とくにヘルスケアに関心の高い人たちから、このハーブが島の顔として認知されるようになってきた。こうした経緯もあって、島民は昨今B社の存在を誇りに感じ始めている。

ただし、Z社のこの製品も発売から約10年の歳月を経て、売れ行きが鈍ってきた。このところ、B社とZ社とのハーブの取引量は徐々に減少している。Z社担当者からは先日、ブランド刷新のため、あと2〜3年でこの製品を製造中止する可能性が高いことを告げられた。

現在のB社は、このハーブ以外に、6〜7種類の別のハーブの栽培・乾燥粉末加工を行うようになっている。最近ではこのうち、安眠効果があるとされるハーブ（Yとは異なるハーブ）が注目を集めている。Z社との取引実績が安心材料となり、複数のヘルスケアメーカーなどから安眠系サプリメントなどの原材料として使いたいと引き合いが来るようになった。しかし、取引が成立しても、Z社との取引に比べるとまだ少量であり、B社の事業がZ社との取引に依存している現状は変わらない。

最近になって、社長は自社ブランド製品の販売に再びチャレンジしたいという思いや、島の活性化への思いがさらに強くなってきた。試しに、安眠効果のあるハーブを原材料とした「眠る前に飲むハーブティー」というコンセプトの製品をOEM企業に生産委託し、自社オンラインサイトで販売してみたところ、20歳代後半〜50歳代の大都市圏在住の女性層から注文が来るようになった。

島の数少ない事業家としての責任もあるため、社長は早期に事業の見直しを行うべきだと考え、中小企業診断士に相談することにした。

第1問（配点20点）

現在のB社の状況について、SWOT分析をせよ。各要素について、①〜④の解答欄にそれぞれ40字以内で説明すること。

第2問（配点30点）

Z社との取引縮小を受け、B社はハーブYの乾燥粉末の新たな取引先企業を探している。今後はZ社の製品とは異なるターゲット層を獲得したいと考えているが、B社の今後の望ましい取引先構成についての方向性を、100字以内で助言せよ。

第3問（配点30点）

B社社長は最近、「眠る前に飲むハーブティー」の自社オンラインサイトでの販売を手がけたところ、ある程度満足のいく売上げがあった。

（設問1）

上記の事象について、アンゾフの「製品・市場マトリックス」の考え方を使って50字以内で説明せよ。

（設問2）

B社社長は自社オンラインサイトでの販売を今後も継続していくつもりであるが、顧客を製品づくりに巻き込みたいと考えている。顧客の関与を高めるため、B社は今後、自社オンラインサイト上でどのようなコミュニケーション施策を行っていくべきか。100字以内で助言せよ。

第4問（配点20点）

　B社社長は、自社オンラインサイトのユーザーに対して、X島宿泊訪問ツアーを企画することにした。社長は、ツアー参加者には訪問を機にB社とX島のファンになってほしいと願っている。

　絶景スポットや星空観賞などの観光以外で、どのようなプログラムを立案すべきか。100字以内で助言せよ。

令和2年度　事例Ⅱ　解答・解説

解答例

第1問（配点20点）

① S

無	農	薬	で	高	品	質	、	効	率	的	な	ハ	ー	ブ	の	栽	培	方	法
や	、	取	引	先	開	拓	に	有	利	な	Z	社	と	の	取	引	実	績	。

② W

取	引	量	が	減	少	し	て	い	る	Z	社	に	依	存	し	た	取	引	構
造	や	、	自	社	ブ	ラ	ン	ド	品	の	開	発	力	が	弱	い	こ	と	。

③ O

ヘ	ル	ス	ケ	ア	市	場	が	拡	大	し	て	い	る	こ	と	や	、	安	眠
効	果	が	あ	る	ハ	ー	ブ	が	注	目	を	集	め	て	い	る	こ	と	。

④ T

ヘ	ル	ス	ケ	ア	市	場	の	メ	ー	カ	ー	間	の	競	争	が	激	し	い
こ	と	や	、	地	域	の	活	力	が	低	下	し	て	い	る	こ	と	。	

第2問（配点30点）

新	規	取	引	先	を	常	に	開	拓	し	て	取	引	先	構	成	を	流	動
化	さ	せ	る	と	と	も	に	、	取	引	業	界	の	多	様	化	を	図	る	。
30	〜	40	代	の	女	性	に	限	定	し	な	い	製	品	や	、	ア	ン	チ
エ	イ	ジ	ン	グ	や	美	以	外	の	健	康	・	長	寿	分	野	の	製	品
を	扱	う	企	業	と	の	取	引	を	推	進	す	る	。					

— 178 —

第3問（配点30点）

（設問1）

既	存	製	品	同	様	の	ヘ	ル	ス	ケ	ア	分	野	に	お	い	て	、	企
業	向	け	か	ら	消	費	者	向	け	に	市	場	を	変	え	る	「	新	市
場	開	拓	戦	略	」	で	あ	る	。										

（設問2）

消	費	者	の	主	体	的	参	加	を	促	す	双	方	向	コ	ミ	ュ	ニ	ケ
ー	シ	ョ	ン	を	行	う	。	具	体	的	に	は	、	B	社	は	6	〜	7
種	類	の	ハ	ー	ブ	に	関	す	る	効	能	等	の	知	見	を	開	示	し、
消	費	者	か	ら	幅	広	い	用	途	の	ア	イ	デ	ア	を	募	り	、	ユ
ー	ザ	ー	投	票	に	よ	り	製	品	化	候	補	を	決	定	す	る	。	

第4問（配点20点）

滞	在	型	プ	ロ	グ	ラ	ム	と	す	る	。	大	都	市	圏	ユ	ー	ザ	ー
に	対	し	、	風	景	の	よ	い	ハ	ー	ブ	畑	で	B	社	従	業	員	と
の	収	穫	体	験	や	島	の	イ	ベ	ン	ト	、	食	の	体	験	を	通	し、
安	ら	ぎ	や	島	民	と	の	交	流	機	会	を	提	供	し	て	リ	ピ	ー
ト	訪	問	を	促	進	し	、	島	の	活	性	化	を	実	現	す	る	。	

事例Ⅱ②

解　説

1. 事例の概要

　令和2年度の事例Ⅱは、問題数が4問（解答箇所8箇所）のみであり、制限字数が510字と標準的なボリュームであった。難易度はそれなりに高いが、各問題で最低限の得点を積み重ねることは可能と思われる。以下に、令和2年度の特徴をあげる。

・農業生産法人、離島という設定は初めてであった。

・施策の助言中心であることは近年の傾向どおりである。

・7年連続で出題された図表が出題されなかった。

・小規模法人であることは例年どおりである。

・顧客のニーズが読みとりづらい点が、難易度を上げている。

・地域振興は、平成30年度の旅館の事例とは雰囲気が異なるものの、定番のひとつといえる。

□**難易度**

　・問題本文のボリューム　　　：標準的

　・題材の取り組みやすさ　　　：やや難しい

　・問題要求の対応のしやすさ：標準的

□**問題本文のボリューム（本試験問題用紙で計算）**

　・3ページ弱

□**構成要素**

　文　　章：66行

　問題数：4つ　解答箇所8箇所

　第1問　20点　　　　　　　40字×4

　第2問　30点　　　　　　　100字

　第3問　30点　（設問1）　50字

　　　　　　　　　（設問2）　100字

　第4問　20点　　　　　　　100字

　　　　　　　　　（合計）　510字

---

(1)　問題本文のボリューム

　行数は66行でボリュームとしては標準的である。事例Ⅱで頻出である図表が出題されていないことや、問題数も多くないため、全体のボリュームとしては、多くない。

(2) 題材の取り組みやすさ

業種は農業生産法人である。といっても、農業に関する専門的、技術的な記述があるわけではなく、製品化や販売の様子について記述されている内容は、比較的簡潔である。よって、問題本文の内容把握自体が難しいわけではないが、問題要求との対応付けについては難易度が高く、対応に苦慮した受験生も多かったであろう。得点できる箇所、具体的には、問題本文のどの記述がどの問題の内容であるのか、それに基づき解答の要素として間違いないと思われるものを特定し、確実に得点することが必要となる。

(3) 問題要求の対応のしやすさ

第1問のSWOT分析は、令和元年度にも出題されており、大まかに対応することは可能であろう。一方、第2問の「今後の望ましい取引先構成についての方向性」という問題要求は見慣れたものではなく、また、第3問（設問1）ではアンゾフの「製品・市場マトリックス」の知識対応が求められるなど、比較的対応が難しかった面もあったかもしれない。配点の大きい、第2問、第3問の対応が合否を左右する鍵となるであろう。

2．取り組み方

本事例は、全体のボリュームは標準的であるが、問題本文と問題要求の対応付け、解答の骨子を作成することに難しさがある。限られた試験時間内に一定の得点を獲得するためには、どの問題から解答するかも大きな要素となってくる。具体的には、配点の大きい第2問、第3問に十分な時間を割き、第4問は最低限の得点を獲得できればよく、第1問は解答の編集にあまり時間を割くことなく一定の得点を確保する、といった対応が望ましい。

3．解答作成

第1問 (配点20点) ◢◢ ◢

(1) 要求内容の解釈

直接の問題要求は「SWOT分析」で、令和元年度に続き、2年連続の出題形式である。制約として「現在のB社の状況について」と示されている。SWOT分析とは、Strength（強み）、Weakness（弱み）の内部資源の観点、およびOpportunity（機会）、Threat（脅威）の外部環境の観点から、企業の置かれている環境を分析し、戦略構築を行うためのフレームワークである。

第1問で環境分析を行う意味合いは、ここでとらえた環境を踏まえて、第2問以降

— 181 —

で経営戦略やマーケティング戦略に関する助言を行うということである。そのため、第2問以降で活かすことができる強みや克服すべき弱み、および乗じるべき機会や意識すべき脅威などを指摘するような意識をもって解答づくりに取り組みたい。

また、それぞれの解答は40字という短字数のため、もし問題本文に根拠となりそうな要素が多く書かれている場合には、問題要求の制約や他問の解答の方向性との整合性などを意識して優先順位を決め取捨選択すること、類似した要素について要約することなどが求められる。

【問題要求から得る着眼点】
・「現在の」という時制の表現
・B社の特徴、強み、弱みなど
・市場や競合といった外部環境における機会、脅威など

---

(2) 解答の根拠探し

① S（強み）

＜第5段落＞

「まず社長が取り組んだのは、<u>ハーブの栽培手法の確立</u>であった。このハーブは自生植物であるため、<u>栽培ノウハウは存在しなかった</u>。しかし、<u>社長は農業試験場の支援を得て実験を繰り返し、無農薬で高品質のハーブが同じ耕作地で年に4～5回収穫できる効率的な栽培方法を開発した。</u>」

⇒小規模法人であるB社が、経営資源の「量」で勝負することはできない。B社独自のスキルやノウハウなどを強みとして活用するのが、事例IIの事例企業の定番である。まず、特徴的なのは、「栽培方法」であろう。栽培ノウハウが存在しなかったハーブについて、農業試験場の支援を得て実験を繰り返すことによって、ノウハウを確立した。これはB社のコアスキルと考えられ、簡単に他社では模倣することができない独自の強みである。

＜第11段落＞

「<u>Z社との取引実績が安心材料</u>となり、複数のヘルスケアメーカーなどから安眠系サプリメントなどの原材料として使いたいと<u>引き合いが来るようになった</u>。」

⇒離島の小規模な法人であるB社が、複数のヘルスケアメーカーからの引き合いを受け、取引を開始できたのは、「（大手製薬メーカー）Z社との取引実績」である。メーカー向けには、最終製品を製造しているのではなく原材料を納入しているため、消費者に対しての訴求効果はないが、業界内で引き合いを受けるようになったのは、この取引実績によるものである。

② W（弱み）

＜第10段落＞

「ただし、Z社のこの製品も発売から約10年の歳月を経て、売れ行きが鈍ってきた。このところ、B社とZ社とのハーブの取引量は徐々に減少している。Z社担当者からは先日、ブランド刷新のため、あと2～3年でこの製品を製造中止する可能性が高いことを告げられた。」

＜第11段落＞

「しかし、取引が成立しても、Z社との取引に比べるとまだ少量であり、B社の事業がZ社との取引に依存している現状は変わらない。」

⇒取引量が減少しているZ社への依存度が高い状態である「取引構造」はB社の弱みといえるであろう。この弱みについては、第2問のテーマにもなっており、改善提案をすることとなるため、第1問で触れておきたい。

＜第6段落＞

「社長は次に、このハーブを乾麺や焼き菓子に練りこんだ作品をOEM企業に生産委託し、大都市で開催される離島フェアなどに出展して販売を行った。しかし、その売上げは芳しくなかった。社長は、このハーブと島の知名度が大消費地では著しく低いことを痛感し、ハーブを使った自社による製品開発をいったん諦めた。」

＜第8段落＞

「B社はハーブの栽培・粉末加工・出荷を行うための事業会社として、10年ほど前に設立された。」

＜第12段落＞

「最近になって、社長は自社ブランド製品の販売に再びチャレンジしたいという思いや、島の活性化への思いがさらに強くなってきた。試しに、安眠効果のあるハーブを原材料とした「眠る前に飲むハーブティー」というコンセプトの製品をOEM企業に生産委託し、自社オンラインサイトで販売してみたところ、20歳代後半～50歳代の大都市圏在住の女性層から注文が来るようになった。」

⇒B社は、ハーブの栽培・粉末加工・出荷を行うための事業会社である。最終製品の原材料となるハーブの栽培および粉末加工に関しては、ノウハウを蓄積しているが、B社社長の思いにもある「自社ブランド製品」の開発、製造、販売に関してのノウハウは、十分とはいえない。B社設立前に出展した離島フェアで販売した乾麺や焼き菓子は、島やハーブの知名度が低かったことも相まって販売が不調であった。また、最近になって販売したハーブティーは、知名度が向上したことにも助けられたのか、「ある程度満足のいく売上げ」（第3問の問題要求より）は獲得できたものの、製品開発プロセスは不明であり心許ない。

これについては、第3問(設問2)で改善を図るという設定である。

③ O（機会）

＜第7段落＞

「消費者の健康志向を背景にますます拡大基調にあるヘルスケア市場」

⇒B社が、引き合いを受け取引を行っている企業は「複数のヘルスケアメーカー」であり、市場の拡大基調の恩恵を受けている。また、今後も取引先企業は拡大させる方向と思われる（第2問）。また、B社が今後、自社ブランド製品を開発、販売するにあたってもヘルスケア市場は対象市場となるであろう。なお、前後の文章は過去形で表現されているが、この一文は現在形で表現されているため、問題要求の「現在の」の制約を満たしている。

＜第11段落＞

「現在のB社は、このハーブ以外に、6～7種類の別のハーブの栽培・乾燥粉末加工を行うようになっている。最近ではこのうち、安眠効果があるとされるハーブ（Yとは異なるハーブ）が注目を集めている。」

⇒Z社向けの、ハーブYに依存しているB社の売上げ構造であるが、今後はそれ以外のハーブも本格的に販売していきたい、とB社社長は考えているであろう（第2問や第3問(設問2)より）。そして、実際に自社ブランド製品を販売し、ある程度満足のいく売上げを獲得している「安眠効果があるハーブに注目が集まっていること」は、B社にとって機会といえるであろう。

④ T（脅威）

＜第7段落＞

「消費者の健康志向を背景にますます拡大基調にあるヘルスケア市場では、メーカー間の競争も激しい」

⇒B社がヘルスケアメーカーにハーブの乾燥粉末を納品するにあたっても、自社ブランド製品をヘルスケア市場に投入するにしても、「ヘルスケアメーカー間の競争の激しさ」は、B社にとっての脅威となる。

＜第2段落＞

「島の主力産業は、農業と観光業である。ただし島では、若年層の人口流出や雇用機会不足、人口の高齢化による耕作放棄地の問題、農家所得の減少などが深刻化し、地域の活力が低下して久しい。」

⇒この「地域の活力の低下」は直接的に、B社にとっての脅威とはいえないかもしれない。なぜなら、B社の売上げは、地域内で獲得しているわけではないからである。しかし、「地域の活力の低下」は、たとえば、B社従業員の確保にも影響を与えるであろうし、B社社長が「島の活性化への思いがさらに強くなってきた」（第12段落）という状況からも、望ましい外部環境とはいえず、

脅威ととらえることもできるであろう。

(3) 解答の根拠選択

① S（強み）

　まず、「栽培方法」については、B社の事業の根幹をなすものであり、必ず触れておきたい。その修飾として、解答例では「無農薬、高品質、効率的」という文言を入れている。ほかに、「農業試験場の支援を得て実験を繰り返し」、「年4～5回」などの情報を盛り込むこともできるが、それらを盛り込んで、強みを「栽培方法」に絞り込むよりも、複数（2つ）の要素を解答に盛り込むことを優先したい。

　「取引実績」もB社が、企業向けの売上げを獲得するための大きな武器となっている。複数のヘルスケアメーカーに対し、B社が自ら売り込んでいるのではなく、引き合いを受けて取引が実現していることからも、「強み」としての重要性が高い。

　解答例のほかに検討すべき要素には以下のようなものがある。

・（栽培方法の就職としての）「農業試験場の支援を得て実験を繰り返し」、「年4～5回」… 前述のとおり、これらについても妥当性は認められる。しかし、SWOTの要素は可能であれば、複数（2つ）盛り込んでおきたいし、これらの表現がなくても「栽培方法」が強みとなることの説明は可能であるため、字数を考慮し、解答例ではこれらを盛り込んでいない。

・「社長の高品質かつ安全性を追求する姿勢、島への思い入れ」…第7段落にあるこの表現は、主要顧客であるZ社に高く評価されたものである。顧客に評価される資源は「強み」としての妥当性が高いが、これは過去の表現であること（現在も維持されていると思われるが、現在のZ社との取引がこれらによるものであるかどうかは不明であること）、栽培方法の表現で「高品質」などを触れている点からも、解答例では採用していない。

・「島民は昨今B社の存在を誇りに感じ始めている」…第9段落のこの表現も、B社にとって好ましい資源ということができるが、「感じ始めている」という程度であることや、B社の事業は島外から売上げを獲得する構造であることからも、優先度は高くない。これを解答に盛り込む場合、「取引実績」と合わせて「信用」などと表現することもできるが、短い字数に盛り込むことは容易ではない。

② W（弱み）

　「取引構造」については、第2問のテーマともなっており、ここで触れておくことが望ましい。一方、2つの要素を盛り込む場合のもう一方の要素（自社ブランド品の開発力が弱い）については、問題本文に明示された表現ではなく、事例

事例
II
②

― 185 ―

の対応としては、問題本文にある文言を活用することもできる。解答例で「開発力」としたのは、製品企画や製品製造、パッケージデザインなども含めた製品開発力を意図している。現在のB社には優れたノウハウがなく、今後自社ブランド品の開発を企図するB社にとって不可欠なノウハウということで、解答例に採用している。

解答例の他に検討すべき要素には以下のようなものがある。

- 「ハーブと島の知名度が大消費地では著しく低いこと」…これは、過去の事象であり、現在では「とくにヘルスケアに関心の高い人たちから、このハーブが島の顔として認知されるようになっている」(第9段落)。また、B社そのものの知名度というわけでもなく、現在のB社の弱みとしての優先度は低い。
- 「対象となるエンドユーザーが限定的である」…現在のB社製品のエンドユーザーは「アンチエイジングなどのヘルスケアに関心がある「30～40代の女性層」(Z社製品のユーザー) や、「20歳代後半～50歳代の大都市圏在住の女性層」(自社ブランド製品のユーザー) である。たとえば、高齢者層や島民に対して販売できていないという考え方は、第2問や第3問(設問2)で、製品の(エンドユーザーの) 幅を広げていく方向性が感じられることからも、一定の妥当性が認められるであろう。

③　O (機会)

「ヘルスケア市場の拡大基調」は盛り込んでおきたい。また、「安眠効果があるハーブが注目を集めていること」もB社に有利な外部環境として触れておきたい。

解答例のほかに検討すべき要素には以下のようなものがある。

- 「とくにヘルスケアに関心の高い人たちから、このハーブ (ハーブY) が島の顔として認知されるようになっている」…第9段落のこの表現は、B社にとって好ましい外部環境であり、一定の妥当性は認められる。しかし、現在のB社は、主要顧客であるZ社向けに出荷しているハーブYの取引量が減少していることなどから、他のハーブによる売上げを向上させたいという方向性であるため、解答例では採用していない。

④　T (脅威)

「ヘルスケアメーカー間の競争の激しさ」については、触れておきたい。しかし、もうひとつの要素を盛り込もうとしたときの選択は、難易度が高い。もし問題本文から読み取れない場合は、競争の激しさについて、修飾語を入れて表現することなどもできるかもしれない。しかし、それにしても説明する要素はあまり示されていない。そもそも、T (脅威) の配点は5点と思われ、全体の成績に対する影響は軽微であるため、あまり時間をかけすぎない対応が求められた。

(4) 解答の構成要素検討

結論 ①～④まで取捨選択しながら、優先度が高い項目を複数（制限字数から２つが妥当）盛り込む

第２問（配点30点）◢◢◢

(1) 要求内容の解釈

　直接の要求は「Ｂ社の今後の望ましい取引先構成についての方向性」である。現在のＢ社の取引先構成を確認し、それとは異なる方向性とすることが要求されている。「方向性」という表現からは、「ある程度抽象的な解答が可能であること」や、「現在の状況で実現できるかどうか（実現可能性）について厳密に根拠を示す必要はないこと」などの解釈が可能である。

　また、制約としては、１つ目に「Ｚ社との取引縮小を受け、Ｂ社はハーブＹの乾燥粉末の新たな取引先企業を探している」ことがある。この捉え方としては、Ｚ社以外の取引先企業であることから、まずＺ社がどのような企業であり、どのような取引を行っているか、なぜ取引が縮小しているか、について確認し、それらを考慮した助言を行いたい。また、「ハーブＹ」、「乾燥粉末」、「企業」に限定した問いであることを意識し、「その他のハーブ」、「乾燥粉末でないもの（たとえば、未加工のハーブや加工済の最終製品）」、「消費者の開拓」などは対象外であることを意識しておきたい。

　そして、２つ目の制約として「Ｚ社の製品とは異なるターゲット層を獲得したい」と示されている。まず、Ｚ社の製品のターゲット層を問題本文から確認し、それ以外のターゲット層の存在も確認したい。

【問題要求から得る着眼点】

・現在のＢ社の取引先構成

・Ｚ社との取引内容や、取引縮小の経緯、Ｚ社製品のターゲット層

・「ハーブＹの乾燥粉末」の特徴

・Ｚ社以外の取引先企業やそのターゲット層の存在

---

(2) 解答の根拠探し

＜第７段落＞

　「Ｂ社設立の直接的な契機となったのは、<u>社長が大手製薬メーカーＺ社と出合ったことである</u>。（中略）Ｚ社は当時、希少性と効能を兼ね備えた差別的要素の強いヘルスケア製品の開発可能性を探っており、美しい島で栽培された伝統あるハーブが有する<u>アンチエイジングの効能</u>と社長の高品質かつ安全性を追求する姿勢、島への思い入れを高く評価した。」

― 187 ―

＜第8段落＞

　「そこで社長自ら島内に工場を建設し、栽培したハーブを新鮮なうちに乾燥粉末にするところまで行い、輸送コスト削減を図ろうと考えた。Ｚ社もそれに同意した。その結果、Ｂ社はハーブの栽培・粉末加工・出荷を行うための事業会社として、10年ほど前に設立された。」

＜第9段落＞

　「Ｚ社は予定どおり、Ｂ社製造のハーブの乾燥粉末を原材料として仕入れ、これをさらに本州の工場で加工し、ドリンクやサプリメントとして全国販売した。これらの製品は、島の大自然とハーブからもたらされる美を意識させるパッケージで店頭に並び、主として30〜40歳代の女性層の支持を獲得した。この島の空港や港の待合室にも広告看板が設置され、島とハーブの名前が大きく明示されている。そのため、とくにヘルスケアに関心の高い人たちから、このハーブが島の顔として認知されるようになってきた。」

＜第10段落＞

　「ただし、Ｚ社のこの製品も発売から約10年の歳月を経て、売れ行きが鈍ってきた。このところ、Ｂ社とＺ社とのハーブの取引量は徐々に減少している。Ｚ社担当者からは先日、ブランド刷新のため、あと2〜3年でこの製品を製造中止する可能性が高いことを告げられた。」

＜第11段落＞

　「Ｚ社との取引実績が安心材料となり、複数のヘルスケアメーカーなどから安眠系サプリメントなどの原材料として使いたいと引き合いが来るようになった。しかし、取引が成立しても、Ｚ社との取引に比べるとまだ少量であり、Ｂ社の事業がＺ社との取引に依存している現状は変わらない。」

⇒Ｂ社の取引先構成は、創業以来約10年にわたりＺ社に依存している状態であるが、現在では取引が縮小し、2〜3年後には製品が製造中止となり取引が無くなってしまう可能性すらあることがわかる。また、Ｚ社製品は、ヘルスケア（アンチエイジング）に興味がある30〜40歳代の女性層をターゲットとしていることが読み取れる。

　次に、ハーブＹの乾燥粉末ついて、問題本文を確認する。

＜第4段落＞

　「社長は、セリ科のハーブＹ（以下「ハーブ」と称する）に目を付けた。このハーブはもともと島に自生していた植物で、全国的な知名度はないが、島内では古くから健康・長寿の効能があると言い伝えられてきた。現在でも祝いの膳や島のイベント時に必ず食べる風習が残り、とくに高齢者は普段からおひたしや酢みそあえにして食べる。」

＜第6段落＞

「一般的にハーブの用途は広く、お茶や調味料、健康食品などのほか、アロマオイルや香水などの原材料にもなる。」

＜第8段落＞

「そこで社長自ら島内に工場を建設し、栽培したハーブを新鮮なうちに乾燥粉末にするところまで行い、輸送コスト削減を図ろうと考えた。Z社もそれに同意した。その結果、B社はハーブの栽培・粉末加工・出荷を行うための事業会社として、10年ほど前に設立された。」

⇒ハーブYについて、「健康・長寿の効能」、「アンチエンジングの効能」があり、島内では高齢者が普段から食していることがわかる。一般的なハーブ（ハーブYを含む）の用途が広いことや、乾燥粉末は企業向けの製品（最終製品の原材料）であることも読み取れる。

そして、Z社以外の取引先企業や、Z社製品のターゲット層以外のターゲット層候補について、確認する。

＜第11段落＞

「現在のB社は、このハーブ以外に、6～7種類の別のハーブの栽培・乾燥粉末加工を行うようになっている。最近ではこのうち、安眠効果があるとされるハーブ（Yとは異なるハーブ）が注目を集めている。Z社との取引実績が安心材料となり、複数のヘルスケアメーカーなどから安眠系サプリメントなどの原材料として使いたいと引き合いが来るようになった。」

＜第12段落＞

「試しに、安眠効果のあるハーブを原材料とした「眠る前に飲むハーブティー」というコンセプトの製品をOEM企業に生産委託し、自社オンラインサイトで販売してみたところ、20歳代後半～50歳代の大都市圏在住の女性層から注文が来るようになった。」

⇒複数のヘルスケアメーカーとの取引は、Z社以外の取引先ではあるものの、ハーブYとは異なるハーブについての取引である。また、20歳代後半～50歳代の大都市圏在住の女性層も、ハーブYとは別のハーブを用いた製品のユーザーとして示されている。つまり、直接的にこれらの層が新たなターゲット層に該当するとはいい切れない。

まず、これらの情報を以下のとおりに整理する。

最終製品	製造元 （取引先）	原材料	対象者	効能 （ニーズ）
アンチエイジング用 ドリンク、サプリメント	Ｚ社	ハーブＹ	30 ～ 40 歳代 女性層	アンチ エイジング
安眠系サプリメント	複数のヘルス ケアメーカー	ハーブＹ 以外のハーブ	不明	安眠
眠る前に飲む ハーブティー	自社（Ｂ社） ブランド	ハーブＹ 以外のハーブ	20 歳代後半 ～ 50 歳代 大都市圏女性層	安眠
おひたし、酢みそあえ ※加工品ではない	―	ハーブＹ	島の高齢者	健康・長寿

解答に、「20 歳代後半」や「50 歳代」をターゲット層とするには、ハーブＹのニーズと合致するかについての根拠が不明確であり、「高齢者」とするには、乾燥粉末を用いた加工製品のニーズがあるかが不明である。よって、新たなターゲット層を特定するだけの根拠は示されていないため、この点においては、必要以上に踏み込む必要性はない。

ここで、問題要求の解釈でも触れた点を振り返ると、「方向性」という表現があった。つまり、大まかな方向性を示せばよい、というものである。問題本文で明確に示されている「Ｚ社製品のターゲット層は、アンチエイジングに関心がある 30 ～ 40 歳代の女性層」以外のターゲット層を標的とする点のみ触れれば、解答として成立すると考えられる。

また、ハーブＹの特徴（効能）である、「健康・長寿」を逸脱しない解答づくりも心掛けたい。

最後に、問題の直接の要求である「取引先構成の方向性」であるが、現在の状態である「約 10 年にわたり１社に依存した状態」から脱する方向性を示したい。既存の取引先から取引の縮小や停止を宣告される可能性は今後もあるであろう。今後は、引き合いを待つだけでなく、Ｂ社から取引先を常に開拓して、取引先構成を固定化させないことも必要であろう。また、製品分野や用途に関しても多様化していた方が依存した状態になる危険性を低減することができる。

(3)　解答の根拠選択

優先度が高いのは「取引先を増やすこと」、「製品や用途の多様化を図ること」、「Ｚ社製品のターゲット層と異なるターゲット層を標的とする取引先を開拓すること」などであろう。

解答の表現として、「依存度を下げる」という表現も考えられるが、Ｚ社との取引縮小は、Ｚ社からの申し出として示されており、Ｂ社がＺ社との取引量（依存度）を下げるために取引量を減らそうとしているわけではない。Ｂ社が望むのは、Ｚ社と異

なるタイプの製品を扱う複数の企業との取引を増加させることであるため、解答では「取引先構成の流動化、多様化」という表現としている。

また、新たなターゲット層はあえて明示せず、現在のＺ社製品のターゲットを明示して、それ以外のターゲット層に拡大する、という表現としている。

さらに、ハーブＹの効能を意識して解答に盛り込み、制約の範囲に収まる解答としている。

解答例のほかに検討すべき要素には以下のようなものがある。

・「複数のヘルスケアメーカー、20歳代後半、50歳代、高齢者など」… 前述のとおりであるが、ハーブＹの乾燥粉末のニーズとは、どの対象も一致しない部分が残されている。また、ターゲット層については、あくまでも解答の補足であり、直接の結論は「取引先構成の方向性」である。これらより、解答例では、あえて妥当性に確信を持てない根拠に踏み込んだ解答とはしていない。

(4)　解答の構成要素検討

結論 「取引先構成の方向性」＋妥当性を示す補足「Ｚ社製品のターゲット層、ハーブＹの効能」

第3問 (配点30点) ◢ ◢

（設問1）

(1)　要求内容の解釈

まず、リード文を確認する。

「「眠る前に飲むハーブティー」の自社オンラインサイトでの販売を手がけたところ、ある程度満足のいく売上げ」とある。「眠る前に飲むハーブティー」の特徴や、自社オンラインサイトの詳細などを問題本文から確認したい。

（設問1）の直接の要求は、「上記の事象について、アンゾフの「製品・市場マトリックス」の考え方を使って説明すること」である。50字という短字数であることから、結論の戦略名と、その知識的説明を加えればよいであろう。

アンゾフの「製品・市場マトリックス」は以下のとおりである。

製 品（技 術）

		既存	新規
市	既存	市場浸透戦略	新製品開発戦略
場	新規	新市場開拓戦略	多角化戦略

・市場浸透戦略

既存市場に既存製品を投入する戦略。既存ビジネスの市場シェア拡大を目標とする。

・新市場開拓戦略

新規市場に既存製品を投入する戦略。既存の顧客層とは異なる顧客層に、既存製品をアレンジした製品を投入する。

・新製品開発戦略

既存市場に新規製品を投入する戦略。既存の顧客層に、既存製品とは異なる分野の製品を投入する。

・多角化戦略

新規市場に新規製品を投入する戦略。既存の顧客層とは異なる顧客層に、既存製品とは異なる分野の製品を投入する。

リード文より、「眠る前に飲むハーブティー」は最近市場投入している。よって、既存製品として別の製品が存在するはずである。既存製品と、当該製品との関連を確認したい。また、既存製品の市場（顧客）と、当該製品の市場（顧客）を確認したい。

【問題要求から得る着眼点】

・既存製品の内容、市場（顧客）

・「眠る前に飲むハーブティー」の内容、市場（顧客）

---

(2) 解答の根拠探し

＜第9段落＞

「Z社は予定どおり、B社製造のハーブの乾燥粉末を原材料として仕入れ、これをさらに本州の工場で加工し、ドリンクやサプリメントとして全国販売した。」

＜第11段落＞

「現在のB社は、このハーブ以外に、6〜7種類の別のハーブの栽培・乾燥粉末加工を行うようになっている。（中略）Z社との取引実績が安心材料となり、複数のヘルスケアメーカーなどから安眠系サプリメントなどの原材料として使いたいと引き合いが来るようになった。」

＜第12段落＞

「試しに、安眠効果のあるハーブを原材料とした「眠る前に飲むハーブティー」というコンセプトの製品をOEM企業に生産委託し、自社オンラインサイトで販売してみたところ、20歳代後半〜50歳代の大都市圏在住の女性層から注文が来るようになった。」

⇒これらをまとめると、以下のとおりとなる。

	製品	市場（顧客）
既存製品	ハーブＹの乾燥粉末	製薬メーカーＺ社
	６～７種類のハーブのうち、安眠効果があるハーブの乾燥粉末	ヘルスケアメーカー
新製品	眠る前に飲むハーブティー	20歳代後半～50歳代の大都市圏在住の女性層

　市場に関しては、Ｂ to Ｂ（対企業）から、Ｂ to Ｃ（対消費者）という劇的な変化があり、「新市場」を開拓していることが読み取れる。一方、製品に関しては多少判断が難しい。市場の変更により、原材料（半製品）である乾燥粉末から最終製品に製品が変わっている。これを「新製品」と捉えるか、「既存製品（の延長線であるアレンジ）」と捉えるかという判断が求められる。結論としては、「既存製品」と考えられる。理由は、既存製品と同じ「安眠効果（ヘルスケア分野）があるハーブ」の新市場向けアレンジと捉えることができ、「試しに生産委託し販売してみた」という表現からも新製品開発というニュアンスを強くは感じられないからである。新しい分野の製品を作ったというよりも、新市場への対応を図った、ということである。また、第２問で「ハーブＹの企業向け販売」が、第３問（設問２）で「製品づくり」が問われていることから、

- ・第２問　　　　　　：市場浸透戦略
- ・第３問（設問１）：新市場開拓戦略
- ・第３問（設問２）：新製品開発戦略

（第３問の２つの設問を合わせることにより、多角化戦略が成立する）

という構成となっているのではないか、と考えられることも理由のひとつである。

(3) 解答の根拠選択

　前述のとおり、既存市場ではなく新市場への展開であることから、既存製品と捉えれば「新市場開拓戦略」、新製品と捉えれば「多角化戦略」が解答となるであろう。解答例を「新市場開拓戦略」とした理由は前述のとおりである。いずれの結論にしても、結論以外の解答構成は、「市場」と「製品」について、「新規」もしくは「既存」であることを説明したい。

(4) 解答の構成要素検討

　結論「戦略名（新市場開拓戦略）」＋理由（妥当性を示す補足）

（設問２）

(1) 要求内容の解釈

　直接の要求は「自社オンラインサイト上でどのようなコミュニケーション施策を

行っていくべきか」である。制約としては、「自社オンラインサイトでの販売を今後も継続する」、「顧客を製品づくりに巻き込みたい」、「顧客の関与を高めるため」が示されている。製品づくりおよび販売の継続性という表現から、「眠る前に飲むハーブティー」をアレンジしてアイテム数を増やすことはもちろんのこと、ハーブティーに限らず、自社オンラインサイトで販売できる製品全般にかかる要求である可能性もある。また、顧客の関与を高めるための仕組み、仕掛けが求められているため、問題本文にそのヒントがあれば探っておきたい。

【問題要求から得る着眼点】
・自社オンラインサイトの現状
・現在の製品づくりの方法
・顧客の関与を高めるための要件
・現在または過去のコミュニケーション施策

---

(2) 解答の根拠探し

＜第6段落＞

「一般的にハーブの用途は広く、お茶や調味料、健康食品などのほか、アロマオイルや香水などの原材料にもなる。社長は次に、このハーブを乾麺や焼き菓子に練りこんだ作品をOEM企業に生産委託し、大都市で開催される離島フェアなどに出展して販売を行った。しかし、その売上げは芳しくなかった。社長は、このハーブと島の知名度が大消費地では著しく低いことを痛感し、ハーブを使った自社による製品開発をいったん諦めた。」

＜第12段落＞

「最近になって、社長は自社ブランド製品の販売に再びチャレンジしたいという思いや、島の活性化への思いがさらに強くなってきた。試しに、安眠効果のあるハーブを原材料とした「眠る前に飲むハーブティー」というコンセプトの製品をOEM企業に生産委託し、自社オンラインサイトで販売してみたところ、20歳代後半〜50歳代の大都市圏在住の女性層から注文が来るようになった。」

⇒自社オンラインサイトの現状は、ターゲット層以外に有用な記述が見あたらない。また、現在の製品づくり（自社ブランド製品づくり）であるが、過去の失敗を経て諦めていたものを、最近になって再びチャレンジしたいという「社長の思い、ニーズ」だけが示されている。過去の乾麺や焼き菓子の開発過程は全く示されていない。顧客の関与を高めるための要件、および、コミュニケーション施策についても問題本文に有用な情報がないため、知識対応が必要となり、大変難易度が高い問題であることがわかる。

まず、問題本文から読み取れることとしては、「企業向け乾燥粉末」も「自社ブラ

ンド製品」も、B社がエンドユーザーのニーズの収集、把握を行っていないことである。乾燥粉末は、顧客の要望に応じて原材料として卸しているだけであり、自社ブランド製品は、おそらくこんなものが売れるのではないか、という想像のもと、根拠なき製品づくりとなっていると考えられる。B社が、自社オンラインサイトを利用して、顧客のニーズを収集する必要性について問われているものと考えることができる。しかし、本問は単なるニーズ収集にとどまらず、「顧客を製品づくりに巻き込む」、「顧客の関与を高める」ことが求められている。これは、消費者に価値提供するという従来のマーケティングを超えた、消費者とともに価値創造する、いわゆる「共創マーケティング」を意味していると思われる。

また、1次本試験では、以下のような出題がされている。

> 【令和元年度　企業経営理論　第30問　選択肢　ウ】
> 　デジタル・マーケティングにおいては、製品開発のための資金をオンライン上の多数の消費者から調達するクラウド・ソーシングの手法がしばしば用いられる。
> ⇒×：本肢の内容は、クラウド・ファンディングの説明である。クラウド・ソーシングとは、インターネットを利用して、労働力や専門知識を集め、企業活動に活かすことである。

> 【令和2年度　企業経営理論　第20問　選択肢　ア】
> 　オープンイノベーションは、基盤技術の開発などのコラボレーションというよりも、事業化レベルのコラボレーションを促進するという特徴がある。
> ⇒○

本問は、以上の問題に関連する内容となっている可能性がある。具体的には、「クラウド・ソーシングを利用したオープンイノベーション」について、問われている可能性がある。

もしこの知識対応が求められていたとすれば、非常に難易度が高いが、解答例ではこの知識や問題本文、問題要求をもとに「双方向なコミュニケーション（B社はハーブの知見を提供、消費者はそれをもとに、多様な製品アイデアを投稿)」、「顧客の関与を高めるための投票」を解答の骨子としている。

(3)　解答の根拠選択

問題本文に書かれていない「投票制度」を解答に盛り込むことは難しいと思われる。一方、「コミュニケーション」という問題要求から、「双方向」や「B社が提供できる（強みを生かせる）ハーブの効能などの情報提供」、などは知識に頼らなくても解答できる可能性は残されている。過去の2次本試験においても、難解な知識的内容が問われたとしても、問題本文、問題要求をしっかりと読み取ることができれば一定の得点

を獲得することができるような構造が見られた。本問も過去問と同様に、ある程度の方向性を示すことができれば、一定の得点は与えられるものと推察する。

(4) 解答の構成要素検討

結論 「双方向のコミュニケーション＋(顧客の関与を高めるための)投票制度」＋結論の妥当性を示す根拠「B社の資源（B社のハーブに関する知見)」

第4問 (配点20点) ◢◢ ◢◢

(1) 要求内容の解釈

直接の要求は「企画するX島宿泊訪問ツアーをどのようなプログラムとするか」である。制約としては、「自社オンラインサイトのユーザーに対して」、「社長は、ツアー参加者には訪問を機にB社とX島のファンになってほしいと願っている」、「絶景スポットや星空鑑賞などの観光以外」が示されている。

問題本文から宿泊訪問ツアーに類似するサービスや、関連する情報、そのニーズをもったターゲット、自社オンラインサイトのユーザーのニーズを確認したい。また、B社やX島のファンになってもらうための要件、絶景スポットや星空観賞などの観光やそれ以外の島の特徴などを確認したい。

【問題要求から得る着眼点】
- ・自社オンラインサイトのユーザーやそのニーズ
- ・他社が実施するものを含めた宿泊訪問ツアー関連情報
- ・B社およびX島のファンとなってもらうための要件
- ・絶景スポットなど、またはそれ以外の島の特徴

---

(2) 解答の根拠探し

X島の特徴などについて、問題本文を確認する。

＜第2段落＞

「B社は、本州から海を隔てたX島にある。島は車で2時間もあれば一周できる広さで、島内各所には海と空、緑が鮮やかな絶景スポットがある。比較的温暖な気候で、マリンスポーツや釣りが1年の長い期間楽しめ、夜は満天の星空が広がる。島の主力産業は、農業と観光業である。ただし島では、若年層の人口流出や雇用機会不足、人口の高齢化による耕作放棄地の問題、農家所得の減少などが深刻化し、地域の活力が低下して久しい。」

＜第3段落＞

「B社の設立は10年ほど前にさかのぼる。この島で生まれ育ち、代々農業を営む一家に生まれたB社社長が、こうした島の窮状を打開したいと考えたことがきっかけである。」

＜第4段落＞

「社長は、セリ科のハーブY（以下「ハーブ」と称する）に目を付けた。このハーブはもともと島に自生していた植物で、全国的な知名度はないが、島内では古くから健康・長寿の効能があると言い伝えられてきた。現在でも祝いの膳や島のイベント時に必ず食べる風習が残り、とくに高齢者は普段からおひたしや酢みそあえにして食べる。社長はこのハーブの本格的な栽培に取り組み、島の新たな産業として発展させようと考えた。」

＜第5段落＞

「しかし、社長は農業試験場の支援を得て実験を繰り返し、無農薬で高品質のハーブが同じ耕作地で年に4～5回収穫できる効率的な栽培方法を開発した。一面に広がるハーブ畑は、生命力あふれる緑の葉が海から吹く風に揺れ、青い空と美しいコントラストを生み出している。」

＜第9段落＞

「そのため、とくにヘルスケアに関心の高い人たちから、このハーブが島の顔として認知されるようになってきた。こうした経緯もあって、島民は昨今B社の存在を誇りに感じ始めている。」

＜第12段落＞

「最近になって、社長は自社ブランド製品の販売に再びチャレンジしたいという思いや、島の活性化への思いがさらに強くなってきた。試しに、安眠効果のあるハーブを原材料とした「眠る前に飲むハーブティー」というコンセプトの製品をOEM企業に生産委託し、自社オンラインサイトで販売してみたところ、20歳代後半～50歳代の大都市圏在住の女性層から注文が来るようになった。」

＜第13段落＞

「島の数少ない事業家としての責任もあるため、社長は早期に事業の見直しを行うべきだと考え、中小企業診断士に相談することにした。」

⇒本問も第3問同様、問題本文に、対象ユーザーのニーズ、ツアーに関する情報、ファンの要件などが明確に示されておらず、対応が難しい。

　解答を考えるにあたり、さまざまな切り口があるが「ファンづくり」の観点から考察してみる。

　ファンになるということで、関係性強化、ロイヤルティ向上という観点から「交流」という方向性が考えられる。B社の従業員、地元島民との交流を企画することで、他の離島でなく、X島でなければ満足しないというファンづくりが可能となると思われる。

　B社のファンづくりに関しては、「一面に広がるハーブ畑は、生命力あふれる緑の

事例Ⅱ②

葉が海から吹く風に揺れ、青い空と美しいコントラストを生み出している」という特徴的な表現がある。このハーブ畑で従業員とともに収穫体験を行えば、交流とともに「安らぎ」が提供できそうである（対象ユーザーのニーズは「安眠」であり、大都市圏の日常から非日常的な風景や体験が、安らぎにつながるともいえる）。

　また、X島のファンづくりに関しては、島民との交流が考えられる。「島のイベント」、「島の食」、「島民がB社を誇りに感じ始めている」といった問題本文の根拠は、これを実現可能としている。

　制約の「絶景スポットや星空観賞などの観光以外」の対応としても、「ただ観るだけではない」、「他の景色の良い離島にあるものではなく、X島だからこその魅力」といった観点から、収穫体験、地元島民との交流、地元のイベントへの参加、地元の食の体験などは有効な手段と考えられる。

　そして、これらを可能にするためには、日帰りや1泊でなく、ある程度滞在してもらうことが必要となる。日帰りというのは旅行自体が日帰りというのではなく、たとえば沖縄旅行を例にあげると、「沖縄本島をベースに日帰りで離島に出かける」というケースではなく、「離島に直接来てもらい、しっかり数泊してもらう」といったイメージである。

　滞在期間が長くなれば、消費金額も大きくなる。また、ファンになれば一度きりの訪問ではなくリピート訪問してもらえるようになるであろう。これらは、B社社長の思いである「島の活性化」にもつながる内容である。

　解答例では、「人口流出」、「耕作放棄地問題」などの課題にまで対応するのは、B社が企画する訪問ツアーだけでは荷が重いと考え、踏み込んでいない。しかし、これらを解決するひとつの方向性としては、リピート訪問の先にある「移住」の可能性まで出題者は意識している可能性もある。「移住」はかなり特殊なケースとも思えるが、たとえば沖縄県宮古島の場合、平成29年度以降、転入者が転出者を上回る状態が続き、人口約55,000人に対し、転入者が年間約4,000人、そのうち移住者についての明確な統計はないが、大まかに年間1,000人程度と考えられている。解答に盛り込む場合には、問題本文の「島の活性化」という表現で十分と思われるが、移住まではいかないにしても、複数回あるいはある程度の期間滞在してもらうような企画が望ましいことは触れておきたい。

(3)　解答の根拠選択

　問題本文に書かれていない「滞在型プログラム」を解答に盛り込むことは難しいと思われる。一方、問題本文を生かして「島民」、「島のイベント」、「島の食」、「B社従業員」、「ハーブ畑」などの要素は盛り込みたい。それらを、問題要求に合致した「プログラムの内容」という形で文章にできれば、一定の得点が見込まれる。また、対象ユーザーのツアーに対するニーズは明示されてはいなかったが、「安眠（安らかに眠

ること）」に対するニーズがあることは書かれていたため、「安らぎ」などの表現をすることも不可能ではない。なんとか問題本文の記述を生かして解答作成する、という意識は大切にしたい。

なお、本文に示された「1年の長い期間楽しめるマリンスポーツや釣り」は解答例では採用していない。理由は、（単なる鑑賞型の観光ではないが）問題要求の「観光」に該当する可能性があること、X島以外の離島でも楽しむことができると推測されることから、優先度は低いと判断している。

(4) 解答の構成要素検討

結論 「プログラムの内容」＋妥当性を示す根拠としての「対象ユーザーのニーズ」、「B社やX島の特徴」

2 【令和元年】問題
中小企業の診断及び助言に関する実務の事例Ⅱ

[別冊解答用紙：⑧]

　B社は資本金200万円、社長を含む従業者2名の完全予約制ネイルサロンであり、地方都市X市内の商店街に立地する。この商店街は県内では大規模であり、週末には他地域からも来街客がある。中心部には小型百貨店が立地し、その周辺には少数ではあるが有名ブランドの衣料品店、宝飾店などのファッション関連の路面店が出店している。中心部以外には周辺住民が普段使いするような飲食店や生鮮品店、食料品店、雑貨店、美容室などが出店している。X市は県内でも有数の住宅地であり、中でも商店街周辺は高級住宅地として知られる。X市では商店街周辺を中核として15年前にファミリー向け宅地の開発が行われ、その頃に多数の家族が入居した（現在の人口分布は4ページ【本書203ページ】の図1参照）。当該地域は新興住宅地であるものの、桜祭り、七夕祭り、秋祭り、クリスマス・マーケットなどの町内会、寺社、商店街主催のイベントが毎月あり、行事が盛んな土地柄である。

　B社は2017年に現在の社長が創業した。社長と社員Yさんは共に40代の女性で、美術大学の同級生であり、美大時代に意気投合した友人でもある。社長は美大卒業後、当該県内の食品メーカーに勤務し、社内各部署からの要望に応じて、パッケージ、販促物をデザインする仕事に従事した。特に在職中から季節感の表現に定評があり、社長が提案した季節限定商品のパッケージや季節催事用のPOPは、同社退職後も継続して利用されていた。Yさんは美大卒業後、X市内2店を含む10店舗を有する貸衣装チェーン店に勤務し、衣装やアクセサリーの組み合わせを提案するコーディネーターとして従事した。2人は同時期の出産を契機に退職し、しばらくは専業主婦として過ごしていた。やがて、子供が手から離れた頃に社長が、好きなデザインの仕事を、家事をこなしながら少ない元手で始められる仕事がないかと思案した結果、ネイルサロンの開業という結論に至った。Yさんも社長の誘いを受け、起業に参加した。なお、Yさんはその時期、前職の貸衣装チェーン店が予約会（注）を開催し、人手が不足する時期に、パートタイマーの同社店舗スタッフとして働いていた。Yさんは七五三、卒業式、結婚式に列席する30～50代の女性顧客に、顧客の要望を聞きながら、参加イベントの雰囲気に合わせて衣装の提案を行う接客が高く評価されており、同社に惜しまれながらの退職であった。2人は開業前にネイリスト専門学校に通い始めた。当初は絵画との筆遣いの違いに戸惑いを覚えたが、要領を得てからは持ち前の絵心で技術は飛躍的に向上した。

　技術を身に付けた2人は、出店候補地の検討を開始した。その過程で空き店舗が見つかり、スペースを改装して、営業を開始した。なお、当該店舗は商店街の中心部

— 201 —

からは離れた場所にあり、建築から年数がたっており、細長いスペースが敬遠されていた。そのため、商店街の中では格安の賃貸料で借りることができた。また、デザインや装飾は2人の得意とするところであり、大規模な工事を除く内装のほとんどは手作業で行った。2人が施術すれば満員となるような狭いスペースではあるものの、顧客からは落ち着く雰囲気だと高い評価を得ている。また、Yさんが商店街の貸衣装チェーン店で勤務していた経緯もあり、商店街の他店ともスムーズに良好な関係を構築することができた。

ネイルサロンとは、ネイル化粧品を用いて手および足の爪にネイルケア、ネイルアートなどを施すサービスを行う店舗を指す。一般にネイルサロンの主力サービスは、ジェルネイルである（4ページ【本書204ページ】の図2参照）。ジェルネイルでは、ジェルと呼ばれる粘液状の合成樹脂を爪に塗り、LEDライトもしくはUV（紫外線）ライトを数十秒から1分程度照射してジェルを固める。この爪にジェルを塗る作業と照射を繰り返し、ネイルを完成させる。おおむね両手で平均1時間半の時間を要する（リムーブもしくはオフと呼ばれるジェルネイルの取り外しを含める場合は平均2時間程度である）。サービスを提供する際に顧客の要望を聞き、予算に基づき、要望を具体化する。ただし、言葉で伝えるのが難しいという顧客もおり、好きな絵柄やSNS上のネイル写真を持参する場合も多くなっている。またB社の価格体系は表のようになっている（4ページ【本書204ページ】参照）。

ネイルサロン市場は2000年代に入り需要が伸び、規模が拡大した。近年、成長はやや鈍化したものの、一定の市場規模が存在する。X市の駅から商店街の中心部に向かう途中にも大手チェーンによるネイルサロンが出店している。また自宅サロンと呼ばれる、大手チェーンのネイルサロン勤務経験者が退職後に自宅の一室で個人事業として開業しているサロンも、商店街周辺には多数存在する。

開業当初、B社にはほとんど顧客がいなかった。あるとき、B社社長が、自分の子供の卒業式で着用した和服に合わせてデザインしたジェルネイルの写真を写真共有アプリ上にアップした。その画像がネット上で話題になり拡散され、技術の高さを評価した周辺住民が来店するようになった。そして、初期の顧客が友人達にB社を紹介し、徐々に客数が増加していった。ジェルネイルは爪の成長に伴い施術から3週間〜1ヵ月の間隔での来店が必要になる。つまり固定客を獲得できれば、定期的な来店が見込める。特に初来店の際に、顧客の要望に合ったデザイン、もしくは顧客の期待以上のデザインを提案し、そのデザインに対する評価が高ければ、固定化につながる例

も多い。この際には社長やYさんが前の勤務先で培った提案力が生かされた。結果、従業者1人当たり25名前後の固定客を獲得するに至り、繁忙期には稼働率が9割を超える時期も散見されるようになった。なお、顧客の大半は従業者と同世代である。そのうちデザイン重視の顧客と住宅地からの近さ重視の顧客は半数ずつとなっている。後者の場合、オプションを追加する顧客は少なく、力を発揮したい2人としてはやや物足りなく感じている。

B社店舗の近隣には、数年前に小型GMSが閉店しそのままの建物があった。そこを大手デベロッパーが買い取り、2019年11月に小型ショッピングモールとして改装オープンすることが決定した。当初、一層の集客を期待したB社社長であったが、当該モール内への、大手チェーンによる低価格ネイルサロンの出店が明らかになった。B社社長は、これまで自宅から近いことを理由に来店していた顧客が大幅に流出することを予想した。B社社長とYさんは大幅に減少する顧客数を補うための施策について思案したが、良い案も出ず、今後の方針について中小企業診断士に相談することとした。

(注) 貸衣装業界で行われるイベント。百貨店、ホール、ホテル、大学、結婚式場などの大規模な会場で、顧客が会場でサンプルを確認、試着し、気に入ったものがあれば商品を予約することができる。支払いは後日行う。

図1 全国とX市の年齢別人口構成比

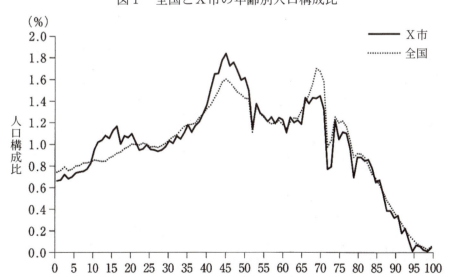

図2　ジェルネイルの参考イメージ

表　B社の価格体系

		価　格	説　明
基本料金		10本当たり 7,000円	ケア＋単色のジェルネイル
オプション	デザイン・オプション	1本当たり 500円〜2,000円	グラデーションなどの2色以上のデザインを施すオプション
	ストーン・オプション	1本当たり 300円〜1,000円	ガラスやストーンなどを爪に乗せるオプション
	アート・オプション	1本当たり 1,000円〜6,000円	より凝ったデザインの絵を爪に描くオプション

第1問（配点20点）
　小型ショッピングモール開業を控えた2019年10月末時点のB社の状況について、SWOT分析をせよ。各要素について、①～④の解答欄にそれぞれ40字以内で説明すること。

第2問（配点30点）
　B社社長は初回来店時に、予約受け付けや確認のために、インスタント・メッセンジャー（インターネットによるメッセージ交換サービス）のアカウント（ユーザーID）を顧客に尋ねている。インスタント・メッセンジャーでは個別にメッセージを配信できる。
　このアカウントを用いて、デザインを重視する既存顧客の客単価を高めるためには、個別にどのような情報発信を行うべきか。100字以内で助言せよ。

第3問（配点50点）
　B社社長は2019年11月以降に顧客数が大幅に減少することを予想し、その分を補うために商店街の他業種との協業を模索している。

（設問1）
　B社社長は減少するであろう顧客分を補うため、協業を通じた新規顧客のトライアルが必要であると考えている。どのような協業相手と組んで、どのような顧客層を獲得すべきか。理由と併せて100字以内で助言せよ。

（設問2）
　協業を通じて獲得した顧客層をリピートにつなげるために、初回来店時に店内での接客を通じてどのような提案をすべきか。価格プロモーション以外の提案について、理由と併せて100字以内で助言せよ。

— 205 —

令和元年度　事例Ⅱ　解答・解説

解答例

第1問 (配点20点)

① S

美	大	卒	の	従	業	者	に	よ	る	提	案	力	、	接	客	力	、	季	節
感	の	表	現	力	や	、	店	舗	の	落	ち	着	い	た	雰	囲	気	。	

② W

駅	や	商	店	街	の	中	心	部	か	ら	離	れ	た	立	地	や	、	顧	客
が	周	辺	の	40	代	女	性	に	限	定	的	で	あ	る	こ	と	。		

③ O

一	定	の	市	場	規	模	が	存	在	し	、	他	地	域	か	ら	の	来	街
者	や	周	辺	に	高	級	住	宅	地	が	存	在	す	る	こ	と	。		

④ T

周	辺	に	大	手	チ	ェ	ー	ン	の	サ	ロ	ン	や	、	大	手	チ	ェ	ー
ン	出	身	者	の	自	宅	サ	ロ	ン	が	多	数	存	在	す	る	こ	と	。

第2問 (配点30点)

デ	ザ	イ	ン	重	視	の	顧	客	は	オ	プ	シ	ョ	ン	利	用	が	多	い
た	め	、	利	用	履	歴	に	応	じ	て	、	高	い	デ	ザ	イ	ン	技	術
を	活	か	し	た	単	価	が	高	い	よ	り	凝	っ	た	デ	ザ	イ	ン	の
絵	を	爪	に	描	く	ア	ー	ト	・	オ	プ	シ	ョ	ン	や	、	よ	り	多
い	本	数	の	オ	プ	シ	ョ	ン	を	施	し	た	写	真	を	送	信	す	る 。

第3問 (配点50点)

（設問1）

貸	衣	装	チ	ェ	ー	ン	店	と	協	業	し	、	他	地	域	を	含	む	30
～	50	代	女	性	を	獲	得	す	る	。	理	由	は	、	市	に	は	40	代
を	中	心	に	当	該	世	代	が	多	く	、	予	約	会	に	も	訪	れ	る
こ	と	や	、	Y	さ	ん	の	顧	客	の	要	望	を	聞	き	な	が	ら	提
案	を	行	う	接	客	力	を	生	か	す	こ	と	が	で	き	る	か	ら	。

（設問2）

来	店	時	期	に	応	じ	て	、	毎	月	の	地	域	イ	ベ	ン	ト	の	テ
ー	マ	に	応	じ	た	季	節	感	が	あ	る	デ	ザ	イ	ン	提	案	を	行
う	。	理	由	は	、	社	長	の	季	節	感	の	表	現	力	を	生	か	し
て	期	待	以	上	の	デ	ザ	イ	ン	提	案	が	顧	客	か	ら	評	価	さ
れ	れ	ば	、	固	定	客	化	に	つ	な	が	る	こ	と	が	多	い	か	ら	。

事例 II ㊱

解　説

1．事例の概要

　令和元年度の事例Ⅱはネイルサロンがテーマであった。サービス業の出題は平成30年度に引き続き2年連続となった。問題数が3問(解答箇所は7箇所)のみであり、制限字数が460字と少ないため、得点のバラツキが大きく出る可能性がある。特に、第3問は配点が50点と大きく、2つの設問が関連性をもつため、(設問1)で誤った方向性を解答すると、(設問2)も大きな得点を見込むことが難しく、受験生としては対応が難しい問題構造となっている。

□**難易度**
- 問題本文のボリューム　　　：やや多い
- 題材の取り組みやすさ　　　：やや難しい
- 問題要求の対応のしやすさ：やや難しい

□**問題本文のボリューム（本試験問題用紙で計算）**
- 3ページ弱

□**構成要素**

　文　　章：79行

　　　　　　　※文章以外に図（3つ）あり

　問題数：3つ　解答箇所7箇所

　第1問　20点　　　　　　40字×4

　第2問　30点　　　　　　100字

　第3問　50点　　　　　　100字×2

　　　　　　　（合計）　　460字

---

(1)　問題本文のボリューム

　行数は79行でボリュームとしてはやや例年よりも多い。事例Ⅱで頻出である図表の読み取りは引き続き出題された。図表が3つあり、図1と表の使い方は、解答内容に大きく影響を与えることになる。図表の内容は、問題本文や問題要求の内容と合わせて「どの問題の根拠となるのか」、「図表から出題者は何を読み取らせたいのか」といった点を慎重に検討したい。

(2)　題材の取り組みやすさ

　業種はネイルサロンである。ネイルサロンの利用経験がなくても、問題本文や図表

を大まかに読み取ること自体はそれほど難しくはないため、試験時間の前半は比較的心理的余裕をもって取り組めたかもしれない。しかし、いざ解答を組み立てようとすると、具体的に問題本文の根拠をどの問題に対応づけるか、図表の内容をどの程度解答に活用するか、対応づけた問題を制限字数に収めるためにどのように取捨選択や要約をするか、といった点が難しく、思うような対応ができなかった受験生も多かったであろう。それゆえに、どの問題でどの程度の得点を目指し、それに応じた取り組み順や時間配分を考慮するといった全体管理が重要となった。いずれにしても、各問の問題要求と問題本文、図表を組み合わせて解答を構成することの難易度は高く、事例全体として高得点を獲得することは難しいため、各問で見込める最低限の得点を確保して事例全体の得点を底上げできたかどうかがポイントとなった。

(3) 問題要求の対応のしやすさ

平成 30 年度に引き続き、過去の事例 II と比較して問題数や解答字数が少なかった。平成 30 年度の本試験を見ていれば驚くほどではないが、1 つのミスが結果に大きな影響を与えると考えてプレッシャーを感じても不思議ではない。第 1 問と第 3 問に時制が明示されており、出題者のメッセージをとらえた解答構成が求められる。第 1 問で環境分析（SWOT 分析）を行い、第 2 問以降で助言を行うというスタイルは近年の事例 II のスタイルである。本年度の事例は第 3 問の配点が 50 点と大きく、この問題の対応が合否を左右する鍵となるであろう。

2．取り組み方

本事例は、解答字数こそ少ないが、問題本文には具体的記述が多く、図表の内容も整理したうえで問題本文と結合させ、短い解答字数に編集することも必要となる。これらは多くの時間を要する。限られた試験時間内に一定の得点を獲得するためには、どの問題から解答するかも大きな要素となってくる。具体的には、第 2 問で一定の得点を獲得し、配点の大きい第 3 問に十分な時間を割き、第 1 問は解答の編集にあまり時間を割くことなくある程度の得点が取れればよい、といった対応が現実的であったであろう。

3．解答作成

第 1 問 （配点 20 点）◢◢◢

(1) 要求内容の解釈

直接の問題要求は「SWOT 分析」であり、制約として「小型ショッピングモール開業を控えた 2019 年 10 月末時点の B 社の状況について」と示されている。

SWOT 分析とは、Strength（強み）、Weakness（弱み）の内部資源の観点、および Opportunity（機会）、Threat（脅威）の外部環境の観点から、企業の置かれている環境を分析し、戦略構築を行うためのフレームワークである。

第1問で環境分析を行う意味合いは、ここでとらえた環境をふまえて、第2問以降で経営戦略やマーケティング戦略に関する助言を行うということである。そのため、第2問以降で活かすことができる強みや克服すべき弱み、および乗じるべき機会や意識すべき脅威などを指摘するような意識をもって解答づくりに取り組みたい。

また、それぞれの解答は40字という短字数のため、もし問題本文に根拠となりそうな要素が多く書かれている場合には、問題要求の制約や他問の解答の方向性との整合性などを意識して優先順位を決め取捨選択すること、類似した要素について要約することなどが求められる。

【問題要求から得る着眼点】

・「2019年10月末時点」という時制の表現

・B社の特徴、強み、弱みなど

・市場や競合といった外部環境における機会、脅威など

---

(2) 解答の根拠探し

① S（強み）

＜第2段落＞

「B社は2017年に現在の社長が創業した。社長と社員Yさんは共に40代の女性で、美術大学の同級生であり、美大時代に意気投合した友人でもある。社長は美大卒業後、当該県内の食品メーカーに勤務し、社内各部署からの要望に応じて、パッケージ、販促物をデザインする仕事に従事した。特に在職中から季節感の表現に定評があり、社長が提案した季節限定商品のパッケージや季節催事用のPOPは、同社退職後も継続して利用されていた。Yさんは美大卒業後、X市内2店を含む10店舗を有する貸衣装チェーン店に勤務し、衣装やアクセサリーの組み合わせを提案するコーディネーターとして従事した。（中略）なお、Yさんはその時期、前職の貸衣装チェーン店が予約会（注）を開催し、人手が不足する時期に、パートタイマーの同社店舗スタッフとして働いていた。Yさんは七五三、卒業式、結婚式に列席する30〜50代の女性顧客に、顧客の要望を聞きながら、参加イベントの雰囲気に合わせて衣装の提案を行う接客が高く評価されており、同社に惜しまれながらの退職であった。2人は開業前にネイリスト専門学校に通い始めた。当初は絵画との筆遣いの違いに戸惑いを覚えたが、要領を得てからは持ち前の絵心で技術は飛躍的に向上した。」

＜第3段落＞

　「技術を身に付けた2人は、出店候補地の検討を開始した。（中略）また、デザインや装飾は2人の得意とするところであり、大規模な工事を除く内装のほとんどは手作業で行った。2人が施術すれば満員となるような狭いスペースではあるものの、顧客からは落ち着く雰囲気だと高い評価を得ている。」

＜第6段落＞

　「あるとき、B社社長が、自分の子供の卒業式で着用した和服に合わせてデザインしたジェルネイルの写真を写真共有アプリ上にアップした。その画像がネット上で話題になり拡散され、技術の高さを評価した周辺住民が来店するようになった。（中略）この際には社長やYさんが前の勤務先で培った提案力が生かされた。」

⇒　B社は、従業者2人（社長およびYさん）の極めて小規模な企業であり、経営資源の「量」で競合優位を構築することはなく、経営資源の「質」を重視することとなる。具体的には、2人の経験に基づくスキルやノウハウとなる。まず、共通する背景として「美術大学出身」ということがある。デザインスキルは美術大学で培ったものと思われ、そのスキルを生かした「ネイル技術」や「店舗の落ち着く雰囲気」に対して顧客からの高評価を得ている。なお、この点については、競合する「大手チェーンによるネイルサロン」や「大手チェーンのネイルサロン勤務経験者による自宅サロン」との差別化要因になると思われる。

　　また、それぞれの前職の経験もB社の強みとなっている。2人は異なる職種を経験しているが、共通点は「提案力」が養成されたことである。2人の提案力によって固定客を獲得できたという記述より、提案力もB社の強みといえるであろう。

②　W（弱み）

＜第3段落＞

　「なお、当該店舗は商店街の中心部からは離れた場所にあり、建築から年数がたっており、細長いスペースが敬遠されていた。そのため、商店街の中では格安の賃貸料で借りることができた。また、デザインや装飾は2人の得意とするところであり、大規模な工事を除く内装のほとんどは手作業で行った。2人が施術すれば満員となるような狭いスペースではあるものの、顧客からは落ち着く雰囲気だと高い評価を得ている。」

＜第5段落＞

　「X市の駅から商店街の中心部に向かう途中にも大手チェーンによるネイルサロンが出店している。また自宅サロンと呼ばれる、大手チェーンのネイルサロン勤務経験者が退職後に自宅の一室で個人事業として開業しているサロンも、商店

事例Ⅱ

㉖

— 211 —

街周辺には多数存在する。」

＜第6段落＞

「開業当初、B社にはほとんど顧客がいなかった。あるとき、B社社長が、自分の子供の卒業式で着用した和服に合わせてデザインしたジェルネイルの写真を写真共有アプリ上にアップした。その画像がネット上で話題になり拡散され、技術の高さを評価した周辺住民が来店するようになった。そして、初期の顧客が友人達にB社を紹介し、徐々に客数が増加していった。（中略）なお、顧客の大半は従業者と同世代である。そのうちデザイン重視の顧客と住宅地からの近さ重視の顧客は半数ずつとなっている。後者の場合、オプションを追加する顧客は少なく、力を発揮したい2人としてはやや物足りなく感じている。」

＜第7段落＞

「B社店舗の近隣には、数年前に小型GMSが閉店しそのままの建物があった。そこを大手デベロッパーが買い取り、2019年11月に小型ショッピングモールとして改装オープンすることが決定した。当初、一層の集客を期待したB社社長であったが、当該モール内への、大手チェーンによる低価格ネイルサロンの出店が明らかになった。B社社長は、これまで自宅から近いことを理由に来店していた顧客が大幅に流出することを予想した。」

⇒　店舗は、人通りが比較的多いと思われる商店街の中心部から離れており、建築から年数がたっており、細長いスペースで敬遠される物件である。これらは営業上不利となるが、そのため格安の賃貸料となっており不利ととらえる必要はないとも考えられる。狭いスペースについても、2人の得意なデザインや装飾によって落ち着いた雰囲気とすることができ、すでに弱みを克服している（もしくは強みに転じさせた）とも考えられる。

　　これらの要素の中では、第5段落にある「周辺の競合の存在」との対比の観点によって「中心部から離れた立地」は若干弱みとしての優先度が高いとも考えられる。

　　また、顧客について、技術の高さにより周辺住民を新規顧客として獲得し、紹介により客数を増加させたという好ましい状況がある。反面、周辺住民以外には広がりを見せていない点や従業者（40代）と同世代の顧客に限定的である点、顧客の半数は近さ重視でB社を利用しており追加オプションを利用することが少ないため客単価が低く、今後の競合の出現により流出する可能性が高い点などは、弱みということができるかもしれない。

③　O（機会）

＜第1段落＞

「B社は資本金200万円、社長を含む従業者2名の完全予約制ネイルサロンで

あり、地方都市X市内の商店街に立地する。この商店街は県内では大規模であり、週末には他地域からも来街客がある。（中略）中でも商店街周辺は高級住宅地として知られる。」

＜第5段落＞

「ネイルサロン市場は2000年代に入り需要が伸び、規模が拡大した。近年、成長はやや鈍化したものの、一定の市場規模が存在する。」

⇒ 機会として、市場全体のマクロ環境の観点では「一定の市場規模の存在」があげられる。また、X市やB社に関するミクロ環境の観点では「周辺の高級住宅地の存在」、「B社が対象とする年代が多く居住すること」があげられる。これらは、B社の今後の売上向上や、売上減少を補う際の機会となる。

④ T（脅威）

＜第5段落＞

「X市の駅から商店街の中心部に向かう途中にも大手チェーンによるネイルサロンが出店している。また自宅サロンと呼ばれる、大手チェーンのネイルサロン勤務経験者が退職後に自宅の一室で個人事業として開業しているサロンも、商店街周辺には多数存在する。」

⇒ 2019年10月末時点の脅威は、第5段落の「大手チェーンのネイルサロン」、「自宅サロン」が競合としてあげられる。なお、第7段落に示される「低価格ネイルサロンの出店」は2019年11月にオープンするものであり、問題要求の「2019年10月末時点」という制約条件はこの要素を第1問から排除することを期待したものと思われる。

(3) 解答の根拠選択

① S（強み）

本問のSWOT分析の中では、「S（強み）」についての可能性のありそうな要素が最も多く本文に示されていた。それゆえに、どの要素、表現を解答に盛り込むか、多少悩ましいところであるが、現実的にはここで多くの時間を割くことはできない。どれだけ時間をかけて解答をつくりあげても、おそらく配点は5点と思われるため、事例全体に対する影響は小さい。

優先度が高い要素は「提案力、接客力、季節感の表現力」などのスキルやノウハウに関する記述である。これらを複数盛り込めていれば十分な対応といえる。また、その源泉となる「美大卒」や「前職の経験」などは盛り込むことができればよいが、少ない字数の中では採用しなかったとしても大きな問題にはならない。

解答例のほかに検討すべき要素には以下のようなものがある。

・「技術力、デザイン力など」… 前述のとおり、本文に書かれたスキル・ノウハ

— 213 —

ウに関する表現はどれを採用しても一定の得点が見込める。第2問以降にどの
ようなスキル・ノウハウを活用する助言をするかによっても要素の取捨選択は
変わってくる。

・「貸衣装チェーン店や商店街他店との良好な関係」… これも、従業者の経験を
もとに築いた経営資源であり、第3問でその関係を活用することは確定的であ
るため、一定の妥当性をもつ。解答例では、字数の関係でこれらは採用してい
ない。

② W（弱み）

W（弱み）が本問のSWOT分析の中で最も悩ましい。「立地」については、弱
みとそれを克服して強みとしているような表現が併記されている。「顧客」につ
いても、顧客を獲得できているというプラスの面と、獲得し切れていない、また
は今後流出が予想される顧客が半数というマイナス面が書かれている。何を採用
するかは、第2問以降の解答の方向性次第ともいえる。いずれにしても、あまり
時間をかけすぎない対応が望ましい。

解答例では、立地面で「中心部から離れている」点を指摘した。採用した理由
は、T（脅威）で示す競合との対比を意識した点や、第3問で獲得したい「他地
域からの来街者」を意識した点にある。

解答例のほかに検討すべき要素には以下のようなものがある。

・「建築から年数がたっており、細長いスペース、狭いスペース」… 前述のとお
り、これらは弱みの表現といえるがすでに克服済みともいえるため、解答例で
は採用していない。

・「近さ重視の顧客が半数」… これらの顧客はオプションを追加することが少な
いため客単価が低く、また今後の競合の出現により流出が予想されるなどロイ
ヤルティが低い状態である。これらの顧客が半数を占めるという顧客の構造は
弱みの表現として一定の妥当性をもつ。一方で、競合他社との比較の観点では、
問題本文に他社の顧客構造が示されておらず判別はできないが「B社よりもデ
ザイン重視で客単価が高く、ロイヤルティの高い顧客が多い」とは考えづらい。
他社も同様の顧客構造もしくは他社のほうがロイヤルティの低い顧客の割合
が高いのであれば、このような顧客の存在は「業界特性」ということができる。
その場合、B社の弱みとしての優先度は低くなる。

③ O（機会）

O（機会）としては、「一定の市場規模」はマクロ環境として盛り込んでおき
たい。また、X市や商店街におけるミクロ環境として、解答例では「他地域から
の来街客」や「周辺の高級住宅地」が存在していることを採用している。これらは、
第2問で客単価を上げること（高級住宅地という点が後押しになる）や、第3問

— 214 —

で新規顧客を獲得すること（ターゲットに他地域からの来街者を含むこと）を考慮して採用したものである。

　解答例のほかに検討すべき要素には以下のようなものがある。

・「40代の人口構成比が高い」… 図1を活用し、ボリューム層であり、現顧客層でもある40代がX市に多く存在することを指摘するのは一定の妥当性をもつ。解答例では、「40代の顧客しか獲得できていない」点を弱みとしているため、解答の整合性の観点から採用していない。

④　T（脅威）

　T（脅威）としては、「大手チェーン店によるネイルサロン」や「大手チェーン出身者の自宅サロン」などの競合他社が周辺に存在し、競争環境が厳しい点を指摘することになるであろう。この競争環境の中で、B社の強み、独自性を生かして競争を回避する助言を第2問以降で行うものと思われる。

　解答例のほかに検討すべき要素には以下のようなものがある。

・「2019年11月にオープンする小型ショッピングモール内の大手チェーンによる低価格ネイルサロンの出店」… 問題要求の時制の制約により、解答例ではこの点は排除している。

(4)　解答の構成要素検討

　結論　①〜④まで取捨選択しながら、優先度が高い項目を2つ以上盛り込む

第2問 (配点30点) ◢◢

(1)　要求内容の解釈

　直接の要求は「どのような情報発信を行うべきか」である。情報発信については、①デザインを重視する既存顧客が対象であること、②客単価向上につながること、③個別に情報発信を行うこと、の3つが制約となっている。もし、現在も一定の情報発信を行っている場合には、それらとは異なる情報発信となるため、現状の「媒体、発信相手、内容」については確認したい。

①　デザインを重視する既存顧客

　現状の利用状況、客単価が上がる余地などが本文に示されていれば、解答の方向性が見えてくるであろう。

②　客単価

　客単価は一般に「平均単価」×「買上点数」に分解することができる。「平均単価」を向上させるためには、高額商品・サービスへのアップグレードなどが手段となる。また「買上点数」を向上させるためには、同一商品・サービスの購買、利用回数（頻度）の増加や、関連商品・サービスの追加購買・利用などが手段となる。

具体的に、問題本文を確認する前の段階においてネイルサロンであるB社が採用しうる手段を想定してみると、

・より高額なサービスの利用を促す（アップセル）

・関連商品やサービスの追加購買・利用を促す（クロスセル）

・利用頻度を高める

などの可能性が考えられる。これらを意識したうえで、問題本文を確認したい。

③　個別に情報発信

デザインを重視する既存顧客全体に向けての情報発信ではなく、個別に情報発信するということは、個々の利用履歴や嗜好などに合わせた情報発信ということであろう。どのような情報を管理しているか、についても注意を払いたい。

これら以外に、問題要求前半に「インスタント・メッセンジャーのアカウント取得」について、初回来店時に各顧客のユーザーIDを取得していること、個別にメッセージ配信できることなどの説明がなされている。現実的には、初回来店時にすべての顧客のアカウントを取得することは難しいが、その点は本問では意識する必要はないという指示とも考えられる。

また、どのアカウントの顧客がデザインを重視する顧客であるかについては、すでにB社で把握していると考えてよい（顧客情報の管理や優良顧客の選別などに関する助言は必要ない）。

【問題要求から得る着眼点】

・アカウント取得や顧客情報管理の現状

・現在情報発信を行っている場合は、その「媒体、相手、内容」

・「デザインを重視する既存顧客」の現在の利用状況やニーズ

・「客単価」を向上させる手段（アップセル、クロスセル、利用頻度向上など）

---

(2)　解答の根拠探し

アカウント取得や顧客情報管理の現状については、特に問題本文には示されていない。

＜第4段落＞

「サービスを提供する際に顧客の要望を聞き、予算に基づき、要望を具体化する。ただし、言葉で伝えるのが難しいという顧客もおり、好きな絵柄やSNS上のネイル写真を持参する場合も多くなっている。またB社の価格体系は表のようになっている。」

表　B社の価格体系

		価　格	説　明
基本料金		10 本当たり 7,000 円	ケア＋単色のジェルネイル
オプション	デザイン・オプション	1 本当たり 500 円〜 2,000 円	グラデーションなどの 2 色以上のデザインを施すオプション
	ストーン・オプション	1 本当たり 300 円〜 1,000 円	ガラスやストーンなどを爪に乗せるオプション
	アート・オプション	1 本当たり 1,000 円〜 6,000 円	より凝ったデザインの絵を爪に描くオプション

＜第6段落＞

　「なお、顧客の大半は従業者と同世代である。そのうちデザイン重視の顧客と住宅地からの近さ重視の顧客は半数ずつとなっている。後者の場合、オプションを追加する顧客は少なく、力を発揮したい2人としてはやや物足りなく感じている。」

⇒　まず、表の価格情報を使って解答するのは本問しか考えられないため、本問の客単価向上を実現する手段は「オプション」の利用を促す方向性であることがわかる。現状では、顧客の半数を占める「近さ重視の顧客の場合」オプションを追加する顧客は少ない、とあるので、残りの半数を占める「デザイン重視の顧客の場合」オプションを追加する顧客も少なくない（多い）と読み取ることができる。つまり、現状でもこの顧客層は比較的客単価が高いといえる。

　　この現状からさらに客単価を高めるためには、①より単価が高いオプションを利用してもらう、②より多くのオプションを同時利用してもらう、のいずれかもしくは双方を実現することが求められる。

①　より単価が高いオプションを利用してもらう

　　他のオプションよりも圧倒的に単価が高い「アート・オプション」の利用を促したい。「アート・オプション」の説明として「より凝ったデザインの絵を爪に描く」と示されており、これは他のオプションと比較して、B社従業者の技術力が最も生きるオプションといえる。

②　より多くのオプションを同時利用してもらう

　　価格情報の中では、基本料金は 10 本あたりの金額設定であるのに対し、オプションは 1 本あたりの金額設定であることが読み取れる。ネイルのサービスは「手および足の爪」に施す（第4段落）ため、最大で 20 本に施す余地がある。現在オプションを利用している顧客にあと 1 本でも多くオプションを利用してもらえれば客単価は向上する。

　次に、情報発信についてであるが、過去に卒業式で着用した和服に合わせてデザイ

ンしたジェルネイルを写真共有アプリ上にアップしたことが技術の評価につながったことが示されている。オプションを施した写真イメージの発信は、魅力を伝えることに有用であることが読み取れる。

さらに、顧客が好きな絵柄やSNS上のネイル写真を持参することが多くなっている背景が示されている。このことから、写真の有効性が高まっていること、顧客は来店してからデザインを決めるのではなく来店前にデザインイメージを考えてくることが増加していること、B社が過去に聞き取った要望や施したデザインから事前にデザインを提案することができること、などが読み取れる。

以上より、予約確認のタイミングなど、来店サイクルである3週間～1カ月の間の適切なタイミングで顧客の要望に合ったオプションを施した画像を送信することが、客単価向上の手段として有効であることが確認できる。なお、来店周期が3週間～1カ月と明示されているため、「利用頻度を高める」という客単価の向上策は採用しないと考えてよい。

(3) 解答の根拠選択

優先度が高いのは「オプション利用につながる画像を送信すること」、「デザイン重視の顧客はオプション利用が多いこと」、「アート・オプションの単価が高いこと」、「オプションは1本単位で増やすことができること」などである。

解答の字数がもっと多ければ、さらに補足的な情報を盛り込んだり、別の切り口からの助言も盛り込んだりすることができるが、100字という字数から上記以外の要素を盛り込むことは容易ではない。

解答例のほかに検討すべき要素には以下のようなものがある。

- 「情報発信のタイミングなどの発信方法」… 一定の妥当性はあるが、問題要求は「どのような情報発信」であり、「どのように情報発信」ではないため、発信内容以外の方法については優先度が低いと判断することができる。
- 「季節に合わせたデザイン」… 3週間～1カ月周期で来店するサイクルを考慮すれば季節に合わせたデザインを行うのは当然に考えられる。しかし、本問は「個別に」行うことが強調されているため、全顧客に共通する「季節」という要素よりも、顧客によって異なる「過去に聞き取った要望や施したデザイン」を考慮することが望ましいと考えられる。
- 「卒業式などイベントに合わせたデザイン」… 過去に好評を得た写真に関連して、卒業式に触れることも考えられるが、客単価向上というテーマを考慮すれば、数年に一度の非日常的イベントの関連ではなく、日常的な利用を期待しているものと思われる。
- 「高級住宅地である背景」… すでにオプションを利用している状態から、さらに客単価を向上させる根拠として、「顧客は周辺住民が多く、周辺は高級住宅地あ

ること（≒顧客は金銭的余裕がある者が多い）」を示すことは考えられる。解答例では、字数の関係でこれらには触れていない。

(4) 解答の構成要素検討

結論 「客単価が向上する内容（高単価または複数のサービス利用）」＋妥当性を示す補足「ターゲットの顧客層がオプションを利用していること、顧客ごとの要望を把握していること、など」

第3問 （配点50点）◢◢◢

（設問1）

(1) 要求内容の解釈

まず、リード文を確認する。

「B社社長は2019年11月以降に顧客数が大幅に減少することを予想」とあり、これが前提条件となっている。この内容や原因については、問題本文で確認が必要である。また、「その分を補うために商店街の他業種との協業を模索」となっており、既存顧客の流出の代わりに協業による新規顧客の獲得を企図するということである。

（設問1）の直接の要求は、①どのような協業相手（と組むか）、②どのような顧客層を獲得すべきか、③それらの理由、の3つである。他の要件としては、新規顧客のトライアルにつながる協業であること、である。

① どのような協業相手

リード文の「商店街の他業種との協業」と合わせて考えると、商店街に存在する複数の業種から相手を絞ることが求められているのであろう。また、「どのような」という表現から特定の業種名ではなく、ある共通性をもった業種の集合を「○○のような業種」という表現で解答することを期待されている可能性もある。

事例Ⅱにおける「協業」は「経営資源の補完」という観点をもって検討したい。経営資源に乏しいB社が自社単独ではなしえない施策を、B社が保有していない資源をもつ企業と協業することで実現する、ということである。本問の場合、B社単独では接触することができていない顧客層と接点をもつことは必須であろう。

また、協業する際には相手にもメリットがあることが要件となる（Win-Winの関係が必要である）。具体的には、B社が保有する資源のうち、協業相手にとって有効な資源を提供するイメージをもっておきたい。

なお、過去の本試験における協業相手はB社と同様の中小企業となっていることも意識しておきたい。

② どのような顧客層

顧客層（ターゲット層）を問われているので、人口統計的基準や地理的基準な

― 219 ―

どの市場細分化基準を意識しておきたい。既存顧客層をふまえ、それ以外の顧客層を解答したい。

③　理由

過去の本試験事例Ⅱでは、事例企業の過去の戦略などに対する分析として「理由」を問われることはあったが、助言系の問題で「助言の理由」が問われたことはなく、初めての出題パターンであった。それもあり、理由としてどのような観点を出題者が期待しているかとらえることは難しい。

文脈から、協業相手や顧客層を選択した妥当性について示すものと思われる。具体的には、協業可能であること、B社が期待する顧客層との接点があること、その顧客層がB社の新規顧客のトライアルに結びつくこと、などについて触れるものと思われる。

なお、協業相手と「どのような協業を行うか」については要求されていない。当然、解答を検討するにあたって協業内容のイメージももっておく必要はあるが、解答に盛り込む必要はない、ということである。

【問題要求から得る着眼点】
・顧客数の大幅減少に関する内容
・商店街に存在する業種
・各業種の顧客層やB社との接点
・B社の既存顧客層
・候補となる顧客層のニーズ
・B社の経営資源

---

(2)　解答の根拠探し

＜第2段落＞

「社長と社員Yさんは共に40代の女性」

＜第6段落＞

「技術の高さを評価した周辺住民が来店するようになった。そして、初期の顧客が友人達にB社を紹介し、徐々に客数が増加していった。（中略）従業者1人当たり25名前後の固定客を獲得するに至り、繁忙期には稼働率が9割を超える時期も散見されるようになった。なお、顧客の大半は従業者と同世代である。そのうちデザイン重視の顧客と住宅地からの近さ重視の顧客は半数ずつとなっている。後者の場合、オプションを追加する顧客は少なく、力を発揮したい2人としてはやや物足りなく感じている。」

＜第7段落＞

「B社店舗の近隣には、数年前に小型GMSが閉店しそのままの建物があった。そ

こを大手デベロッパーが買い取り、2019年11月に小型ショッピングモールとして改装オープンすることが決定した。当初、一層の集客を期待したB社社長であったが、当該モール内への、大手チェーンによる低価格ネイルサロンの出店が明らかになった。B社社長は、これまで自宅から近いことを理由に来店していた顧客が大幅に流出することを予想した。B社社長とYさんは大幅に減少する顧客数を補うための施策について思案したが、良い案も出ず、今後の方針について中小企業診断士に相談することとした。」

⇒ 既存顧客の多くは周辺に住む40代である。初期の顧客は周辺住民と明記されているが、紹介で訪れるようになった友人達については周辺住民とは明記されてはいない。しかし、文脈から周辺住民が多いと考えてよいであろう。また、流出してしまいそうな顧客は、既存顧客の半数を占める近さ重視の顧客である。

これらより、新たに獲得したい（既存顧客層ではない）顧客層は、「周辺住民ではない顧客層」や「40代以外の顧客層」などが考えられる。また、いずれにしても「デザイン重視の顧客」であることが望ましいが、トライアル段階からそれを選別することができるかは不明である。

まず、「周辺住民ではない顧客層の候補」について確認する。

＜第1段落＞

「B社は資本金200万円、社長を含む従業者2名の完全予約制ネイルサロンであり、地方都市X市内の商店街に立地する。この商店街は県内では大規模であり、週末には他地域からも来街客がある。」

⇒ 商店街には他地域からの来客があることが読み取れる。「他地域」がどのような範囲を指しているか、特定することは難しいが「県内のX市以外の市」や「X市内の商店街周辺ではない地域」が該当すると思われる。仮に、他地域の顧客を解答する場合、これ以上詳細に地域を特定する必要はなく、既存顧客層の「周辺住民」に対して「他地域からの来街客」ととらえておけばよいであろう。

次に、「40代以外の顧客層」についての存在やニーズについて確認する。

＜第2段落＞

「Yさんはその時期、前職の貸衣装チェーン店が予約会（注）を開催し、人手が不足する時期に、パートタイマーの同社店舗スタッフとして働いていた。Yさんは七五三、卒業式、結婚式に列席する30～50代の女性顧客に、顧客の要望を聞きながら、参加イベントの雰囲気に合わせて衣装の提案を行う接客が高く評価されており、同社に惜しまれながらの退職であった。」

⇒ Yさんは30～50代の女性顧客への接客力が高いことが示されている。既存顧客層である40代以外の30代や50代についてのネイルサロンに対するニーズなどが問題本文に示されていれば、重要な情報となるが、それらは問題本文には書かれ

ていない。年代の情報は、図1に示されている。

図1 全国とX市の年齢別人口構成比

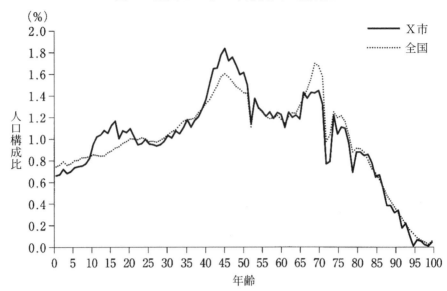

⇒ 図1は「全国とX市の年齢別人口構成比」を表しており、X市には既存顧客層の40代が多いことがわかる。45歳前後のいわゆる「団塊ジュニア」とよばれる層は全国的にも多く存在するが、X市では全国を上回るボリュームを示している。この理由は「商店街周辺を中核として15年前にファミリー向け宅地の開発が行われ、その頃に多数の家族が入居した」（第1段落）ことである。その影響で、15歳前後を中心とした10代の人口も多いことが確認できる。

一方、30代や50代については、特に全国と比較して多いとはいえないが、「全国の30代、50代とX市の30代、50代」の比較でも、「X市の30代、50代と他世代」の比較でも、少ないということはない。これらの年代を排除する理由は見当たらない。ネイルサロンに対する年代別のニーズは問題本文から確認することはできず、30代、50代がB社の新たな標的顧客層となることは妥当性がある。年代別のニーズに違いが見られないため、セグメントを分ける必要はない。

それでは、なぜ既存顧客層が40代に限定されているのであろうか。

＜第6段落＞

「開業当初、B社にはほとんど顧客がいなかった。あるとき、B社社長が、自分の子供の卒業式で着用した和服に合わせてデザインしたジェルネイルの写真を写真共有アプリ上にアップした。その画像がネット上で話題になり拡散され、技術の高さを評価した周辺住民が来店するようになった。」

⇒ 既存顧客層の獲得のきっかけは、B社社長の子供の卒業式の際の写真投稿であった。大きな反響があったのは、同じ時期に卒業式を迎える同世代の女性のニーズを喚起したからであろう。「B社社長は現在（2019年）40代」、「B社は2017年の

創業」、「B社社長が写真投稿をしたのは開業後」といった情報を整理すれば、投稿時の社長は30代後半もしくは40代であったことがわかる。この投稿は意図的に新規顧客を獲得することをねらったプロモーション施策ではなく、偶然の産物であったような文脈で描かれている。つまり、30代や50代に対しても技術を訴求する取り組みを行うことにより、十分顧客として獲得することができる余地があると考えてよいであろう。

ここで、図1からボリュームが多い「10代」を新たな顧客層とするという方向性について触れておく。この層をターゲットとする場合「10代のみをねらう」、もしくは「40代の親とともに親子での利用をねらう」ということになるであろう。しかし、両者に共通していえることは「ニーズを読み取ることができないこと、10代に関する問題本文の記述がまったくないこと」や「10代に対する接点が見つからないこと」である。これらより、ボリュームが多いことだけを根拠とした10代の獲得は出題者が期待した方向性ではないと考えてよい。10代が多いという図1の解釈としては、「15年前の家族入居の結果であること」である。また、本問と関連した解釈としては、「X市の30〜50代は子供を有する家族が多いことから、七五三、卒業式、結婚式といった子供絡みのイベントを迎えることになり、貸衣装チェーン店の予約会のニーズが存在すること」ととらえればよいであろう。もし、「X市には40代を中心とした世代が多くても子供が少ない」という図になっていた場合、X市には貸衣装チェーン店のニーズがあまりない、ということになってしまう。

これらをふまえ、もう一度「貸衣装チェーン店」に関する記述を確認する。

＜第2段落＞

「Yさんは美大卒業後、X市内2店を含む10店舗を有する貸衣装チェーン店に勤務し、衣装やアクセサリーの組み合わせを提案するコーディネーターとして従事した。2人は同時期の出産を契機に退職し、しばらくは専業主婦として過ごしていた。（中略）Yさんはその時期、前職の貸衣装チェーン店が予約会（注）を開催し、人手が不足する時期に、パートタイマーの同社店舗スタッフとして働いていた。Yさんは七五三、卒業式、結婚式に列席する30〜50代の女性顧客に、顧客の要望を聞きながら、参加イベントの雰囲気に合わせて衣装の提案を行う接客が高く評価されており、同社に惜しまれながらの退職であった。」

＜第3段落＞

「また、Yさんが商店街の貸衣装チェーン店で勤務していた経緯もあり、商店街の他店ともスムーズに良好な関係を構築することができた。」

＜問題本文最後の（注）＞

「貸衣装業界で行われるイベント。百貨店、ホール、ホテル、大学、結婚式場などの大規模な会場で、顧客が会場でサンプルを確認、試着し、気に入ったものがあれば

商品を予約することができる。支払いは後日行う。」

⇒　これらの記述を整理すると以下のようになる。

・従業者であるYさんは、大学卒業後、および出産後（2年前のB社創業以前）に貸衣装チェーン店に勤務し、商店街内の店舗に勤務経験があること
・Yさんは30〜50代に対する接客力が高かったこと
・Yさんは貸衣装チェーン店を惜しまれて退職したこと
・Yさんは退職後も貸衣装チェーン店と良好な関係であること

　貸衣装チェーン店の予約会については詳細な記述があり、B社が貸衣装チェーン店と協業した場合の協業内容は「Yさんの接客力やネイル技術を生かして、結婚式などの参加イベントに合わせた衣装、アクセサリー、ネイルを合わせたコーディネート提案」となるであろう。

　前述のとおり、本問では協業内容は要求されていない。これは、問題本文から協業する内容が想定でき、「協業相手を貸衣装チェーン店と解答した場合には、わざわざ協業内容を解答する必要がない」からであろう。「協業相手（貸衣装チェーン店）のメリット」についても「Yさんの接客力が高かったことや惜しまれた退職」から、協業相手にも十分貢献できることが確認できる。

(3)　解答の根拠選択

　解答の優先度が高いのは「協業相手は貸衣装チェーン店であること」、「顧客層は他地域から来街する30〜50代であること」、「Yさんの接客力が生き、B社の新規顧客のトライアルにも、貸衣装チェーン店の顧客満足度向上にもつながること」である。2つの結論および理由という問題要求から、解答の冒頭に、簡潔に2つの結論を示し、後半に理由を示す解答構成とするとよいが、100字の編集作業は容易ではない。

　解答例のほかに検討すべき要素には以下のようなものがある。

・「協業相手は小型百貨店、もしくは有名ブランドの衣料品店、宝飾店などのファッション関連の路面店」… これらに関する来店客の記述がないため、ターゲットと組み合わせて解答することが難しく、また協業内容も不明である。顧客について、他地域からの来街客は含まれると思われるが年代は不明である。もしこれらと協業することが解答である場合には、これらの来店客や業務の様子が問題本文に示されるであろう（貸衣装チェーン店で示されていたように）。また、B社の保有資源で協業相手に貢献できるかどうかも不明である。そして、事例Ⅱの協業相手は中小企業である過去の本試験の傾向からも、（小型とはいえ）百貨店や有名ブランドのファッション関連の路面店を協業相手として積極的に採用することは難しい。
・「協業相手は美容室もしくは周辺の普段使いの店」… これらとの協業は、協業内容が不明であり、さらにB社の既存顧客層と同じ顧客層が想像できることから、

新規顧客のトライアルには不適であろう。

・「顧客層は 10 代もしくは親子」… 前述のとおりであるが、10 代が B 社に対する
ニーズがあると読み取ることができない。仮に 10 代のネイルに対するニーズが
存在していたとしても、「低価格ネイルサロンに流出する顧客を補う、ロイヤル
ティの高い顧客」と考えるのは難しい。また、親子とした場合には、既存顧客層
を通じた新規顧客層の獲得となり、トライアル感は薄れるであろう。

(4) 解答の構成要素検討

結論「協業相手」＋結論「ターゲット層」＋理由（妥当性を示す補足）

（設問 2 ）

(1) 要求内容の解釈

　直接の要求は「リピートにつながる提案」と「理由」である。助言に対する「理由」
の解釈が多少悩ましい点は（設問 1 ）と同様である。他の要件として、①協業を通じ
て獲得した顧客層（（設問 1 ）で解答した顧客層）が対象であり、②初回来店時に行う
提案であり、③店内での接客を通じて行う提案であり、④価格プロモーション以外の
提案であることが示されている。

① 協業を通じて獲得した顧客層が対象

　　（設問 1 ）で解答した顧客層のニーズに合った提案であることが必要であり、リ
ピートにつなげる要件を満たす必要がある。これらを問題本文から確認する必要
がある。

② 初回来店時

　　（設問 1 ）では、協業を通じた新規顧客のトライアルを行っている。（設問 2 ）で
初回来店時の提案を問われていることから、（設問 1 ）は店外で協業を行うことが
わかる。現状では初回来店時にどのような提案を行っているかを問題本文から確
認したい。

③ 店内での接客を通じて行う

　　現状の接客の様子や、リピートにつながる様子を確認し、有効な施策を転用す
る可能性がある。

④ 価格プロモーション以外の提案

　　価格プロモーションも一定の効果が見込めるが（問題要求に制約がつかなけれ
ば解答としての妥当性はあるが）、それ以外の解答を期待するということである。
B 社の資源（強み）を活用し、付加価値を感じてもらう取り組みが想定される。

【問題要求から得る着眼点】

・対象顧客層のニーズ

・現状の、初回来店時の対応、リピートの要件、接客の様子

・Ｂ社の経営資源（強み）

(2) 解答の根拠探し

（設問１）で解答した「他地域を含む30〜50代の女性」のニーズは、問題本文に示されていない。現状の、初回来店時の対応、リピートの要件、接客の様子などについては以下の記述がある。

＜第６段落＞

「ジェルネイルは爪の成長に伴い施術から<u>３週間〜１カ月の間隔での来店が必要に</u>なる。つまり<u>固定客を獲得できれば、定期的な来店が見込める。特に初来店の際に、顧客の要望に合ったデザイン、もしくは顧客の期待以上のデザインを提案し、そのデザインに対する評価が高ければ、固定化につながる例も多い。この際には社長やＹさんが前の勤務先で培った提案力が生かされた。結果、従業者１人当たり25名前後の固定客を獲得するに至り</u>、繁忙期には稼働率が９割を超える時期も散見されるようになった。」

⇒　「初来店」の記述は、本問の条件に合致する根拠である。

　　リピートについて整理すると、

　　　「初来店の際に、提案力を生かして要望に合ったデザイン、期待以上のデザインを提案」

　　→「評価が高ければ、固定化」

　　→「３週間〜１カ月の間隔での来店」

　　となる。このデザインや来店間隔に関連する問題本文の根拠が以下のように示されている。

＜第２段落＞

「社長は美大卒業後、当該県内の食品メーカーに勤務し、<u>社内各部署からの要望に応じて、パッケージ、販促物をデザインする仕事に従事した。特に在職中から季節感の表現に定評があり</u>、社長が提案した季節限定商品のパッケージや季節催事用のPOPは、同社退職後も継続して利用されていた。」

＜第１段落＞

「当該地域は新興住宅地であるものの、<u>桜祭り、七夕祭り、秋祭り、クリスマス・マーケットなどの町内会、寺社、商店街主催のイベントが毎月あり、行事が盛んな土地柄</u>である。」

⇒　提案力は、社長もＹさんももち合わせるＢ社の強みである。また、社長は季節感の表現力をもつ。トライアルで獲得した顧客の初来店の時期に応じた季節感のあるデザイン提案を行い、評価されれば約１カ月間隔で再来店することとなる。前回来店時とは異なる商店街の毎月のイベントによる季節を感じさせる街並みを通って

B社に訪れることになるであろう。ここで1カ月季節が進んだことを感じさせるデザインを行う、このサイクルを構築して固定客化を図るものと思われる。

トライアルで技術を評価して他地域から訪れる顧客であれば、「近さ重視」ではなく「デザイン重視」の特性をもつであろう。そうであれば、第2問で助言した「インスタント・メッセンジャーを活用したオプションの提案」も有効となるであろう。これらによって、客単価および客数が向上することにより、顧客の半数を失う危機に瀕しているB社の経営方針を示すことができる。

(3) 解答の根拠選択

優先度が高いのは「期待以上の提案が評価されれば固定化すること」、「社長の季節の表現力を生かすこと」である。「期待以上の提案」については、「初来店、固定化」といった本問と直接関連するキーワードが問題本文に示されているため比較的活用しやすいと思われる。この内容は(設問1)でどのような協業相手を解答したとしても影響なく(設問2)で解答することができる。

一方、それ以外の要素は(設問1)の協業相手の影響を受けざるをえない。(設問2)の解答内容がしっくりこないという場合は、(設問1)の解答の妥当性を検証する必要がある。

リピートに関連しては「固定化のサイクルは3週間～1カ月間隔」、「地域の毎月のイベント」、「社長の季節感の表現力」は関連深い根拠であり、対応づけられると望ましい。

結果的に、第3問は(設問1)でYさんの前職の経験が生き、(設問2)で社長の前職の経験が生きる、という流れとなっている。第2問は2人の美術大学で培ったデザインスキルを生かしていた。2人だけの小規模企業が余すことなく経営資源を活用して独自性を発揮する、というストーリーが描かれている。

解答例のほかに検討すべき要素には以下のようなものがある。

・「(設問1)の協業相手と合わせた提案内容」… 衣料品店や宝飾店と協業するとした場合は、必然的にトータルコーディネートという提案になるはずである。これは回避しようがない。(設問2)での検討事項ではなく、(設問1)の解答時点で(設問2)の解答も合わせて検討する必要がある。

(4) 解答の構成要素検討

結論 「提案内容」＋理由（妥当性を示す根拠）「B社の資源（施策が行えること、有効であることの根拠）」

2 【平成30年】問題
中小企業の診断及び助言に関する実務の事例Ⅱ

[別冊解答用紙：⑨]

B社は、X市市街地中心部にある老舗日本旅館である。明治初期に創業し、約150年の歴史をもつ。2年前、父親である社長が急死し、民間企業に勤めていた30歳代後半の長男が急きょ事業を承継することになり、8代目社長に就任した。資本金は500万円、従業員は家族従業員3名、パート従業員4名である。このうち1名は、つい最近雇用した英語に堪能な従業員である。客室は全15室で、最大収容人員は50名、1人1泊朝食付き7,500円を基本プランとする。裏手には大型バス1台、乗用車6台分の駐車場がある。

簡素な朝食は提供しているものの、客室稼働率に上下があり食材のロスが発生するという理由と調理人の人件費を削減するという理由から、創業以来、夕食は提供していない。宿泊客から夕食を館内でとりたいという要望がある場合は、すぐそばにある地元の割烹料理店からの仕出しで対応している。これまで何度か小さな増改築を行ってきたが、現在の宿泊棟は築45年である。客室には基本的にずっと手を加えていない。畳と座卓、障子、天井吊り下げ式照明のある、布団を敷くタイプの古風な和室である。館内には大広間があり、その窓からは小ぶりだが和の風情がある苔むした庭園を眺めることができる。大浴場はないため、各部屋に洋式トイレとバスを設置している。歴代の社長たちは皆、芸術や文化への造詣が深く、執筆や創作のために長期滞在する作家や芸術家を支援してきた。このため、館内の廊下や共用スペースには、歴代の社長たちが支援してきた芸術家による美術品が随所に配置され、全体として小規模な施設ながらも文化の香りに満ちた雰囲気である。この中には、海外でも名の知られた作家や芸術家もいる。

X市は江戸時代から栄えた城下町である。明治時代までは県内随一の商都であり、教育や文化支援にも熱心な土地柄であった。X市市街地は、北側は城跡付近に造られた官公庁街、東から南側にかけては名刹・古刹が点在する地域となっており、西側には商都の名残である広大な商業地域が広がっている。B社は創業時からちょうどこの中央に立地し、これらのエリアはいずれも徒歩圏内にある。B社から最寄り駅までは公共バスを利用して20分強かかるが、現在、この間を結ぶバスは平均すると1時間に5〜6本程度運行している。この最寄り駅からは国内線と国際線の離発着がある空港に向けて、毎日7往復の直通バスが走っており、駅から空港までの所要時間は1時間40分ほどである。

X市市街地の中でも、商業地域の目抜き通りには江戸時代の豪商や明治時代の実業家が造り上げた厳かな大型建造物が立ち並ぶ。この通りは現在でも商業地域の顔であ

— 229 —

る。400年以上続くとされる地域の祭りでは、市内各地を練り歩いてきた豪勢な何台もの山車がこの通りに集結するタイミングで最高の盛り上がりを見せる。夜通し続くこの祭りの見物客は近年、年々増加している。街の一角にはこの祭りの展示施設があり、ここを訪れた観光客は有料で山車を引く体験ができる。X市商業地域には、歴史を感じさせる大型建造物が残る一方、住民を対象にした店舗もたくさんある。普段遣いのお店から料亭、割烹料理店までのさまざまなタイプの飲食店をはじめ、各種食料品店、和装店、銭湯、劇場、地元の篤志家が建設した美術館などの施設が集積している。

10年ほど前、X市の名刹と商業地域が高視聴率の連続ドラマの舞台となり、このエリアが一躍脚光を浴びた。これを機に、商業地域に拠点をもつ経営者層を中心として、このエリア一体の街並み整備を進めることになった。名刹は通年で夜間ライトアップを行い、地域の動きに協力した。地域ボランティアは観光案内や街の清掃活動を行い、美しい街並みと活気の維持に熱心である。こうした影響を受け、最近では、ほとんどいなかった夜間の滞在人口は増加傾向にある。

X市は大都市圏とも近く、電車で2時間程度の日帰りできる距離にある。古き良き時代の日本を感じさせるX市の街のたたずまいは観光地として人気を集めている。2017年時点で、X市を訪れる観光客は全体で約500万人、このうち約20万人がインバウンド客である。商業地域には空き店舗があったが、観光客が回遊しそうな通り沿いの空き店舗には地元の老舗商店が出店して、シャッター通りにならないための協力体制を敷いた。食べ歩きできるスイーツや地域の伝統を思わせる和菓子などを販売し、街のにぎわい創出に努めた。歴史ある街並みに加え、こうした食べ物などは写真映えし、SNS投稿に向く。そのため、ここ数年は和の風情を求めるインバウンド客が急増している（図参照）。

一方、B社のビジネス手法は創業時からほとんど変わっていなかった。明治時代から仕事や執筆・創作活動のために訪れる宿泊客が常に一定数いたため、たいしたプロモーション活動を行う必要性がなかったのが理由である。それに気付いた8代目は就任して1年後、館内に無料Wi-Fiを導入し、B社ホームページも開設した。これにより、それまで電話のみで受け付けていた宿泊予約も、ホームページから外国語でも受け付けられるようになった。また、最低限のコミュニケーションが主要な外国語で図れるよう、従業員教育も始めた。近々モバイル決済の導入も考えている。現在、宿泊客は昔なじみのビジネス客8割、インバウンド客2割であるが、なじみ客らは高齢化が進み、減少傾向にある。最寄り駅から距離のあるB社には、事前に予約のない客

が宿泊することはほとんどない。

　B社から距離の離れた駅前にはチェーン系ビジネスホテルが2軒ほどあるが、X市市街地中心部にはB社以外に宿泊施設がない。かつてはB社と似たようなタイプの旅館もあったが、10年以上前に閉鎖している。B社周辺にある他の業種の店々は、拡大する観光需要をバネに、このところ高収益を上げていると聞く。B社だけがこの需要を享受できていない状態だ。

　8代目は事業承継したばかりで経営の先行きが不透明であるため、宿泊棟の改築などの大規模な投資は当面避けたいと考えている。既存客との関係を考えると、宿泊料金の値上げにも着手したくない。打てる手が限られる中、8代目が試しに従来の簡素な朝食を日本の朝を感じられる献立に切り替え、器にもこだわってみたところ、多くの宿泊客から喜びの声が聞かれた。こうした様子を目にした8代目は、経営刷新して営業を継続したいと考えるようになり、中小企業診断士にその方向性を相談した。

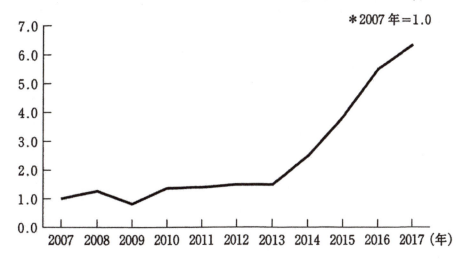

【図】X市におけるインバウンド客数の推移（2007～2017年）

第1問（配点25点）
　B社の現状について、3C（Customer：顧客、Competitor：競合、Company：自社）分析の観点から150字以内で述べよ。

第2問 （配点25点）

B社は今後、新規宿泊客を増加させたいと考えている。そこで、B社のホームページや旅行サイトにB社の建物の外観や館内設備に関する情報を掲載したが、反応がいまひとつであった。B社はどのような自社情報を新たに掲載することによって、閲覧者の好意的な反応を獲得できるか。今後のメインターゲット層を明確にして、100字以内で述べよ。

第3問 （配点25点）

B社は、宿泊客のインターネット上での好意的なクチコミをより多く誘発するために、おもてなしの一環として、従業員と宿泊客との交流を促進したいと考えている。B社は、従業員を通じてどのような交流を行うべきか、100字以内で述べよ。

第4問 （配点25点）

B社は、X市の夜の活気を取り込んで、B社への宿泊需要を生み出したいと考えている。B社はどのような施策を行うべきか、100字以内で述べよ。

平成30年度　事例Ⅱ　解答・解説

解答例

第1問（配点25点）

X市は観光客が多く、インバウンド客が急増している。近隣の旅館は閉鎖したが、空港からのアクセスのよさとチェーンオペレーションを強みとするビジネスホテルに対抗し、B社は旧来のビジネス手法を改め、外国語対応、Wi-Fi、ホームページを整備して弱みを克服し、減少するなじみ客に代わりインバウンド客を獲得しつつある。

第2問（配点25点）

5年前からX市で急増している和の風情を求めるインバウンド客を対象に、和の風情がある苔むした庭園、海外でも名の知られた芸術家の美術品、和を感じる朝食や器などを掲載し、和の風情が堪能できることを訴求する。

第3問（配点25点）

英語に堪能な従業員を中心として、インバウンド客を対象とした観光案内を行う。山車引き体験、歴史ある街並み、名刹、商業地域の食べ歩きスイーツ等を巡り、B社およびX市の魅力を伝え、写真撮影・SNS投稿を促す。

第4問 (配点25点)

X市商業地域の経営者層・名刺と協力のもと、裏手の駐車場を利用し大都市圏からの直通バスを運行させ、B社の認知度や利便性の向上を図る。通年にぎわいを見せる他業種との連携により、安定した宿泊需要を見込む。

事例 II ㉚

解　説

1．事例の概要

　平成 30 年度の事例Ⅱは旅館がテーマであった。サービス業の出題は平成 26 年度の旅行業者以来 4 年ぶりであった（その前は本年度と同じく老舗旅館（平成 20 年度））。問題数が 4 問（各 25 点）のみであり、制限字数が 450 字と少ないため、得点のバラツキが大きく出る可能性がある。オンラインが絡むインバウンド対応施策が 4 問中 2 問あったと思われ、事業承継に合わせた経営改革など、時流に合わせた出題テーマとなっている。

□**難易度**
　・問題本文のボリューム　　：標準
　・題材の取り組みやすさ　　：標準
　・問題要求の対応のしやすさ：標準

□**問題本文のボリューム（本試験問題用紙で計算）**
　・3 ページ半弱

□**構成要素**
　文　章：75 行
　　　　　　※文章以外に図（1 つ）あり
　問題数：4 つ　解答箇所 4 箇所
　第 1 問　25 点　　　　　150 字
　第 2 問　25 点　　　　　100 字
　第 3 問　25 点　　　　　100 字
　第 4 問　25 点　　　　　100 字
　　　　　　（合計）　　　450 字

(1)　問題本文のボリューム

　行数は 75 行でボリュームとしてはほぼ例年並みである。資料の読み取りは引き続き出題され、平成 25 年度から 6 年連続となる。本年度は、読み取りに時間を要すほど複雑な資料ではなかったが、今後も継続的に出題されると考えておいたほうがよいであろう。

(2)　題材の取り組みやすさ

　業種は旅館である。サービス業は平成 26 年度の旅行業者以来 4 年ぶりの出題であ

— 236 —

り、旅館は平成20年度に続き2回目の出題となった。インバウンド客の取り込みや
オンライン施策の出題ウェイトが大きくなっており、時勢を意識した出題となってい
る。また、4箇所という解答箇所は、事例Ⅱの問題数として過去最少である。それぞ
れの配点が大きいため、得点のバラツキが大きくなる可能性がある。問題数や制限字
数が少ないにも関わらず、問題本文には解答に盛り込みたくなる具体的な表現が数多
く存在しており、解答の方向性の決定や、決定後にどのような表現を用いるかといっ
た部分の難しさがあった。

(3) 問題要求の対応のしやすさ

　問題要求文末の指示の表現を確認すると、全問「述べよ」となっている。直近では
平成26、27年度は1箇所を除いてすべて「述べよ」であり、平成28、29年度は「述
べよ」が1箇所もなく、「整理せよ」、「説明せよ」、「提案せよ」、「助言せよ」となっ
ていた。過去に未出題であった3C分析の出題や、前述の問題数の減少も含め、過去
の出題と印象が異なる部分がある。一方で、助言や提案を行う問題が多くを占める問
題構成などは、直近の出題傾向と同様であった。

２．取り組み方

　第2問と第3問は、解答の方向性や活用する問題本文の根拠が比較的特定しやすい
と思われるため、先に解答を検討し、得点を重ねることが求められる。第4問は、施
策の方向性は複数考えることができ、いずれの方向で解答しても、解答した者として
は筋が通るように思われる。よって、受験生間で解答はバラつくであろう。第1問は、
3つの「C」について「分析」することが求められており、どの根拠を使ってどのよ
うに結論をまとめるかが悩ましい。以上より、第2問、第3問で得点を重ね、第1問、
第4問では最低限の得点を確保した上で、どの程度得点を上乗せできるかがポイント
となる。

事例Ⅱ ㉚

３．解答作成

第1問 (配点25点) ◢◢◢

(1) 要求内容の解釈

　直接の問題要求は「B社の現状分析」であり、要件は「3C分析の観点」である。
3C分析とは、Customer（市場・顧客）、Competitor（競合）、Company（自社）の
観点から市場、自社分析を行い、戦略構築するフレームワークである。

— 237 —

【3C分析のイメージ】

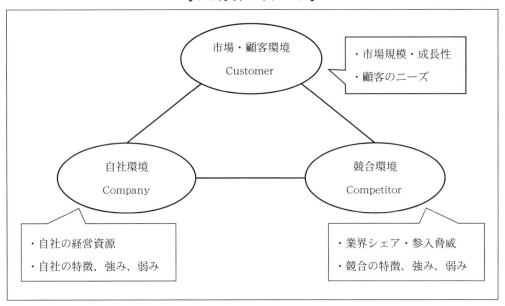

　3C分析は一般的に、市場における顧客ニーズや成長性などを分析することからスタートする。その上で、競合の特徴、強み・弱み、競合や市場を意識した自社の特徴、強み・弱みを分析する。最終的には「競合に対して強みを活かし、弱みを克服し、顧客ニーズをとらえるための戦略を決定する」という一連の取り組みを行う。

> 【問題要求から得る着眼点】
> ・市場（顧客）の特徴、ニーズ、成長性など
> ・競合の特徴、強み・弱み
> ・B社の特徴、強み・弱み

(2) 解答の根拠探し

　まず、市場・顧客について確認する。

＜第3段落＞

　「X市は江戸時代から栄えた城下町である。明治時代までは県内随一の商都であり、教育や文化支援にも熱心な土地柄であった。X市市街地は、北側は城跡付近に造られた官公庁街、東から南側にかけては名刹・古刹が点在する地域となっており、西側には商都の名残である広大な商業地域が広がっている。B社は創業時からちょうどこの中央に立地し、これらのエリアはいずれも徒歩圏内にある。」

＜第6段落＞

　「古き良き時代の日本を感じさせるX市の街のたたずまいは観光地として人気を集めている。2017年時点で、X市を訪れる観光客は全体で約500万人、このうち約20万人がインバウンド客である。（中略）ここ数年は和の風情を求めるインバウンド客が急増している（図参照）。」

⇒B社にとっての市場はX市市街地の宿泊が対象である。対象顧客は観光客であり、インバウンド客が急増している。観光ニーズ、特にインバウンド客には「和の風情を求める」というニーズがある。

次に、競合を分析する。

＜第8段落＞

「B社から距離の離れた駅前にはチェーン系ビジネスホテルが2軒ほどあるが、X市市街地中心部にはB社以外に宿泊施設がない。かつてはB社と似たようなタイプの旅館もあったが、10年以上前に閉鎖している。」

＜第3段落＞

「B社は創業時からちょうどこの中央に立地し、これらのエリアはいずれも徒歩圏内にある。B社から最寄り駅までは公共バスを利用して20分強かかるが、現在、この間を結ぶバスは平均すると1時間に5～6本程度運行している。この最寄り駅からは国内線と国際線の離発着がある空港に向けて、毎日7往復の直通バスが走っており、駅から空港までの所要時間は1時間40分ほどである。」

＜第6段落＞

「X市は大都市圏とも近く、電車で2時間程度の日帰りできる距離にある。」

　⇒地理的な記述が多く、文章で整理することは難しい。自ら簡易な地図を書いて整理する必要があるであろう。

【X市市街地およびアクセス、観光客】

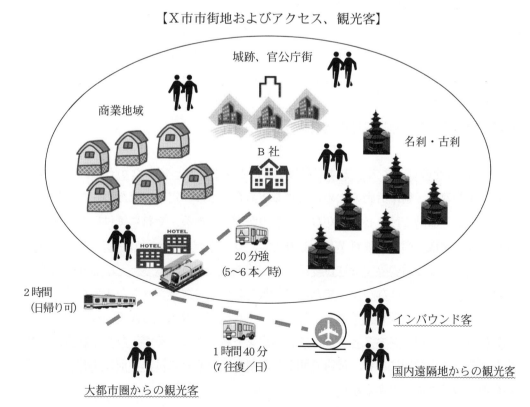

※本文記述で明らかになっていない、大都市圏と空港の位置関係や大都市圏から最寄り駅までのアクセスなどは、推測によるものである。

X市市街地内には競合は存在しない。B社（市街地）から距離の離れた駅前のビジネスホテルについては競合しないようにも感じるが、観光客はすべて「最寄り駅→公共バス」を利用してX市市街地を訪れている（実際には自家用車の利用もあろうが、問題本文には記述がないので考慮しない）ため、駅前のビジネスホテルには観光客の宿泊利用があると考えてよいであろう。特徴は「チェーン系」「ビジネスホテル」であることしか読み取れない。

この競合の特徴を意識しながら、B社の特徴を確認する。

＜第1段落＞

「B社は、X市市街地中心部にある老舗日本旅館である。（中略）従業員は家族従業員3名、パート従業員4名である。このうち1名は、つい最近雇用した英語に堪能な従業員である。客室は全15室で、最大収容人員は50名、1人1泊朝食付き7,500円を基本プランとする。」

＜第2段落＞

「簡素な朝食は提供しているものの、客室稼働率に上下があり食材のロスが発生するという理由と調理人の人件費を削減するという理由から、創業以来、夕食は提供していない。（中略）客室には基本的にずっと手を加えていない。畳と座卓、障子、天井吊り下げ式照明のある、布団を敷くタイプの古風な和室である。館内には大広間があり、その窓からは小ぶりだが和の風情がある苔むした庭園を眺めることができる。大浴場はないため、各部屋に洋式トイレとバスを設置している。（中略）館内の廊下や共用スペースには、歴代の社長たちが支援してきた芸術家による美術品が随所に配置され、全体として小規模な施設ながらも文化の香りに満ちた雰囲気である。この中には、海外でも名の知られた作家や芸術家もいる。」

＜第7段落＞

「一方、B社のビジネス手法は創業時からほとんど変わっていなかった。明治時代から仕事や執筆・創作活動のために訪れる宿泊客が常に一定数いたため、たいしたプロモーション活動を行う必要性がなかったのが理由である。それに気付いた8代目は就任して1年後、館内に無料Wi-Fiを導入し、B社ホームページも開設した。これにより、それまで電話のみで受け付けていた宿泊予約も、ホームページから外国語でも受け付けられるようになった。また、最低限のコミュニケーションが主要な外国語で図れるよう、従業員教育も始めた。近々モバイル決済の導入も考えている。現在、宿泊客は昔なじみのビジネス客8割、インバウンド客2割であるが、なじみ客らは高齢化が進み、減少傾向にある。最寄り駅から距離のあるB社には、事前に予約のない客が宿泊することはほとんどない。」

＜第9段落＞

「8代目が試しに<u>従来の簡素な朝食を日本の朝を感じられる献立に切り替え、器に</u>
<u>もこだわってみたところ、多くの宿泊客から喜びの声が聞かれた。</u>」

⇒情報量が多いが、3C分析の観点から、市場（顧客）のニーズや競合の特徴を意
識しながらB社の特徴を整理する必要がある。B社の顧客は、昔ながらのビジネ
ス客とインバウンド客に二分されており、国内観光客の利用はない。ビジネスホ
テルに国内観光客が宿泊しているかは不明であるが、現状分析としては国内観光
客よりもインバウンド客を中心に分析する方が妥当であろう。以下は、インバウ
ンド客を対象にした、競合と自社の対比を整理したものである。

【インバウンド客を対象にした、競合・自社分析】

優劣	比較項目	ビジネスホテル	B社
競合優位	立地 （利便性）	☐最寄り駅前☐ （予約なしの宿泊ありそう）	駅から遠い （予約なしの宿泊なし） （市街地から近いととらえれば強みと もいえる）
優劣なし	価格	（B社並みであろう）	1泊朝食付き7,500円
	インフラ	☐チェーンオペレーション☐ （B社並みであろう）	外国語対応可、 Wi-Fi、 ホームページからの予約 ☐直近1年で弱みの克服☐ 大浴場なし、トイレ・バス付き
B社優位	雰囲気	（チェーン式の標準化され た雰囲気であろう）	和の風情 ☐和室、庭園、美術品、朝食☐

（3） 解答の根拠選択

3つのCに触れ、さらに分析であるので本文の関連しそうな要素を羅列するだけ
でなく、簡単にでも結論を付しておきたい。顧客（市場）は「X市には観光客が多い」
「インバウンドの急増」、競合は「市街地にはない（旅館が閉鎖）」、「駅前にビジネス
ホテルが2軒」に触れておきたい。自社については、どのような結論を導くかによっ
て盛り込む要素が変わってくるであろう。3C分析の顧客、競合を意識すれば、B社
が8代目に事業承継してからインバウンド客を取り込むために取り組んだと思われ
る「従業員の採用、教育」、「Wi-Fi導入」、「ホームページ開設」などの優先度が高く
なる。これらは、ビジネスホテルをインバウンド客獲得の競合と見なし、弱みを克服
するためにとった手段といえる。また、自社の現状としては「（今までのメインター
ゲットの）昔なじみのビジネス客が減少傾向にある」、「インバウンド客が増加してい
る」ことも優先度が高い根拠となるであろう。

解答例の他にも、以下のような表現も強みとしての可能性をもつ。

・「顧客はビジネス客8割、インバウンド客2割」… 3C分析における「顧客」は市場全体の成長率や顧客ニーズであり、B社の顧客ではない。しかし、本事例ではX市市街地内には競合が存在しないため、市街地内の宿泊客＝B社の宿泊客となる。よって、完全に不適切とはいえないが表現には注意が必要となる。

・「競合はいない」… ビジネスホテルの記述が「B社から距離の離れた駅前」とあるが、顧客はその駅を経由してX市市街地を訪れることが整理できれば、競合と考えられる。いずれにしても、「ビジネスホテル」は解答に盛り込んでおきたい。

・「市街地に近い立地（自社の強み）」… 内容としては一定の妥当性はある。一方で、「現状分析であること（立地は創業から変わらない）」、「強みとして挙げた場合に導出する結論の方向性が難しいこと（強みを活かしてインバウンド客を十分に獲得している、とはいえないこと）」から優先度は低い。

・「B社の"和の風情"の強み」… 自社分析としては、妥当性がある要素である。一方で、第2問の訴求すべき自社情報として解答する可能性が高い（十分に訴求できていないため強みとして活かすことができていない）ため、本文根拠の振り分けの観点で優先度は若干低くなる。第2問にも重ねて盛り込む方法は十分に考えられる。

(4) 解答の構成要素検討

結論 「顧客（市場）」＋「競合の特徴」＋「自社の特徴」＋「現状分析結果」

第2問 (配点25点) ◢◢

(1) 要求内容の解釈

直接の要求は、①（ホームページや旅行サイトに）どのような自社情報を新たに掲載するか、②今後のメインターゲット層、の2点である。①については「自社情報」であることに注意したい。他の要件としては、①新規宿泊客を増加させたいこと、②「建物の外観や館内設備」は掲載済であるので解答から除外すること、③閲覧者の好意的な反応を獲得すること、の3点である。

まず、今後のメインターゲット層を特定する必要がある。メインターゲット層の要件としては一定のボリュームがあり、今後の増加が見込め、B社の資源を活用することでニーズを満たすことができること、などが考えられる。また、「新規宿泊客を増加させたい」という表現は、「ゼロから新たな顧客層を獲得したい」というよりも、「（現在宿泊している）既存顧客層のうち、未利用の顧客に利用してほしい」ととらえることもできる。

このターゲット層のニーズを確認し、建物の外観や館内設備以外の魅力を感じるであろう情報を特定し、複数存在するようであれば漏れなく解答に盛り込んでおきたい。既に掲載している「建物の外観や館内設備」といった「ハード面」の情報に、新

たに「ソフト面」の情報を加えることで魅力は増すであろう。

　なお、直接解答には関連しないが、本問で問われたB社のホームページ、第3問で問われた顧客のインターネット上のクチコミなどは、「トリプル・メディア」として整理することができる。

【トリプル・メディア】

トリプル・メディア	意味	具体的なメディア例	特徴
オウンド・メディア (owned media)	自社で「保有する」メディア	自社ホームページ 自社店舗	企業が内容や掲載時期など、すべてコントロールできる。
アーンド・メディア (earned media)	企業が「信頼や評判を得る」メディア	SNS、ブログ、クチコミサイト、パブリシティ	好意的なクチコミは自社業績に貢献するが、企業側はコントロールできない。
ペイド・メディア (paid media)	（広告料を払い）「買う」メディア	マス広告、インターネット広告	短期間で顧客にリーチするのに有効なメディア。費用負担が大きい。

　トリプルメディアの進化形として、「PESOモデル（ペソモデル）」という呼び方も存在する。これは、「アーンド・メディア」を企業が発信するパブリシティ・PRなどの「アーンド・メディア」と、SNSやブログなどのソーシャルメディアを中心とした「シェアード・メディア（Shared media）」とに分けたものであり、ソーシャルメディア（シェアード・メディア）の消費に与える影響力の大きさを背景として生まれたモデルである。

事例 II ㉚

> 【問題要求から得る着眼点】
> ・今後のメインターゲット層となり得るターゲット・セグメント
> ・ターゲットのニーズ
> ・ニーズに関連した、ソフト面を中心としたB社の情報

(2) 解答の根拠探し

　今後のメインターゲット層に関連する根拠を確認する。

＜第7段落＞

　「現在、宿泊客は昔なじみのビジネス客8割、インバウンド客2割であるが、なじみ客らは高齢化が進み、減少傾向にある。」

　⇒第1問でも確認しているが、現在のメインターゲット層は「昔なじみのビジネス客」である。この層は今後減少が見込まれ、メインターゲット層ではなくなると判断してよい。今後のメインターゲット層は「インバウンド客」か、それ以外の層となる。メインターゲット層は本文からニーズが読み取れ、それに対応した資

— 243 —

源（自社情報）も本文に示されているはずである。

＜第6段落＞

「そのため、ここ数年は和の風情を求めるインバウンド客が急増している（図参照）。」

⇒インバウンド客のニーズは「和の風情」である。図を確認すると、約10年前からのX市におけるインバウンド客数の推移が示されており、約5年前（2013年）以降インバウンド客が急増していることが分かる。参考までに、実際に2013年以降、訪日外客数は著しく増加しているがその理由として、①円安、②官民一体となった訪日促進活動、③入国ビザの緩和、④「和食」の無形文化遺産登録、⑤LCCの増加、⑥リピーターの増加、などが挙げられる。

＜第6段落＞

「2017年時点で、X市を訪れる観光客は全体で約500万人、このうち約20万人がインバウンド客である。」

⇒現在のメインターゲット層である「ビジネス客」に対し、今後のメインターゲット層は「観光客」となりそうであるが、観光客は国内客（480万人）、インバウンド客(20万人)に分けられる。このうち国内客については、本文上、ニーズがまったく示されていない。現在もまったく国内観光客の宿泊がないB社が、今後ホームページにどのような自社情報を掲載すれば新規宿泊客が獲得できるかを判断することは難しい。次に、インバウンド客の「和の風情」に対するB社の自社情報を確認する。

＜第2段落＞

「客室には基本的にずっと手を加えていない。畳と座卓、障子、天井吊り下げ式照明のある、布団を敷くタイプの古風な和室である。館内には大広間があり、その窓からは小ぶりだが和の風情がある苔むした庭園を眺めることができる。大浴場はないため、各部屋に洋式トイレとバスを設置している。歴代の社長たちは皆、芸術や文化への造詣が深く、執筆や創作のために長期滞在する作家や芸術家を支援してきた。このため、館内の廊下や共用スペースには、歴代の社長たちが支援してきた芸術家による美術品が随所に配置され、全体として小規模な施設ながらも文化の香りに満ちた雰囲気である。この中には、海外でも名の知られた作家や芸術家もいる。」

＜第9段落＞

「打てる手が限られる中、8代目が試しに従来の簡素な朝食を日本の朝を感じられる献立に切り替え、器にもこだわってみたところ、多くの宿泊客から喜びの声が聞かれた。」

⇒B社には和の風情が溢れている。これらからメインターゲット層を「インバウンド客」とし、これらの要素を解答に盛り込めばよい。

(3) 解答の根拠選択

優先度が高いのは、「メインターゲット層は、和の風情を求めるインバウンド客であること」、「掲載する自社情報は、和の風情に関連する情報であること」となる。

ここで注意したいのは既にホームページに掲載済の「館内設備」に何が含まれているかである。「設備」は『大辞林 第三版（三省堂）』では、「必要な建物・器具・装置などを備え付けること。また、備え付けたもの。」となっている。おそらく客室は含まれていると思われ、解答から除外した方がよい。庭園は悩ましいが「和の風情」というインバウンド客のニーズと完全に合致する表現がなされていることに出題者の意図が感じられるため、解答に盛り込んでおいた方がよい。美術品は動産であり、建物・設備とは一線を画すものと考え、解答に盛り込んでいる。

また、解答例では「和の風情が堪能できることを訴求する」という期待効果を結論としている。これは、問題要求の「新規宿泊客を増加させたい」というねらいに対する結論として、複数挙げた要素をまとめた表現である。

解答例の他に、以下のような解答も浮かぶかもしれない。

- 「ターゲットは観光客（国内客含む）」… 前述のとおり、国内観光客のニーズは明示されていない。国内観光客はX市（市街地）には多く来ていると思われるが、B社の自社情報に好意的な反応を示すのは、インバウンド客であろう。また、問題要求から「新規顧客層の獲得」というよりも「既存顧客層の未利用客（新規顧客）獲得」というニュアンスを感じる。「新規顧客層」を獲得するためには、ニーズを満たす新たなサービスなどが必要となる場合が多い（現在のサービスでは、ニーズを満たしていないため、利用がない）。本問は、「ホームページの掲載内容を追加する」だけの施策であるので、新規顧客層を開拓するのは優先度が低いと判断している。
- 「歴史ある街並みなど、X市市街地の情報」… 問題要求より「自社情報」が制約となっているため、これらは解答例には盛り込んでいない。しかし、これらの中心にあるという「立地」という表現でまとめれば解答の要素としての妥当性は高くなる。
- 「英語が堪能な従業員、従業員の言語教育（外国語対応が可能なこと）」… これはソフト面の情報であり、解答に盛り込む対応は十分考えられる。解答例で取り上げていない理由は、①ターゲットのニーズ「和の風情」に関連する情報を優先した（競合となるビジネスホテルでは可能であろう外国語対応によって、好意的な反応獲得、新規宿泊客の増加につながるか、という点で優先度を下げた）、②第1問や第3問の解答で触れているため優先度を下げた、などである。

(4) 解答の構成要素検討

結論「ターゲット」＋結論「自社情報」＋期待効果「好意的反応、新規宿泊客増加につながる効果」

第3問 (配点25点) ◢◢

(1) 要求内容の解釈

　直接の要求は「従業員を通じた交流内容」である。他の要件としては、①宿泊客のインターネット上での好意的なクチコミをより多く誘発する目的であること、②おもてなしの一環であること、③従業員と宿泊客との交流を促進すること、である。

　上記①や③より、(既存の) 宿泊客が対象であることがうかがえる。また②の「おもてなしの一環」であるが、「来訪者に心を込めて接遇、サービスすることの一部として」という程度にとらえればよいであろう。宿泊のメインサービスをより一層高めるというよりも、心のこもった付随サービスを付加するといったことかもしれない。また、③の「交流の促進」は、単に挨拶を交わすような一瞬の接触ではなく、ある程度深く、長く交流することと思われる。これは、事例Ⅱの頻出論点である「顧客との関係性強化」が問われているものと思われる。接触を強化して関係性を強化し、顧客ロイヤルティを高め、リピート利用や好意的なクチコミにつなげる (クチコミは今後の新規顧客獲得につながる)、という流れは意識しておきたい。

　また、従業員が交流することを強調しているため、従業員の特性やスキルなどにも着目したい。

【問題要求から得る着眼点】
　・インターネット上でクチコミをしそうな宿泊客 (ターゲット)
　・クチコミに関連する根拠
　・ターゲットのニーズ
　・従業員の特性やスキル

---

(2) 解答の根拠探し

＜第7段落＞

「現在、宿泊客は昔なじみのビジネス客8割、インバウンド客2割であるが、なじみ客らは高齢化が進み、減少傾向にある。」

　⇒第1問・第2問でも確認しているが、現在の宿泊客は昔なじみのビジネス客とインバウンド客であり、どちらがインターネット上でクチコミを発してくれるか判断する。

＜第6段落＞

「商業地域には空き店舗があったが、観光客が回遊しそうな通り沿いの空き店舗には地元の老舗商店が出店して、シャッター通りにならないための協力体制を敷いた。食べ歩きできるスイーツや地域の伝統を思わせる和菓子などを販売し、街のにぎわい創出に努めた。歴史ある街並みに加え、こうした食べ物などは写真映えし、SNS投稿に向く。そのため、ここ数年は和の風情を求めるインバウンド客が急増している

（図参照）。」

⇒これは、完全に本問の要求と合致する内容である。ターゲットは「インバウンド客」であり、インターネット上のクチコミは「写真映え、SNS 投稿」、クチコミのきっかけは「歴史ある街並み、食べ物（食べ歩きスイーツ、地域の伝統を思わせる和菓子）」である。インバウンド客が、写真映えする歴史ある街並みと食べ物に触れる機会が多くなるような交流を行えばよく、従業員がこれらを案内することが考えられる。これらに関連する記述は以下のとおりである。

＜第1段落＞

「従業員は家族従業員3名、パート従業員4名である。このうち1名は、つい最近雇用した英語に堪能な従業員である。」

＜第7段落＞

「また、最低限のコミュニケーションが主要な外国語で図れるよう、従業員教育も始めた。」

＜第5段落＞

「地域ボランティアは観光案内や街の清掃活動を行い、美しい街並みと活気の維持に熱心である。」

⇒第1問でも確認したとおりであるが、外国語対応できる従業員の整備は、インバウンド客獲得のために8代目社長が行った施策と考えられ、ここでスキルが発揮できるという流れであろう。また現在、地域ボランティアが行っている「観光案内」は観光客（インバウンド客を含む）のニーズが存在することの根拠とも考えられる。解答にはこの文言を活用したい。

食べ物に関する本文根拠は既に確認したので、歴史ある街並みに関する根拠を探す。

＜第3段落＞

「X市市街地は、北側は城跡付近に造られた官公庁街、東から南側にかけては名刹・古刹が点在する地域となっており、西側には商都の名残である広大な商業地域が広がっている。B社は創業時からちょうどこの中央に立地し、これらのエリアはいずれも徒歩圏内にある。」

＜第4段落＞

「X市市街地の中でも、商業地域の目抜き通りには江戸時代の豪商や明治時代の実業家が造り上げた厳かな大型建造物が立ち並ぶ。この通りは現在でも商業地域の顔である。400年以上続くとされる地域の祭りでは、市内各地を練り歩いてきた豪勢な何台もの山車がこの通りに集結するタイミングで最高の盛り上がりを見せる。夜通し続くこの祭りの見物客は近年、年々増加している。街の一角にはこの祭りの展示施設があり、ここを訪れた観光客は有料で山車を引く体験ができる。X市商業地域には、歴

史を感じさせる大型建造物が残る一方、住民を対象にした店舗もたくさんある。普段遣いのお店から料亭、割烹料理店までのさまざまなタイプの飲食店をはじめ、各種食料品店、和装店、銭湯、劇場、地元の篤志家が建設した美術館などの施設が集積している。」

＜第5段落＞

「10年ほど前、X市の名刹と商業地域が高視聴率の連続ドラマの舞台となり、このエリアが一躍脚光を浴びた。これを機に、商業地域に拠点をもつ経営者層を中心として、このエリア一体の街並み整備を進めることになった。名刹は通年で夜間ライトアップを行い、地域の動きに協力した。」

> ⇒関連しそうな要素が多く、すべてを盛り込むわけにはいかない。解答の編集時にどこまで書くか判断したい。しかし、この中では「連続ドラマ」はインバウンド客との関連が薄く、10年前というタイミングからも優先度は低いであろう。

(3) 解答の根拠選択

解答の優先度が高いのは、「インバウンド客」、「写真・SNS」、「外国語対応可能な従業員」、「観光案内」、「歴史ある街並み」、「食べ物」の各要素である。「歴史ある街並み」、「食べ物」については、前述のとおり多くの要素の中から取捨選択しないと制限字数に収めることができない。このような場合、優先度の低いものは除外したうえで、まとめられる要素はまとめて記述し、「○○等」として簡略化するといった方法をとる。本当に字数が足りないという場合は、「歴史ある街並み」、「食べ物」を本文表現のまま解答してもよいが、可能であれば具体的な項目を1つずつは書いておきたい。

また、実際に全国各地で、観るだけでなく体験して五感で感じることを重視した「体験型ツーリズム」が重視されていることを意識すると、「山車を引く体験」は盛り込んでおきたい。

解答例以外にも、以下のような解答の方向性は検討の価値がある。

- 「館内の美術品などの説明」… 本文の記述を活かした内容であり、一定の妥当性はある。一方で、SNS投稿のきっかけは「街並み、食べ物」となっていることや、館内の案内は本質的サービスとも考えられ（今までもある程度行われていたとも考えられ）、付随サービスが期待されていると思われることから優先度は低いと判断している。

(4) 解答の構成要素検討

結論「交流内容（観光案内）」＋「ターゲット（インバウンド客）」＋「活用資源（従業員）」＋「期待効果（写真、SNS）」

第4問（配点25点）◢◢◢

(1)　要求内容の解釈

　直接の要求は「B社への宿泊需要を生み出すための施策」である。他の要件として、「X市の夜の活気を取り込む（ことによる宿泊需要）」が示されている。B社には既存の宿泊需要が存在しているはずであるが、それは「夜の活気」とは無縁と読み取れる。X市の夜の活気の内容を確認し、ターゲットやニーズの存在を確認したい。また、夜の活気がある施設・エリアなどとの「地域連携、地域貢献」という事例Ⅱによくあるパターンも考えられる。この場合には、B社が持つ経営資源に着目する。連携の基本は資源補完、Win-Winである。現在はニーズを満たしていないが、B社の経営資源を活用してそのニーズを取り込むという設定が想定される。このターゲットは、第2問や第3問で問われているであろう「既存顧客層」とは別の「新規顧客層」の開拓であろう。

　また、直接的には問われていないが、第2問・第3問がプロモーション的な要素の強い問題であることを考慮すると、今後の「需要創造」という大きなテーマに取り組む第4問はB社の経営課題に関する問いである可能性もある。B社が抱えている課題があれば第4問で解決・達成する可能性もあるため、その視点も持っておきたい。

【問題要求から得る着眼点】
- X市の夜の活気の内容、X市（B社周辺地域）の様子
- B社の現状の宿泊需要と、夜の活気を取り込めていない状況
- B社が取り込めていない新規顧客層の存在
- B社の経営資源（実現可能性の考慮）

---

(2)　解答の根拠探し

　まず、X市の夜の活気について確認する。

＜第4段落＞

　「市内各地を練り歩いてきた豪勢な何台もの山車がこの通りに集結するタイミングで最高の盛り上がりを見せる。<u>夜通し続くこの祭りの見物客は近年、年々増加している</u>。（中略）X市商業地域には、歴史を感じさせる大型建造物が残る一方、住民を対象にした店舗もたくさんある。普段遣いのお店から<u>料亭、割烹料理店まで</u>のさまざまなタイプの飲食店をはじめ、各種食料品店、和装店、<u>銭湯</u>、劇場、地元の篤志家が建設した美術館などの施設が集積している。」

＜第5段落＞

　「10年ほど前、X市の名刹と商業地域が高視聴率の連続ドラマの舞台となり、このエリアが一躍脚光を浴びた。これを機に、<u>商業地域に拠点をもつ経営者層を中心として、このエリア一体の街並み整備を進める</u>ことになった。名刹は通年で夜間ライト

アップを行い、地域の動きに協力した。地域ボランティアは観光案内や街の清掃活動を行い、美しい街並みと活気の維持に熱心である。こうした影響を受け、最近では、ほとんどいなかった夜間の滞在人口は増加傾向にある。」

＜第8段落＞

「B社周辺にある他の業種の店々は、拡大する観光需要をバネに、このところ高収益を上げていると聞く。B社だけがこの需要を享受できていない状態だ。」

⇒「夜」が明示されているのは「夜通し続く祭り」、「名刹の通年夜間ライトアップ」、「夜間の滞在人口増加」である。「滞在人口」とは、『RESAS』（リーサス。地域経済分析システム。地方創生の様々な取り組みを情報面から支援するために、経済産業省と内閣官房が提供しているシステム。）においては「一定の地域に2時間以上滞在する人数」とされている。X市市街地の夜の活気は、地域の経営者層・名刹・地域ボランティアの協力によって生み出され、維持されている。また、この夜の観光需要もあって、地域の他業種は高収益を上げており、B社だけがこの需要を享受できていない。B社は問題本文全般を通し、現在まで地域と協力してきた様子がうかがえない。B社は地域との協力を図り、この観光需要を宿泊需要につなげたいところである。次に、ターゲットについて確認する。

＜第3段落＞

「B社から最寄り駅までは公共バスを利用して20分強かかるが、現在、この間を結ぶバスは平均すると1時間に5〜6本程度運行している。この最寄り駅からは国内線と国際線の離発着がある空港に向けて、毎日7往復の直通バスが走っており、駅から空港までの所要時間は1時間40分ほどである。」

＜第6段落＞

「X市は大都市圏とも近く、電車で2時間程度の日帰りできる距離にある。古き良き時代の日本を感じさせるX市の街のたたずまいは観光地として人気を集めている。2017年時点で、X市を訪れる観光客は全体で約500万人、このうち約20万人がインバウンド客である。」

＜第7段落＞

「現在、宿泊客は昔なじみのビジネス客8割、インバウンド客2割であるが、なじみ客らは高齢化が進み、減少傾向にある。最寄り駅から距離のあるB社には、事前に予約のない客が宿泊することはほとんどない。」

⇒第1〜3問で再三確認してきたように、現状の顧客は、ビジネス客とインバウンド客である。これらの層以外のターゲット層は国内観光客と思われる。国内観光客はX市と電車で2時間の距離にある大都市圏からか、もしくはそれ以外からの2通りに分けることができる。それぞれの来訪パターンを分析すると、

①　大都市圏からの観光客

　大都市圏 ⇔（電車2時間）⇔ 最寄り駅 ⇔（公共バス20分強）⇔ X市街地

②　大都市圏を経由しない観光客

　空港 ⇔（直通バス1時間40分）⇔ 最寄り駅 ⇔（公共バス20分強）⇔ X市街地

と整理できる。このバスについての記述は解釈が難しい。1時間5〜6本、毎日7往復という本数に着目すれば、特別に不便とは感じられない。そもそも、あまりにも交通の便が悪いのであれば、年間500万人の観光客が訪れることはないであろう。両者の特性の違いは判断しづらい。

　また、「バス」に着目をすると、以下の記述が見つかる。

＜第1段落＞

「裏手には大型バス1台、乗用車6台分の駐車場がある。」

＜第9段落＞

「8代目は事業承継したばかりで経営の先行きが不透明であるため、宿泊棟の改築など大規模な投資は当面避けたいと考えている。既存客との関係を考えると、宿泊料金の値上げにも着手したくない。」

　⇒B社はX市市街地の中央に位置し、市街地観光の拠点としては絶好の位置にある。駐車場を利用して、大型バスがB社で発着すれば、観光客へのB社の認知度は格段に高まり、X市市街地に宿泊できるという新たなオプションが生まれ、また、利便性も向上する。一方で、大型バスを自社で運用することが「大規模な投資」にあたるかは判断が難しい。宿泊棟の改築よりは小規模な投資であろうが、ランニングコスト（ドライバーの人件費、燃料費、保守費、宣伝広告費など）を考慮した規模の大小判断は悩ましい。断定的には判断しづらいが、地域との連携という観点で「B社の経営資源（駐車場）を提供する」というパターンは事例Ⅱにはよく見られるものであるため、それが出題者に求められていると考えてよいであろう。

　B社（＝X市市街地）の宿泊需要創造という観点に着目すると、

(a)　（最寄り駅から距離があることで今までなかった）事前に予約のない客の宿泊

(b)　（日帰りできる距離であることで今までなかった）大都市圏の観光客の宿泊

の可能性が見えてくる。

　(a)をターゲットにした場合、「最寄り駅へのバス運行」という可能性がある。これであれば、大都市圏からの観光客と、空港からの観光客、どちらにとっても利便性は向上する。しかし、第1問でみたとおり、最寄り駅には競合のビジネスホテルが存在する。B社はインバウンド客に対しては、和の強みを訴求し、インフラの弱みを克服することでビジネスホテルと対抗できることを第1〜3問でみてきた。しかし、国内

— 251 —

観光客に対しては宿泊に関する強みを見出すことができていない。

　一方で、(b)をターゲットにした場合、「大都市圏への直通バスの運行」という可能性がある。これであれば、大都市圏の観光客は乗り換えがなくなること、夜間遅くまで市街地に滞在し夜のX市市街地を満喫しても最終バスや最終電車を気にすることなく宿泊すればよいこと、など新たな宿泊需要の創造につながることが見込まれる。

　なお、(a)をターゲットにした方が、対象者が多くなってよいようにも感じるが、B社は15室のみの小規模旅館である（例年、事例Ⅱは小規模企業であることが多い）。領域を広くするほど良いという全方位的なターゲッティングを求められてはいない。大都市圏の観光客が増加するだけでも、B社の経営は大きく向上するであろう。B社の経営という観点では、経営課題と思われる以下の記述も確認したい。

＜第2段落＞

　「簡素な朝食は提供しているものの、客室稼働率に上下があり食材のロスが発生するという理由と調理人の人件費を削減するという理由から、創業以来、夕食は提供していない。」

　既存顧客層とは異なるタイプの顧客層を取り込むことで、客室稼働率の上下（閑散期があること）の改善も期待していると思われる。

　最後に、近年の事例Ⅱは最終段落の締めに中小企業診断士に相談する経緯が示され、重要なメッセージを持つことが多くなっているので確認する。

＜第9段落＞

　「こうした様子を目にした8代目は、経営刷新して営業を継続したいと考えるようになり、中小企業診断士にその方向性を相談した。」

　⇒「経営刷新」が何を指すかの解釈は難しいが、第2～3問を通してインバウンド客の取り込みに対する新たな取り組みを提示した。第4問では国内（大都市圏）観光客を地域と協力しながら獲得していくという方向性を提示する可能性がある。「地域との協力」、「待ちの経営から攻めの経営へ」という経営刷新の方向性を提示した、と考えてもよいであろう。

　　なお、「バスの運行」という手段は、B社単独で行うには負担が大きすぎるとも感じられる。一方で、商業地域の経営者層は「街並み整備」を行うほど積極的に地域振興に取り組み、B社も「宿泊棟の投資のような大規模投資でなければ投資する気がないわけではない」ととらえれば不可能な取り組みではないであろう。B社が提供するのは、あくまでも「バス」よりも「絶好の立地の発着場」ととらえてもよいであろう。

(3)　解答の根拠選択

　優先度が高いのは「国内観光客への訴求」、「地域との連携」、「駐車場の利用」、「客

室稼働率の安定」であろう。しかし、現実的にはすべてを満たす解答にまとめ上げることは至難の業である。「国内観光客への訴求」と「地域との連携」が示せていれば一定の得点を獲得できるであろう。

解答例の他にも、以下のような本文根拠を活用した解答が考えられる。

・「地域各所との相互パンフレット配布」… 十分に得点の可能性があると思われる。この要素を膨らませるほど、他の要素を盛り込むことができなくなるので、容易ではないが、いかに少ない字数でこれらを表現できるか、がポイントとなる。

・「料亭、割烹料理店、銭湯との連携」… これらは、B社にない「夕食、大浴場」を保持している。また、B社への宿泊客が増加すれば、割烹料理店の来店もしくは仕出し、銭湯の利用は増加する。地域連携の視点や資源補完の観点からこれらの指摘は極めて妥当性が高い。解答例では、制限字数の問題で具体的な記述を行っていない。

・「地域を回遊する宿泊プランなどの旅行商品」… 内容としては妥当性がある。しかし、このパック商品を誰がどのように販売するかという課題は残る。

・「夕食の提供」… 朝食が好評となったので夕食を出す、というのは以下の3つの観点から難しいと思われる。1つは、調理人が不十分であること（第2段落）、次に、地域の割烹料理店との連携を維持したいことである。最後の一つは、本事例では示されていないが、「泊食分離」という方向性を国が推奨している点にある。参考までに、「泊食分離」について以下にポイントを示す。

・泊食分離とは、主にインバウンド客向けの施策として、旅館での宿泊を食事なしまたは朝食のみとし、夕食は近隣の飲食店でとるというスタイルのことである。

・2017年8月に、観光庁が「泊食分離を推奨する」と発表している。

・「泊食分離」のメリットとして、①旅館の人手不足解消、②インバウンド客の利用増による旅館の客室稼働率向上、③地域の飲食店の売り上げが増加し、地域が活性化される、の3点が挙げられる。

※②について、インバウンド客は和食や和の風情を楽しみに来日することが多く、連泊することが多い。一方、旅館は和の風情の点では強みを持つが、夕食付きとすることでインバウンド客が連日同じような食事をとることになるため、インバウンド客が旅館を敬遠するケースが見られる。

---

(4) 解答の構成要素検討

結論「施策」＋「ターゲット」＋「B社の活用資源」＋「B社の期待効果」

2 【平成29年】問題
中小企業の診断及び助言に関する実務の事例Ⅱ

[別冊解答用紙：⑩]

　B社は資本金1,000万円、社員3名、パート3名の寝具小売業である。創業以来、地方都市X市の商店街に1階と2階を合わせて300m²強の売場の1店舗を構えている。B社は1955年に現社長の父親が創業し、1970年に現社長とその夫人である副社長が事業を継承した。品揃えは、布団、ベッド、マットレス、ベビー布団、ベビーベッド、介護ベッド、布団カバー、枕、パジャマなどである。B社は寝具類のボランタリー・チェーンに加盟し、商品は同本部から仕入れている。B社のこだわりは接客にある。睡眠状況を聞きながら商品を薦めるという、現社長が始めた接客は、多くの顧客の信頼を得ている。また趣味の裁縫、刺繍の技術を生かして、副社長が作った小物入れやトートバッグなどのノベルティも人気があり、それを目当てに来店する顧客がいるほどである。

　現在のX市の人口は緩やかな減少傾向にある。そして、年齢分布は図のようになっている。X市の主要産業は農業とガラス製品生産である。市内にはガラス製品の大小工場が林立し、多くの雇用を創出している。2000年に大規模工場の一部が海外移転し、市内経済の衰退が見られたが、近年は中小工場の若手経営者の努力により、市内経済は回復傾向にある。2000年頃の一時期は若年層の住民が県庁所在地に転居することが多かった。これに対してX市役所は若年層の環流を図り、子育てに関する行政サービスを充実させた。また、ここ数年は建築業も好調である。2世帯同居が減少し、核家族世帯のための建築需要が増えている。加えて、介護のための改装も増加している。

　今日まで商店街の小売店は収益悪化と経営者の高齢化による閉店が続いている。収益悪化の主要因は1980年に出店した幹線道路沿いにある大型スーパーである。しかし、商店街の飲食店の多くは工場関係者による外食、出前需要があり繁盛している。現在は飲食店を除くと閑散としている商店街も、高度成長期には大変なにぎわいであった。B社も日々多くの来店客を集めた。しかし、丁寧な接客のため来店客に待ち時間が生じるという問題が起きた。そこで、店舗の一角に椅子とテーブルを置き、無料で飲み物を提供する休憩コーナーを設置した。これにより、接客中であることを見て来店客が帰ってしまうケースが減り、売り上げは増加した。

　2000年代以降、若年層住民の大半が大型スーパーで買い物をするようになり、B社の来店客数も大幅に減った。時間を持て余した副社長は、手のあいた飲食店経営者を集め、休憩コーナーで井戸端会議をし始めた。次第に人の輪が広がり、午前は引退した小売店経営者、昼過ぎは飲食店の経営者やスタッフ、夕方は工場関係者が集うよ

事例Ⅱ ㉙

— 255 —

うになった。定休日には一緒にバス旅行や映画に出かけ、交流を深めた。当然、日々集まる井戸端会議メンバーがそれほど頻繁に寝具を買うわけではないが、寝具の買い替えがあればほぼB社で購入している。また、他の小売店が閉店した2000年代以降に、化粧品、せっけん等のこだわりの日用品販売を引き継いだ。これらが店内にあるのを見て、井戸端会議メンバーが購入し、リピートする例も多い。寝具は購買間隔が長く、顧客との接点が切れやすいが、日用品は購買間隔が短いので、B社が顧客との継続的な接点を作りやすくなった。

井戸端会議はB社が潜在的な顧客ニーズを収集する場でもあった。2010年のある日、井戸端会議で「買い物のために県庁所在地の百貨店まで出かけたのに、欲しいものがなかったときは体力的、精神的につらい」ということが話題になり、多くのメンバーがその意見に賛同した。その頃、B社には、ボランタリー・チェーン本部から外出用を主とする婦人服の予約会（注）を実施しないか、という打診があった。同チェーンは近年、加盟店活性化のために、寝具に加えて婦人服、婦人用ハンドバッグ、宝飾品の仕入および販売を強化していた。開催には登録料を払う必要があり、長年寝具一筋でやってきた現社長は婦人服が売れるイメージが湧かず、当初は断る予定であった。しかし、井戸端会議の話を聞き、打診を受け入れた。期間中は店舗2階の売場を整理し、試着室を設け、臨時イベントスペースとした。ただし、スペースはそれほど広くないため、日頃の交流を通じて、顧客の好みをよく把握している副社長が品揃えを厳選した。予約会には井戸端会議のメンバーが多数来店し、時間によっては顧客が会場に入れないほどであった。好評を得た予約会は、継続を望む声があり、開始から既に数年が経過している現在もシーズンごとの予約会の売り上げは落ちずにいる。現在の年間売り上げに占める割合はおおよそ寝具70％、婦人服25％、日用品5％となっている。

予約会が始まった頃、子育てにめどが付いた現社長の娘が店を手伝うようになった。既に現社長は70歳近くとなり、一時は廃業を検討したが井戸端会議メンバーが存続を強く希望し、数年内に現社長の娘が次期社長となり、事業を継承することになった。

次期社長は保育士の勤務経験があり、保育園ごとの昼寝用布団、手作りで用意する手さげカバンのサイズなどに関するルールを詳しく知っていた。ある日、井戸端会議メンバーの世代（以下、「シルバー世代」という）の顧客に、孫の入園準備のアドバイスをし、感謝されたことがあった。それをきっかけに、シルバー世代の子供世代（以

下、「子育て世代」という）の顧客が入園準備のアドバイスと商品を求め、来店するようになった。

　現在も休憩コーナーに人が集うが、シルバー世代の顧客の多くはやがて介護をされる側の立場となり、確実に減少する。今後の対応を考えるべく次期社長は、大型スーパーの寝具売場を視察した。視察を通じて、高品質な商品が少ないこと、従業員がほとんどおらず、十分な説明もできないことが分かった。そこで、次期社長は保育園の入園準備を通じて知り合った子育て世代向けに「親と子の快眠教室」という月1回のイベントを開催し、親の快眠と子供を寝かしつける工夫についての教室を開始した。教室の参加者は、後日顧客として来店するようになりつつある。

　B社にとってシルバー世代に関する店内の顧客台帳や現社長達の頭の中にある情報は貴重な無形資産である。次期社長はこれらの情報に容易にアクセスすることができるように情報のデータベース化を実施した。現社長が配達時に記録した住所、副社長が記録した寝具や婦人服の購買履歴と記憶した好みを、可能な限り文字と画像にして、簡易型データベースに登録した。データベースはリピーターである重要顧客からなる100件強の小規模なものであるが、1件の情報は非常に詳細なものとなった。しかし、活用方法は見いだせずにおり、課題となっている。

　B社は、地域とその顧客に支えられて存続してきた。そのため、次期社長は事業継続のためには、地域の繁栄が必要だと考えている。次期社長は取り組むべき施策について、中小企業診断士に助言を求めることとした。

（注）主にアパレル業界で行われるイベント。顧客が会場でサンプルを確認、試着し、気に入ったものがあれば商品を予約できる。商品の引き渡しと支払いは後日行う。

図　現在のX市と全国の年齢別人口構成比（0歳～100歳まで）

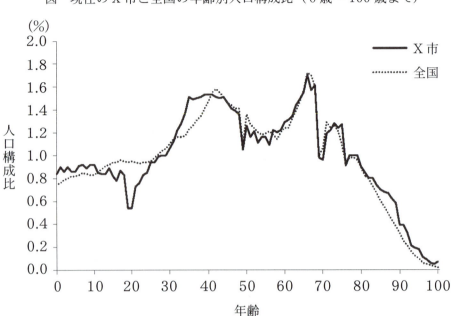

第1問（配点20点）

　B社について、現在の(a)自社の強みと(b)競合の状況をそれぞれ60字以内で説明せよ。

第2問（配点25点）

　B社はボランタリー・チェーン本部から新たに婦人用ハンドバッグの予約会の開催を打診された。B社は現在のデータベースを活用しながら、この予約会を成功させようと考えている。そのためには、どのような施策を行うべきか。120字以内で助言せよ。

第3問（配点30点）

　地域内の中小建築業と連携しながら、シルバー世代の顧客生涯価値を高めるための施策について、120字以内で助言せよ。

— 258 —

第4問（配点 25 点）
　B社は今後、シルバー世代以外のどのセグメントをメイン・ターゲットにし、どのような施策を行うべきか。図を参考に、120字以内で助言せよ。

平成29年度　事例Ⅱ　解答・解説

解答例

第1問（配点20点）

(a)

強	み	は	、	丁	寧	な	接	客	に	よ	る	販	売	力	や	井	戸	端	会
議	に	よ	る	潜	在	ニ	ー	ズ	の	収	集	力	、	そ	れ	ら	に	よ	っ
て	蓄	積	し	た	販	売	履	歴	等	の	無	形	資	産	で	あ	る	。	

(b)

近	隣	の	大	型	ス	ー	パ	ー	の	寝	具	売	場	は	商	品	や	接	客
の	質	が	低	い	。	県	庁	所	在	地	の	百	貨	店	は	B	社	顧	客
の	ニ	ー	ズ	を	満	た	す	品	揃	え	と	な	っ	て	い	な	い	。	

第2問（配点25点）

重	要	顧	客	の	婦	人	服	の	購	買	履	歴	と	好	み	に	関	す	る
文	字	・	画	像	情	報	を	活	用	し	、	ニ	ー	ズ	に	合	っ	た	商
品	を	狭	い	ス	ペ	ー	ス	に	陳	列	で	き	る	よ	う	厳	選	し	て
品	揃	え	す	る	。	住	所	を	活	用	し	て	D	M	を	発	行	し	、
予	約	会	開	催	の	告	知	や	シ	ー	ズ	ン	ご	と	の	商	品	の	訴
求	を	行	う	こ	と	で	、	継	続	的	な	来	店	を	促	す	。		

第3問（配点30点）

介	護	の	た	め	の	改	装	が	増	加	し	て	お	り	、	B	社	は	介
護	ベ	ッ	ド	等	を	薦	め	て	も	ら	い	、	シ	ル	バ	ー	世	代	と
の	接	点	を	確	保	す	る	。	そ	れ	を	機	に	、	購	買	間	隔	が
短	い	日	用	品	を	配	達	し	て	継	続	的	な	接	点	を	作	り	、
購	買	間	隔	が	長	い	寝	具	の	買	い	替	え	に	繋	げ	る	。	B
社	は	顧	客	に	地	域	の	中	小	建	築	業	を	紹	介	す	る	。	

第4問（配点25点）

30代の子育て世代を対象に、次期社長の保育士の経験や、副社長の裁縫、刺繍の技術を生かして「手提げカバン作成教室」等の子育てイベントを定期的に行う。新規顧客開拓や固定客化が見込め、X市の若年層環流や商店街の買物客回復といった地域の繁栄に貢献する。

解　説

1．事例の概要

　詳細な施策は悩ましい部分があるが、大まかな方向性は比較的とらえやすい問題であったと考えられる。しかし、解答に盛り込みたくなる本文の要素は多く、また具体的にどの程度まで表現するかの判断が難しいことから、解答の編集の難易度は高い。また、理論としての知識や、B社全体としての経営課題への対応など、直接の要求の結論だけではない解答の構成要素が期待されていることから、高得点をとることは難しいと思われる。受験生の感覚としては、大まかには間違ってはいないが、解答内容は詳細まで盛り込めていない、というものが多いのではないだろうか。

□**難易度**
- ・問題本文のボリューム　　　：やや多い
- ・題材の取り組み易さ　　　　：標準
- ・問題要求の対応のしやすさ：標準

□**問題本文のボリューム（本試験問題用紙で計算）**
　3ページ弱

□**構成要素**
　　文　章：83行
　　　　　　　※文章以外に図（1つ）あり
　　問題数：4つ　解答箇所5箇所
　　　　　　　（要求は、第1問2箇所、第2〜4問各1箇所）
　　第1問　20点　(a)　　60字
　　　　　　　　　　(b)　　60字
　　第2問　25点　　　　120字
　　第3問　30点　　　　120字
　　第4問　25点　　　　120字
　　　　　　（合計）　480字

(1)　**問題本文のボリューム**

　例年よりも多めである。行数は83行（注釈含む）である。資料の読み取りは引き続き出題され、平成25年度から5年連続となる。今後も資料の読み取りを必要とする問題は、継続的に出題されると考えておいたほうがよいであろう。

(2)　**題材の取り組みやすさ**

　商店街のなかの寝具小売業ということで店舗のイメージ自体は湧きやすい。商店街

— 262 —

は平成27年度の出題テーマであった。その商店街の組合代表理事が寝具店の店主であったことや、問題要求が助言をする問題ばかりで構成されていたこと、図で年齢分布が示されたことなどから、平成27年度の問題が頭をよぎることもあったであろう。本文中に出現する「予約会」は馴染みがなくても注釈が付いているので、問題を解く上での支障にはならないであろうし、図の読み取りも平成27年度の問題を対策していれば大まかには対処することができたであろう。

(3) 問題要求の対応のしやすさ

第2問以降はいずれも「施策について助言せよ」という要求であった。過去数年の事例Ⅱにおいて新たな取り組みに対する助言を問われた場合の問題要求は以下のとおりである。

年度	問題	設問	要求
H28	第2問	設問1	製品戦略について
		設問2	プロモーションと販売の戦略を
	第4問	設問1	ブランド戦略を
		設問2	マーケティング・コミュニケーションを
H27	第1問	設問2	新たにどのようなサービス業の業種を誘致すべきか
		設問3	マーケティング戦略を
	第2問		どのような助言をすべきか
	第3問	設問1	どのような食品小売業を誘致すべきか。マーケティング戦略と併せて
		設問2	どのような新規イベントを実施すべきか
H26	第2問		新たなコミュニケーション戦略を
	第4問		どのような新商品を開発すべきか、もしくは既存商品をどのように改良すべきか

平成27年度第2問を除き、すべての問題において「何についての施策を問われているか」は明確に示されている。その制約のなかでB社の経営資源を活かし、環境変化や顧客ニーズに即した提案を行うことが求められていた。

しかし、平成29年度の第2～4問はいずれも一定の制約条件は示されているものの、問われているのは製品戦略なのかプロモーション戦略なのかといった判断を、瞬時に行うことはできない。したがって、要求の制約や本文記述のとらえ方によって解答の方向性が大きくずれてしまうことも考えられるため、慎重な対応が求められる。

第3問の「顧客生涯価値」は知識を要する問題であり、知識の整備具合が解答の精度に影響を与える。各解答箇所の解答字数は、第1問が60字×2箇所、第2問以降はすべて120字であった。極端に少ないまたは多いものはなく、(設問1)が解答できないと(設問2)が解答できない、といった設問間の強い関連をもった構造もないため、その点においては特別な対応のしにくさは感じない。

— 263 —

2．取り組み方

　第1問は(a)について編集の悩ましさは残るものの、(b)については本文記述をそのまま活用するだけでも一定の得点が見込めるため、第1問として10点以上の得点を確保したい。第2問も問題本文のデータベースの記述が明確であることから、一定の得点は獲得できるものと思われる。第3問は顧客生涯価値の知識の整備具合により解答の方向性がばらつく可能性があり、得点にも差が出るものと思われる。第4問はターゲット設定を間違わなければその分の得点を見込むことはできるが、具体的な施策は難易度が高いと思われる。以上より、第1問、第2問で得点を重ね、第3問、第4問では最低限の得点を確保した上で、どの程度得点を上乗せできるかがポイントとなる。

3．解答作成

第1問 （配点20点）◢ ◢

　本文の記述を活かして確実に一定の得点を得たい問題である。(a)は、何に着眼するかによって表現はばらつく可能性がある。また(a)は、関連しそうな本文の根拠が多く、60字の解答字数に収めるための取捨選択、結論のまとめ方など編集作業がポイントとなる。時間をかけすぎずに、一定の得点となるような編集の仕方を習得する題材として、効果が高い問題ともいえる。

(1) 要求内容の解釈

　直接の問題要求は(a)自社の強みと(b)競合の状況である。制約は「現在の」であるので、「過去は強みであったであろうが環境変化により現在は強みでないもの」や「現在は強みとはいえないが将来の強みとなりそうなもの」は対象外となる。また(a)と(b)を対比する構造ととらえ、比較を意識した解答の表現にすることも考えられる。

　(a)自社の強みに関しては、B社社長の経験やB社が今まで行ってきた事業を通して得たノウハウなどが対象となることが多い。また、顧客から支持を受けているものなどは強みととらえてよいであろう。

　(b)競合の状況の「状況」については解釈の余地がある。本文の記述次第という面はあるが、環境分析の要求という観点や、前述のとおり(a)との対比という観点から強みや弱みに対する解答が期待されていると解釈することができる。

【問題要求から得る着眼点】

(a)・B社社長の経験やB社が事業を通して得たノウハウ

　　・顧客からの支持

> (b)・競合の強みや弱み

(a) 自社の強み

(2)　解答の根拠探し

＜第1段落＞

　「B社のこだわりは接客にある。睡眠状況を聞きながら商品を薦めるという、現社長が始めた接客は、多くの顧客の信頼を得ている。」

＜第4段落＞

　「しかし、丁寧な接客のため来店客に待ち時間が生じるという問題が起きた。そこで、店舗の一角に椅子とテーブルを置き、無料で飲み物を提供する休憩コーナーを設置した。これにより、接客中であることを見て来店客が帰ってしまうケースが減り、売り上げは増加した。」

　　⇒「接客」はB社のこだわりであり、多くの顧客の信頼を得ている。1人の顧客への丁寧な接客は、他の顧客の待ち時間につながるが、適切な対処をすれば待ってもらえることが示されており、その後の売り上げ増加にも繋がっているので、強みとしての優先度は高い。

＜第5段落＞

　「時間を持て余した副社長は、手のあいた飲食店経営者を集め、休憩コーナーで井戸端会議をし始めた。次第に人の輪が広がり、午前は引退した小売店経営者、昼過ぎは飲食店の経営者やスタッフ、夕方は工場関係者が集うようになった。定休日には一緒にバス旅行や映画に出かけ、交流を深めた。」

＜第6段落＞

　「井戸端会議はB社が潜在的な顧客ニーズを収集する場でもあった。」

　「井戸端会議の話を聞き、（予約会の）打診を受け入れた。」

　「予約会には井戸端会議のメンバーが多数来店し、時間によっては顧客が会場に入れないほどであった。好評を得た予約会は、継続を望む声があり、開始から既に数年が経過している現在もシーズンごとの予約会の売り上げは落ちずにいる。」

　　⇒「井戸端会議」は、現在のB社経営の要となっている。地域顧客のコミュニティ形成の場となり、そこから得る潜在的なニーズにもとづく戦略展開や品揃えの決定により、B社を支える集客、売り上げ獲得が実現している。よって、強みとしての優先度は高い。

＜第10段落＞

　「B社にとってシルバー世代に関する店内の顧客台帳や現社長達の頭の中にある情報は貴重な無形資産である。」

　　⇒「貴重な無形資産」という表現から、強みとしての可能性は十分にある。経験に

事例Ⅱ㉙

もとづく無形資産は、経営資源が乏しいB社の強みとなる。一方で、第10段落は第2問で問われるデータベース（事業承継にかかわる暗黙知の形式知化）の根拠（背景）となる説明文であることから、第1問で必ず触れておかないといけないというほどではなく、前述の「接客」「井戸端会議」と比して、優先度は低い。

(3) 解答の根拠選択

制限字数が60字と少ないため、解答に盛り込む可能性がある本文根拠の取捨選択がポイントとなる。このような場合、①可能性がある本文根拠を多く拾い上げる、②問題要求から優先度を判断し取捨選択する、③他問で使用する可能性が高い本文根拠を検討し問題間のバランス調整をする（他問での優先度が高い本文根拠は他問にまわし、当問では使わない）、④複数ある根拠で類似するものをグルーピングする、などして解答を仕上げることとなる。

解答例の他にも、以下のような表現も強みとしての可能性をもつ。

- 「顧客との関係性の深さ（顧客の愛顧）」… 解答例では、「井戸端会議による潜在ニーズの収集力」に触れている。本文に使われているフレーズを解答に盛り込むことを優先している。
- 「ノベルティによる集客力」… 集客力自体は強みとしてもよいと思われるが、ノベルティを作成するための「副社長の裁縫、刺繍の技術」を第4問で活用すること、「ノベルティ（宣伝目的で無料配布する記念品、粗品）」をB社の強みとすることが本質的であるかに疑問があることから、解答例では使用していない。
- 「ボランタリー・チェーンからの仕入」… (b) 競合の状況では、大型スーパーの商品力が弱いことを指摘することができる。その点に焦点をあてれば、(a)でボランタリー・チェーンの専門性を生かした仕入れを指摘することも可能である。しかし、本文全体からB社の品揃えが「高品質な商品」というニュアンスは感じられない。B社は商品力よりもニーズを踏まえた販売力を強みとしていることから、「高品質」という表現まで踏み込むことは難しい。

(4) 解答の構成要素検討

結論 「自社の強み（経験、スキル、ノウハウなど）を複数盛り込む」

(b) 競合の状況

(2) 解答の根拠探し

＜第3段落＞

「収益悪化の主要因は1980年に出店した幹線道路沿いにある大型スーパーである。」

＜第5段落＞

「2000年代以降、若年層住民の大半が大型スーパーで買い物をするようになり、B社の来店客数も大幅に減った。」

＜第9段落＞

「今後の対応を考えるべく次期社長は、大型スーパーの寝具売場を視察した。視察を通じて、高品質な商品が少ないこと、従業員がほとんどおらず、十分な説明もできないことが分かった。」

「2010年のある日、井戸端会議で「買い物のために県庁所在地の百貨店まで出かけたのに、欲しいものがなかったときは体力的、精神的につらい」ということが話題になり、多くのメンバーがその意見に賛同した。」

⇒「寝具」の直接の競合として、大型スーパーが挙げられる。状況としては、高品質な商品が少なく、接客も十分になされていないことが読み取れる。また、B社顧客が「百貨店」を利用していることも示されている。B社の主要顧客（井戸端会議メンバー）は、寝具はB社で購入している（第5段落）。百貨店とは主に婦人服が競合していると思われる。百貨店は商品ライン・アイテムともに充実していると思われるが、本当に欲しいものはないという状況は起こりうる。

(3) 解答の根拠選択

制限字数が60字と少ないが、(a)自社の強みと比較して本文に示されている根拠も少ないため、できるだけ本文の内容に触れるように対応すれば、一定の得点を獲得できることが予想される。

解答例の他にも、以下のような表現も状況（解答）としての可能性をもつ。

・「幹線道路沿い」… 幹線道路沿いであり、大型であることからいわゆる「ハード面」「利便性」などを競合の強みとすることも可能である。(a)では「強み」、(b)では「状況」という表現で要求されていることから、(b)は単に「強み」と「弱み」の一方だけではないことを求められると解釈した場合には、この解答も検討の余地はあるが、(a)の解答でB社の立地や利便性について触れる可能性は少ないため、解答例では採用していない。

(4) 解答の構成要素検討

結論 「競合の状況（本文の内容などをふまえ総合的に「弱み」と判断）」

第2問 (配点25点) ◢◢

(1) 要求内容の解釈

直接の要求は「予約会成功のための施策の助言」である。予約会の説明として「ボランタリー・チェーン本部から新たに婦人用ハンドバッグの予約会の開催を打診された」とある。この打診を受けることが前提となる。「ボランタリー・チェーン本部」や「婦人用ハンドバッグ」についての情報を本文から確認することとなる。また「新たに」という表現から、すでに何かしらの取り組みがなされていて、さらにこの予約会を行うというニュアンスが伝わってくる。この取り組みについても確認が必要である。また制約条件として「現在のデータベースを活用しながら」と与えられている。

― 267 ―

現在のデータベースの内容、活用状況などについて本文に記述がなされているはずである。また「予約会の成功」が目的であるが、成功には一定の基準があるものと思われる。事例Ⅱであることから、売上向上は成功条件として不可欠である。新規顧客や既存顧客といったターゲット、ターゲットのニーズ、買上点数の向上もしくは高単価商品の販売など売上構成について、結論を示したい。もし売上向上以外に、特定の課題を達成するといった成功の基準があるのであれば、それも結論として触れておく必要がある。

【問題要求から得る着眼点】
- ボランタリー・チェーン本部に関する情報
- 婦人用ハンドバッグに関する情報
- すでに行われている取り組みに関する情報
- 現在のデータベースの内容、活用状況
- ターゲット、ニーズ
- 売上構成（客数、数量、単価など）

---

(2) 解答の根拠探し

＜第6段落＞

「井戸端会議はB社が潜在的な顧客ニーズを収集する場でもあった。2010年のある日、井戸端会議で「買い物のために県庁所在地の百貨店まで出かけたのに、欲しいものがなかったときは体力的、精神的につらい」ということが話題になり、多くのメンバーがその意見に賛同した。その頃、B社には、ボランタリー・チェーン本部から外出用を主とする婦人服の予約会（注）を実施しないか、という打診があった。同チェーンは近年、加盟店活性化のために、寝具に加えて婦人服、婦人用ハンドバッグ、宝飾品の仕入および販売を強化していた。開催には登録料を払う必要があり、長年寝具一筋でやってきた現社長は婦人服が売れるイメージが湧かず、当初は断る予定であった。しかし、井戸端会議の話を聞き、打診を受け入れた。」

⇒井戸端会議で得た潜在的ニーズをもとに、婦人服の予約会の実施を決定した。

＜第6段落＞

「期間中は店舗2階の売場を整理し、試着室を設け、臨時イベントスペースとした。ただし、スペースはそれほど広くないため、日頃の交流を通じて、顧客の好みをよく把握している副社長が品揃えを厳選した。予約会には井戸端会議のメンバーが多数来店し、時間によっては顧客が会場に入れないほどであった。好評を得た予約会は、継続を望む声があり、開始から既に数年が経過している現在もシーズンごとの予約会の売り上げは落ちずにいる。」

⇒婦人用ハンドバッグの予約会も婦人服の予約会と同様に行うことが想定される。

ポイントは、①井戸端会議メンバーがターゲットであること（新規顧客となり得る顧客層は見当たらない）、②狭いスペースで開催するために顧客の好みに合った品揃えに厳選すること、の２点である。また成功要件として、数年にわたり好調な売り上げを継続することも想定したい。

＜第６段落＞

「現在の年間売り上げに占める割合はおおよそ寝具70％、婦人服25％、日用品5％となっている。」

⇒売り上げ比率については解釈が難しいが、婦人服（予約会）は重要な収益源である、という程度の認識をもてばよいであろう。寝具の割合を下げて、婦人服の割合を上げるなどといった具体的な指摘を行うほどの根拠とは考えにくい。

＜第10段落＞

「Ｂ社にとってシルバー世代に関する店内の顧客台帳や現社長達の頭の中にある情報は貴重な無形資産である。次期社長はこれらの情報に容易にアクセスすることができるように情報のデータベース化を実施した。現社長が配達時に記録した住所、副社長が記録した寝具や婦人服の購買履歴と記憶した好みを、可能な限り文字と画像にして、簡易型データベースに登録した。データベースはリピーターである重要顧客からなる100件強の小規模なものであるが、1件の情報は非常に詳細なものとなった。しかし、活用方法は見いだせずにおり、課題となっている。」

⇒これまでのＢ社経営を支えてきたひとつは現社長、副社長の頭の中にある情報（無形資産＝暗黙知）である。次期社長は事業承継に際し、これらを形式知化して受け継ぐことを意図している。まだ活用方法は見いだせないということは、特定の活用方法のためのデータベース化ではなく、暗黙知の形式知化が喫緊の課題との判断で取り組んだものと思われる。

データベースの内容は、住所、購買履歴、好みについての文字・画像情報である。婦人服と婦人用ハンドバッグは関連性が強い商品群であるため、婦人服の購買履歴と好みは特に活用したい情報である。住所は、DM（ダイレクトメール）の発行などに活用することができる。既存の婦人服の予約会では、集客するための取り組みを行わずとも結果的に集客できていたことが示されているので、婦人用ハンドバッグでも同様に集客できる可能性はある。一方で、数年内に社長・副社長から次期社長へ代替わりすること（第７段落）、データベースが整備されたこと、商材が変わることなどを考慮すれば、待ちの姿勢から攻めの姿勢に転換し、積極的に集客を図る仕組みを導入することも考えられる。

以上より、データベースの情報を婦人用ハンドバッグの品揃えに活用し、中長期的に予約会を成功させていくことが求められる。

(3) 解答の根拠選択

優先度が高いのは「重要顧客の婦人服の購買履歴、好みの情報を、婦人用ハンドバッグの品揃えに活用すること」、「狭いスペースゆえに品揃えを厳選する必要があること」、「住所を活用し、DMを発行して集客を図ること」、「継続的に顧客に売れ続けること」である。

解答例の他に、以下のような解答も思い浮かぶかもしれない。

・「宝飾品とのセット販売」… ボランタリー・チェーン本部の取り扱い製品に目を向ければ、宝飾品に触れることが思い浮かぶ可能性はあるが、問題要求では「婦人用ハンドバッグの予約会の成功」が問われていることや、狭いスペースであることが強調されている点から、予約会の取り扱い点数を増加させる手段は出題者の意図と合致している可能性は低い。

・「購買履歴の画像情報を活用した婦人服と婦人用ハンドバッグのトータルコーディネート」… プロモーション手法としては、有効と思われる。品揃えに活かすという点が含まれていれば提案自体はよいと思われる。

(4) 解答の構成要素検討

結論「施策」 ＋ 結論「データベースの活用方法」

第3問 (配点30点) ◢ ◢

(1) 要求内容の解釈

直接の要求は「シルバー世代の顧客生涯価値を高めるための施策に対する助言」についてである。顧客生涯価値とは「顧客が新規に購買してから、顧客ライフサイクルあるいは一定年数を通じて、その企業にもたらす総利益を、現時点における正味現在価値で表した金銭的指標」のことであり、ワントゥワンマーケティングにもとづいた指標である。指標化するためには、割引率を用いて、将来価値を現在価値に割り引く必要があるが、事例Ⅱでは割引現在価値まで問われることはないであろうことを考慮して簡略化すると、以下のように考えることができる。

> 顧客生涯価値≒「顧客が一生涯かけて当該企業にもたらす利益」

ここで、「利益＝売上－費用」であるが、事例Ⅱでは特別に要求されない限り、費用について考慮することが少ない（売上の向上がテーマとなることが多い）。仮に、費用について考慮しなければ、

> （事例Ⅱにおいては）
> 顧客生涯価値≒「顧客が一生涯かけて当該企業にもたらす売上」

と置き換えることもできる。また、上記の式を以下のようにとらえ、各変数を向上させることで顧客生涯価値を向上させる、と考えることもできる。

> 顧客生涯価値≒1回あたり購買金額×購買頻度 × 購買期間(年数)

- 1回あたり購買金額 → アップセル、クロスセルによって向上
- 購買頻度 → 定期的な催事開催、定期購買などによって向上
- 購買期間（年数） → 長期にわたる接点の維持によって向上

　また要求には「地域内の中小建築業と連携しながら」という制約条件が付されている。一般的に事例Ⅱで連携を問われたときには「経営資源の補完」という観点があり、また双方にメリットがあることが成立条件となる。Ｂ社のメリットのみならず、連携相手のニーズ、課題にも着目する必要がある。

【問題要求から得る着眼点】
- シルバー世代の特性
- 顧客生涯価値の知識に関連する内容
- 施策を行うにあたってのＢ社の経営資源（実現可能性の考慮）
- 地域内の中小建築業の現状や課題

---

(2) 解答の根拠探し

＜第9段落＞

　「現在も休憩コーナーに人が集うが、<u>シルバー世代の顧客の多くはやがて介護をされる側の立場となり、確実に減少する</u>。」

　　⇒井戸端会議メンバーを含むシルバー世代の顧客の多くが介護される立場となり、来店できなくなることが示されている。この顧客と接点を維持し続ける必要がある。

＜第5段落＞

　「日々集まる井戸端会議メンバーがそれほど頻繁に寝具を買うわけではないが、<u>寝具の買い替えがあればほぼB社で購入している</u>。また、他の小売店が閉店した2000年代以降に、<u>化粧品、せっけん等のこだわりの日用品販売を引き継いだ</u>。これらが店内にあるのを見て、<u>井戸端会議メンバーが購入し、リピートする例も多い</u>。<u>寝具は購買間隔が長く、顧客との接点が切れやすいが、日用品は購買間隔が短いので、B社が顧客との継続的な接点を作りやすくなった</u>。」

＜第6段落＞

　「現在の<u>年間売り上げに占める割合はおおよそ寝具70%、婦人服25%、日用品5%</u>となっている。」

　　⇒第5段落の「購買間隔」の記述は、顧客生涯価値との関連が非常に強い。日用品を販売することで、寝具の買い替え時期まで顧客との継続的な接点を維持する、という主旨である。売上シェア5%の日用品の存在により、売上シェア70%の寝具が支えられている、というとらえ方ができる。シルバー世代が来店できなくなってしまうと今まで維持してきた接点が途絶えてしまう可能性が高い。店頭以

外における顧客との継続的な接点作りという観点では、「配達」や「家族経由での販売」などが考えられる。

＜第10段落＞

「現社長が配達時に記録した住所」

⇒データベースには配達時住所が蓄積されている。寝具と日用品とでは購買間隔が異なるため、一概にはいえないが、配達を行うことに関する一定の実現可能性は示されていると考えてよい。

一方、B社の寝具類の品揃えは以下のように示されている。

＜第1段落＞

「品揃えは、布団、ベッド、マットレス、ベビー布団、ベビーベッド、介護ベッド、布団カバー、枕、パジャマなどである。」

⇒シルバー世代が介護される立場となった際には、B社は顧客に介護ベッドを購入してもらうことを期待するであろう。既存顧客は、B社から介護ベッドを購入する可能性が十分にある。一方、商圏内の既存顧客以外のシルバー世代を新規顧客として開拓することは容易ではない（今までは自然発生的に集客できていたため、新規顧客開拓のノウハウは豊富ではない）。

＜第2段落＞

「また、ここ数年は建築業も好調である。2世帯同居が減少し、核家族世帯のための建築需要が増えている。加えて、介護のための改装も増加している。」

⇒地域の中小建築業でも介護のための改装は増加していると考えてよい。増加ということは新規顧客が増加しているということであり、当然この中にはB社と接点がない顧客も多く含まれる。このことから、B社と地域の建築業において相互に顧客を紹介し合うことができれば、双方にメリットがある。

以上によりB社としては、

・建築業との連携により介護ベッドの販売数を増加させる

・それをきっかけに購買間隔が短い日用品を配達し、接点を維持する

・購買間隔が長い寝具の買い替えに繋げる（＝顧客生涯価値を高める）

という解答の骨子が見えてくる。

(3) 解答の根拠選択

顧客生涯価値の知識をもとにした解答という観点では、「購買間隔が短い日用品、長い寝具」という本文根拠を採用する優先度が高い。また、「介護」という多出のキーワードを中心に本文根拠が繋がっていることから、「介護される立場により来店できなくなる」「介護ベッドの販売」「介護の改装の増加」などについては触れておきたい。解答構成は「連携」を中心に展開すれば「介護」に関連する内容が多くなり、「顧客生涯価値」を中心に展開すれば「購買間隔、接点」に関連する内容が多くなると思わ

れる。バランスよく構成したいところではあるが、出題者の意図としては平成17年度以来久しぶりに明示された「顧客生涯価値」にメッセージ性を感じる。

解答例以外にも、以下のような解答の方向性は検討の価値がある。

・「中小建築業と合同で介護教室のようなイベントを定期的に行う」… 本文の記述を活かした内容であり、一定の妥当性はある。建築業との連携内容は「介護」に触れておけば相当の妥当性が認められる。建築業側のニーズや課題が示されていないため、建築業側には介護の集客に繋がる内容であれば細かい要件は問われないものと考えてよい。

(4) 解答の構成要素検討

結論「施策内容」＋「顧客生涯価値の知識を含んだ結論の補足（期待効果）」＋「中小建築業（連携相手）のメリット」

第4問 (配点25点) ◢◢◢

(1) 要求内容の解釈

今後の施策を問う問題である。本文に示されているB社の今後の課題や環境変化への対応、満たされていないニーズへの対応などに着眼しながら、B社の今後のあるべき姿、方向性を示したい。

シルバー世代以外のターゲットを問われている。シルバー世代以外という制約より、異なる「世代」の表現が必要となる。本文にある市場細分化基準（人口統計的、地理的、心理的、行動変数）に関する用語を活用して解答したい。また「今後」とあるため、ある程度中長期的な発展性（一過性でない）も考慮したい。

「図を参考に」という指示があるため、図から読み取った内容を解答にしっかりと盛り込みたい（図を読み取ったことを採点者に訴求したい）。

```
【問題要求から得る着眼点】
 ・今後の環境変化
 ・B社の課題
 ・今後の発展に繋がる世代情報
 ・B社の経営資源（実現可能性の考慮）
```

(2) 解答の根拠探し

図（現在のX市と全国の年齢別人口構成比（0〜100歳まで）のグラフ）

```
【グラフを読むポイント】
 ・タイトルを理解する
 ・縦軸、横軸が何を示すかを把握する
 ・特徴的な箇所について特に注目する
```

図では、X市の構成比と全国の構成比が示されており、その対比からX市の特徴を読み取ることが期待されている。今後のターゲットセグメントとするという点から、数が多いことや伸張可能性があることが期待される。まず目に付くのは「30～40歳」が全国よりも大きく上回っていることである。また、「10歳未満」が多いことも注目すべき点である。これらより「30代の子供を持つファミリー層」という対象が浮かびあがる。本文の根拠と合わせて確認する必要がある。

図では、40代前半までの絶対数がX市の他世代と比較して多いことがわかるが、全国と比較したときには同等もしくは若干少ないことが示されている。出題者のメッセージとしては30代に重きを置いていると考えられるが、本文の記述も考慮して最終的に決定づければよい。

＜第11段落＞

「<u>B社は、地域とその顧客に支えられて存続してきた。そのため、次期社長は事業継続のためには、地域の繁栄が必要だと考えている。</u>次期社長は取り組むべき施策について、中小企業診断士に助言を求めることとした。」

⇒「地域の繁栄」は解答に盛り込む必要がある。「地域の繁栄」とは何を指すのか、可能であれば本文から読み解きたい。地域の繁栄に繋がるような施策が期待されていると考えられる。

＜第2段落＞

「X市の主要産業は農業とガラス製品生産である。市内にはガラス製品の大小工場が林立し、多くの雇用を創出している。2000年に大規模工場の一部が海外移転し、市内経済の衰退が見られたが、近年は中小工場の若手経営者の努力により、市内経済は回復傾向にある。2000年頃の一時期は若年層の住民が県庁所在地に転居することが多かった。これに対して<u>X市役所は若年層の環流を図り、子育てに関する行政サービスを充実させた。</u>」

＜第3段落＞

「<u>今日まで商店街の小売店は収益悪化と経営者の高齢化による閉店が続いている。収益悪化の主要因は1980年に出店した幹線道路沿いにある大型スーパーである。</u>」

＜第5段落＞

「<u>2000年代以降、若年層住民の大半が大型スーパーで買い物をするようになり、B社の来店客数も大幅に減った。</u>」

⇒地域を広くとらえれば「X市」であり、狭くとらえれば「商店街」であろう。

　X市の繁栄　　：「農業やガラス製品の発展」、「若年者のさらなる環流」など

　商店街の繁栄：「大型スーパーから若年層住民の顧客を取り戻し、商店街が活性化する」など

　B社が行う30代向けの施策として、「他地域からX市への若年者の環流」「スーパー

から商店街への顧客の環流」を期待効果として絡めることは解答のイメージが湧きやすい。一方、「農業やガラス製品の発展」までつなげるのは、商店街の寝具小売業であるB社の一施策として厳しさがある。

　ターゲットセグメントについては、本文中の「子育て世代」（第8段落）の表現を使い、「30代の子育て世代」という表現が核になる。必要に応じて、修飾語を付加して、より厳密にターゲットを絞り込む可能性もある。この世代に対して、B社が提供できるものは何であろうか。

＜第7段落＞

　「予約会が始まった頃、子育てにめどが付いた現社長の娘が店を手伝うようになった。」

＜第8段落＞

　「次期社長は保育士の勤務経験があり、保育園ごとの昼寝用布団、手作りで用意する手さげカバンのサイズなどに関するルールを詳しく知っていた。」

＜（第8段落の関連）第1段落＞

　「趣味の裁縫、刺繍の技術を生かして、副社長が作った小物入れやトートバッグなどのノベルティも人気があり、それを目当てに来店する顧客がいるほどである。」

＜第9段落＞

　「そこで、次期社長は保育園の入園準備を通じて知り合った子育て世代向けに「親と子の快眠教室」という月1回のイベントを開催し、親の快眠と子供を寝かしつける工夫についての教室を開始した。教室の参加者は、後日顧客として来店するようになりつつある。」

　　⇒これらの記述から、「子育てや育児に関する教室」という方向性が浮かんでくる。次期社長は子育てや保育士勤務の経験があり、育児、保育園入園準備、子育てに関する知識、ノウハウをもっている。また、副社長は裁縫や刺繍の高い技術をもっている。商店街支援において、各個店のもつ経験やノウハウを地域の人に教え、関係性の強化や集客に役立てようという取り組みは、一般的に「まちゼミ」とよばれている。この取り組みは、まさに「まちゼミ」に該当する。

　「まちゼミ」に関する知識がなくても、B社の保有資源（ノウハウ、休憩スペースの場）の活用や、過去の成功モデル（親と子の快眠教室）の転用などは事例Ⅱでよく見られるタイプの助言であり、対応することは可能である。市役所の「ハード面（制度面）」の支援に対し、B社は「ソフト面（ノウハウ提供や仲間作り）」の支援を行うという観点に立てば、相性のよい施策と考えることができる。これらを行うことによる期待効果は、以下の記述を関連づけることができる。

＜第5段落＞

　「時間を持て余した副社長は、手のあいた飲食店経営者を集め、休憩コーナーで井

事例Ⅱ㉙

戸端会議をし始めた。次第に人の輪が広がり、午前は引退した小売店経営者、昼過ぎは飲食店の経営者やスタッフ、夕方は工場関係者が集うようになった。定休日には一緒にバス旅行や映画に出かけ、交流を深めた。」

＜第6段落＞

「井戸端会議はB社が潜在的な顧客ニーズを収集する場でもあった。」

⇒B社としては、次期社長に近い世代による「次世代の井戸端会議」を形成していくことが効果としてあげられる。保育園の送迎や子育て、家事の合間の、手のあいた時間に集まるコミュニティを形成し、固定客化や潜在ニーズの収集を図ることになる。

(3) 解答の根拠選択

解答例では、「手さげカバン作成教室」という表現を採用している。副社長と次期社長のノウハウが活用でき、具体的に本文に示された「手さげカバン」という表現を活かしたものであるが、これはあくまで具体的内容の例示であり、この表現がないといけないということはない。

「子育て関連のイベントの定期的開催」という程度でも十分な得点が見込める（定期的というニュアンスは入れておきたい）。また、「地域の繁栄」をどこまで具体的に示すかも難しいところであるが、仮に「地域の繁栄に繋げる」など本文そのままの表現だとしても盛り込んでおくことが望ましい。B社次期社長の思いを受けた助言であることは示しておきたい。

解答例の他にも、以下のような本文根拠を活用した解答が考えられる。

・「井戸端会議メンバー（小売店、飲食店、工場の各関係者）や農業、ガラス製品などの関係者を含めたノウハウを提供する教室、商店街全体を集めるイベントの開催」… B社一社で人員やスペースなどを考慮してここまで対応できるかは疑問も残るが、地域の繁栄らしき表現でまとめていれば、一定の得点を確保できる可能性がある。

(4) 解答の構成要素検討

結論「施策」＋「ターゲット」＋「B社の活用資源」＋「B社の期待効果」＋「地域の課題」

3

中小企業の診断及び助言に
関する実務の事例

Ⅲ

3 【令和3年】問題
中小企業の診断及び助言に関する実務の事例Ⅲ

[別冊解答用紙：⑪]

【C社の概要】

　C社は、革製のメンズおよびレディースバッグを製造、販売する中小企業である。資本金は2,500万円、従業員は総務・経理部門5名、製品デザイン部門5名、製造部門40名の合計50名である。

　バッグを製造する他の中小企業同様、C社はバッグメーカーX社の縫製加工の一部を請け負う下請企業として創業した。そして徐々に加工工程の拡大と加工技術の向上を進め、X社が企画・デザインした製品の完成品までの一貫受託生産ができるようになり、X社の商品アイテム数の拡大も加わって生産量も増大した。しかしその後、X社がコストの削減策として東南アジアの企業に生産を委託したことから生産量が減少し、その対策として他のバッグメーカーとの取引を拡大することで生産量を確保してきた。現在バッグメーカー4社から計10アイテムの生産委託を受けており、受注量は多いものの低価格品が主となっている。

　C社では、バッグメーカーとの取引を拡大するとともに、製品デザイン部門を新設し、自社ブランド製品の企画・開発、販売を進めてきた。その自社ブランド製品が旅行雑誌で特集されて、手作り感のある高級仕様が注目された。高価格品であったが生産能力を上回る注文を受けた経験があり、自社ブランド化を推進する契機となった。さらに、その旅行雑誌を見たバッグ小売店数社からC社ブランド製品の引き合いがあり、販売数量は少ないものの小売店との取引も始められた。一方でC社独自のウェブサイトを立ち上げ、インターネットによるオンライン販売も開始し、今では自社ブランド製品販売の中心となっている。現在自社ブランド製品は25アイテム、C社売上高の20%程度ではあるが、収益に貢献している。

【自社ブランド製品と今後の事業戦略】

　C社の自社ブランド製品は、天然素材のなめし革を材料にして、熟練職人が縫製、仕上げ加工する高級品である。その企画・開発コンセプトは、「永く愛着を持って使えるバッグ」であり、そのため自社ブランド製品の修理も行っている。新製品は、インターネットのオンライン販売情報などを活用して企画している。

　C社社長は今後、大都市の百貨店や商業ビルに直営店を開設して、自社ブランド製品の販売を拡大しようと検討している。ただ、製品デザイン部門には新製品の企画・開発経験が少ないことに不安がある。また、製造部門の対応にも懸念を抱いている。

— 279 —

【生産の現状】

　生産管理担当者は、バッグメーカーの他、小売店およびインターネットからの注文受付や自社ブランド製品の修理受付の窓口でもあり、それらの製造および修理の生産計画の立案、包装・出荷担当への出荷指示なども行っている。生産計画は月1回作成し、月末の生産会議で各工程のリーダーに伝達されるが、計画立案後の受注内容の変動や特急品の割込みによって月内でもその都度変更される。

　生産は、バッグメーカーから受託する受注生産が主であり、1回の受注量は年々小ロット化している。生産管理担当者は、繰り返し受注を見越して、受注量よりも多いロットサイズで生産を計画し、納品量以外は在庫保有している。

　バッグ小売店やインターネットで販売する自社ブランド製品は、生産管理担当者が受注予測を立てて生産計画を作成し、見込生産している。注文ごとに在庫から引き当てるものの、欠品や過剰在庫が生じることがある。

　受注後の製造工程は、裁断、縫製、仕上げ、検品、包装・出荷の5工程である。

　裁断工程では、材料の革をパーツごとに型で抜き取る作業を行っており、C社内の製造工程では一番機械化されている。その他に、材料や付属部品などの資材発注と在庫管理も裁断工程のリーダーが担当する。生産計画に基づき発注業務を行うが、発注から納品までの期間が1カ月を超える資材もあり、資材欠品が生じた場合、生産計画の変更が必要となる。

　C社製造工程では一番多くの熟練職人6名が配置されている縫製工程は、裁断された革を組み立てて成形する作業を行う。通常はバッグメーカーからの受託生産品の縫製作業が中心で、裁断済みパーツの部分縫製とそれを組み合わせて製品形状にする全体縫製との作業に大きく分かれ、全体縫製では部分縫製よりも熟練を要する。自社ブランド製品の生産が計画されると、熟練職人は受託生産品の作業から自社ブランド製品の作業へ移る。自社ブランド製品は、部分縫製から立体的形状を要求される全体縫製のすべてを一人で製品ごとに熟練職人が担当し、そのほとんどの作業は丁寧な手縫い作業（手作業）で行われる。自社ブランド製品の縫製工程を担当した熟練職人は、引き続き仕上げ工程についても作業を行い、製品完成まで担当している。各作業者の作業割り当ては、縫製工程のリーダーが各作業者の熟練度を考慮して決めている。縫製工程は、自社ブランド製品の修理作業も担当しており、C社製造工程中最も負荷が大きく時間を要する工程となっている。

　仕上げ工程は、縫製されたバッグメーカーからの受託生産品の裁断断面の処理、付

属金物の取り付けなどを行う製造の最終工程を担当し、縫製工程同様手作業が多く、熟練を要する。

縫製、仕上げ両工程では、熟練職人の高齢化が進み、今後退職が予定されているため、若手職人の養成を行っている。その方法として、細分化した作業分担制で担当作業の習熟を図ろうとしているが、バッグを一人で製品化するために必要な製造全体の技術習熟が進んでいない。

検品工程では製品の最終検査を行っているが、製品の出来栄えのばらつきが発生した場合、手直し作業も担当する。

包装・出荷工程は、完成した製品の包装、在庫管理、出荷業務を担当する。

第1問（配点20点）
革製バッグ業界におけるC社の(a)強みと(b)弱みを、それぞれ40字以内で述べよ。

第2問（配点30点）
バッグメーカーからの受託生産品の製造工程について、効率化を進める上で必要な(a)課題2つを20字以内で挙げ、それぞれの(b)対応策を80字以内で助言せよ。

第3問（配点20点）
C社社長は、自社ブランド製品の開発強化を検討している。この計画を実現するための製品企画面と生産面の課題を120字以内で述べよ。

第4問（配点30点）
C社社長は、直営店事業を展開する上で、自社ブランド製品を熟練職人の手作りで高級感を出すか、それとも若手職人も含めた分業化と標準化を進めて自社ブランド製品のアイテム数を増やすか、悩んでいる。

C社の経営資源を有効に活用し、最大の効果を得るためには、どちらを選び、どのように対応するべきか、中小企業診断士として140字以内で助言せよ。

— 281 —

令和3年度 事例Ⅲ 解答・解説

解答例

第1問 (配点20点)

(a)

天	然	素	材	の	な	め	し	革	を	材	料	に	用	い	、	高	級	品	の
自	社	ブ	ラ	ン	ド	製	品	を	生	産	で	き	る	加	工	技	術	力	。

(b)

バ	ッ	グ	メ	ー	カ	ー	か	ら	生	産	委	託	を	受	け	て	い	る	低
価	格	品	が	売	上	高	の	約	80	％	を	占	め	る	収	益	構	造	。

第2問 (配点30点)

(a)

縫	製	工	程	に	お	け	る	作	業	割	り	当	て	の	最	適	化	。	

(b)

受	託	生	産	品	の	生	産	計	画	も	考	慮	し	て	作	業	を	割	り
当	て	、	自	社	ブ	ラ	ン	ド	製	品	が	計	画	さ	れ	た	場	合	に
受	託	生	産	品	の	作	業	が	中	断	す	る	こ	と	を	回	避	し	、
作	業	要	員	を	確	保	し	て	生	産	量	の	適	正	化	を	図	る	。

(a)

検	品	工	程	で	発	見	さ	れ	る	手	直	し	作	業	の	削	減	。	

(b)

製	造	の	最	終	工	程	を	担	当	す	る	仕	上	げ	工	程	で	も	、
熟	練	度	を	考	慮	し	て	作	業	割	り	当	て	を	行	い	、	裁	断
断	面	の	処	理	等	の	製	品	の	出	来	栄	え	の	ば	ら	つ	き	を
な	く	し	、	手	直	し	コ	ス	ト	の	削	減	を	図	る	。			

第 3 問 (配点 20 点)

製品企画面では、小売店の情報や修理情報も活用して開発経験の機会を増やすこと。生産面では、資材の納品期間や作業割り当て、完成品の在庫量等の情報を製造部門で共有し、生産計画の変更を減らすとともに、完成品を過不足なく生産できる体制を整えること。

第 4 問 (配点 30 点)

熟練職人の手作りで高級感を出す方策を選ぶ。その対応策として、6名の熟練職人ごとにチームを作り、各チームに若手職人を配置して全体縫製のOJTを行い、一人で製品化するために必要な製造全体の技術習熟を進める。これにより、熟練職人の養成を進めて縫製工程の負荷を低減し、さらなる収益向上を図る。

解　説

1．事例の概要

　令和３年度の事例Ⅲは、３年連続で、問題本文に図表が記載されなかった。問題本文の記述は２頁半ほどで、おおむね標準的な記述量（ボリューム）である。

　問題は全４問構成で、小設問はない。ただし、第１問が (a)(b) 欄に分かれ、第２問も (a)(b) 欄が２つずつあるため、解答箇所が８つと、令和２年度と同じになっている。

　第１問と第３問が各 20 点、第２問と第４問が各 30 点の配点で、おおむね解答の制限字数に比例した配点となっている。その制限字数は合計 540 字で、直近５年間では最も少ない（平成 29 年度〜令和２年度はいずれも 560 字）。

　問題要求も特別わかりにくいということはないが、この数年の事例Ⅲと同様、問題本文の情報量が非常に多い。問題本文の情報は解答の根拠となり得るが、【生産の現状】ブロックには、生産面の問題点（あるいは課題）が非常に多く記述されている。この情報を、生産面で関連する第２〜４問に適切に対応づけするのは非常に難しい。制限時間を考慮すると、例年と同様であるが、あえて切り分けず、根拠を複数の問題で重複して使う対応が有効であったと考えられる。

　問題構成は、第１問が SWOT 分析関連、第２問が受託生産品の製造工程の効率化のための課題と対応策、第３問が自社ブランド製品の開発強化のための製品企画面・生産面の課題、第４問が今後の戦略（直営店事業の展開のための方策）と、比較的オーソドックスではあるものの、例年問われる IT 関連の問題がなかった。また、第４問は、２つの方策が明示され、どちらかを選択することが求められた。前述のとおり、第２〜４問の切り分けが難しく、不自然な設定（用語の使い方を含む）も散見されるため、これも例年と同様であるが、「難しい」というよりは、「（制限時間内で）対応しにくい」という事例であった。

□**難易度**
- ・問題本文のボリューム　　：標準
- ・題材の取り組みやすさ　　：易しい
- ・問題要求の対応のしやすさ：易しい

□**問題本文のボリューム（本試験問題用紙で計算）**
- ・２ページ半

□**構成要素**
　　文　章：69 行

```
問題数：4つ　解答箇所8箇所（要求は、第1～4問各1つ）
第1問　20点　　　　　　　80字
第2問　30点　　　　　　　200字
第3問　20点　　　　　　　120字
第4問　30点　　　　　　　140字
　　　　　　　　　　　　（合計）　540字
```

事例 III ③

(1)　問題本文のボリューム

　前述のとおり、問題本文の情報量が多い。図表がないとはいえ、情報を整理するのに時間がかかるおそれがある。

(2)　題材の取り組みやすさ

　C社は「革製のメンズおよびレディースバッグ」の製造販売を行っている。バッグ（鞄）であるから（旅行雑誌で特集されたことから、旅行用バッグと考えられる）、「全くイメージできない」製品ではなく、むしろ「イメージしやすい」製品であろう。したがって、「題材がわからない」ことで解答できない、ということも起きないだろう。

(3)　問題要求の対応のしやすさ

　IT関連の問題がなかったものの、比較的オーソドックスな問題構成であり、問題要求も「わかりにくい」ということはない。個人差はあるかもしれないが、「易しい」部類に入るだろう。

2．取り組み方

　本事例は、「難しい」というよりは、「（制限時間内で）対応しにくい」という事例である。1次試験の生産管理の知識が要求される問題も特に見当たらず、個人差はあるかもしれないが、第1問の「強み」→第2問の課題・対応策のうち1つ（2つ解答しようとすると時間的に苦しくなる）→第3問の製品企画面の課題（後述するが、生産面の課題は対応しにくい）→第1問の「弱み」と第4問（第4問の「効果」と関連するため）→第2問の課題・対応策のもう1つ→第3問の生産面の課題という順番で解くことが妥当であろう。

— 285 —

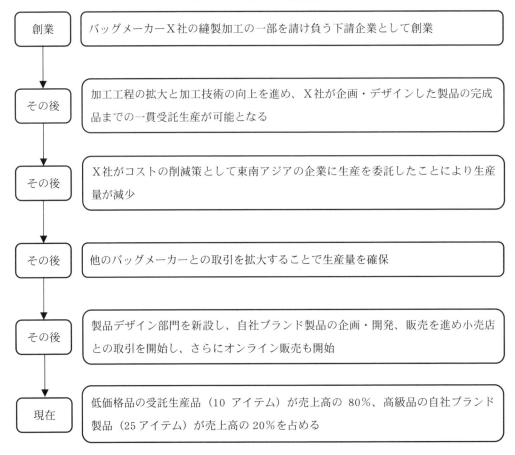

<参考：C社の事業変遷>

※ 問題本文上、具体的な年次は不明。

3．解答作成

第1問 (配点20点)

(1) 要求内容の解釈

問題要求は、C社の「強み」と「弱み」を答えることである。特に難しい要求ではないが、「革製バッグ業界における～」という条件が付されている。令和2年度は条件が一切なく、単なる「C社」の強み・弱みが問われた。したがって、単なる強み・弱みではなく、「革製バッグ業界」の特徴や業界構造等を踏まえて解答しなければならない。

(2) 解答の根拠探し

(a) 強み

まず、「革製バッグ業界」の特徴等を確認すると、第2段落に以下の記述がある。「バッグを製造する他の中小企業同様、C社はバッグメーカーX社の縫製加工の

— 286 —

一部を請け負う下請企業として創業した。」（第２段落）

　したがって、中小のバッグメーカーは「下請企業」であることが特徴といえる。下請企業であるから、受託生産（請負）が基本となる。そして、第２段落に記述されているように、Ｃ社はＸ社との取引を通じ、「縫製加工の一部」だけではなく、Ｘ社が企画・デザインした製品の完成品までの「一貫受託生産」ができるようになった。

　その後、生産量も順調に増大したものの、Ｘ社が（Ｃ社ではなく）東南アジアの企業に生産委託するようになり、Ｃ社の生産量は減少した（明示されていないが、1990年代の事象と考えられる）。そして、Ｃ社はＸ社以外のバッグメーカーとの取引を拡大することで、生産量を確保してきた。ここまでは「受託生産」の内容であるから、「下請企業」のまま、ということになる。

　その後のＣ社は、第３段落に記述されているように、製品デザイン部門を新設して「自社ブランド製品」の企画・開発、販売を進めた。「下請企業＝受託生産」と「自社ブランド製品」が対比されていることからわかるように、受託生産は「他社ブランド」（OEMに近い）ということになる。また、第２段落に記述されているように、現在のＣ社はバッグメーカー４社と取引しているが、その内容は「生産委託」であり、企画・開発はバッグメーカーとの取引においては行っていない。そのため、受託生産は「受注量は多いものの低価格品が主」（第２段落）という状況になっている。

　一方で「自社ブランド製品」は、「高価格品」（第３段落）である。これは、受託生産と異なり、自社で製品の企画・開発を行う＝生産以外も行うことで、付加価値を高めることができたからである。その結果、現在のＣ社は、売上高の20％程度を「自社ブランド製品」が占めるようになっている。

　ここまでをまとめると、「革製バッグ業界」においては、一般的な中小のバッグメーカーは「下請企業」で受託生産が中心となり、「低価格品」が主となる。一方でＣ社は、売上高の20％程度とはいえ、「高価格品」の「自社ブランド製品」を有している。「自社ブランド製品」は「収益に貢献」（第３段落）しているわけだから、「自社ブランド製品」を有していることが、「革製バッグ業界」におけるＣ社の「強み」といえる。

(b)　弱み

　事例ⅢのＣ社は通常、生産面で問題点を抱えている。本事例においても、【生産の現状】ブロックには、計画変更や在庫問題等、たくさんの生産面の問題点（あるいは課題）が記述されている。これらを「生産性の低さ」や「生産管理能力の弱さ（杜撰さ）」といった表現でまとめることも可能であるが、本問はあくまで「革製バッグ業界」におけるＣ社の「弱み」を答えなければならない。そうすると、他のバッグメーカーの生産面の状況が問題本文に全く記述されておらず、比較対象がないた

め、「革製バッグ業界」における「弱み」なのか判断できない。つまり、「生産面」から「弱み」を解答することは困難である。

そこで、「強み」と同様、「取引面」から考えると、現在、C社の売上高の20％程度を「高価格品」の「自社ブランド製品」が占めているが、裏を返せば、売上高の80％程度は、「低価格品」の「受託生産品」が占めていることになる（注：売上高の構成比であるから、受注量で考えれば、「受託生産品」の構成比はもっと高いことになる）。

第3段落に「収益に貢献」と記述されているため判断が難しい面もあるが、完全な＝100％自社ブランド製品のみのバッグメーカーと比べれば、依然として、C社の収益性は低い（あるいは高める余地がある）ということになる。この「収益構造」を「弱み」として指摘したい。この点については、第4問の解説で再度触れる。

(3) 解答の根拠選択

(a) 強み

通常、事例ⅢのC社は、「技術面」に強みを有することが多い。そこで、本事例のC社の「技術力」について確認すると、第4段落に以下の記述がある。

「C社の自社ブランド製品は、天然素材のなめし革を材料にして、<u>熟練職人が縫製、仕上げ加工する高級品</u>である。」（第4段落）

「熟練職人」「縫製（加工）」「仕上げ加工」あたりも、「強み」として答えたくなる内容である。しかし、「熟練職人」については、確かにC社の「強み」ではあるものの、第13段落に、高齢化が進展していて若手職人の養成を行っているものの技術習熟が進んでいない旨が記述されている。「熟練職人の高齢化」とすれば逆に「弱み」に該当し、「強み」として指摘しにくい。「縫製（加工）」についても、第11段落に「（縫製工程は）<u>C社製造工程中最も負荷が大きく時間を要する工程</u>」という記述がある。「仕上げ加工」についても、第2問の解説で触れるが、「手直し作業」の発生原因となっている。いずれにしても「弱み」の側面を持ち合わせているので、「強み」としては指摘しにくい。

(b) 弱み

前述のとおり、「生産面」の「弱み」は解答しにくい。「取引面」中心の解答を心がけたい。

(4) 解答の構成要素検討

(a) 強み

前述の第4段落の記述には、「<u>天然素材のなめし革を材料</u>」という記述がある。C社の「革製バッグ」の特徴としては、問題本文で唯一の記述である。「自社ブランド製品」は「高級品」であるが、それは熟練職人の縫製・仕上げ加工だけでなく、この「素材」面の特徴も要因となっている。本問は「革製バッグ業界」におけるC

— 288 —

社の「強み」を答えるわけだから、この「素材」面の特徴を解答に入れたい。そして、技術力については、第2段落の「加工工程の拡大と加工技術の向上」という記述を生かして、「加工技術力」程度の指摘に留めたい。

　なお、第2段落の「一貫受託生産」は、これを解答すると、「自社ブランド製品を有していること」と整合性が取りにくくなるので、解答する場合は「一貫生産」に留めたい。

(b)　弱み

　「取引面」だけだと、制限字数が余るかもしれない。その場合は、第4問との関連で、第13段落の「（若手職人への）技術習熟が進んでいない」旨を、保険のために解答に入れてもよいだろう（少なくとも、それで減点されることはないはずである）。

第2問 (配点30点) ◢◢

(1)　要求内容の解釈

　問題要求は、「受託生産品」の「製造工程」で、「効率化」を進めるための「課題と対応策」を2つ答えることである。特に難しい問題要求ではないが、「問題点」ではなく「課題」を答えることに注意したい。

　例）
　問題点：納期遅延（納期を守れない）
　課　題：納期遵守（納期を守る）

　本事例のC社は、「受託生産品」と「自社ブランド製品」の2つを手掛けている。そして、本問の対象は前者であるから、「自社ブランド製品」の「効率化」のための解答をしないように注意したい。

(2)　解答の根拠探し

　「製造工程」については、第9段落に「受注後の製造工程は、裁断、縫製、仕上げ、検品、包装・出荷の5工程である。」という記述がある。「受注後」と記述されているので、「受注前の製造工程」もあると考えられるかもしれない。しかし、素直に考えれば、第6段落の生産計画の記述は、「製造工程」ではない。「裁断」「縫製」「仕上げ」「検品」「包装・出荷」の中で、非効率な工程を2つ見つける、というのがセオリーであろう。

(a)　課題

　第14段落の「検品工程」での「手直し作業」の発生の記述は、比較的容易に着目できるだろう。「手直し」であるから、「非効率」であることに間違いはない。

　そして、「手直し」は「製品の出来栄え」について「ばらつき」が発生している

— 289 —

ことが原因となっている。「製品の出来栄え」は、検品工程の前工程に当たる「仕上げ工程」が担うことになる。そうすると、第12段落に、「仕上げ工程は、縫製されたバッグメーカーからの受託生産品の裁断断面の処理、付属金物の取り付けなどを行う製造の最終工程を担当」という記述があり、「受託生産品」であることが明示されている。一方の「自社ブランド製品」は、第11段落に記述されているように、熟練職人が縫製工程から引き続いて担当しているわけだから、対比すれば、「受託生産品」の仕上げ工程は、必ずしも熟練職人が担当しているとは限らない、ということになる。

　したがって、課題の1つめとしては、この検品工程で発見される、あるいは仕上げ工程に起因する「手直し作業の削減」が該当することになる（注：「手直し作業の発生」は「問題点」の表現である）。

　もう1つの「課題」は見つけるのが難しい。まず、最初の「裁断工程」は、「製造工程では一番機械化されている。」（第10段落）から、非効率ではない（むしろ、効率的である）。「資材欠品」は生じているものの、第10段落の記述からは、「受託生産品」の資材には限定できない（「自社ブランド製品」の資材の可能性も否定できない）。したがって、「裁断工程」は、本問の対象外となる。次に、最後の包装・出荷工程は、第15段落に「包装・出荷工程は、完成した製品の包装、在庫管理、出荷業務を担当する。」という記述があるだけで、非効率な点は見当たらない。こちらも、本問の対象外となる。

　そうすると、残った「縫製工程」が候補となる。この段落は「受託生産品」「自社ブランド製品」両方について記述されているため読み取りにくいが、丁寧に読み解いてみよう。

　「C社製造工程では一番多くの熟練職人6名が配置されている縫製工程は、裁断された革を組み立てて成形する作業を行う。通常はバッグメーカーからの受託生産品の縫製作業が中心で、裁断済みパーツの部分縫製とそれを組み合わせて製品形状にする全体縫製との作業に大きく分かれ、全体縫製では部分縫製よりも熟練を要する。自社ブランド製品の生産が計画されると、熟練職人は受託生産品の作業から自社ブランド製品の作業へ移る。」（第11段落）

　縫製工程は、通常はバッグメーカーからの受託生産品の縫製作業が中心になる。これは、受託生産品が売上高の80％程度（受注量であればそれ以上）を占めているため、当然といえば当然である。

　そして、自社ブランド製品の生産が計画されると、熟練職人は受託生産品の作業から自社ブランド製品の作業へ移る。移るわけだから、自社ブランド製品の生産が計画されると、熟練職人は、受託生産品の作業から離れる、ということになる。そうすると、受託生産品は熟練職人以外の者が担当することになるが、縫製作業には

部分縫製と全体縫製がある。そして、全体縫製は部分縫製よりも熟練を要するが、受託生産品の全体縫製も熟練職人以外の者が担当することになる（注：第13段落に記述されているように、若手職人は、一人で製品化する技術をまだ習熟できていない）。

　結果的に、自社ブランド製品の生産が計画された場合、受託生産品は、熟練を要する全体縫製も含めて熟練職人以外の者が担当することになる。このような「作業割り当て」が、C社にどのような影響を与えているかを考えてみよう。第7段落に以下の記述がある。

　「生産は、<u>バッグメーカーから受託する受注生産</u>が主であり、1回の受注量は年々<u>小ロット化</u>している。生産管理担当者は、<u>繰り返し受注を見越して、受注量よりも多いロットサイズで生産を計画し、納品量以外は在庫保有している。</u>」（第7段落）

　「バッグメーカーから受託する受注生産」＝「受託生産品」である。受注生産であるにもかかわらず、受注量よりも多く生産すると、「作り過ぎのムダ」が生じる（実質的に、「見込生産」をしていることと変わらない）。まして、小ロット化しているわけだから、「作り過ぎのムダ」がより目立つようになっているだろう。

　自社ブランド製品の生産が計画されると熟練職人は自社ブランド製品に専任する形になるため、受託生産品は熟練職人以外の者が全体縫製まで担当することになる。そうすると、その生産能力も（質・量両面で）下がることが予想される。つまり、まだ売上高の80％程度を占める受託生産品の生産能力が下がるため、自社ブランド製品の生産が計画される前＝熟練職人に余力がある時に、受託生産品の作り溜めをし、その結果、受注量よりも多く生産している＝作り過ぎのムダが発生している、という因果関係を導ける。

　したがって、2つめの「課題」としては、「納品量以上保有している在庫の削減」という内容になるが、本問は「製造工程」での「課題」が要求されているため、縫製工程での作業割り当ての見直し・最適化といった観点で解答したい。

(b)　対応策

　先に縫製工程での対応策を考えてみよう。第11段落に、「各作業者の作業割り当ては、縫製工程のリーダーが<u>各作業者の熟練度を考慮して決めている。</u>」という記述がある。第6段落に記述されているように、縫製工程のリーダーには、生産管理担当者から、受託生産品・自社ブランド製品ともに、月末の生産会議で、生産計画が伝達されている。それにもかかわらず、「熟練度」だけで作業割り当てを行っている。その結果、受注生産である受託生産品で作り過ぎのムダが発生しているわけだから、「受託生産品の生産計画も考慮して作業を割り当てる」旨が骨子になる。それにより、受託生産品の要員（6名いる熟練職人のうちの誰か）も確保＝生産能力を確保して、受託生産品の生産量を最適化する（作り過ぎのムダを省く）という

方向になる。

　検品工程で発見される、あるいは仕上げ工程に起因する「手直し作業」については、第12段落に以下の記述がある。

　「仕上げ工程は、縫製されたバッグメーカーからの受託生産品の裁断断面の処理、付属金物の取り付けなどを行う製造の最終工程を担当し、縫製工程同様手作業が多く、熟練を要する。」（第12段落）

　熟練を要する仕上げ工程において、受託生産品では、熟練職人以外の者も担当することになる。そして、「ばらつき」が発生しているわけだから、熟練職人以外の者の仕上げ作業の出来栄えがよくない、と考えられる。

　仕上げ工程は、「縫製工程同様手作業が多く、熟練を要する。」（第12段落）工程である。しかし、縫製工程では「各作業者の作業割り当ては、縫製工程のリーダーが各作業者の熟練度を考慮して決めている。」（第11段落）が、仕上げ工程には同様の記述がない。付け加えれば、仕上げ工程には「リーダー」に関する記述がない（「リーダー」の記述があるのは、裁断工程と縫製工程である。また、熟練職人がいるかどうかも不明である）。つまり、仕上げ工程の作業割り当ては、誰が、何を基準として行っているかが不明である。縫製工程と同様の熟練度を要する仕上げ工程で熟練度を考慮して作業割り当てをしていない結果、熟練度が低い者が担当して、製品の出来栄えが悪くなる、という因果関係になるため、縫製工程のように、熟練度を考慮して、仕上げ工程でも作業割り当てを行う。それにより、「製品の出来栄えのばらつき」をなくし（あるいは減らし）、手直し作業を削減する、という方向性になる。

(3)　解答の根拠選択

＜縫製工程での課題と対応策＞

　「在庫を減らす」という観点では、「後工程引取方式」も考えられる（出荷した量しか生産しないので、作り過ぎのムダはなくなる）。ただし、この方策でも、受託生産品の全体縫製を担当できる者を増やさないと実現は難しい。

　「部分縫製だけ先に終わらせておく」という方策も考えられる。マスカスタマイゼーションの方向性であるが、部分縫製だけ先に終わらせ、注文があってから全体縫製を行うことが可能なのか不明である。「裁断済みパーツの部分縫製とそれを組み合わせて製品形状にする全体縫製」（第11段落）と「組み合わせ」という表現があるため、マスカスタマイゼーションの可能性は否定できないものの、部分縫製だけ先に終わらせておいても、完成品の在庫が仕掛品の在庫に変わるだけで、在庫問題の直接の解決策にはならない。「短納期」対応であれば妥当性はあるが、本事例で納期は全く問題になっていないので、マスカスタマイゼーションの妥当性は低い。

第 11 段落に記述されている縫製工程の負荷が大きい旨もかなり気になると思われるが、これを解決するには、結局のところ熟練職人を増やすしかない。詳しくは第 4 問の解説で述べる。

＜仕上げ工程での課題と対応策＞

「検品工程では製品の最終検査を行っている」（第 14 段落）という記述から、「各工程で検査を行う」という解答を考えた方もいるかもしれない。しかし、「手直し作業」は検品工程で行っているが、その原因は前工程に当たる「仕上げ工程」の作業割り当てにある。つまり、「仕上げ工程」で検査を行っても、「手直し作業」自体は減らない。さらに、「縫製工程」で検査しても、「縫製工程」は「仕上げ工程」の前工程であるから、「製品の出来栄え」の「ばらつき」は解決されない。したがって、この解答の妥当性は低い。

(4) 解答の構成要素検討

＜縫製工程での課題と対応策＞

(a) の課題については、直接「在庫」について言及すると、「製造工程」の課題に該当しなくなるので（「生産計画」の課題となる）、「縫製工程における作業割り当ての最適化」というように、抽象度を上げて解答したい。

(b) の対応策については、第 11 段落の「作業割り当て」についての言及にかなりの字数が必要になるだろうが、不十分でも構わないので、「在庫」については言及しておきたい。ただし、問題となっているのは、在庫そのものではなく、納品量（受注量）以上に生産している（作り過ぎのムダが発生している）ことなので、解答例では「生産量の適正化」としている。

＜仕上げ工程での課題と対応策＞

こちらは、逆に (b) の対応策の字数が余るだろう。「製品の出来栄えのばらつき」は (a) の課題でも言及できるが、こちらを (b) の対応策に回し、(a) の課題には、「検品工程で発見される」といったように、「製造工程」を明示して、「製造工程」の解答であることがわかるようにしたい。

＜補足＞

事例Ⅲらしいといえばらしいが、Ｃ社が、なぜ今、受託生産品の効率化に取り組むのか、その理由が不明である。一応、事例の設定に沿えば、受託生産品 100％の状態であれば問題はなかったが、自社ブランド製品が 20％を占めるようになったので、効率性が低下したことが考えられる（一応、両者の生産形態は異なっている）。ただし、自社ブランド製品をいつから始めて、いつ 20％になったのか、このあたりの時系列が問題本文に記述されていないので、妥当な判断が難しい。

あるいは、「小ロット化」が進んでいるので非効率になっているのかもしれない

が、いずれにしても、例年のことではあるが、このあたりの設定は曖昧である。

第3問 (配点20点) ◢◢ ◢

(1) 要求内容の解釈

　問題要求は、「自社ブランド製品」の「開発強化」の計画を実現するための「製品企画面」と「生産面」の課題を答えることである。課題を2つ答える問題であるが、第2問と異なり、解答欄は1つである。おそらく、それぞれの字数が異なっているからと考えられる。また、これも第2問と異なり、「対応策」が要求されていない。

(2) 解答の根拠探し

　第5段落に、「製品デザイン部門には新製品の企画・開発経験が少ないことに不安がある。また、製造部門の対応にも懸念を抱いている。」という記述があり、これが本問の大きなヒントとなっている。

＜製品企画面の課題＞

　第5段落の記述を裏返せば、「製品デザイン部門で新製品の企画・開発経験を増やすこと」が課題となる。

　そして、現在は「新製品は、インターネットのオンライン販売情報などを活用して企画している。」（第4段落）という状況である。「など」が入っているので解釈が難しいが、第3段落に「販売数量は少ないものの小売店との取引も始められた。」という記述があり、自社ブランド製品は小売店でも販売されているため（第8段落にも、「バッグ小売店やインターネットで販売する自社ブランド製品は～」という記述がある）、小売店の販売情報も活用する、という方向性は比較的容易に思い浮かぶだろう。注意したいのは、「インターネットによるオンライン販売」の情報はすでに活用しているため、これを解答に入れないことである。

＜生産面の課題＞

　問題本文は「製造部門の対応にも懸念を抱いている。」（第5段落）と漠然と書かれているだけであり、この記述をそのまま用いるわけにはいかない。そこで、自社ブランド製品の製造部門の対応を確認すると、第8段落の「欠品や過剰在庫が生じることがある」という記述は比較的容易に着目できるだろう。

　この記述は解釈が難しいが、第8段落の記述に沿うと、生産管理担当者は受注予測を立てた上で生産計画を作成し、見込生産している。そうすると、この受注予測の精度が低いため、「欠品」と「過剰在庫」が発生していると考えられる。比較的素直な読み方であるが、何を根拠に予測しているか不明なため、解答しにくい（せいぜい、「受注予測の精度向上」程度しか解答できない）。

　一方で、「注文ごとに在庫から引き当てるものの、欠品や過剰在庫が生じることがある。」（第8段落）という記述がある。第6段落に「生産管理担当者は、バッグメー

— 294 —

カーの他、小売店およびインターネットからの注文受付や自社ブランド製品の修理受付の窓口でもあり、それらの製造および修理の生産計画の立案、包装・出荷担当への出荷指示なども行っている。」という記述があり、第15段落に「包装・出荷工程は、完成した製品の包装、在庫管理、出荷業務を担当する。」という記述がある。また、第6段落に、「生産計画は月1回作成し、月末の生産会議で各工程のリーダーに伝達される」という記述がある。そうすると、生産管理担当者は、在庫情報を持っていないことになる（包装・出荷担当から生産管理担当者に情報伝達している旨がどこにも記述されていないため）。つまり、生産管理担当者の受注予測は正しく、それに基づく生産計画（注：生産計画であるから、生産量も含まれる。ただし、受託生産品と異なり、「ロット」の記述がないため、どの程度の生産量を計画しているのかは不明である）も正しいが、肝心の在庫情報を持っていないので、出荷指示をしたら、アイテムによって在庫がなければ欠品になり、ありすぎれば過剰在庫になっている、とも考えられる。そうすると、このまま自社ブランド製品の開発強化をすると、欠品や過剰在庫がさらに増えるおそれがある。このような製造部門の「対応」をC社社長が懸念しているとするならば、生産管理担当者に在庫情報を伝達することで、過不足ない生産計画（生産量と生産時期）を立案することができるようになる。まず、これが「生産面」の課題の1つとなる。

　そして、第6段落に記述されている「生産計画の変更」については、ここまでどの問題でも解答に用いていない。第6段落の記述を以下に掲載する。

　「生産管理担当者は、バッグメーカーの他、小売店およびインターネットからの注文受付や自社ブランド製品の修理受付の窓口でもあり、それらの製造および修理の生産計画の立案、包装・出荷担当への出荷指示なども行っている。生産計画は月1回作成し、月末の生産会議で各工程のリーダーに伝達されるが、計画立案後の受注内容の変動や特急品の割込みによって月内でもその都度変更される。」（第6段落）

　第6段落の「受注内容の変動や特急品の割込み」という記述は、解釈が難しい。前者は、「受注内容の変更」ではないため、仕様変更ではないと考えられる。また、「変動」であるから、質よりは量、たとえば、10個頼んだ注文が20個に変わった等が考えられる。後者の「特急品」は、「特注品」ではない。単に「急ぎ」の注文であるので、たとえば、「来月ではなく今月納品してくれ！」といった注文が考えられる。

　いずれも、受託生産品か自社ブランド製品か明示されていないが、普通に考えれば、受注生産である受託生産品が該当する。ただし、第7段落に記述されているように、受託生産品は納品量よりも多く生産しているわけだから、仮に特急品の注文が来ても、生産計画を変更しなくても在庫から納品できるはずである（自社ブラン

ド製品と異なり、受託生産品で欠品が生じているとは記述されていないため）。また、見込生産である自社ブランド製品の「欠品」している製品の「特急品」であることも考えられるが、「販売数量は少ないものの小売店との取引も始められた。」（第3段落）という記述から、小売店から特急品の注文が頻繁に来るとも考えにくい。さらに、第3段落に記述されているように、自社ブランド製品はオンライン販売が中心であるが、消費者がオンライン販売で特急品を求めるとも考えにくい（「欠品」している製品でも、製造されるまで待つのが普通であろう）。

　いずれにしても、「特急品」の注文が来た場合、在庫から出荷できる可能性があるにもかかわらず、生産管理担当者が生産計画を都度変更しているということは、生産管理担当者が、完成品の在庫情報を有していないからと考えられる。したがって、完成品の在庫情報を生産管理担当者に伝達することで、「都度」の計画変更を減らすことが期待できる。

　さらに、第10段落の「資材欠品」も、ここまでどの問題でも解答していない。ただし、第10段落で注意したいのは、「資材欠品が生じた場合、生産計画の変更が必要」と、その影響は、少なくとも事例上は、生産計画の変更に留まっている点である（それによって残業等が生じているわけではない）。つまり、資材欠品を防ぐ、たとえば「発注から納品までの期間が1カ月を超える資材は先行手配をする」といった解答は求められておらず、あくまで「生産計画の変更をなくす」解答が求められている、ということになる。

　「材料や付属部品などの資材発注と在庫管理も裁断工程のリーダーが担当する。」（第10段落）という記述から、資材の情報も生産管理担当者に伝わっていない、ということになる。結局、第6段落と第10段落の記述から、問題となっているのは、あくまで生産計画の「変更」であるから、「変更」しなくても済むように、各種情報を生産管理担当者に伝達する、という方向性を導ける。

(3)　解答の根拠選択

＜製品企画面の課題＞

　第4段落に、「その企画・開発コンセプトは、「永く愛着を持って使えるバッグ」であり、そのため自社ブランド製品の修理も行っている。」という記述がある。この修理情報（修理箇所や修理の程度等）を新製品の企画・開発に活用すれば、より永く使える製品を開発することができる。C社社長の不安は、「製品デザイン部門には新製品の企画・開発経験が少ないこと」（第5段落）であるから、販売数量が少ない小売店からの情報だけでは、十分な開発機会を得られないかもしれない。それを補うために、修理情報も活用したい。

＜生産面の課題＞

　生産計画の作成が月1回であるため、これを週次（毎週）に変える、と考えた方

もいるかもしれない。しかし、この方策だと、「変更」回数は減るものの、「作成」回数が増える。残業等の削減のためであれば妥当性はあるが、本事例では残業等が発生している記述はなく、あくまで「変更」までが問題となっている。また、生産計画は都度変更されているわけだから、週次で作成しても、仮に毎日「特急品」の注文が来れば、毎日生産計画を変更する必要がある。仮に日次（毎日）作成しても、その日の午後に「特急品」の注文が来れば、午後の生産計画を変更しなければならなくなる。いずれにしても、「都度」の変更を減らそうとしても、妥当な生産計画の作成回数（あるいは作成期間）の設定が難しい。したがって、この解答の妥当性は低い。

(4) 解答の構成要素検討

「生産面での課題」のほうが対応が難しく、妥当な解答をするためには多くの字数が必要になるため、「製品企画面の課題」は端的にまとめたい。なお、解答例では、字数の関係で、「生産管理担当者への伝達」ではなく「製造部門で共有」としている。事例の設定上、情報伝達の流れは生産管理担当者→各工程のリーダーという一方向のため、これを双方向に改めるという内容が伝わるような解答表現を意識したい。

なお、「生産面の課題」で、第11段落に記述されている縫製工程の負荷の低減を、本問で解答した方もいるかもしれない。決して間違っているわけではないが、結局のところ、縫製工程の負荷の低減は、熟練職人を増やすしかない。詳しくは第4問の解説で述べる。

＜補足＞

解答例では、「作業割り当て」の情報も入れてある。これは、第2問で、2つの課題・対応策ともに「作業割り当て」の観点から答えているため、それとの整合性を意識したものである。しかし、無理に入れる必要はなく、各工程から生産管理担当者に情報が伝達される旨が伝わる解答であれば、問題はない。

第4問 (配点30点) ◢ ◢

(1) 要求内容の解釈

問題要求は、「直営店事業」を展開する上での2つの方策が示され、「経営資源を有効に活用」し、「最大の効果を得る」ために、どちらかを選んで、その対応（策）を答えることである。そして、その選ぶ基準は、「経営資源を有効に活用すること」と「最大の効果を得ること」である。

要求上、2つの方策のどちらかを選ばなければならず、「〇〇の場合は△△を行い、××の場合は▲▲を行う」といった、両者を並列で解答することは採点対象外となることに注意したい。

さて、2つの方策は、「自社ブランド製品を熟練職人の手作りで高級感を出す」（以下、「高級感」とする）と「若手職人も含めた分業化と標準化を進めて自社ブランド製品のアイテム数を増やす」（以下、「アイテム数」とする）である。両者が必ずしも対比関係になっていないのでわかりにくいが、整理すると下表のようになる。

	高級感	アイテム数
職人	熟練職人	熟練職人＋若手職人（「若手職人も含めた」とあるので）
作り方	手作り（「分業」との対比から、一人で「製造全体」を行うと考えられる）	分業化と標準化
価格・品質	高価格・高級品	（低価格品・普及品） ※「高級感」との対比
アイテム数	増えない（現状の 25 アイテムのまま）	現状の 25 アイテムより増やす

この2つのうち、直営店事業を展開する上で、どちらが適しているかを考えなければならない。結論を間違えると、極端にいえば 30 点を失うおそれがあるため、慎重に検討したい。

(2) 解答の根拠探し

まず、「直営店事業」は、「大都市の百貨店や商業ビルに直営店を開設」（第5段落）であるから、素直に考えれば、「高級感」が適しているだろう（「高級百貨店」とは記述されていないが、「大都市」の百貨店・商業ビルであるから、素直に考えれば、「高級品」を扱っているだろう）。

また、「アイテム数」は、「若手職人も含めた」＝ 若手職人 ＋ 熟練職人ということになり、「自社ブランド製品は、部分縫製から立体的形状を要求される全体縫製のすべてを一人で製品ごとに熟練職人が担当」（第 11 段落）という状況から、熟練職人も分業する、ということになる。直感的に、違和感を覚えるだろう。

ここで、気になるのは第 13 段落の記述であろう。第 13 段落では、若手職人への技術承継が進んでいないことが記述されている。ただし、承継方法（若手職人の養成方法）は、「細分化した作業分担制で担当作業の習熟」であるから、すでにある程度分業化と標準化は進んでいると考えられる。そして、「バッグを一人で製品化するために必要な製造全体の技術習熟が進んでいない。」という記述がある。第 11 段落に、「自社ブランド製品は、部分縫製から立体的形状を要求される全体縫製のすべてを一人で製品ごとに熟練職人が担当し、そのほとんどの作業は丁寧な手縫い作業（手作業）で行われる。自社ブランド製品の縫製工程を担当した熟練職人は、引き続き仕上げ工程についても作業を行い、製品完成まで担当している。」という記述がある。つまり、「バッグを一人で製品化するために必要な製造全体の技術」は、部分縫製 ＋ 全体縫製 ＋ 仕上げ工程ということになる。この技術習熟が進んでいないわけだから、「熟練職人の OJT」は比較的容易に導けるだろう（第 13 段落では「作業分担」をし

— 298 —

ているため、少なくとも「全体」のOJTは行われていないことが読み取れる）。

　そうすると、縫製工程では熟練職人が6名いるため、それぞれの職人ごとにチームを作り、そのチームに若手職人を配置してOJTを進める、という方向性を導ける。

　また、熟練職人はC社の重要な「経営資源」である。そして、今後退職が予定されているから（注：「定年」とは記述されていない。辞めるのが前提のため、「定年延長」等は不適切になる）、在籍中にOJTを行うことが、その「有効」な活用方法になる。

　次に「最大の効果を得ること」について（注：「最大の効果を得る」であるから、1つの効果とは限らない。「1」よりも、「1＋1＝2」のほうが効果は大きくなるため、複数の効果であっても妥当である）、ここまで何度も述べてきたとおり、第11段落の「縫製工程の負荷の低減」は、「高級感」を維持する上では、熟練職人を増やさなければ達成できない（そのためには、「全体縫製」の技術習得が必須となる）。そうすると、若手職人が熟練職人に育てば、縫製工程の負荷は減る。もっとも、熟練職人はいずれ退職するわけだから、「自社ブランド製品」によって収益を高めているC社にとって、熟練職人の育成はむしろ必要不可欠といえる。

　そして、第1問の「弱み」の部分で、低価格品がまだ売上高の80％程度を占めている旨を答えている。この「弱み」については、高級品を増やすことで、より収益の向上につながる。これらにより、「最大」の効果を得る（効果を最大化する）ことが期待できる。

(3)　解答の根拠選択

　「アイテム数」を選んでも、それだけで0点にはならないと思われるが、この解答だと、有効に活用できる「経営資源」が解答しにくい。また、現在、自社ブランド製品は25アイテムあるが、さらに増やす妥当な根拠も見当たらない。展開するのは「直営店」であるから、25アイテムで十分な面積・陳列スペースで展開することは可能である。

　こちらを選ぶ思考は、おそらく「熟練職人が退職するから」であろう。しかし、本問は、選んだ「理由」は問われていない（したがって、これを解答しても、得点にならないだろう）。また、「効果」も解答しにくい。要するに、「アイテム数」を選んだのではなく、「高級感」を選ばなかったという、消去法である。

　自社ブランド製品は、「手作り感のある高級仕様」（第3段落）、「天然素材のなめし革を材料にして、熟練職人が縫製、仕上げ加工する高級品」（第4段落）である。これを捨ててまで、アイテム数を増やす意義は、少なくとも事例上は見当たらない。

　結局、直営店の開設も熟練職人の退職も、事例上は「今後」とされているだけで、具体的な時期は不明である。「アイテム数」を選ぶ場合、「技術承継を待っていたら直営店を開設できない」という思考であろう。しかし、具体的な時期は不明であるから、「技術承継が進んでから直営店を開設」しても構わない（あくまで、両者とも「今後」

の話である）。また、C社の業況も不明であるから、直営店の開設を急ぐ必要性もない。事例上、百貨店や商業ビルから出店要望が来ているわけではなく、あくまで、C社の意向（「理想」に近い）である。そうであれば、あえて「高級」路線を捨ててまで、「アイテム数」を選ぶ意義もない、ということになる。

(4) 解答の構成要素検討

「チーム」まで解答するのは難しいだろうが、「熟練職人」による「OJT」までは解答したい。それだけでも、かなりの得点を期待できる。

「効果」については、「縫製工程の負荷の低減」を他の問題ですでに解答している場合でも、あえて本問でも重ねて解答したい。さらに、「収益」まで解答できればベストであるが、そこまでは無理でも、第2・3問よりは解答しやすいため、できる限り複数の要素を盛り込んで、多くの得点を取りたい問題である。

「アイテム数」を選んだ場合、おそらく解答の骨子は「理由」になっているだろう。しかし、本問では「理由」は問われていないので、「理由」自体は加点対象ではない。有効に活用できる「経営資源」や、最大の「効果」をうまく解答できれば加点される可能性はあるが、妥当な内容を解答するのは難しいだろう。ただし、「OJT」自体はこちらの解答でも言及できるので、「熟練を要する全体縫製のOJTの強化」といった内容を解答に含めておきたい。

【令和2年】問題
中小企業の診断及び助言に関する実務の事例Ⅲ

［別冊解答用紙：⑫］

【注意事項】
　新型コロナウイルス感染症（COVID-19）とその影響は考慮する必要はない。

【C社の概要】

　C社は、1955年創業で、資本金4,000万円、デザインを伴うビル建築用金属製品やモニュメント製品などのステンレス製品を受注・製作・据付する企業で、従業員は、営業部5名、製造部23名、総務部2名の合計30名で構成される。

　C社が受注しているビル建築用金属製品の主なものは、出入口の窓枠やサッシ、各種手摺、室内照明ボックスなどで、特別仕様の装飾性を要求されるステンレス製品である。またモニュメント製品は、作家（デザイナー）のデザインに従って製作するステンレス製の立体的造形物である。どちらも個別受注製品であり、C社の工場建屋の制約から設置高さ7m以内の製品である。主な顧客は、ビル建築用金属製品については建築用金属製品メーカー、モニュメント製品についてはデザイナーである。

　創業時は、サッシ、手摺など建築用金属製品の特注品製作から始め、特に鏡面仕上げなどステンレス製品の表面品質にこだわり、溶接技術や研磨技術を高めることに努力した。その後、ビル建築内装材の大型ステンレス加工、サイン（案内板）など装飾性の高い製品製作に拡大し、それに対応して設計技術者を確保し、設計から製作、据付工事までを受注する企業になった。

　その後、3代目である現社長は、就任前から溶接技術や研磨技術を生かした製品市場を探していたが、ある建築プロジェクトで外装デザインを行うデザイナーから、モニュメントの製作依頼を受けたことを契機として、特殊加工と仕上げ品質が要求されるステンレス製モニュメント製品の受注活動を始めた。

　モニュメント製品は受注量が減少したこともあったが、近年の都市型建築の増加に伴い製作依頼が増加している。受注量の変動が大きいものの、全売上高の40％を占め、ビル建築用金属製品と比較して付加価値が高いため、今後も受注の増加を狙っている。

【業務プロセス】

　ビル建築用金属製品、モニュメント製品の受注から引き渡しまでの業務フローは、以下のとおりである。

　受注、設計、据付工事施工管理は営業部が担当する。顧客から引き合いがあると、

— 301 —

受注製品ごとに受注から引き渡しに至る営業部担当者を決め、顧客から提供される設計図や仕様書などを基に、製作仕様と納期を確認して見積書を作成・提出し、契約締結後、製作図および施工図を作成して顧客承認を得る。通常、製作図および施工図の顧客承認段階では、仕様変更や図面変更などによって顧客とのやりとりが多く発生する。特にモニュメント製品では、造形物のイメージの摺合わせに時間を要する場合が多く、図面承認後の製作段階でも打ち合わせが必要な場合がある。設計には2次元CAD を早くから使用している。

その後、製作図を製造部に渡すことにより製作指示をする。製作終了後、据付工事があるものについては、営業部担当者が施工管理して据付工事を行い、検査後顧客に引き渡す。据付工事は社外の協力会社に依頼し、施工管理のみ社内営業部担当者が行っている。

契約から製品引き渡しまでのリードタイムは、平均約2か月である。最終引き渡し日が設定されているが、契約、図面作成、顧客承認までの製作前プロセスに時間を要して製作期間を十分に確保できないことや、複雑な形状など高度な加工技術が必要な製品などの受注内容によって、製作期間が生産計画をオーバーするなど、納期の遅延が生じC社の大きな悩みとなっている。

C社では、全社的な改善活動として「納期遅延の根絶」を掲げ、製作プロセスを含む業務プロセス全体の見直しを進めている。また、その対策の支援システムとしてIT 化も検討している。

【生産の現状】
製作工程は切断加工、曲げ加工、溶接・組立、研磨、最終検査の5工程である。切断加工工程と曲げ加工工程は NC 加工機による加工であり、作業員2名が担当している。溶接・組立工程と研磨工程は溶接機や研磨機を用いた手作業であり、4班の作業チームが受注製品別に担当している。この作業チームは1班5名で編成され、熟練技術者が各班のリーダーとなって作業管理を行うが、各作業チームの技術力には差があり、高度な技術が必要な製作物の場合には任せられない作業チームもある。

ビル建築用金属製品は切断加工、曲げ加工、溶接・組立までは比較的単純であるが、その後の研磨工程に技術を要する。また、モニュメント製品は立体的で複雑な曲線形状の製作が多く、全ての工程で製作図の理解力と高い加工技術が要求される。ビル建築用金属製品は製作完了後、製造部長と営業部の担当者が最終検査を行って、出荷す

る。モニュメント製品は、デザイナーの立ち会いの下、最終検査が行われ、この際デザイナーの指示によって製品に修整や手直しが生じる場合がある。

生産計画は、製造部長が月次で作成している。月次生産計画は、営業部の受注情報、設計担当者の製品仕様情報によって、納期順にスケジューリングされるが、溶接・組立工程と研磨工程は加工の難易度などを考慮して各作業チームの振り分けを行いスケジューリングされる。C社の製品については基準となる工程順序や工数見積もりなどの標準化が確立しているとはいえない。

工場は10年前に改築し、個別受注生産に適した設備や作業スペースのレイアウトに改善したが、最近の加工物の大型化によって狭隘な状態が進み、溶接・組立工程と研磨工程の作業スペースの確保が難しく、新たな製品の着手によって作業途中の加工物の移動などを強いられている。

製造部長は、全社的改善活動のテーマである納期遅延の問題点を把握するため、作業時間中の作業者の稼働状態を調査した。それによると、不稼働の作業内容としては、「材料・工具運搬」と「歩行」のモノの移動に関連する作業が多く、その他作業者間の「打ち合わせ」、営業部担当者などとの打ち合わせのための「不在」が多く発生していた。

事例Ⅲ②

第1問 (配点20点)
C社の(a)強みと(b)弱みを、それぞれ40字以内で述べよ。

第2問 (配点40点)
C社の大きな悩みとなっている納期遅延について、以下の設問に答えよ。

(設問1)
C社の営業部門で生じている(a)問題点と(b)その対応策について、それぞれ60字以内で述べよ。

(設問2)
C社の製造部門で生じている(a)問題点と(b)その対応策について、それぞれ60字以内で述べよ。

第3問 (配点20点)
C社社長は、納期遅延対策として社内のIT化を考えている。C社のIT活用について、中小企業診断士としてどのように助言するか、120字以内で述べよ。

第4問 (配点20点)
C社社長は、付加価値の高いモニュメント製品事業の拡大を戦略に位置付けている。モニュメント製品事業の充実、拡大をどのように行うべきか、中小企業診断士として120字以内で助言せよ。

令和2年度　事例Ⅲ　解答・解説

解答例

第1問（配点20点）

(a)

高	付	加	価	値	で	、	特	殊	加	工	等	が	要	求	さ	れ	る	モ	ニ
ュ	メ	ン	ト	製	品	に	生	か	せ	る	溶	接	技	術	と	研	磨	技	術 。

(b)

不	十	分	な	標	準	化	や	契	約	締	結	プ	ロ	セ	ス	の	不	備	等
に	よ	り	納	期	遅	延	を	招	く	低	水	準	な	業	務	プ	ロ	セ	ス 。

第2問（配点40点）

（設問1）

(a)

契	約	締	結	後	の	仕	様	変	更	や	図	面	変	更	等	の	顧	客	と
の	や	り	と	り	が	多	く	、	製	作	前	プ	ロ	セ	ス	に	時	間	を
要	し	て	製	作	期	間	に	し	わ	寄	せ	を	与	え	て	い	る	こ	と 。

(b)

見	積	書	の	作	成	・	提	出	段	階	で	は	仮	契	約	に	留	め	、
製	作	図	・	施	工	図	へ	の	顧	客	の	承	認	後	の	確	定	仕	様
に	基	づ	き	、	納	期	を	確	定	し	て	本	契	約	を	結	ぶ	。	

（設問2）

(a)

立	体	的	で	複	雑	な	形	状	な	ど	高	度	な	加	工	技	術	が	必
要	な	製	品	な	ど	の	受	注	内	容	に	よ	っ	て	、	製	作	期	間
が	生	産	計	画	を	オ	ー	バ	ー	す	る	案	件	が	あ	る	こ	と 。	

(b)

納	期	だ	け	で	な	く	、	全	工	程	の	加	工	の	難	易	度	も	考
慮	し	て	ス	ケ	ジ	ュ	ー	リ	ン	グ	し	、	高	度	な	加	工	技	術
が	必	要	な	製	品	に	は	十	分	な	製	作	期	間	を	確	保	す	る	。

第3問 (配点20点)

工	程	順	序	や	工	数	見	積	も	り	の	標	準	化	の	確	立	に	取
り	組	ん	で	社	内	基	準	を	作	成	す	る	。	そ	の	基	準	に	基
づ	い	て	生	産	計	画	を	作	成	す	る	シ	ス	テ	ム	を	構	築	し	、
作	業	途	中	で	の	加	工	物	の	移	動	や	材	料	・	工	具	運	搬
を	減	ら	す	。	ま	た	、	各	種	生	産	情	報	を	製	造	部	お	よ
び	営	業	部	で	共	有	し	て	、	打	ち	合	わ	せ	を	減	ら	す	。

第4問 (配点20点)

3	次	元	Ｃ	Ａ	Ｄ	を	導	入	し	て	造	形	物	の	イ	メ	ー	ジ	の
摺	合	わ	せ	に	活	用	し	、	製	作	段	階	で	の	打	ち	合	わ	せ
や	最	終	検	査	後	の	修	整	・	手	直	し	を	減	ら	す	。	ま	た	、
技	術	の	観	点	で	作	業	チ	ー	ム	を	再	編	成	し	て	生	産	能
力	を	増	強	す	る	。	さ	ら	に	、	計	画	的	に	技	術	者	養	成
に	取	り	組	み	、	技	術	力	の	底	上	げ	を	図	る	。			

事例Ⅲ②

解　説

1．事例の概要

　令和2年度の事例Ⅲは、2年連続で、問題本文に図表が記載されなかった。問題本文の記述は2頁半ほどであり、令和元年度ほどではないが、記述量(ボリューム)は多い。

　問題は全4問構成で、第2問のみ、2つの設問で構成されている。ただし、第1問、第2問（設問1・2）が(a)(b)欄に分かれているため、解答箇所が8つと、例年に比べて多くなっている。

　第1・3・4問が各20点の配点で、2つの設問で構成されている第2問が40点の配点のため、第2問（設問1・2）も含め、配点は一律20点と考えられる。解答の制限字数は合計560字と標準的であり、問題要求もわかりにくいということはない。ただし、この数年の事例Ⅲの特徴でもあるが、問題本文の情報量が非常に多い。問題本文の情報は解答の根拠となり得るが、2つの設問で構成されている第2問と第3問が「納期遅延」への対策で共通し、かつ第4問で問われている「モニュメント製品」も納期遅延が生じているため、第2・3・4問の切り分けが非常に難しい。制限時間を考慮すると、あえて切り分けず、根拠を複数の問題で重複して使う対応が有効であったと考えられる。

　問題構成は、第1問がSWOT分析関連、第2問が業務プロセスの改善（営業部門含む）、第3問がIT活用、第4問が今後の戦略と、比較的オーソドックスである。ただし、前述のとおり、第2・3・4問の切り分けが難しく、例年ほどではないにしても不自然な設定（用語の使い方を含む）も散見されるため、「難しい」というよりは、「(制限時間内で) 対応しにくい」という事例であった。

□**難易度**

　・問題本文のボリューム　　：多い

　・題材の取り組みやすさ　　：標準

　・問題要求の対応のしやすさ：易しい

□**問題本文のボリューム（本試験問題用紙で計算）**

　・2ページ半

□**構成要素**

　文　章：73行

　問題数：4つ　解答箇所8箇所

　　（要求は、第1問および第2問(設問1・2)各2つ、第3・4問各1つ）

— 308 —

```
第1問　20点　　　　　　　　80字
第2問　40点　（設問1）　120字
　　　　　　　　（設問2）　120字
第3問　20点　　　　　　　120字
第4問　20点　　　　　　　120字
　　　　　　　　（合計）　　560字
```

(1)　問題本文のボリューム

前述のとおり、令和元年度ほどではないが、問題本文のボリューム、というより、情報量が多い。図表がないとはいえ、問題本文の情報を整理するのに時間がかかるおそれがある。

(2)　題材の取り組みやすさ

C社は「ビル建築用金属製品」と「モニュメント製品」を製作している。前者については、「出入口の窓枠やサッシ、各種手摺、室内照明ボックスなど」（第2段落）のステンレス製品であることが明示されており、ある程度はイメージできるだろう。後者については具体例が明示されていないが、モニュメント＝記念碑、記念建築物であることはおおよその受験生であれば想起できるだろう。少なくとも、「全くイメージできない」製品ではないだろう。したがって、「題材がわからない」ことで解答できない、ということも起きにくいだろう。

(3)　問題要求の対応のしやすさ

オーソドックスな問題構成であり、問題要求も「わかりにくい」ということはない。個人差はあるかもしれないが、問題要求自体は、例年に比べれば「易しい」部類に入るだろう。

2．取り組み方

本事例は、「難しい」というよりは、「（制限時間内で）対応しにくい」という事例である。例年に比べ、1次試験の生産管理の知識が要求される問題も見られないため、個人差はあるかもしれないが、第1問の「強み」→第2問（設問1）の「問題点」→第2問（設問2）の問題点→第1問の「弱み」（第2問（設問1・2）の「問題点」と関連するため）→第2問（設問1・2）の「対応策」・第3問（「納期遅延」への対策なので、一緒に考えたほうがよい）→第4問という順番で解くことが理想的であろう。

詳しくは各問題の解説で述べるが、本事例では、「3次元CAD」をどの問題の解答に使うかの判断が難しい。制限時間を考慮すれば、あえて複数の問題の解答に使うの

が、上手な対応といえる。

<参考：C社の事業変遷>

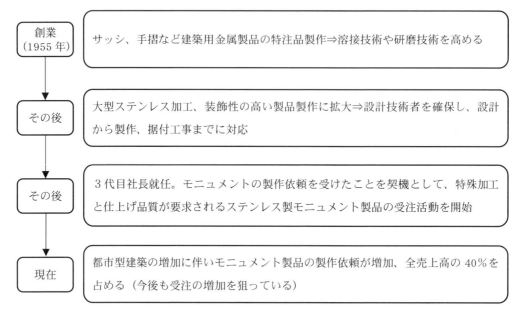

※ その他、約10年前に工場を改装し、個別受注生産に適した設備や作業スペースのレイアウトに改善している。

3．解答作成

第1問（配点20点）

(1) 要求内容の解釈

問題要求は、C社の「強み」と「弱み」を答えることである。特に難しい要求ではないが、「○○業界における～」「事業変遷を踏まえた上で～」等の条件が一切なく、単なる「C社」の強み・弱みが問われている。特に制約条件がないため、「生産面」に限る必要もないことになる。

なお、「弱み」について、C社は通常、生産面で問題点を抱えているため（本事例でいえば「納期遅延」）、解答が第2問以降と重複することが多い。「弱み」については、第2問以降に取り組んだ後に、抽象度を上げて解答したほうがよいだろう。

(2) 解答の根拠探し

(a) 強み

通常、事例ⅢのC社は、「技術面」に強みを有することが多い。そうすると、第3・4段落の記述から、「溶接技術と研磨技術」はすぐに見つかるだろう。ただし、第11段落に、作業チームの技術力に差がある旨が書かれているため、判断に迷う

部分もある。

　また、第3段落最後の「設計から製作、据付工事までを受注する企業になった。」という記述から、「設計〜据付工事までの一貫生産体制（あるいは受注体制）」も候補と考えられる。

(b)　弱み

　第9段落の最後に「納期の遅延が生じC社の大きな悩みとなっている。」旨が記述されている。第2問と第3問で納期遅延対策を答えるため、「納期遅延」が生じていることが「弱み」であることが想定できる。ただし、その原因については、第11段落の「作業チームの技術力の差」や、第13段落の「工程順序や工数見積もりの標準化の未確立」、第15段落の「不稼働の発生」など、問題本文に根拠になる可能性のある記述がありすぎて、とても40字以内では解答しきれない。そこで、これらを解答で「編集」する能力が求められる。

(3)　解答の根拠選択

(a)　強み

　まず、「溶接技術と研磨技術」は、第3〜5段落に以下の記述がある。

　「創業時は、サッシ、手摺など建築用金属製品の特注品製作から始め、特に鏡面仕上げなどステンレス製品の表面品質にこだわり、<u>溶接技術や研磨技術を高めることに努力した。</u>」（第3段落）

　「その後、3代目である現社長は、就任前から<u>溶接技術や研磨技術を生かした製品市場を探して</u>いたが、ある建築プロジェクトで外装デザインを行うデザイナーから、モニュメントの製作依頼を受けたことを契機として、<u>特殊加工と仕上げ品質が要求されるステンレス製モニュメント製品の受注活動を始めた。</u>」（第4段落）

　「<u>モニュメント製品</u>は受注量が減少したこともあったが、近年の都市型建築の増加に伴い<u>製作依頼が増加</u>している。受注量の変動が大きいものの、全売上高の40％を占め、<u>ビル建築用金属製品と比較して付加価値が高いため、今後も受注の増加を狙っている。</u>」（第5段落）

　「溶接技術と研磨技術」は、付加価値が高いモニュメント製品に生かせる技術であり、かつモニュメント製品は製作依頼が増加しており、今後もC社は受注増加を狙っているため、素直に「強み」と判断したい。

　次に、「設計〜据付工事までの一貫生産体制（あるいは受注体制）」は、モニュメント製品の顧客は「作家（デザイナー）」であり（第2段落）、モニュメント製品では造形物のイメージの摺合わせが必要であるため（第7段落）、「設計」を担えることは「強み」といえそうである。また、据付工事があるものについては協力会社を利用して据付工事を行っており（第8段落）、企業ではなく「作家（デザイナー）」を顧客とするモニュメント製品では、「据付工事」も担えることは「強み」といえ

事例Ⅲ②

— 311 —

そうである（「作家」が単独で据付工事を行えるとは考えにくいため）。

　どちらも妥当性はあるため、制限字数が許せば、どちらも解答したいところである。

（b）　弱み

　「作業チームの技術力の差」、「工程順序や工数見積もりの標準化の未確立」、「不稼働の発生」等のすべてを解答に盛り込むと、40字という制限字数では書き切れないだろう。そこで、これらをまとめるために、たとえば「生産性の低さ」や「生産管理能力の弱さ（杜撰さ）」といった解答表現が考えられる。ただし、第2問（設問1）で問われているように、「納期遅延」は営業部門（製作前プロセス）にも原因があるため、「生産面」（あるいは「生産技術面」）だけで解答すると、得点は伸びないかもしれない。

　第10段落に、「C社では、全社的な改善活動として「納期遅延の根絶」を掲げ、製作プロセスを含む業務プロセス全体の見直しを進めている。」という記述がある。この記述に従えば、納期遅延の原因は「業務プロセスの不備」にあることになるから（業務プロセスの見直しが納期遅延対策になるため）、「業務プロセスの不備」といった内容で、解答をまとめたい。

（4）　解答の構成要素検討

（a）　強み

　第4問で、C社がモニュメント製品事業の拡大を戦略に位置付けていることが明示されているため、解答例では、「溶接技術や研磨技術」を結論にし、その修飾に、「モニュメント製品に生かせる」旨を入れてある。さらに「モニュメント製品」を修飾するために「付加価値が高い」ことと「特殊仕様等が求められる」旨を入れてある。後者については「仕上げ品質」も入れたいところであるが、字数の関係でそこまで入れるのは難しいため、「等」で補っている。なお、作業チームの技術力に差があることが気になる場合、「熟練技術者」（第11段落）を結論にしてもよいだろう。また、「鏡面仕上げ（力）」（第3段落）、「特殊加工と仕上げ品質（力）」（第4段落）を結論にしても、許容範囲と考えられる。注意したいのは、「強み」で何かしらの技術力に言及し、「弱み」で、「作業チームの技術力の差」を解答することである。この場合、技術力が「強み」なのか「弱み」なのかわかりにくくなってしまう。

　「設計〜据付工事までの一貫生産体制（あるいは受注体制）」も妥当性はあるため、解答に盛り込んでも構わない。ただし、その場合でも、技術力については、多少説明が不十分になっても、言及しておきたい（「溶接技術と研磨技術」は、今後の戦略に生かせる技術のため、「×」にはなりにくい）。「設計〜据付工事までの一貫生産体制（あるいは受注体制）」に終始した解答は避けたい。

なお、「設計〜据付工事までの一貫生産体制（あるいは受注体制）」を解答する場合、据付工事自体は協力会社が行っているため（第8段落）、「一貫」という言葉は用いないほうがよいだろう。「設計から据付工事までを受注できる体制」といった表現が望ましい。

(b)　弱み

「納期遅延」について、業務プロセスに起因していることがわかる解答にしたい。そして、業務プロセスは、「製作前プロセス」（受注プロセス、営業部門）と「製作プロセス」（製造プロレス、製造部門）に分かれるため、それぞれの内容を端的に指摘したい。この場合、第2問（設問1）が「製作前プロセス」、第2問（設問2）が「製作プロセス」に対応しているため、そちらを解答してから、本問に戻るほうが解答しやすいだろう。

なお、第3問で「IT化」「IT活用」を答えるため、この内容（例：「IT化の遅れ」等）を解答に入れた方もいるかもしれないが、第10段落に記述されているように、IT化は「その対策（＝納期遅延対策のための業務プロセスの見直し）の支援システム」であり、IT化の遅れ等が納期遅延の直接の原因になっているわけではないため、解答に入れないほうがよいだろう。

第2問 (配点40点) ◢◢

「納期遅延」に関する問題で、2つの設問で構成されている。そして、（設問1）は営業部門、（設問2）は製造部門と、両者の関連性が低いので、場合によっては（設問2）から解いても構わない（ただし、事例Ⅲは「生産」の事例で、「営業部門」のほうが問題本文の記述は少なく根拠を特定しやすいだろうから、（設問1）から解くのがセオリーであろう）。

リード文に、納期遅延が「大きな悩み」と記述されているが、納期遅延が生じているからどうなっているか等の記述が問題本文にない（納期遅延によって失注が生じているような記述はない）。納期遅延がなぜ「悩み」なのか、よくわからない事例であるが、逆にいうと、失注等が生じているわけではないので、「悩み」という、「主観的」な設定にしていると考えられる。

（設問1）

(1)　要求内容の解釈

問題要求は、C社の「営業部門」で生じている (a)「問題点」と(b)「対応策」を答えることである。特に難しい要求ではないが、(b) の「対応策」を60字で解答するのは意外に難しい。また、(a) の「問題点」を間違えると(b) の「対応策」も連鎖的に間違えることになるため、「問題点」の解答を慎重に行いたい。

(2) 解答の根拠探し

(a) 問題点

まず、第9段落に、納期遅延の原因の根拠が記述されている。

「契約から製品引き渡しまでのリードタイムは、平均約2か月である。最終引き渡し日が設定されているが、契約、図面作成、顧客承認までの製作前プロセスに時間を要して製作期間を十分に確保できないことや、複雑な形状など高度な加工技術が必要な製品などの受注内容によって、製作期間が生産計画をオーバーするなど、納期の遅延が生じC社の大きな悩みとなっている。」(第9段落)

「契約、図面作成、顧客承認までの製作前プロセスに時間を要して製作期間を十分に確保できないこと」が(設問1)の(a)(＝営業部門の問題点)に該当し、後半の「複雑な形状など高度な加工技術が必要な製品などの受注内容によって、製作期間が生産計画をオーバーする」ことが、(設問2)の(a)(＝製造部門の問題点)に該当する。

そして、「契約、図面作成、顧客承認までの製作前プロセスに時間を要して製作期間を十分に確保できないこと」については、具体的な記述が第7段落に示されているが、字数が多いためそのままでは解答に使えない。これについては(3)で述べる。

ほかに、営業部門の業務としては、第8段落の据付工事に関する記述や、第12段落のモニュメント製品の最終検査後の修整・手直しに関する記述がある。しかし、第8段落については特段の問題が生じているわけではなく、第12段落についても、最終検査は製造部長と営業部の担当者が行っているため、営業部門単独での問題点にはつながらない。

本問は制限字数が60字とそれほど多くないため、第9段落前半の記述を根拠に解答したほうがよいだろう。

(b) 対応策

(a)の問題点が前提となるため、(a)の内容をある程度固める必要がある。よって、(3)で述べる。

(3) 解答の根拠選択

(a) 問題点

第7段落の記述を掲載する。

「受注、設計、据付工事施工管理は営業部が担当する。顧客から引き合いがあると、受注製品ごとに受注から引き渡しに至る営業部担当者を決め、顧客から提供される設計図や仕様書などを基に、製作仕様と納期を確認して見積書を作成・提出し、契約締結後、製作図および施工図を作成して顧客承認を得る。通常、製作図および施工図の顧客承認段階では、仕様変更や図面変更などによって顧客とのやりとりが多く発生する。特にモニュメント製品では、造形物のイメージの摺合わせに時間を要する場合が多く、図面承認後の製作段階でも打ち合わせが必要な場合がある。設計

には2次元CADを早くから使用している。」（第7段落）

　非常に情報量が多く、情報整理に時間がかかるが、一言でいえば、「顧客とのやりとりが多い」ということである。このやりとりの多さが、「契約、図面作成、顧客承認までの製作前プロセスに時間を要して〜」（第9段落）という状況につながっている。

　さて、第7段落の記述に着目すると、非常に変な受注の仕方をしている。それは、契約締結後に、顧客承認を得ていることである。C社は、契約締結前に製作仕様と納期を確認して見積書を作成・提出し、その段階で契約を締結しているため、契約締結時点で納期が確定している。第9段落に、「契約から製品引き渡しまでのリードタイム」と記述があり、リードタイムの始期は「契約（締結時）」であることがわかる。

　しかし、契約締結後に、顧客承認段階で仕様変更や図面変更が生じ、顧客とのやりとりが多く発生している。そして、営業部門は、製作図を製造部に渡して製作指示をしている（第8段落）。この製作図は顧客の承認後であるから、製造部門は、リードタイムの始期である契約締結時点では製作に着手できないことになる（着手後に仕様変更があると、「作り直し」になる）。そうすると、契約締結〜顧客承認までの期間、製造部門は「手待ち」状態になる。顧客承認段階でのやりとりが多くなればなるほど、この「手待ち」期間が長くなり、その分、納期（＝最終引き渡し日）までの製作期間がタイトになる。その結果が、「契約、図面作成、顧客承認までの製作前プロセスに時間を要して製作期間を十分に確保できないこと」の内容になる。これを改める内容が、「対応策」になる。

（b）　対応策

　通常、仕様変更＝作るモノが変わるわけだから、仕様変更があったら納期も変わるはずである。しかし、C社は、契約締結時の（当初の）納期のままで製作しているわけだから、製作期間に「無理」が生じる。解答表現はいろいろ考えられるが、「製作期間を十分に確保できない」状態を改めるわけだから、骨子は、「製作期間を十分に確保する」ことになる。そのためには、「納期確定」と「製作着手」までの期間を短くする、つまり「手待ち」を減らすことが必要であるから、納期確定を、「契約締結時」ではなく、「顧客承認時（後）」に移行する、という内容になる。

（4）　解答の構成要素検討

（a）　問題点

　第9段落前半の「契約、図面作成、顧客承認までの製作前プロセスに時間を要して製作期間を十分に確保できないこと」を抜き出しただけでは60字に足らないので、第7段落の「顧客とのやりとりの多さ」を端的に解答に盛り込みたい。なお、「製作期間を十分に確保できないこと」では製造部門の問題点に読めるので、解答例で

― 315 ―

は、「製作期間にしわ寄せを与えている」という表現を用いた。

(b) 対応策

　　解答例では、「見積書の作成・提出段階」を「仮契約」とし、顧客承認後（仕様確定後）に納期を確定させる、という内容とした。60字と制限字数が多くないため、「製作前プロセス」を改める内容を端的にまとめたい。

＜Ｃ社の製作前プロセス＞

（現状）

「契約」から「最終引き渡し」までのリードタイムが平均約2か月

契約締結	⇒	顧客承認	⇒	製作指示	⇒	最終引き渡し日

納期確定	仕様変更	仕様が確定しないと製作に着手できない ⇒製作着手と納期までの期間が短くなる

⬇

（改善後）

リードタイムはここから起算

仮契約	⇒	顧客承認＝本契約	⇒	製作指示

納期見積もり	仕様変更	納期確定（変更後の仕様に基づく）	本契約後、すぐに製作に着手する

　※　リードタイムについて、「仕様変更や図面変更などによる顧客とのやりとり」の影響を受けないようにする。

（設問2）

(1)　要求内容の解釈

　　問題要求は、Ｃ社の「製造部門」で生じている(a)「問題点」と(b)「対応策」を答えることである。（設問1）と同様、(b)の「対応策」を60字で解答するのは意外に難しい。また、(a)の「問題点」を間違えると(b)の「対応策」も連鎖的に間違えることになるため、「問題点」の解答を慎重に行いたい。

(2)　解答の根拠探し

(a)　問題点

　　（設問1）の解説で述べたとおり、第9段落後半の「複雑な形状など高度な加工技術が必要な製品などの受注内容によって、製作期間が生産計画をオーバーする」こ

とが、製造部門の問題点となる。そして、「製作期間が生産計画をオーバーする」のは、「複雑な形状など高度な加工技術が必要な製品」が、ビル建築用金属製品なのか、それともモニュメント製品なのかを **(3)** で検討する。

その他の製造部門の問題点（らしき）記述も、以下のように複数見つかる。

・各作業チームの技術力には差があり、高度な技術が必要な製作物の場合には任せられない作業チームもある（第 11 段落）。

・C 社の製品については基準となる工程順序や工数見積もりなどの標準化が確立しているとはいえない（第 13 段落）。

・最近の加工物の大型化によって狭隘な状態が進み、溶接・組立工程と研磨工程の作業スペースの確保が難しく、新たな製品の着手によって作業途中の加工物の移動などを強いられている（第 14 段落）。

・不稼働の作業内容としては、「材料・工具運搬」と「歩行」のモノの移動に関連する作業が多く、その他作業者間の「打ち合わせ」、営業部担当者などとの打ち合わせのための「不在」が多く発生していた（第 15 段落）。

これらについても、**(3)** で検討する。

(b) 対応策

（設問１）と同様、(a) の問題点が前提となるため、(a) の内容をある程度固める必要がある。よって、**(3)** で述べる。

(3) 解答の根拠選択

(a) 問題点

ビル建築用金属製品とモニュメント製品の形状や技術について確認する。

＜ビル建築用金属製品＞

・特別仕様の装飾性を要求されるステンレス製品（第 2 段落）

・切断加工、曲げ加工、溶接・組立までは比較的単純であるが、その後の研磨工程に技術を要する（第 12 段落）

＜モニュメント製品＞

・作家（デザイナー）のデザインに従って製作するステンレス製の立体的造形物（第 2 段落）

・立体的で複雑な曲線形状の製作が多く、全ての工程で製作図の理解力と高い加工技術が要求される（第 12 段落）

上記からわかるように、ビル建築用金属製品は研磨工程の加工技術は必要であるが、他の工程は比較的単純である。一方、モニュメント製品は全工程で高い加工技術が必要となる。また、ビル建築用金属製品の「形状」については特段の記述はな

いが、モニュメント製品では「複雑な曲線形状」であることが明示されている。したがって、「製作期間が生産計画をオーバーする」のはモニュメント製品であると判断できる。

他の問題点（らしき）記述についても確認する。まず、第11段落の「作業チームの技術力の差」については、確かに高度な技術が必要な製作物＝モニュメント製品を任せられないチームも存在している。しかし、第13段落に、製造部長が、「溶接・組立工程と研磨工程は加工の難易度などを考慮して各作業チームの振り分けを行いスケジューリング」している旨が記述されており、「高度な技術が必要な製作物（＝モニュメント製品）を任せられないチーム」に振り分けているとは考えにくい。

次に、「標準化の未確立」（第13段落）については、モニュメント製品のみに生じているという根拠がない。「作業途中の加工物の移動」（第14段落）も、「最近の加工物の大型化」（第14段落）がきっかけとなっており、モニュメント製品に限定しているわけではない。「不稼働の発生」（第15段落）も同様である。これらは、ビル建築用金属製品についても生じている事象であるから、本問の対象としては優先度が低い。

「製作期間が生産計画をオーバー」しているモニュメント製品の生産計画の内容で解答を考えたい。

(b) 対応策

モニュメント製品について、「製作期間」が「生産計画」をオーバーしている。しかし、「製作期間」については、（設問1）で検討したように、「製作前プロセス」（営業部門）の影響を受ける。そこで、「製作前プロセス」の影響を受けない「生産計画」の現状を確認しよう。第13段落に以下の記述がある。

「生産計画は、製造部長が月次で作成している。月次生産計画は、営業部の受注情報、設計担当者の製品仕様情報によって、納期順にスケジューリングされるが、溶接・組立工程と研磨工程は加工の難易度などを考慮して各作業チームの振り分けを行いスケジューリングされる。」（第13段落）

本事例は「納期遅延」を大きな問題点としている。しかし、生産計画は「納期順」にスケジューリングしている。「納期順のスケジューリング」の意味は、納期が早いものから順番に製作着手する、という意味である。それにもかかわらず、納期遅延が生じているということは、結局、複雑な形状など高度な加工技術が必要な製品＝モニュメント製品について、そもそも、生産計画上のスケジューリングに則って製作しても、納期に間に合わない（生産計画上の製作期間がそもそも短い）ということを意味する。

たとえば、①簡単（＝製作期間が短い）だけど納期（引き渡し日）が早い、②複雑（＝製作期間が長い）だけど納期（引き渡し日）が遅い、という案件があった場

合、現在の生産計画では、①→②の順にスケジューリングすることになる。この結果、②について納期遅延が発生しているのであれば、納期順のみのスケジューリングではなく、製品ごとの「製作期間」（リードタイム）も考慮する必要がある、ということになる（第9段落に「最終引き渡し日」という記述があることから、「引き渡し日」が複数あることが想定できる。そうすると、たとえば上記①の案件は、「最終」の前の引き渡し日に納品している可能性がある）。

　そして、モニュメント製品は、「全ての工程で製作図の理解力と高い加工技術が要求される」（第12段落）が、スケジューリングは、「溶接・組立工程と研磨工程は加工の難易度」（第13段落）しか考慮されていない。C社の製造工程は「切断加工、曲げ加工、溶接・組立、研磨、最終検査の5工程」（第11段落）であるから、「切断加工」と「曲げ加工」の難易度は考慮されていないことになる。この2工程は「NC加工機」を用いており、モニュメント製品は「立体的で複雑な曲線形状」のため、設計担当者（注：営業部に属している）から渡される製品仕様情報から、NC加工機に使用するためのNC加工データの作成（プログラミング等）に想定以上に時間がかかっている可能性が考えられる（全ての工程で、製作図の理解力が要求されるため）。この方向性で解答を考えたい。

　なお、生産計画が「月次」で作成されているため、これを「週次」で作成するというように、作成頻度の観点で解答を考えた方もいるかもしれない。しかし、納期順（のみ）でスケジューリングしている限り、作成頻度を増やしたとしても、大きな効果は得られないだろう。なぜなら、本事例では、リードタイムは「平均約2か月」（第9段落）であり、月次の計画でも間に合う計画となっているからである。また、本事例では生産統制（進捗管理）について全く記述されていないが、たとえば、9月（中）に、10月・11月分の生産計画を作成したとする（9月に受注した案件のリードタイムが2か月のため）。そして、10月に入り、12月分の生産計画を作成する時、（9月に受注した案件について）10月の進捗具合（および10月に受注した案件の内容）を見て、11月の計画を変更することは可能である。つまり、「週次」に変更しなくても対応できる計画となっている。

(4)　解答の構成要素検討

(a)　問題点

　解答例は、第9段落後半の「複雑な形状など高度な加工技術が必要な製品などの受注内容によって、製作期間が生産計画をオーバーする」という記述を用いて作成している。「モニュメント製品」に限定しても構わないが、「複雑な形状など高度な加工技術が必要な製品など」と記述されており、他の製品（ビル建築用金属製品）が除外されているわけではないので、解答例では「モニュメント製品」を入れていない。

(b) 対応策

(3)で検討したように、現在、考慮されていないのは「切断加工」と「曲げ加工」であるが、この2つに絞るのもリスクが高いので、解答例では「全工程の加工の難易度」を考慮してスケジューリングする旨でまとめている。解答表現は難しいが、生産計画について、「加工の難易度に合った製作期間（リードタイム）」に改める内容でまとめたい。

第3問 (配点20点) ◢◢

(1) 要求内容の解釈

問題要求は、C社（社長）が納期遅延対策として社内のIT化を考えており、C社のIT活用について、「助言」することである。要求から、活用の方向性＝納期遅延対策（納期遅延を防ぐ）に活用することが明確である。ただし、「IT化」そのものについての助言ではないので、IT化の内容のみでは足りず、その活用内容を答えることが必須となる。注意しないと、IT化の内容のみになってしまうおそれがある。

また、IT化は、「社内」に限定されている。おそらく、顧客とのやりとり（第7段落）にITは使わないという条件と考えられる。

(2) 解答の根拠探し

問題本文上、C社のIT（化）の現状については、設計に2次元CADを使用している（第7段落）ことがわかる程度である。現状がわからず、かつ「助言」が要求されているため、何でも解答できそうな印象を持つ方もいるだろう。しかし、本問は「納期遅延」対策が前提となっているため、「納期遅延」対策につながるIT活用の内容を考えたい。

第10段落に以下の記述がある。

「C社では、全社的な改善活動として「納期遅延の根絶」を掲げ、製作プロセスを含む業務プロセス全体の見直しを進めている。また、その対策の支援システムとしてIT化も検討している。」（第10段落）

第2問で、「営業部門」と「製造部門」で対応できる納期遅延対策を答えている。そのうえで、「全社的」な改善活動（納期遅延対策）としてのIT活用が本問で問われている。そうすると、営業部門・製造部門単独ではなく、両部門で横断的に取り組む必要のある内容（改善活動）が本問で問われていると考えられる（注：ほかに「総務部門」もあるが、総務部門の「業務プロセス」が不明なため、本問で解答することはできない）。これが基本的な方向性になるが、「製作プロセスを含む業務プロセス全体の見直し」（第10段落）と記述されている。C社の業務プロセスは、大きく「製作前プロセス」（営業部門）と「製作プロセス」（製造部門）があるが、出題者としては、「製作プロセス」に力点を置いていると考えられる。そして、第2問（設問2）は、

主として「モニュメント製品」についての対策であったため、「ビル建築用金属製品」も含めた対策が本問で問われていると判断できる。

そうすると、第2問(設問2)で検討した、「作業チームの技術力の差」(第11段落)、「標準化の未確立」(第13段落)、「作業途中の加工物の移動」(第14段落)、「不稼働の発生」(第15段落)あたりが本問の対象となる。このうち、「作業チームの技術力の差」(第11段落)については、技術力(の向上)は「改善」や「IT(化)」に馴染みにくいため外し、他の候補について検討する。

(3) 解答の根拠選択

まず、「標準化の未確立」については、第13段落後半に以下の記述がある。

「C社の製品については基準となる<u>工程順序</u>や<u>工数見積もり</u>などの標準化が確立しているとはいえない。」(第13段落)

標準化の対象として、「工程順序」と「工数見積もり」があげられている。まず、「工程順序」について、このような専門用語はない。「工程の順序」という意味であるが、第11段落に、「切断加工、曲げ加工、溶接・組立、研磨、最終検査」の5工程が明示されており、さすがにこの順序は決まっているだろう。極端にいえば、最終検査後に切断することはあり得ないからである(余談になるが、このあたりの用語の不適切な使い方が、本試験を難しくしている一因である)。ここでは、「受注案件ごとの着手順」という意味で捉えたい。というのは、第14段落の「<u>新たな製品の着手によって作業途中の加工物の移動</u>などを強いられている。」と関連すると考えられるからである。

この段落の「新たな製品の着手」という記述も意味がわかりにくいが、第2問(設問2)で検討したように、C社は納期順で生産計画を作成しているため、たとえば、aの作業中に、aよりも納期が早いbを受注すると、作業途中のaを移動してbに着手し、bの作業が完了してからaを再移動して再着手している状況が考えられる。そうすると、「工程順序」(作業着手順)の基準について標準化すれば、「作業途中の加工物の移動」を防ぐ生産計画を作成することができる(逆にいえば、その基準がないため、「作業途中の加工物の移動」が生じている)。

一方、「工数見積もり」は、「工数」の「見積もり」である。「工数」についてはJISの定義がある。それは、「仕事量の全体を表す尺度で、仕事を一人の作業者で遂行するのに要する時間。備考:工数は人・時間、人・日などの単位で示される。」(JIS Z8141-1227)という定義であり、簡単にいえば、「一人あたり作業時間」である。第2問(設問2)と関連するが、「工数見積もり」の基準がなければ作業時間を見積もることができず、生産計画における製作期間(リードタイム)も不正確になる。いずれにしても、「工程順序」と「工数見積もり」は、その基準を作成するための標準化の必要がある。

「標準化の未確立」（第13段落）と「作業途中の加工物の移動」（第14段落）については検討が終わったため、残った「不稼働の発生」（第15段落）について検討しよう。第15段落に以下の記述がある。

「製造部長は、全社的改善活動のテーマである納期遅延の問題点を把握するため、作業時間中の作業者の稼働状態を調査した。それによると、不稼働の作業内容としては、「材料・工具運搬」と「歩行」のモノの移動に関連する作業が多く、その他作業者間の「打ち合わせ」、営業部担当者などとの打ち合わせのための「不在」が多く発生していた。」（第15段落）

この段落の記述もわかりにくいが、まず、「材料・工具運搬」と「歩行」については、大きく「モノの移動」と捉えたい（そうしないと、「材料・工具」の運搬は「歩行」以外の手段で行っていることになり、想定しにくい。おそらく、「歩行」は「空運搬」を指していると考えられる）。これについては、「標準化」の対象である「工程順序」とも関連する。たとえば、aとcが同じ工具を使用し、bは別の工具を使用する場合、a→b→cという順番で作業を行うと、工具の変更が生じる。これを、a→c→bという順番で作業する計画に変えれば、工具の変更回数が減る。つまり、「モノの移動」については、「工程順序」の標準化（による基準の作成）で対応できる。

残った作業者間の「打ち合わせ」、営業部担当者などとの打ち合わせのための「不在」について検討しよう。カギ括弧でくくられているため両者は並列のように感じるが、製造部内での「打ち合わせ」と製造部⇔営業部間の「打ち合わせ」である。打ち合わせ内容が明示されていないためわかりにくいが、「打ち合わせ」自体を減らせば、「不在」も減る。そういう方向で考えないと、たとえば、製造部⇔営業部間の「打ち合わせ」について、「オンラインでの打ち合わせ」と解答してしまうおそれがある（「不在」は減るものの「打ち合わせ」自体は生じているため、「不稼働」であることには変わりがない）。解答は、「打ち合わせ」自体を減らすIT活用の内容を考えたい。

(4) 解答の構成要素検討

本問は「IT」活用が問われているため、「工程順序」と「工数見積もり」については、標準化の上で、その基準に基づいて生産計画を作成するシステムを構築する旨を解答例では入れてある（「標準化」のみでは「IT」の活用度合いがわからないため）。

「打ち合わせ」（による不稼働）を減らすことについては、具体的な打ち合わせ内容が不明なため、「各種生産情報の共有化」という観点で解答例はまとめてある。営業部から製造部に渡されている情報は、「製作図」（第8段落）や「営業部の受注情報、設計担当者の製品仕様情報」（第13段落）であるから、字数に余裕があれば、これらを解答に入れてもよいだろう（第12段落に、「製作図」の理解力が、モニュメント製品に必要である旨が記述されている）。

なお、「進捗管理に活用」という解答をされた方もいるかもしれない。確かに納期

遅延対策として間違っているわけではないが、本事例では、進捗管理の状況が一切書かれていない。進捗管理の不備によって納期遅延が発生している設定ではないため、妥当性は低いと考えられる。

第4問 (配点20点) ◢◢

(1) 要求内容の解釈

問題要求は、モニュメント製品事業の充実、拡大への「助言」である。要求の前半で、「付加価値の高いモニュメント製品事業の拡大を戦略に位置付けている。」旨が記述されているが、「拡大」(＝量) だけでなく「充実」(＝質) も含まれているので注意が必要である (単なる売上・受注拡大だけでなく、生産性・収益性の向上の可能性もある)。

(2) 解答の根拠探し

すでに何度も確認しているが、モニュメント製品は「立体的形状」であることが大きな特徴である。そして、第7段落に「設計には2次元CADを早くから使用している。」という記述があり (余談であるが、「ビル建築用金属製品」の形状も立体的なはずであるが、こちらについては形状を全く強調していない)、「3次元CAD」については、多くの方が想起できているだろう (CADを「早くから」使用しているという記述は、設計担当者は、CADについて相応の使用ノウハウ等を有している根拠と考えられる)。

この「3次元CAD」については、第2問 (設問1・2) や第3問の解答にも使えるが、明確に「モニュメント製品」を対象としている本問で使うのが妥当であろう。

また、第14段落の工場のレイアウト関連についても、まだ検討していない。これも含めて、(3)で検討する。

(3) 解答の根拠選択

では、ここまでで検討していない、「モニュメント製品」特有の事象について、検討する。

「特にモニュメント製品では、造形物のイメージの摺合わせに時間を要する場合が多く、図面承認後の製作段階でも打ち合わせが必要な場合がある。」(第7段落)

「また、モニュメント製品は立体的で複雑な曲線形状の製作が多く、全ての工程で製作図の理解力と高い加工技術が要求される。」(第12段落)

「モニュメント製品は、デザイナーの立ち会いの下、最終検査が行われ、この際デザイナーの指示によって製品に修整や手直しが生じる場合がある。」(第12段落)

第7段落の記述から、図面承認後に打ち合わせが生じると、その分、製作着手が遅れることになる。また、第8段落に、「製作終了後、据付工事があるものについては、営業部担当者が施工管理して据付工事を行い、検査後顧客に引き渡す。」という記述

があるが、第12段落の記述から、最終検査後に修整・手直しが生じれば、その分、引き渡しも遅れ、結果として、据付工事も遅れることになる。据付工事について施工管理を行うのは営業担当者であるから（第8段落）、施工管理も遅れることになる。

そして、モニュメント製品の顧客は「作家（デザイナー）」（第2段落）である。何の作家か不明であるが、工業系のデザイナーではないため、たとえば、「スケッチ図」等で、C社とやりとりをしているかもしれない。これを、「3次元CAD」を活用すれば、設計段階でイメージの打ち合わせを「立体的」に行うことができ、「図面承認後の製作段階での打ち合わせ」や「最終検査後の修整・手直し」を減らすことができる。つまり、モニュメント製品の製作について生産性・収益性が向上することになり、これは、「モニュメント製品」の「充実」につながることになる。また、「製作図の理解力」についても、2次元よりは3次元の図面（データ）のほうが、上がるだろう。これも、「充実」につながる。

では、「拡大」の方向性を考えてみたい。第5段落最後に、モニュメント製品について「今後も受注の増加を狙っている」という記述があり、こちらについては、受注力（営業力）や生産能力の増強という方向で考えてみたい。

3次元CADを活用することで、営業担当者の打ち合わせや最終検査の負担が減り、営業力について余力を確保することができる。つまり、受注力（営業力）の強化につながる。

一方の生産能力については、第11段落の「各作業チームの技術力には差があり、高度な技術が必要な製作物（注：モニュメント製品のこと）の場合には任せられない作業チームもある。」という状態については、ここまでの問題で解決していない。したがって、技術面の対策が必要になってくる。

第5段落に、モニュメント製品について「全売上高の40％」を占める状態であることが明示されている。「売上高」のため、単純に受注量の40％を占めているというわけではないが、モニュメント製品の受注が増加すれば、この割合も増えることになる。一方で、第11段落に記述されているように、C社の現在の作業チームは4班で、「受注製品別」に担当している。「受注製品別」という記述もわかりにくいが、ビル建築用金属製品やモニュメント製品ごとに専任化されているというニュアンスではなく、「受注案件別」にチームの振り分けが行われているニュアンスに読める。そうであれば、少なくとも1チームは、モニュメント製品の専任チームとして、生産能力の増強を図りたい。

現在のチーム編成の基準は不明であるが、「溶接・組立工程」については、ビル建築用金属製品では単純作業である（第12段落）。そうであれば、少なくとも「溶接・組立工程」については、技術力（溶接技術）の高い者を、モニュメント製品の作業チームに優先的に割り振りたい。そうすれば、当面（短期的）においては、モニュメント

— 324 —

製品の生産能力は上がるだろう。

　ただし、理想的（中長期的）には、全チームが、モニュメント製品を任せられる状態になっている必要がある。これについても、解答に盛り込みたい。なお、「溶接・組立工程と研磨工程は溶接機や研磨機を用いた手作業」（第11段落）という記述から、この2工程についても機械化・自動化を図るという解答を考えた方もいるかもしれない。しかし、現在のC社の溶接技術や研磨技術は、たとえば「鏡面仕上げ」（第3段落）の高さにもつながっていることから、手作業であっても問題はないことになる（逆に、機械化・自動化した場合、この強みが失われるおそれがある）。

　さて、第14段落の以下の記述は、多くの方が迷ったかもしれない。

　「工場は10年前に改築し、個別受注生産に適した設備や作業スペースのレイアウトに改善したが、最近の加工物の大型化によって狭隘な状態が進み、溶接・組立工程と研磨工程の作業スペースの確保が難しく、新たな製品の着手によって作業途中の加工物の移動などを強いられている。」（第14段落）

　第2問（設問2）や第3問にも関連するが、10年前に工場を改装したということは、「改装から10年しか経っていない」という解釈と、「改装から10年も経っている」という2つの解釈が成り立つ。後者の立場に立つと、「工場の拡張・増設」といった方向性が浮かんでくる。確かに、「大型化」は最近の「加工物」に生じているため、モニュメント製品にも当てはまることになる。また、「C社の工場建屋の制約から設置高さ7m以内の製品」（第2段落）という記述も考慮すると、工場を拡張・増設して大型製品の生産能力を上げる、という考え方もできる。しかし、モニュメント製品については、第5段落に以下の記述がある。

　「モニュメント製品は受注量が減少したこともあったが、近年の都市型建築の増加に伴い製作依頼が増加している。受注量の変動が大きいものの、全売上高の40％を占め、ビル建築用金属製品と比較して付加価値が高いため、今後も受注の増加を狙っている。」（第5段落）

　モニュメント製品の需要増は「都市型建築の増加」に起因しており、必ずしも「大型」製品の需要が増えているわけではない。また、「受注量の変動が大きい」ということは、工場を拡張・増設した場合、閑散期の稼働率がより低下することになる。

　そもそも、現在のC社に工場の拡張・増設の余裕があるか不明であるが、仮に余裕があったとしても、受注量の変動が大きい製品について、工場の拡張・増設が妥当となるかは、慎重に考えてみたほうがよいだろう。おそらく、「受注量が減少」「受注量の変動が大きい」という記述は、工場の拡張・増設という解答を排除するために、出題者が問題本文に記述したと考えられる。

　なお、これも本問とは限らないが、「個別受注生産に適した設備や作業スペースのレイアウトに改善したが、最近の加工物の大型化によって狭隘な状態が進み、溶接・

組立工程と研磨工程の作業スペースの確保が難しく〜」（第14段落）という記述から、設備・作業スペースのレイアウトについて、解答した方もいるかもしれない。しかし、「改善」という表現があることから、レイアウト自体は問題ないと考えられる。具体的なレイアウトは不明であるが、個別受注生産に適しているわけだから、機能別レイアウト・ジョブショップと考えられる。これを別のレイアウトに変える場合、どのようなレイアウトが適切かまでは、解答できない。せいぜい、「設備やレイアウトを見直す」といった解答が精一杯で、具体的な解答ができない以上、「助言」としては不適切になる。また、設備やレイアウトを見直さなくても（作業スペースを確保できなくても）、第3問で検討したように、作業途中の加工物の移動は減らせるため、あえて設備・レイアウトの見直しを解答する必要はないだろう。

＜補足＞

　C社は1955年に創業し、創業時は建築用金属製品の特注品製作から始めている（第3段落）。つまり、創業時から個別受注生産だったと考えられるが、「個別受注生産に適した設備や作業スペースのレイアウトに改善」が10年前（2010年前後）だったとすると、その前（改装前の工場）の1955年〜2010年前後は、個別受注生産に適していない設備や作業スペースだったことになる（製品別レイアウト・フローショップ等）。このあたりの設定は不自然であるが、事例Ⅲではこのような不自然な設定は往々に見られるため、解答にあたってはあまり気にしないほうがよい。

　設定が不自然になるにもかかわらず、出題者が、問題本文に、あえて「個別受注生産に適した設備や作業スペースのレイアウトに改善した」という記述を入れたのは、おそらく、「狭隘な状態」への対応策として、「作業スペースやレイアウトの見直し」という解答を排除したかったからと考えられる（ただし、その結果、全体的な整合性を欠く内容になっている）。

(4)　解答の構成要素検討

　制限字数が120字とはいえ、(3)で検討した内容をすべて解答に盛り込むのは困難であろう。まず、「3次元CAD」の活用内容・効果にある程度の字数を割り当てたい（解答例では、字数の関係で、「製作図の理解力」の内容を入れていないが、入れても構わない）。

　次に、技術力については、「専任チーム」についてはややリスクが高い解答になるため、字数も考慮して、技術の観点で作業チームを再編成する旨で解答例を作成している（主体となるのは溶接技術であるが、字数の関係で解答例はそこまで明示していない）。

　最後に、中長期的な技術力の向上策については、問題本文の根拠がないため、「計画的」に技術者養成に取り組む内容を解答例では入れてある。この内容については、

余程の内容でない限り、幅広く採点されると思われる。

　本事例については、「3次元CAD」をどの問題の解答に使うかが大きなポイントとなる。解答例では第4問で使用しているが、第2問(設問1・2)でも第3問でも使用することができる。したがって、特定の問題のみで使用せず、複数の問題の解答に使用することが、現実的な対応であろう。

　モニュメント製品も納期遅延は生じているし、顧客（作家）とのやりとりは営業担当者が行っている。また、3次元CADの活用はIT活用でもあるから、第2問(設問1・2)や第3問で3次元CADを解答しても、間違っているわけではない。ただし、C社はすでに2次元CADを使用しており、これを3次元CADに変えることがIT化に該当するとは考えにくいため、第3問の根拠としては妥当性が低い。

事例Ⅲ②

3 【令和元年】問題
中小企業の診断及び助言に関する実務の事例Ⅲ

［別冊解答用紙：⑬］

【企業概要】

C社は、輸送用機械、産業機械、建設機械などに用いられる金属部品の製造業を顧客に、金属熱処理および機械加工を営む。資本金6千万円、従業員数40名、年商約5億円の中小企業である。組織は、熱処理部、機械加工部、設計部、総務部で構成されている。

金属熱処理とは、金属材料に加熱と冷却をして、強さ、硬さ、耐摩耗性、耐食性などの性質を向上させる加工技術である。多くの金属製品や部品加工の最終工程として、製品品質を保証する重要な基盤技術である。金属材料を加熱する熱処理設備など装置産業の色彩が強く、設備投資負担が大きく、また素材や形状による温度管理などの特殊な技術の蓄積が必要である。このため、一般に金属加工業では、熱処理は内製せず熱処理業に外注する傾向が強い。C社は創業当初から、熱処理専業企業として産業機械や建設機械などの部品、ネジや歯車など他社の金属製品を受け入れて熱処理を行ってきた。

その後、熱処理加工だけでなく、その前工程である部品の機械加工も含めた依頼があり、設計部門と機械加工部門をもった。設計部門は、発注先から指示される製品仕様をC社社内の機械加工用に図面化するもので、現在2名で担当している。機械加工は、多品種少量の受注生産で、徐々に受注量が増加し、売上高の増加に貢献している。

約10年前、所属する工業会が開催した商談会で、金属熱処理業を探していた自動車部品メーカーX社との出会いがあり、自動車部品の熱処理を始めた。その後X社の増産計画により、自動車部品専用の熱処理工程を増設し、それによってC社売上高に占めるX社の割合は約20%までになっている。さらに現在、X社の内外作区分の見直しによって、熱処理加工に加え、前加工である機械加工工程をC社に移管する計画が持ち上がっている。

【生産の概要】

C社の工場は、熱処理工場と機械加工工場がそれぞれ独立した建屋になっている。熱処理工場は、熱処理方法が異なる熱処理炉を数種類保有し、バッチ処理されている。機械加工工場では、多品種少量の受注ロット生産に対応するため、加工技能が必要なものの、切削工具の交換が容易で段取り時間が短い汎用の旋盤、フライス盤、研削盤がそれぞれ複数台機能別にレイアウトされている。

熱処理は、加熱条件や冷却条件等の設定指示はあるものの、金属材料の形状や材質

によって加熱・冷却温度や速度などの微調整が必要となる。そのため金属熱処理技能検定試験に合格し技能士資格をもつベテラン作業者を中心に作業が行われ品質が保持されている。また、機械加工も汎用機械加工機の扱いに慣れた作業者の個人技能によって加工品質が保たれている。

生産プロセスは、受注内容によって以下のようになっている。

・機械加工を伴う受注：材料調達→機械加工→熱処理加工→出荷検査
・熱処理加工のみの受注：部品受入→熱処理加工→出荷検査

生産計画は、機械加工部と熱処理部それぞれで立案されるが、機械加工を伴う受注については熱処理加工との工程順や日程などを考慮して調整される。両部門とも受注生産であることから、納期を優先して月ごとに日程計画を作成し、それに基づいて日々の作業が差立てされる。納期の短い注文については、顧客から注文が入った時点で日程計画を調整、修正し、追加される。機械加工受注品に使用される材料の調達は、日程計画が確定する都度発注し、加工日の1週間前までに納品されるように材料商社と契約しており、材料在庫は受注分のみである。

【自動車部品機械加工の受託生産計画】

C社では、自動車部品メーカーX社から生産の移管を求められている自動車部品機械加工の受託生産について検討中である。

その内容は、自動車部品専用の熱処理設備で加工しているX社の全ての部品の機械加工であり、C社では初めての本格的量産機械加工になる。受託する金属部品は、寸法や形状が異なる10種類の部品で、加工工程は部品によって異なるがそれぞれ5工程ほどの機械加工となり、その加工には、旋盤、フライス盤、研削盤、またはマシニングセンタなどの工作機械が必要になる。この受託生産に応える場合、機械加工部門の生産量は現在の約2倍になると予想され、現状と比較して大きな加工能力を必要とする。

また、この機械加工の受託生産の実施を機会に、X社で運用されている後工程引取方式を両社間の管理方式として運用しようとする提案がX社からある。具体的運用方法は、X社からは3ヵ月前に部品ごとの納品予定内示があり、1ヵ月ごとに見直しが行われ、納品3日前にX社からC社に届く外注かんばんによって納品が確定する。これら納品予定内示および外注かんばんは、通信回線を使用して両社間でデータを交換する計画である。

外注かんばんの電子データ化などのシステム構築は、X社の全面支援によって行われる予定となっているが、確定受注情報となる外注かんばんの社内運用を進めるためには、C社内で生産管理の見直しが必要になる。この後工程引取方式は、X社自動車部品の機械加工工程および自動車部品専用の熱処理工程に限定した運用範囲とし、その他の加工品については従来同様の生産計画立案と差立方法で運用する計画である。

生産設備面では、現在の機械加工部門の工程能力を考慮すると加工設備の増強が必要であり、敷地内の空きスペースに設備を増設するために新工場の検討を行っている。C社社長は、この新工場計画について前向きに検討を進める考えであり、次のような方針を社内に表明している。

1. X社の受託生産部品だけの生産をする専用機化・専用ライン化にするのではなく、将来的にはX社向け自動車部品以外の量産の機械加工ができる新工場にする。
2. これまでの作業者のスキルに頼った加工品質の維持ではなく、作業標準化を進める。
3. 一人当たり生産性を極限まで高めるよう作業設計、工程レイアウト設計などの工程計画を進め、最適な新規設備の選定を行う。
4. 近年の人材採用難に対応して、新工場要員の採用は最小限にとどめ、作業方法の教育を実施し、早期の工場稼働を目指す。

現在C社社内では、各部の関係者が参加する検討チームを組織し、上記のC社社長方針に従って検討を進めている。

第1問 （配点20点）
C社の事業変遷を理解した上で、C社の強みを80字以内で述べよ。

第2問 （配点20点）
自動車部品メーカーX社からの機械加工の受託生産に応じる場合、C社における生産面での効果とリスクを100字以内で述べよ。

第3問 （配点40点）
X社から求められている新規受託生産の実現に向けたC社の対応について、以下の設問に答えよ。

（設問1）
C社社長の新工場計画についての方針に基づいて、生産性を高める量産加工のための新工場の在り方について120字以内で述べよ。

（設問2）
X社とC社間で外注かんばんを使った後工程引取方式の構築と運用を進めるために、これまで受注ロット生産体制であったC社では生産管理上どのような検討が必要なのか、140字以内で述べよ。

第4問 （配点20点）
新工場が稼働した後のC社の戦略について、120字以内で述べよ。

令和元年度　事例Ⅲ　解答・解説

解答例

第1問 (配点20点)

自	動	車	部	品	の	機	械	加	工	か	ら	熱	処	理	ま	で	の	一	貫
し	た	受	託	を	可	能	と	す	る	、	技	能	士	資	格	を	も	つ	ベ
テ	ラ	ン	作	業	者	の	熱	処	理	技	術	と	汎	用	工	作	機	械	の
扱	い	に	慣	れ	た	作	業	者	の	加	工	技	能	を	有	す	る	こ	と。

第2問 (配点20点)

効	果	は	、	本	格	的	量	産	機	械	加	工	の	た	め	、	多	品	種
少	量	の	受	注	ロ	ッ	ト	生	産	よ	り	も	生	産	効	率	が	上	が
る	こ	と	。	一	方	、	X	社	向	け	の	生	産	量	が	増	え	て	X
社	へ	の	生	産	依	存	度	が	上	が	り	、	新	工	場	の	設	備	が
専	用	機	化	・	専	用	ラ	イ	ン	化	す	る	リ	ス	ク	が	あ	る	。

第3問 (配点40点)

(設問1)

加	工	プ	ロ	グ	ラ	ム	に	従	っ	て	工	具	を	自	動	交	換	で	き
る	マ	シ	ニ	ン	グ	セ	ン	タ	を	選	定	し	、	汎	用	性	を	高	め
て	専	用	機	化	等	を	防	止	す	る	。	ま	た	、	自	動	化	を	進
め	る	こ	と	で	一	人	当	た	り	生	産	性	を	高	め	、	作	業	を
簡	略	化	し	て	標	準	化	や	作	業	者	教	育	を	容	易	に	し	、
最	小	限	の	採	用	で	早	期	の	工	場	稼	働	を	実	現	す	る	。

(設問2)

納	品	3	日	前	に	届	く	外	注	か	ん	ば	ん	に	よ	っ	て	納	品
が	確	定	す	る	た	め	、	従	来	の	月	次	等	で	の	確	定	日	程
計	画	に	基	づ	く	日	々	の	作	業	差	立	て	や	都	度	発	注	で
の	材	料	調	達	で	は	対	応	で	き	な	い	。	そ	こ	で	、	見	直
し	後	の	納	品	予	定	内	示	に	基	づ	く	、	最	適	な	材	料	調
達	の	時	期	お	よ	び	発	注	量	、	機	械	加	工	・	熱	処	理	加
工	・	出	荷	検	査	作	業	の	差	立	て	時	期	を	検	討	す	る	。

第4問（配点20点）

Ｃ	社	は	、	自	動	車	部	品	専	用	の	熱	処	理	設	備	を	有	し
て	い	る	。	そ	こ	で	、	マ	シ	ニ	ン	グ	セ	ン	タ	が	有	り	、
Ｊ	Ｉ	Ｔ	に	対	応	で	き	る	新	工	場	の	生	産	性	の	高	さ	を
生	か	し	て	、	Ｘ	社	以	外	の	自	動	車	部	品	を	量	産	機	械
加	工	か	ら	熱	処	理	ま	で	一	貫	し	て	受	託	し	、	Ｘ	社	へ
の	依	存	度	を	抑	え	な	が	ら	次	代	の	成	長	を	目	指	す	。

解　説

1．事例の概要

　令和元年度の事例Ⅲは、2年ぶりに問題本文に図表が記載されなかった。しかし、図表がないにもかかわらず、問題本文は3頁に及び、問題本文の記述量（ボリューム）が非常に多くなっている。

　問題は全4問構成で、第3問のみ、2つの設問で構成されている（解答箇所5つ）。第1・2・4問が各20点の配点で、2つの設問で構成されている第3問が40点の配点のため、解答箇所ごとの配点は一律20点と考えられる。解答の制限字数は合計560字と標準的であるが、後述するように、問題要求がわかりにくく、生産管理の知識を必要とする問題も散見されるため、解答作成が難しい印象を受ける。問題本文のボリュームが多いことも考慮すると、時間不足になるおそれがある。配点上の重みはないことから、解きやすい問題から早めに解く対応が望まれる。

　問題構成は、第1問と第4問が経営戦略系、第2問と第3問がマネジメントレベル（生産管理）系と考えられる（ただし、第2問は戦略色もやや強い）。そして、第2問以降は「X社からの機械加工の受託生産（とそれに応じるための新工場設立）」がテーマとなっている。第1問は第4問に関連するため、本事例は、「X社からの機械加工の受託生産にいかに対応するか」という1テーマのみの事例であり、全問が「CNC木工加工機(事業)」に関連していた平成29年度に近い。平成29年度も同様であるが、「X社からの機械加工の受託生産」も「CNC木工加工機（事業）」も、今後、C社が取り組む「将来」の話であり、（すでに生じている）現在の問題点→改善策という構造ではなく、将来の課題→対応策という構造になっている。将来（今後）を前提としているため、（顕在化した）問題点を改善する事例よりも、解答作成が難しくなる。

　以上を考慮すると、相対的に、令和元年度の事例Ⅲは、例年に比べ難易度が高いといえる。

□**難易度**

- ・問題本文のボリューム　　：多い
- ・題材の取り組みやすさ　　：難しい
- ・問題要求の対応のしやすさ：難しい

□**問題本文のボリューム（本試験問題用紙で計算）**

- ・3ページ

□**構成要素**

　　文　章：82行

--- 336 ---

```
問題数：4つ　解答箇所5箇所
　　　　（要求は、第1・2・4問各1つ、第3問2つ）
第1問　20点　　　　　　　80字
第2問　20点　　　　　　　100字
第3問　40点　（設問1）120字
　　　　　　　（設問2）140字
第4問　20点　　　　　　　120字
　　　　　　　（合計）　560字
```

(1)　問題本文のボリューム

前述のとおり、問題本文のボリュームは多い。図表がないとはいえ、問題本文の記述から情報を整理するのに時間がかかるおそれがある。

(2)　題材の取り組みやすさ

C社は輸送用機械、産業機械、建設機械などに用いられる金属部品の製造業を顧客に、金属熱処理および機械加工を営んでいる。「熱処理」については第2段落に説明があるが、大半の受験生にとって馴染みがない加工技術であろう。加工部品のうち「ネジや歯車」については明示されているが、肝心の「自動車部品」は金属部品であることしかわからない。総じて、題材としては取り組みにくい。

(3)　問題要求の対応のしやすさ

詳しくは各問題の解説で述べるが、直近の本試験ではあまりされたことがない問題要求が多く、問題要求に付されている条件も、例年に比べれば少ない。問題要求の解釈にも時間がかかるおそれがある。

2．取り組み方

本事例は総じて難易度が高い。一律20点の配点と考えられ、配点上の重みは変わらないため、当たり前ではあるが、解きやすい問題から解くことが本来的には望ましい。しかし、第1問（強み）と第4問（戦略）は関連性が強いため、一緒に考えたほうがよいが、第4問は第3問で問われている「新工場の在り方」や「後工程引取方式の構築・運用（のための生産管理の検討）」を終えた後の事象のため、第3問より先に解くことは難しい。さらに、第2問も第3問と関連する。そうすると、個人差はあるかもしれないが、第1問の解答要素抽出（第4問と関連するため解答自体はまだしない）→第2問→第3問（設問1・2はどちらから解いても構わない）→第4問の方向性検討→第1問と第4問の解答、という順番で解くのが、理想的であろう。

— 337 —

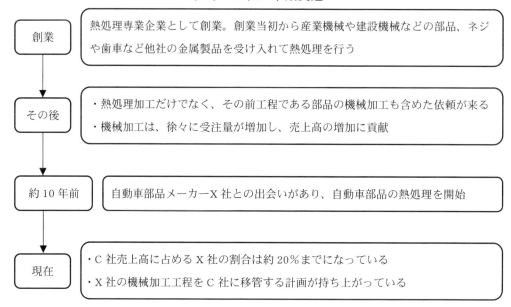

3．解答作成

第1問（配点20点）

(1) 要求内容の解釈

問題要求は、C社の事業変遷を理解した上で、C社の「強み」を答えることである。事例Ⅲの第1問としてはオーソドックスな要求である。

事例Ⅲであるから、「技術面」の強みを優先し、次に「生産面」（生産体制）の強みを探すことがセオリーである。どちらも見つからなかった場合は、受注面・営業面等の強みを探すことになる。

本事例は難易度が高いため、本問でできる限り得点を確保したいが、第4問で「戦略」を問われている。「強み」を生かすことが「戦略」の基本であるから、第4問との関連性を意識して慎重に対応したい。

(2) 解答の根拠探し

C社の事業変遷は、第2～4段落に記述されている。整理すると、以下のようになる。

＜創業時（第2段落）＞

熱処理専業企業として金属製品（産業機械や建設機械などの部品、ネジや歯車など）の熱処理を行う。

　※熱処理は、「特殊な技術の蓄積が必要」と記述されているため、現在のC社はこの「特殊な技術」を有していると考えられる。

— 338 —

＜その後（時期不明）（第3段落）＞

　熱処理加工だけでなく、部品の機械加工も含めた依頼があり、設計部門と機械加工部門を設立した。また、機械加工の受注量は徐々に増えているため、機械加工力も高い（少なくとも、低くない）と考えられる。

　　※時期は不明であるが、第5段落の記述から、現在は、熱処理工場と機械加工工場を有していることがわかる。

＜約10年前（第4段落）＞

　商談会で自動車部品メーカーX社と出会い、自動車部品の熱処理を開始した。その後、X社の増産計画により、自動車部品専用の熱処理工程を増設した。

＜現在（第4段落）＞

　X社の内外作区分の見直しによって、熱処理加工に加え、（X社の）機械加工工程をC社に移管する計画が持ち上がっている。

　第1段落に、C社が金属熱処理および機械加工を営んでいることが記述されている。それぞれ、受注を確保できているわけだから、それぞれの技術力は高いと考えられる。

　熱処理と機械加工については、設備について第5段落に、作業者について第6段落に記述されている。それらを含めて整理すると、下表のようになる。

＜C社の熱処理と機械加工＞

	熱処理	機械加工
要　　件	・特殊な技術の蓄積が必要（第2段落） ・金属材料の形状や材質による加熱・冷却温度や速度などの微調整が必要（第6段落）	・設計（製品仕様の図面化）（第3段落） ・加工技能が必要（第5段落）
工　　場	熱処理工場（独立した建屋）（第5段落）	機械加工工場（独立した建屋）（第5段落）
設　　備	・熱処理方法が異なる熱処理炉を数種類保有（第5段落） ・自動車部品専用の熱処理工程（設備）を保有（第4、10段落）	切削工具の交換が容易で段取り時間が短い汎用の旋盤、フライス盤、研削盤を複数台機能別にレイアウトしている（第5段落）
作業者（品質の保持）	技能士資格をもつベテラン作業者（第6段落）	汎用機械加工機の扱いに慣れた作業者の個人技能（第6段落）
生 産 方 法	バッチ処理（第5段落）	多品種少量の受注ロット生産（第5段落）

まず、「特殊な技術の蓄積が必要」な熱処理において、「技能士資格をもつベテラン作業者」が、「加熱・冷却温度や速度などの微調整」を行って品質を保持しており、熱処理技術については「強み」と考えてよいだろう。どのように表現するかは別にして、熱処理技術は確実に解答に盛り込みたい。

　次に、機械加工については熱処理ほど技術面の記述が少ないが、第5段落に「加工技能が必要」と記述されており、ある程度の技術力は必要と考えられる。そして、「徐々に受注量が増加」（第3段落）しているわけだから、機械加工についても技術力は高いと判断したい。そして、熱処理の「ベテラン作業者」に対し、機械加工は「汎用機械加工機の扱いに慣れた作業者の個人技能」（第6段落）と記述されている（「ベテラン」とされていないのは、熱処理は創業当初から行っており、熱処理の「ベテラン作業者」は創業時から在籍している可能性がある。それに対し、機械加工は事業変遷の途中で開始したため、熱処理の作業者に比べて在籍年数が短いからと考えられる）。「汎用機械加工機」については、第5段落に「切削工具の交換が容易で段取り時間が短い汎用の旋盤、フライス盤、研削盤」と記述されている。字数に余裕があれば、「作業者」「汎用設備（加工機械）」の両方を解答に盛り込んでおきたいが、余裕がなければどちらか一方でも構わないだろう。

(3)　解答の根拠選択

　機械加工を開始した経緯は第3段落に記述されているが、そこには「設計部門」についても記述されている。設計部門がなければ機械加工を開始できなかったわけであるから、設計力も「強み」の可能性がある。しかし、「設計部門は、発注先から指示される製品仕様をC社社内の機械加工用に図面化するもので、現在2名で担当している。」（第3段落）という記述から、単に図面化するだけのようにも読める。少なくとも、「製品仕様」は発注先（顧客）が決めており、C社から発注先に提案しているわけではない。また、その製品仕様も、たとえば「形状が複雑」といった記述がなく、熱処理や機械加工に比べて、そのレベル（高度なのか等）が不明である。仕様変更の程度も不明であり、仮に「繰り返し受注生産」だったとすれば、設計頻度も少ないことになる。さらに、他の部門の人数が明示されていないので比較はできないが、「2名」という人数は、少ない印象を受ける。うがった見方になるが、「2名でもこなすことができる」程度のレベルなのかもしれない。いずれにしても、明確に「強み」とは判断できないので、解答には盛り込まないほうがよいだろう。

(4)　解答の構成要素検討

　熱処理と機械加工については、「作業者」を中心に技術・技能でまとめる解答が妥当であるが、「設備」でまとめても構わない。熱処理のほうが解答しやすければ、熱処理の内容を多くしても構わない。また、事業変遷を理解していることを強調するため、字数に余裕があれば、「熱処理専業企業として創業することで蓄積した特殊技術

（力）」「自動車部品メーカーX社から移管を打診される機械加工力」等を解答に入れても構わない。

なお、解答例で「自動車部品の機械加工から熱処理までを一貫して受託できる」旨を盛り込んでいるのは、第4問の「戦略」との関連性を意識したからである。ただし、80分という限られた時間の中では、そこまで解答を検討する余裕はないと思われる。その場合、「熱処理」と「機械加工」中心の解答になるが、それでも、ある程度の得点は確保できるだろう。

第2問（配点20点）◢◢◢

(1) 要求内容の解釈

問題要求は、自動車部品メーカーX社からの機械加工の受託生産に応じる場合のC社における生産面での「効果」と「リスク」である。特に難しい要求ではないが、「生産面」という条件が付されている。この条件は、素直に考えれば、「効果」と「リスク」の両方にかかっているはずなので、「効果」だけでなく「リスク」も、「生産面」から解答することが必要となる。

(2) 解答の根拠探し

従来からの機械加工は、機械加工工場として第5段落に記述がある（設計は第3段落）。一方、X社から移管を求められている機械加工については第10段落に記述がある。比較して整理すると、下表のようになる。

＜従来からの機械加工とX社の機械加工の比較＞

	従来からの機械加工	X社の機械加工
生産形態	多品種少量の受注ロット生産（第5段落）	本格的量産機械加工（第10段落）
設計	製品仕様の図面化（第3段落）	不明（X社からデータが来る？）
製品仕様等	（多品種少量）	寸法や形状が異なる10種類（第10段落）
工程	機能別レイアウト（⇒受注によって工程が異なることになる）（第5段落）	部品によって異なるが、10種類それぞれ5工程ほど（第10段落）

まず、「効果」について考えてみよう。従来からの機械加工は、多品種少量生産である。多品種少量生産には、下表のような特徴がある。

— 341 —

<多種少量生産の特徴>

生産品目の多様性	製品品種が多いために、生産数量や納期も多様である。
生産工程の多様性	材料・部品から製品を作る手順が多様で、生産工程の流れが個々の製品によって異なり、工程の流れも交錯する。
生産能力の複雑性	多様化製品の需要量次第で生産設備に過不足が生じ、残業・交代などの稼働時間の延長をもたらし、ときに人海戦術に頼らなければならないことがある。
環境条件の不確実性	受注品の仕様・数量・納期の変更、それに伴う設計変更、特急仕事の発生、外部購入品（原材料・部品）の納期遅れなどが起こりやすい。
生産の工程計画・日程計画の困難性	受注品の仕様変更に起因する設計変更・生産工程の変更や、複雑な生産工程の流れのために、工程計画や日程計画の最適化が困難である。
生産状況の変動による生産実施・統制の困難性	設備故障、作業者の欠勤や熟練の欠如、不良品の発生などが多発しやすく、日程計画の調整・変動が起こりやすい。そのため綿密な計画をたてるよりも、現場管理者の経験と勘に頼る現場中心の作業管理になりやすく、合理的な生産管理がやりにくい。

(出所：玉木欽也著『戦略的生産システム』白桃書房、1996 年、p.24〜25)

　一言でいえば、「生産管理が難しい」ということになる。そして、多品種少量生産と対比されるのは少品種多量生産であり、こちらは、（多品種少量生産と比べて）「生産管理が易しい」ということになる。そして、本事例では少品種多量生産を「本格的量産（機械加工）」と表現している。したがって、生産面の効果としては、「生産効率が高い」「生産管理が容易」といった内容が妥当となる。

　次に、「リスク」について考えてみよう。第4段落に以下の記述がある。

　「その後X社の増産計画により、自動車部品専用の熱処理工程を増設し、それによってC社売上高に占めるX社の割合は約20％までになっている。」（第4段落）

　「約20％まで」という表現から、依存度が高まっている印象を受ける。第9段落の「自動車部品メーカーX社から生産の移管を求められている〜」という表現からも、C社よりもX社のほうが立場が強い印象を受ける。そして、「この受託生産に応える場合、機械加工部門の生産量は現在の約2倍になると予想され〜」（第10段落）と記述されており、X社への依存度がさらに高まることが予想される。

　おそらく、多くの受験生が、第4段落の記述に着目したと思われるが、依存度が高まることは「経営面」のリスクであるため、「生産面」のリスクとする場合、解答表現の工夫が必要となる。

第13段落の、新工場計画へのC社社長の方針の1に、「X社の受託生産部品だけの生産をする専用機化・専用ライン化にするのではなく〜」という記述があり、何も対策しなければ、「X社の受託生産部品だけの生産をする専用機化・専用ライン化」が進むことになるため、これを「生産面」のリスクとして解答表現に用いたい。

(3) 解答の根拠選択

本問は、問題間の関連を意識すると、解答の方向性が変わる。

第13段落のC社社長の方針2と4に「作業標準化」「作業方法の教育」という記述がある。X社からの機械加工を受託すると、第11段落に記述されているように、「後工程引取方式（かんばん方式）」が採用される。そして、「かんばん」には、以下のような効果があるとされる。

・「かんばんは「目で見る管理」の道具となり、工程改善、作業改善の仕掛けとなる。」
（出所：玉木欽也著『戦略的生産システム』白桃書房、1996年、p.289〜290）

そこで、「かんばん」を利用することで、作業の標準化や作業方法の教育を実現できる、という効果も考えられる。この内容も妥当性はあるが、第3問（設問1）のところで述べるように、「かんばん」を利用しなくても、C社社長の方針に沿った新工場を設立すれば、作業の標準化や作業方法の教育を実現できるため、解答例には盛り込んでいない。

また、リスクについて、第8段落に記述されているように、現在の材料在庫は受注分のみであるが、第3問（設問2）のところで述べるように、X社からの機械加工を受託すると、受注前に材料在庫を持つ必要性が生じる。そうすると、「在庫増」等のリスクが考えられるが、後工程引取方式（かんばん方式）は「作り過ぎのムダ」を防ぐための手段である。後工程引取方式を前提としているのに在庫増をリスクとすると矛盾が生じるため、解答例には盛り込んでいない。

なお、機械加工工程の生産量が約2倍になっても、熱処理工程の稼働率は変わらない。なぜなら、現在でもX社が加工した部品の熱処理は行っている。熱処理の前工程にあたる機械加工工程の生産量が増えるだけで、熱処理量は増えないので、熱処理に対するリスクの妥当性は低い。

＜参考＞

プルシステム（JIS Z8141-4202）：<u>後工程から引き取られた量を補充するためにだけ</u>、生産活動を行う管理方式。備考：<u>後工程引取方式</u>、または引張方式ともいう。

(4) 解答の構成要素検討

「効果」については、「量産効果によるコストダウン・低コスト生産」でも妥当と考

えられるが、本事例ではコストについて何も記述がないので、解答例では「生産効率」
でまとめている。

「リスク」については、第2段落に、熱処理に関してではあるが、設備投資負担が
大きい旨が記述されている。第13段落に、「生産設備面では、現在の機械加工部門
の工程能力を考慮すると加工設備の増強が必要」という記述があるため、設備投資負
担の解答も考えられる。ただし、「費用面」を強調しすぎると、「生産面」ではなく「財
務面」の内容になるので、解答表現には注意したい。

第3問 (配点40点) ◢ ◢

「X社から求められている新規受託生産の実現に向けたC社の対応」について、2
つの設問で構成されている。ただし、設問間の関連性は低そうなので、場合によって
は、(設問2)から解答しても構わないだろう。

(設問1)

(1) 要求内容の解釈

問題要求は、C社社長の新工場計画についての方針に基づく、生産性を高める量産
加工のための新工場の「在り方」である。「在り方」という要求はかなり珍しい。「在
り方」=「あるべき姿」という意味であるから、どのような工場が望ましいか、という
ことであるが、多くの受験生にとって馴染みがない要求であり、どのような解答をす
べきか、戸惑った受験生もいるかもしれない。

問題要求から、その望ましい工場は、①C社社長の方針に基づいていること、②生
産性を高めること、③量産加工のための工場であること、の3つの条件を満たしてい
なければならない。②③については、生産管理の知識で方向性を導くことができる可
能性はあるが、①については、事例の設定ごとに変わる内容である。言い方を変える
と、新工場の方向性は①の「C社社長の方針」に表れていることになるから、①を確
実に把握したい。

(2) 解答の根拠探し

新工場計画に対するC社社長の方針は第13段落に4つ掲げられているが、その中
で、方針3に着目したい。

「一人当たり生産性を極限まで高めるような作業設計、工程レイアウト設計などの
工程計画を進め、最適な新設備の選定を行う。」

新設備の候補は、第10段落に、「旋盤、フライス盤、研削盤、またはマシニング
センタなどの工作機械が必要」と記述されている。「または」なので、「旋盤、フライ
ス盤、研削盤」と「マシニングセンタ」は並列である。そうすると、一人当たり生産

性を極限まで高めるためにどちらを選択すべきか、ということになる。

　ここで、第5段落に記述されているように、「旋盤、フライス盤、研削盤」はすでに複数台有している。機械加工部門の生産量が約2倍になることから、こちらを選ぶと、単純に考えれば、保有台数が2倍になるだけで、「一人当たり生産性」が、「極限まで」高まるわけではない。

　一方のマシニングセンタについては、以下の知識が必要となる。

　マシニングセンタ：主として回転工具を使用し、フライス削り、中ぐり、穴あけおよびねじ立てを含む複数の切削加工ができ、かつ、加工プログラムに従って工具を自動交換できる数値制御工作機械（JIS B0105-07300）

　現在の設備は、「切削工具の交換が容易で段取り時間が短い」（第5段落）という記述から、切削工具の交換が容易で段取り時間が短いとはいえ、段取り作業が必要である。一方、マシニングセンタは、工具は自動交換されるため、「切削工具の交換」という段取り作業そのものが不要になる。「一人当たり生産性を極限まで高める」という妙な記述は、「自動化」を表していると考えられる。

　また、マシニングセンタは複数の切削加工が可能なわけだから、方針1の「X社の受託生産部品だけの生産をする専用機化・専用ライン化にするのではなく、将来的にはX社向け自動車部品以外の量産の機械加工ができる」にも対応でき、第2問で答えた「リスク」への対応策にもなる。問題要求の「社長の方針に基づく」「生産性を高める」「量産加工」のいずれの条件も満たすのは、「旋盤、フライス盤、研削盤」ではなく「マシニングセンタ」となる。

　そうすると、作業が自動化されるため、方針2で示されている作業標準化も容易になる。というより、プログラミングすれば、段取り作業を含めて作業者の作業そのものが自動化されるため、作業そのものが簡略化される。現在の機械加工作業は、「汎用機械加工機の扱いに慣れた作業者」（第6段落）が、容易とはいえ切削工具の交換を行っているが、工具の交換そのものが不要になるため、汎用加工機の扱いに慣れていない作業者でも使用できることになり、作業方法の教育も容易になる。

　以上、マシニングセンタを導入すると、方針4の、「採用を最低限にとどめ〜早期の工場を目指す」ことも実現できることになる。

＜参考＞

> 運営管理：平成30年度第5問
>
> 　マシニングセンタに関する記述として、最も適切なものはどれか。
>
> エ　主として回転工具を使用し、フライス削り、中ぐり、穴あけおよびねじ立てを含む複数の切削加工ができ、かつ、加工プログラムに従って工具を自動交換できる数値制御工作機械。（正解肢）

　※1次試験で出題されているため、出題者は、受験生がこの知識を有していることを前提に作問したと考えられる。

(3)　解答の根拠選択

　第13段落の方針3に「工場レイアウト設計」が記述されている。現在のC社は、第5段落に記述されているように、「機能別レイアウト」である。対比されるのは「製品別レイアウト」であるから、「製品別レイアウト」の可能性も考えられる。

　「製品別レイアウト」に移行する場合、まず、既存の「汎用の旋盤、フライス盤、研削盤がそれぞれ複数台機能別にレイアウト」（第5段落）に、「旋盤、フライス盤、研削盤、またはマシニングセンタなどの工作機械」（第10段落）のうち「旋盤、フライス盤、研削盤」（＝既存設備）の台数を増やす。次に、「受託する金属部品は、寸法や形状が異なる10種類の部品で、加工工程は部品によって異なるがそれぞれ5工程ほどの機械加工となり〜」（第10段落）という記述から、「10種類の部品」ごとに、5工程ほどで構成される製品別レイアウト（製品ライン）を組む、ということになる。しかし、この場合、方針1に示されている「X社の受託生産部品だけの生産をする専用機化・専用ライン化」に陥るリスクが生じる。

　また、方針2の「作業標準化」や方針4の「作業方法の教育」の「具体策」の解答も考えられるが、これらはあくまで「方針」である。本問で要求されているのは新工場の「在り方」であり、この方針を実現した工場が「在り方」になるわけだから、具体策の妥当性は低い。というより、本事例で具体的に示されている機械加工作業は、「切削工具の交換」という段取り作業だけであり、しかも「容易」なわけだから、具体策を解答するのは困難であろう。

　なお、新工場は、「量産の機械加工ができる新工場」（第13段落の方針1）であるから、熱処理の作業標準化・作業方法の教育等は本問の対象外である。

(4)　解答の構成要素検討

　知識があることが前提になるが、問題本文にはマシニングセンタの説明が一切ないため、その特徴（「複数の切削加工ができる」「工具を自動交換できる」等）は解答に盛り込んでおきたい（マシニングセンタの知識を要求している可能性があるため）。

仮に知識がない場合は、第13段落に示されている4つの方針に沿って、たとえば、「X社向け自動車部品以外の量産の機械加工ができて、作業標準化も進めることができて、一人当たり生産性を極限まで高めることができて、作業方法の教育を実施できる工場が望ましい」といった、裏返しの解答をして、0点を避ける方針で臨みたい。

（設問2）

(1) 要求内容の解釈

問題要求は長いが、端的にいえば、今後の生産管理について、必要となる「検討」を答えることである。「検討」という要求も非常にわかりにくく、本問もどのような解答をすべきか、戸惑った受験生もいるかもしれない。ちなみに、「検討」という要求は初めてである。

問題要求から、これまでのC社の生産管理は、「受注ロット生産体制」を前提としていたが、今後は、「X社とC社間で外注かんばんを使った後工程引取方式」に対応することが必要ということがわかる。そして、この「後工程引取方式」の構築と運用を進めるために生産管理方法を変える必要があり、そのために何を検討すべきか、ということになる。検討「項目」と読み替えたほうが、わかりやすいかもしれない。

「後工程引取方式」や「（外注）かんばん」はトヨタ生産方式に係る用語であり、1次試験の運営管理で学習した内容である。したがって、「後工程引取方式」「かんばん」の知識問題であることも想定しておきたい。

(2) 解答の根拠探し

問題要求から、「受注ロット生産」と「後工程引取方式」の「生産管理」（計画－実施－統制）の比較が求められていると考えられる。前者は第8段落に、後者は第11段落に記述されている。整理すると、下表のようになる。

	受注ロット生産（第8段落）	後工程引取方式（第11段落）
生産計画立案	・機械加工部と熱処理部それぞれで立案 ・機械加工を伴う受注については熱処理加工との工程順や日程などを考慮して調整	・機械加工のみ（注：熱処理は機械加工との調整が必要である） ・3カ月前に部品ごとの納品予定内示あり ・1カ月ごとに見直し ・納品3日前にC社に届く外注かんばんによって納品確定
計画時期	・納期を優先して月ごとに日程計画を作成し、それに基づいて日々の作業を差立て	・外注かんばんが届くと納品が確定するため、届いてからの調整は不可能

		・納期の短い注文については、顧客から注文が入った時点で日程計画を調整・修正・追加	・納品が確定するのが納品3日前のため、納品確定前に差立てが必要（確定後では納品日に間に合わない）
材料調達		日程計画確定の都度発注し、加工日の1週間前までに納品（注：材料商社との契約なので、この期間は変えられない）	納品が確定するのが納品3日前のため、それから発注していると納品できない（注：機械加工後に、熱処理が控えている）
材料在庫		受注分のみ	事前在庫必要？

　最もわかりやすいのは材料調達であろう。従来（受注ロット生産）は、日程計画確定後に発注すると、加工日の1週間前までに納品される。しかし、今後（後工程引取方式）は、外注かんばんによって納品が確定するが（「納品」なので、「納期」だけでなく「納品量」を含む納品内容全てと考えられる）、外注かんばんが届くのが納品3日前＝届いてから3日後に納品する、ということになり、外注かんばんが届いてから都度発注していたら、とても間に合わないことになる。下記のイメージ図を参照してほしい。

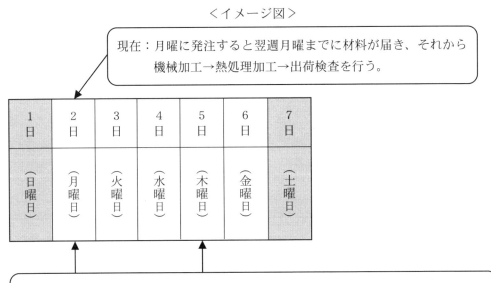

　つまり、納品確定前の発注＝見込みでの発注になり、受注分以上に在庫が増えるおそれがある。ただし、「後工程引取方式」（プルシステム）は、そもそも、「作り過ぎのムダ」を省くための手段であるから、後工程引取方式によって在庫が増えるとなると、矛盾することになる。

　X社からは3カ月前に納品予定内示があり、1カ月ごとに見直しが行われるため、

普通に考えれば、納品予定内示に基づいて材料調達計画を作成し、見直しが行われたらそれに合わせて計画を修正して発注する、ということになるだろう。したがって、まずは「最適な材料調達の時期および発注量」の「検討」が必要になる。字数に余裕があれば、「受注残」も解答に入れておきたい。

なお、後工程引取方式は、たとえば、後工程が100個生産したら、前工程はその100個を補充として生産する。材料調達は、100個生産されたらそれに合わせて100個分の材料を調達する。つまり、原則的に考えれば、在庫の増加分は、X社からの移管に伴う受注（納品）が増える分だけになり、現在の「材料在庫は受注分のみ」（第8段落）という状況と変わらないことになる。

次に、従来は月次で日程計画を策定し、短納期注文では調整している。いずれも、日程計画策定後に「差立て」を行っている。しかし、今後は、外注かんばんが届いてから差立てをすると、納品まで3日しかないため、とても間に合わないことになる（注：機械加工だけでなく、熱処理加工や出荷検査の差立ても必要）。したがって、1カ月ごとに納品予定内示が見直された段階（注：この見直しの時期を過ぎると、後は外注かんばんが届くのを待つだけになる）で、いつ、何の作業を行うのかといった、差立て時期の「検討」も必要になる。

第7段落に、「機械加工を伴う受注：材料調達→機械加工→熱処理加工→出荷検査」という生産プロセスが明示されているため、機械加工→熱処理加工→出荷検査の差立て時期の「検討」も必要、という解答になる。

＜参考＞
　差立て（JIS Z8141-4203）：ある機械・設備で、一つのジョブの加工が終わったとき、次に加工すべきジョブ（作業）を決定し指示する活動。

(3) 解答の根拠選択

第12段落に、「その他の加工品については従来同様の生産計画立案と差立方法で運用する計画である。」という記述がある。したがって、今後は、後工程引取方式と受注ロット生産体制の混合生産体制になり、「生産計画は、機械加工部と熱処理部それぞれで立案される〜」（第8段落）という記述があるため、「全社的に生産計画を立案する」という解答も考えられる。ただし、後工程引取方式では納品内容が電子データ化される。一方の受注ロット生産体制の納品内容が電子データ化されるかは不明である。そして、第12段落に、「この後工程引取方式は、X社自動車部品の機械加工工程および自動車部品専用の熱処理工程に限定した運用範囲とし、その他の加工品については従来同様の生産計画立案と差立方法で運用する計画である。」という記述があるため、この解答の妥当性は低いだろう。

また、後工程引取方式＝プルシステムであり、対比されるプッシュシステムからの解答も考えられる。しかし、一般的には、プッシュシステム＝見込生産で、「受注ロット生産」体制である現在の機械加工とマッチしていない。見込生産について、計画優先＝プッシュシステムで行うと作り過ぎのムダが発生しやすい。そこで、作り過ぎないよう、後工程が作った分しか前工程で作らせないようにするのが、プルシステムである。なお、Ｃ社の現在の在庫は「受注分のみ」（第8段落）の材料在庫であるから、本事例は「在庫」への対策のために後工程引取方式を採用する、という設定ではない。

　出題者がどこまで意識したのか不明であるが、後工程引取方式の知識を問いたいのであれば、現状の生産体制をプッシュシステムにするだろう。そして、第8段落の記述は計画優先を明示しているため、プッシュシステムといえばプッシュシステムである。ただし、受注生産なので在庫の問題は発生していない。要するに、受注生産どうしの比較になるため（それに加え、多品種少量生産と量産の比較）、イレギュラーな設定である。

＜参考＞

プッシュシステム （JIS Z8141-4201）	あらかじめ定められたスケジュールに従い、生産活動を行う管理方式。 備考：押出し方式ともいう。
プルシステム （JIS Z8141-4202）	後工程から引き取られた量を補充するためにだけ、生産活動を行う管理方式。 備考：後工程引取方式、または引張方式ともいう。

(4)　解答の構成要素検討

　設定がイレギュラーなため、（設問1）と異なり、後工程引取方式の知識がある人ほど、答えにくい問題である。設定も考慮すると、「プッシュシステム」と「プルシステム」ではなく、「受注ロット生産」と「後工程引取方式」を対比させた解答が望ましいが、制限字数が140字あるとはいえ、丁寧に対比させると140字であっても字数が足らなくなる。

　最も比較しやすいのは、（納品）リードタイムが明示されている「材料調達」である。機械加工や熱処理加工の（生産）リードタイムは明示されていないため、材料調達中心の解答でも、ある程度の得点は可能であろう。

　いずれにしても、本問は、必要な「検討」を要求されている。具体的な対策を要求されているわけではないため、「検討すべき項目」といった方向性で解答を考えたい。

第4問（配点20点）▲▲▲

(1) 要求内容の解釈

　問題要求は、新工場が稼働した後のC社の「戦略」を答えることであり、非常にシンプルな要求である。

　C社の（経営）戦略については、平成30年度第5問でも出題されたことがあるが、その問題には、「立地環境」や「経営資源」を生かすことが条件となっていた。本問ではそのような条件が付されていないため、逆に、解答の方向性を定めにくくなっている。

　また、新工場の稼働後であるから、第3問（設問1）で答えた「在り方」を満たした新工場であり、かつ、（設問2）で答えた生産管理上の検討も済ませた（後工程引取方式の構築と運用も済ませた）新工場となる。したがって、本問は第3問との関連性が強いことになる。

　また、「戦略」の基本はSWOT分析であり、そのセオリーもS（強み）とO（機会）の対応である。本事例では第1問で「強み」を答えているため、それとの関連づけも意識したい。

(2) 解答の根拠探し

　「戦略」であるから、基本はSWOT分析で、かつその基本はS（強み）＋O（機会）である。しかし、本事例では、O（機会）が全く見当たらない。平成30年度は、海外に移転していた顧客企業が国内に戻るという、明確な機会が記述されていた。また、平成30年度第5問では、問題要求に、「立地環境」「経営資源」といった条件が付されており、解答の方向性を考えやすかった。しかし、本事例は明確な「機会」がなく、かつ方向性を示す「条件」もない。そのうえで、平成30年度第5問と同様、制限字数は120字である。120字も書くことがないため、多くの受験生が困惑したと考えられる。

　とはいえ、第13段落の方針1の「将来的にはX社向け自動車部品以外の量産の機械加工ができる新工場」という記述には、多くの受験生が着目できたであろう。この方針を満たした新工場の稼働後の戦略であるから、「X社向け自動車部品以外の量産の機械加工」が、戦略の方向性となる。

　次に、戦略のセオリーに沿うと、S（強み）を生かすことになる。第1問で強みを答えているため、「X社向け自動車部品以外の量産の機械加工」に生かせる強みを考えたい。第1問の解答例には「自動車部品の機械加工から熱処理までの一貫した受託を可能とする～」という内容を盛り込んでいるが、これは、本問の「戦略」との関連づけを意識したものであり、第4問の解答内容をある程度固めてから第1問を解答する、というプロセスになる。ただし、これだけではとても120字にはならない。

　そうすると、自動車部品メーカー（業界）の一般論から解答したくなるかもしれな

— 351 —

いが、そういう時こそ、問題本文から解答を組み立てることを強く意識したい。そうすると、「自動車部品専用の熱処理工程を増設」（第4段落）、「自動車部品専用の熱処理設備で加工」（第10段落）という記述に着目できるチャンスが生まれる。

C社はすでに自動車部品専用の熱処理設備・工程を有しているわけだから、これも、「X社向け自動車部品以外の量産の機械加工」に生かせる「強み」となる（機械加工後の熱処理にも対応できるため）。

(3) 解答の根拠選択

(2)で検討した内容だけでは、字数はまだ余るだろう。本問は「新工場の稼働した後」のC社の戦略であるから、新工場の稼働後、C社はどうなっているかを考えてみよう。

稼働後の新工場は、第13段落の方針3の「一人当たり生産性を極限まで高めて」いる工場であるから、その生産性の高さも、「戦略」に生かせる「強み」となる。また、第3問（設問2）で問われている「外注かんばんを使った後工程引取方式」も構築・運用できている工場である。かんばん方式は、ジャストインタイム（JIT）を実現するためにトヨタ生産方式で採用された情報伝達方法であるから、稼働後の新工場は、JITも実現できていることになる。この内容も、「戦略」に生かせる「強み」となる。

また、第2問のところで述べたように、新工場の稼働後のC社は、何もしなければ、X社への依存度が上がった状態になる。この内容は第2問の「リスク」で解答しているため、「リスク」との対応で、「X社への依存度を抑えて」といった内容も、解答に盛り込むことができるだろう。ここまで盛り込むことで、ようやく、制限字数に近い解答になる。

本事例は、第1問で、「C社の事業変遷を理解した上で〜」と要求されている。X社に対しては、まず熱処理から始め、次に機械加工の依頼が来ている。そうであれば、X社以外の自動車部品メーカーで、熱処理だけを行っている顧客がいれば、その顧客からも機械加工を請け負おう、という戦略が考えられる。もしいなければ、今後は、機械加工から熱処理までを受託できる自動車部品メーカーを顧客として開拓する、という方向性になる。X社とは「商談会」で出会っているため、「商談会」に積極的に参加することで、新たな顧客と出会える可能性が高まることになる。

別の解答として、C社がX社の立場になる、という方向性が考えられる。自動車メーカー→自動車部品メーカー（X社）→C社というサプライチェーンであるから、X社＝1次部品メーカー、C社＝2次部品メーカーである。そして、C社が1次部品メーカーを目指す、という方向性である。

この場合、設計が重要になる。ここで、第3段落の解釈が必要になる。第1問のところでも述べたが、C社の設計力は、あまり高そうには読めない。顧客の製品仕様を図面化している程度で、製品仕様から設計できるレベルには読めない。さらに、設計

部門は「2名」しかいない。

そうすると、C社が1次部品メーカーに進出するためには、設計力の強化が必要になる。しかし、第13段落の方針4で、「近年の人材採用難」という状況が示されているため、新規採用は難しい。現有の従業員を教育することも、設計について教育できる人材（指導人材）もいなそうである。本問が「課題」も含めて要求されていれば、「設計力の強化」も解答できるが、「戦略」しか要求されていないため、それも解答しにくい。はっきりはわからないが、おそらく、第3段落の記述は、C社が、1次部品メーカーに進出できない根拠と考えられる。

＜参考＞

JIT、ジャストインタイム（JIS Z8141-2201）：

すべての工程が、後工程の要求に合わせて、必要な物を、必要なときに、必要な量だけ生産（供給）する生産方式。

備考1. ジャストインタイムのねらいは、作り過ぎによる中間仕掛品の滞留、工程の遊休などを生じないように、生産工程の流れ化と生産リードタイムの短縮にある。

2. ジャストインタイムを実現するためには、最終組立工程の生産量を平準化すること（平準化生産）が重要である。

3. ジャストインタイムは、後工程が使った量だけ前工程から引き取る方式であることから、後工程引取り方式（プルシステム）ともいう。

(4) 解答の構成要素検討

「X社向け自動車部品以外の量産の機械加工」以外、明確な根拠はないため、この内容は必ず解答に盛り込んでおきたい。

この内容を解答したうえで、自動車業界に勤めている方などは、一般論（アイデアレベル）で解答欄を埋めるかもしれない。その場合、加点されないだけで減点まではされないと思われるが、本事例は難易度が高いため、書くことがなければ、あえて書かず（マス目を余す）、他の問題の検討に時間をかけたほうがいいだろう。

3 【平成30年】問題
中小企業の診断及び助言に関する実務の事例Ⅲ

［別冊解答用紙：⑭］

【C社の概要】

　C社は、1974年の創業以来、大手電気・電子部品メーカー数社を顧客（以下「顧客企業」という）に、電気・電子部品のプラスチック射出成形加工を営む中小企業である。従業員数60名、年商約9億円、会社組織は総務部、製造部で構成されている。

　プラスチック射出成形加工（以下「成形加工」という）とは、プラスチックの材料を加熱溶融し、金型内に加圧注入して、固化させて成形を行う加工方法である。C社では創業当初、顧客企業から金型の支給を受けて、成形加工を行っていた。

　C社は、住工混在地域に立地していたが、1980年、C社同様の立地環境にあった他の中小企業とともに高度化資金を活用して工業団地に移転した。この工業団地には、現在、金属プレス加工、プラスチック加工、コネクター加工、プリント基板製作などの電気・電子部品に関連する中小企業が多く立地している。

　C社のプラスチック射出成形加工製品（以下「成形加工品」という）は、顧客企業で電気・電子部品に組み立てられ、その後、家電メーカーに納品されて家電製品の一部になる。主に量産する成形加工品を受注していたが、1990年代後半から顧客企業の生産工場の海外移転に伴い量産品の国内生産は減少し、主要顧客企業からの受注量の減少が続いた。

　こうした顧客企業の動向に対応した方策として、C社では金型設計と金型製作部門を新設し、製品図面によって注文を受け、金型の設計・製作から成形加工まで対応できる体制を社内に構築した。また、プラスチック成形や金型製作にかかる技能士などの資格取得者を養成し、さらにOJTによってスキルアップを図るなど加工技術力の強化を推進してきた。このように金型設計・製作部門を持ち、技術力を強化したことによって、材料歩留り向上や成形速度の改善など、顧客企業の成形加工品のコスト低減のノウハウを蓄積することができた。

　C社が立地する工業団地の中小企業も大手電気・電子部品メーカーを顧客としていたため、C社同様工業団地に移転後、顧客企業の工場の海外移転に伴い経営難に遭遇した企業が多い。そこで工業団地組合が中心となり、技術交流会の定期開催、共同受注や共同開発の実施などお互いに助け合い、経営難を乗り越えてきた。C社は、この工業団地組合活動のリーダー的存在であった。

　近年、国内需要分の家電製品の生産が国内に戻る傾向があり、以前の国内生産品が戻りはじめた。それによって、C社ではどうにか安定した受注量を確保できる状態になったが、顧客企業からの1回の発注量が以前よりも少なく、受注量全体としては以

— 355 —

前と同じレベルまでには戻っていない。

　最近C社は、成形加工の際に金属部品などを組み込んでしまう成形技術（インサート成形）を習得し、古くから取引のある顧客企業の1社からの受注に成功している。それまで他社の金属加工品とC社の成形加工品、そして顧客企業での両部品の組立という3社で分担していた工程が、C社の高度な成形技術によって金属加工品をC社の成形加工で組み込んで納品するため、顧客企業の工程数の短縮や納期の短縮、そしてコスト削減も図られることになる。

【生産概要】
　製造部は、生産管理課、金型製作課、成形加工課、品質管理課で構成されている。生産管理課は顧客企業との窓口になり生産計画の立案、資材購買管理、製品在庫管理を、金型製作課は金型設計・製作を、成形加工課は成形加工を、品質管理課は製品検査および品質保証をそれぞれ担当している。

　主要な顧客企業の成形加工品は、繰り返し発注され、毎日指定の数量を納品する。C社の受注量の半数を占める顧客企業X社からの発注については、毎週末の金曜日に翌週の月曜日から金曜日の確定納品計画が指示される。C社の生産管理課ではX社の確定納品計画に基づき、それにその他の顧客企業の受注分を加え、毎週金曜日に翌週の生産計画を確定する。日々の各製品の成形加工は、各設備の能力、稼働状況を考慮して原則週1回計画される。また、生産ロットサイズは長時間を要するプラスチック射出成形機（以下「成形機」という）の段取り時間を考慮して決定される。生産効率を上げるために生産ロットサイズは受注量よりも大きく計画され、製品在庫が過大である。C社の主要製品で、最も生産数量が多いX社製品Aの今年7月2日（月）から7月31日（火）までの在庫数量推移を図1に示す。製品Aは、毎日600個前後の納品指定数であり、C社の生産ロットサイズは約3,000個で週1回の生産を行っている。他の製品は、毎日の指定納品数量が少なく、変動することもあるため、製品A以上に在庫管理に苦慮している。

— 356 —

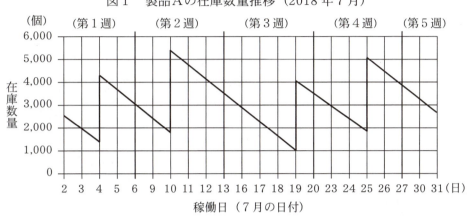

図1　製品Aの在庫数量推移（2018年7月）

　成形加工課の作業は、作業者1人が2台の成形機を担当し、段取り作業、成形機のメンテナンスなどを担当している。また全ての成形機は、作業者が金型をセットし材料供給してスタートを指示すれば、製品の取り出しも含め自動運転し、指示した成形加工を終了すると自動停止状態となる。

　図2で示す「成形機2台持ちのマン・マシン・チャート（現状）」は、製品Aの成形加工を担当している1人の作業者の作業内容である。

　成形機の段取り時間が長時間となっている主な原因は、金型、使用材料などを各置き場で探し、移動し、準備する作業に長時間要していることにある。図2で示す「成形機1の段取り作業内容の詳細」は、製品Aの成形加工作業者が、昼休み直後に行った製品Bのための段取り作業の内容である。金型は顧客からの支給品もまだあり、C社内で統一した識別コードがなく、また置き場も混乱していることから、成形加工課の中でもベテラン作業者しか探すことができない金型まである。また使用材料は、仕入先から材料倉庫に納品されるが、その都度納品位置が変わり探すことになる。

　顧客企業からは、短納期化、小ロット化、多品種少量化がますます要望される状況にあり、ジャストインタイムな生産に移行するため、C社では段取り作業時間の短縮などの改善によってそれに対応することを会社方針としている。

　その対策の一つとして、現在、生産管理のコンピュータ化を進めようとしているが、生産現場で効率的に運用するためには、成形加工課の作業者が効率よく金型、材料などを使用できるようにする必要があり、そのためにデータベース化などの社内準備を検討中である。

— 357 —

図2 成形加工作業者の一日の作業内容

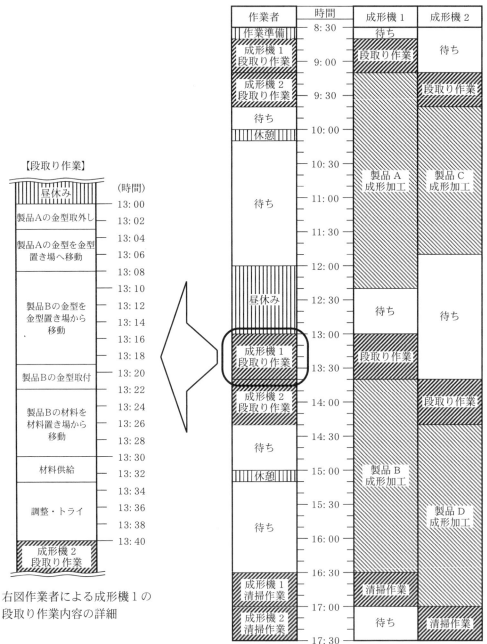

第1問（配点20点）
顧客企業の生産工場の海外移転などの経営環境にあっても、C社の業績は維持されてきた。その理由を80字以内で述べよ。

第2問（配点20点）
C社の成形加工課の成形加工にかかわる作業内容（図2）を分析し、作業方法に関する問題点とその改善策を120字以内で述べよ。

第3問（配点20点）
C社の生産計画策定方法と製品在庫数量の推移（図1）を分析して、C社の生産計画上の問題点とその改善策を120字以内で述べよ。

第4問（配点20点）
C社が検討している生産管理のコンピュータ化を進めるために、事前に整備しておくべき内容を120字以内で述べよ。

第5問（配点20点）
わが国中小製造業の経営が厳しさを増す中で、C社が立地環境や経営資源を生かして付加価値を高めるための今後の戦略について、中小企業診断士として120字以内で助言せよ。

平成30年度　事例Ⅲ　解答・解説

解答例

第1問 （配点20点）

金	型	設	計	・	製	作	の	内	製	化	や	加	工	技	術	力	強	化	の
推	進	に	よ	っ	て	成	形	加	工	品	の	コ	ス	ト	低	減	ノ	ウ	ハ
ウ	を	蓄	積	し	、	ま	た	工	業	団	地	組	合	で	リ	ー	ダ	ー	シ
ッ	プ	を	発	揮	し	て	共	同	受	注	等	を	実	施	し	た	か	ら	。

第2問 （配点20点）

問	題	点	は	、	作	業	者	の	待	ち	の	多	さ	や	昼	休	み	中	の
成	形	機	の	待	ち	な	ど	作	業	効	率	の	低	さ	で	あ	る	。	改
善	策	と	し	て	、	成	形	機	2	の	作	業	か	ら	着	手	し	、	昼
休	み	中	に	両	成	形	機	を	稼	働	さ	せ	、	終	業	前	に	翌	朝
の	段	取	り	作	業	を	済	ま	せ	る	。	ま	た	、	次	の	成	形	用
の	金	型	・	材	料	の	移	動	を	待	ち	時	間	中	に	済	ま	せ	る	。

第3問 （配点20点）

問	題	点	は	、	生	産	効	率	優	先	で	受	注	量	よ	り	生	産	ロ
ッ	ト	サ	イ	ズ	が	大	き	く	、	ま	た	実	在	庫	を	無	視	し	て
製	品	A	を	毎	週	必	ず	生	産	す	る	た	め	、	在	庫	管	理	の
煩	雑	さ	や	過	大	在	庫	を	招	く	こ	と	で	あ	る	。	改	善	策
と	し	て	、	在	庫	水	準	も	考	慮	し	て	生	産	ロ	ッ	ト	サ	イ
ズ	を	設	定	し	、	実	在	庫	も	考	慮	し	た	計	画	に	変	え	る	。

第4問 （配点20点）

段	取	り	時	間	の	短	縮	の	た	め	に	、	金	型	置	き	場	で	5
S	を	徹	底	す	る	。	ま	た	、	金	型	に	内	製	・	支	給	品	等
が	識	別	で	き	る	統	一	コ	ー	ド	を	製	品	別	で	設	定	し	、
材	料	に	も	製	品	コ	ー	ド	を	付	し	て	コ	ー	ド	で	管	理	す
る	。	さ	ら	に	、	材	料	の	納	品	位	置	を	決	め	て	仕	入	先
に	遵	守	さ	せ	、	金	型	や	材	料	を	探	し	や	す	く	す	る	。

第5問 （配点20点）

高	度	な	成	形	技	術	を	生	か	し	て	イ	ン	サ	ー	ト	成	形	の
受	注	を	増	や	す	た	め	、	同	じ	工	業	団	地	に	立	地	す	る
多	く	の	電	気	・	電	子	部	品	関	連	の	中	小	企	業	と	の	連
携	を	強	化	す	る	。	国	内	に	戻	り	始	め	た	顧	客	企	業	の
納	期	短	縮	や	コ	ス	ト	削	減	を	実	現	し	て	付	加	価	値	を
高	め	、	全	体	の	受	注	量	の	回	復	を	目	指	す	。			

解　説

1．事例の概要

　平成30年度の事例Ⅲは、問題本文に図表（図）があり、その図表について、明確に「分析」が要求された（第2問と第3問）。問題要求で図表について明確に「分析」が要求されるのは事例Ⅲでは初めてである。ブロック構成は2ブロックであるが、問題本文の記述量は例年よりも多めである。図表もあることから、問題本文の読み取り・情報整理に時間がかかることが想定される。

　問題は全5問構成で、小設問がなく、(a)欄(b)欄問題もないため、配点が一律20点となった。解答の制限字数は第1問が80字、それ以外は120字、合計560字と標準的であるが、第2問と第3問は1つの問題で「問題点」と「改善策」が要求されており、解答編集に時間がかかるおそれがある。前述のように、問題本文の読み取り・情報整理に時間がかかることも考慮すると、配点上の重みはないことから、解きやすい問題から解いて早めにある程度の得点を確保しておく対応が望まれる。

　問題構成は、第1問と第5問が経営戦略系、第2～4問がマネジメントレベル（生産管理）系で、事例Ⅲとしてはオーソドックスな構成である。事例の設定について一部不自然な点も散見されるが、問題要求の解釈もそれほど難しくなく、問題本文の根拠もそれなりに見つかることから、難易度的には標準的といえる。その点も考慮すると、80分という限られた時間の中で、いかに的確に問題を処理できたか（特定の問題に時間をかけすぎなかった等）が、得点を左右したものと考えられる。

□**難易度**

　　・問題本文のボリューム　　　：多い

　　・題材の取り組みやすさ　　　：難しい

　　・問題要求の対応のしやすさ：易しい

□**問題本文のボリューム（本試験問題用紙で計算）**

　　・4ページ（図を含む）

□**構成要素**

　　文　章：76行

　　　　　　※文章以外に図が2つあり。

　　問題数：5つ　解答箇所5箇所

　　　　　　（要求は、第1～5問各1つ）

第1問	20点	80字
第2問	20点	120字
第3問	20点	120字
第4問	20点	120字
第5問	20点	120字
	（合計）	560字

(1) 問題本文のボリューム

前述のとおり、問題本文のボリュームは多い。図表もあることから、読み取り・情報整理に時間がかかるおそれがある。

(2) 題材の取り組みやすさ

C社は家電製品の電気・電子部品を生産しているが、具体的な製品や部品は不明である。加工技術は射出成形加工であり、問題本文に説明文はあるものの、大半の方がイメージできないだろう。総じて、題材としては取り組みにくい。

(3) 問題要求の対応のしやすさ

問題要求自体の解釈はそれほど難しくない。また、問題要求に付されている条件は解答の方向性を導くヒントとなる。一部解答をまとめにくい問題はあるものの、個々の問題自体の難易度はそれほど高くはない。

おそらく、制限時間が120分あれば高得点も見込めるだろうが、80分という時間ではそれが難しい。時間を有効に使えたかどうかで、全体の得点が大きく変わる事例と考えられる。

2．取り組み方

すでに何度も述べているが、問題本文の読み取り・情報整理に時間がかかるおそれがある。一律20点であるから、配点上の重みは変わらないため、当たり前ではあるが、解きやすい問題から解くことが望ましい。個人差はあるかもしれないが、第1問の解答要素抽出（編集に時間がかかるので解答自体はまだしない）→第4問→第5問→第2・3問の問題点（2、3はどちらが先でも構わない）→第1問→第2・3問の改善策という順番で解くのが、理想的であろう。

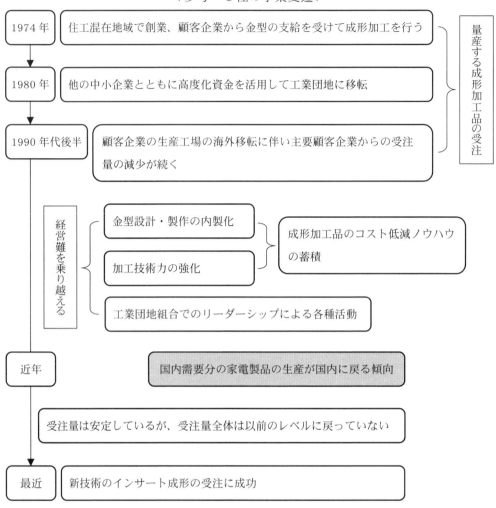

3. 解答作成

第1問 (配点20点)

(1) 要求内容の解釈

問題要求は、顧客企業の生産工場の海外移転などの経営環境にあっても、C社の業績が維持されてきた「理由」を答えることである。

顧客企業が海外に移転した（＝脅威）のにC社は業績を維持できたわけだから、素直に考えれば、「強み」を生かしたことになる。つまり、「脅威」を「強み」で回避した、ということであるから、SWOT分析の問題といえる。

事例Ⅲは「生産・技術」に関する事例であるから、通常、C社の強みは「技術力」にある設定が多い。時系列について、「顧客企業の生産工場の海外移転」後が対象で

— 364 —

あるという点に注意すれば、基本的には得点を取りたい問題である。

しかし、後述するように、本問は 80 字以内で解答を編集することが難しい。解答編集に時間をかけ過ぎると、他の問題の解答検討が不十分になるおそれがある。

(2) 解答の根拠探し

顧客企業の生産工場の海外移転については、まず、第 4 段落に以下の記述がある。

「主に量産する成形加工品を受注していたが、1990 年代後半から顧客企業の生産工場の海外移転に伴い量産品の国内生産は減少し、主要顧客企業からの受注量の減少が続いた。」（第 4 段落）

受注量が減少したわけだから、業績の維持のためには受注量を増やす必要がある。続く第 5 段落冒頭に、「こうした顧客企業の動向に対応した方策として～」という記述がある。「顧客企業の動向」＝「海外移転」であるから、この段落に記述されている「方策」が、本問の根拠となる。以下、主要な要素を抽出する。

・方策①

「金型設計と金型製作部門を新設し、製品図面によって注文を受け、金型の設計・製作から成形加工まで対応できる体制を社内に構築した。」「金型設計・製作部門を持ち～」（第 5 段落）

・方策②

「プラスチック成形や金型製作にかかる技能士などの資格取得者を養成し、さらに OJT によってスキルアップを図るなど加工技術力の強化を推進してきた。」「技術力を強化した～」（第 5 段落）

上記方策①②の結果、C 社は、「材料歩留り向上や成形速度の改善など、顧客企業の成形加工品のコスト低減のノウハウを蓄積」（第 5 段落）している。まず、これが本問の解答骨子であり、C 社の大きな「強み」といえる。

ここまででも解答は可能であるが、続く第 6 段落に以下の記述がある。

「C 社が立地する工業団地の中小企業も大手電気・電子部品メーカーを顧客としていたため、C 社同様工業団地に移転後、顧客企業の工場の海外移転に伴い経営難に遭遇した企業が多い。そこで工業団地組合が中心となり、技術交流会の定期開催、共同受注や共同開発の実施などお互いに助け合い、経営難を乗り越えてきた。C 社は、この工業団地組合活動のリーダー的存在であった。」（第 6 段落）

第 5 段落ほど明確ではないが、工業団地組合活動の「リーダー的存在」であることも、C 社の「強み」といえる（「リーダーシップ」等）。なぜ C 社がリーダー的存在になれたかについては明示されていないが、「C 社同様の立地環境にあった他の中小企業とともに高度化資金を活用して工業団地に移転した。」（第 3 段落）という記述から、そもそもこの集団移転は、C 社が主導したものと考えられる。

なお、工業団地組合の結成時期が不明と思われるかもしれないが、第 3 段落に高度

化資金を活用して工業団地に移転した旨が明示されている（「集団化事業」と考えられる）。高度化事業は事業協同組合等の団体でなければ利用できないから、工業団地移転時にはすでに組合化されていたことになる。

ところで、第7段落に、「C社ではどうにか安定した受注量を確保できる状態になった」という記述があり、これを「業績の維持」の内容ととらえることもできるが、この段落は「近年、国内需要分の家電製品の生産が国内に戻る傾向」について述べている。「顧客企業の生産工場の海外移転」という経営環境とは明確に時系列が異なるため、本問の根拠ではない。

(3) 解答の根拠選択

(2)で述べたとおり、第7段落は根拠とせず、第5・6段落を根拠として解答をまとめたい。ただし、第6段落は「工業団地」というC社の立地について述べている。第5問でC社の「立地環境」（や「経営資源」）を生かした今後の戦略が問われており、第6段落は第5問の根拠という可能性もある。

また、本問は制限字数が80字で、第5・6段落を根拠とすると、解答の編集がかなり難しくなる。この点から、本問は第5段落だけを根拠とし、第6段落を第5問の根拠とした方もいるかもしれない。その対応は間違っているわけではないが、第6段落も明確に「顧客企業の工場の海外移転」に伴う経営難とそれを乗り越えた内容を述べている。第5問の根拠としても構わないが、それをもって本問の根拠から外すのはリスクが高く、解答表現が多少不十分になっても、第5・6段落を根拠としたい。

(4) 解答の構成要素検討

(2)で述べた方策①②を丁寧に解答に盛り込むと字数が足らなくなる。方策①②の結果は「顧客企業の成形加工品のコスト低減のノウハウ」（「材料歩留り向上」「成形速度の改善」はコスト低減ノウハウの例示である）に表れているから、これを解答の骨子として、方策①②については、「金型設計・製作の内製化」「加工技術力強化」など、端的に盛り込みたい。

第6段落についても、丁寧に解答に盛り込むと字数が足らなくなる。この段落はまとめにくいが、「業績の維持」の理由であるから、「共同受注」を例示し、「工業団地組合でのリーダーシップ」など端的に盛り込みたい（「お互いに助け合い〜」は、「相互扶助（の精神)」とも表現できるが、「強み」と捉えにくくなるので、解答に盛り込まないほうがよいだろう）。

なお、第7段落に記述されているように、C社の受注量全体としては以前（海外移転前）と同じレベルまでには戻っていない。この点で、本問の要求の「業績の維持」との祖語が生じることになるが、「業績」を「利益」ととらえると、「成形加工品のコスト低減のノウハウ」を活用して、つまりコストダウンを行って「利益」を維持した、と考えられる。

第2問 (配点20点) ▲ ▲

(1) 要求内容の解釈

　問題要求は、成形加工課の成形加工にかかわる作業内容（図2）を分析し、作業方法に関する「問題点」と「改善策」を答えることである。1つの問題で「問題点」と「改善策」を聞かれると解答をまとめるのが難しくなるが（どちらにどの程度の字数を割り当てるか等）、得点を取りやすいのは前者であるから、前者中心の解答を心がけたい。

　詳しくは後述するが、問題本文には本問の直接の根拠はない。問題要求で「図2を分析」としていることから、図2＝「マン・マシン・チャート」の知識問題と考えられる。したがって、マン・マシン・チャートの知識が十分な方であれば本問を優先的に解いてもよいが、不十分な方は後回しにしたほうがよいだろう。

(2) 解答の根拠探し

　成形加工課の作業については第11・12段落に記述があるが、どちらも作業内容の説明で問題点が見当たらず、直接の根拠にはならない。そのため、図2の分析が重要になるが、前提となるマン・マシン・チャートの知識をまず確認する。

　マン・マシン・チャートは連合作業分析の1つで、連合作業分析とは、「人と機械、二人以上の人が協同して作業を行うとき、その協同作業の効率を高めるための分析手法。」のことである（JIS Z8141-5213）。そして、「人と機械の組合せを対象とした人・機械分析（マン・マシン・チャート）」と、「人と人との組合せを対象とした組作業分析」に大別できる。

　連合作業分析の目的は、「人や機械の手待ちロス、停止ロスを明確にし、改善の原則（ECRSの原則）などを適用してそのロスを減少させながら作業サイクルの短縮、人や機械の稼働率の向上、機械持ち台数の適正化、配置人員の削減を図ること」である（出所：日本経営工学会編『生産管理用語辞典』日本規格協会、2002年、p.470）。

　「ロス」という観点で図2を確認すると、作業者、成形機ともに「待ち」が非常に多いことはすぐに気づくことができるだろう。

　特に作業者は、このC社の労働時間を集計すると460分（9時間（540分）－休憩・昼休み80分）で、そのうち250分が「待ち」である。比率にすると54.3%で、一日の半分以上が「待ち」という、現実的には考えにくい設定となっている。さらにいえば、9時40分に成形機2の段取り作業を終わらせると、待ち→休憩→待ち→昼休みとなり、13時まで何も作業をしないことになる。設定の不自然さはともかくとして、かなり「ムダ」があることはわかるだろう。

　また、成形機1・2とも、昼休みに「待ち」が生じている。第11段落に記述されているように、C社の成形機は自動運転で成形加工が終了するまで稼働していることになる。そして、図2を見ると作業者の休憩中（10時から10時10分、15時から

— 367 —

15時10分）でも稼働している。つまり、成形機は監視を必要とせず、作業者が休憩中でも稼働できる。そのような高性能の成形機について、昼休み中に「待ち」になっているのは、やはり「ムダ」であろう。どう表現するかは別にして、作業者・成形機いずれも「待ち」が多いことが問題点といえる。

改善策も問題本文には明確な根拠がなく、マン・マシン・チャートの知識から解答することになる。前述の『生産管理用語辞典』の記述に従えば、「改善の原則（ECRSの原則）などを適用してそのロスを減少させながら作業サイクルの短縮、人や機械の稼働率の向上、機械持ち台数の適正化、配置人員の削減を図ること」が改善策となる。

80分という制限時間内で気づくのは難しいが、実は成形機2を先行させると、作業者の作業は17時に完了し、17時〜17時半の間に余力が生まれる（後述の「図2：改訂版」を参照）。出題者があえて成形機を2台与えたとすると、順序を変えること（ECRSのR）が期待されていると考えられる。そうすると、17時〜17時半の間に、翌日（翌朝）の段取りを済ませる時間を確保できる。また、成形機2を先行させると、昼休み中の成形機の稼働率も上がる。

さらに、図2内の【段取り作業】を見ると、作業者は、昼休み後に、製品Aの金型を取り外して金型置き場に戻し、そこから製品Bの金型を移動させている。その上、材料倉庫（図2では材料置き場）に行って製品Bの材料を移動させている。これは、成形機1の製品Aの成形加工中にできる作業であるから、これを製品Aの成形加工中に行えば作業者の「待ち」自体は減る。実際は金型・材料置き場への移動回数が増え（「空運搬」なる）、作業効率が上がるとはいえない面もあるが、少なくとも作業者の「待ち」は減る。本問がマン・マシン・チャートの知識問題であるとすれば、この内容も「改善策」として妥当になる。

(3) 解答の根拠選択

作業者が金型・材料置き場に行っても、第13段落に記述されているように探すのに時間がかかるため、この点からの解答も考えられる（「5S」等）。しかし、そうすると第4問の解答が困難になる（第4問の解説参照）。また、本問は図2の分析結果から解答することが要求されているため、（移動時間の短縮ではなく）あくまで「待ち」を減らす内容で解答したい。

なお、これは事例の構造上の問題でもあるが、なぜC社がこのような状態なのか（この状態を今まで放置しているのか）の設定が本事例では一切ない。類推を重ねれば、従来の成形機は稼働中の停止があったり、あるいは稼働中に何らかの調整が必要なため、作業者が成形機を監視する必要があった。そして、最近になって成形機を自動運転可能なものに変更して監視を不要としたが、作業方法を変えていないので、改めて分析したら「待ち」の多さが判明した、ということが考えられる。しかし、問題本文には全く記述がないため、この類推の妥当性は判断できない。

成形機の稼働中に次の成形に必要な金型・材料を用意しておくにしても、それで減らせる「待ち」はせいぜい 20 分程度でしかない。そうすると、作業者の「待ち」を大幅に減らすためには、「作業者の持ち台数を増やす」（たとえば、2 台→3 台にする）という解答も考えられる。しかし、本問はあくまで図 2 の分析結果に基づく「作業方法」の改善策が求められている。持ち台数を増やすことは「生産方法」ではあるが「作業方法」とは言いにくく、また、Ｃ社の成形加工課の人数と成形機の台数が不明であるから（持ち台数を増やせるだけの成形機が現在あるかどうかが不明）、この解答の妥当性は低いだろう。

(4)　解答の構成要素検討

　マン・マシン・チャートの知識があれば高得点を見込めるが、そのような方は少ないだろう。解答例では「改善策」のほうが字数は多いが、制限時間内でこの内容に気づくのは困難であろう。「問題点」の記述を多く、たとえば「作業者は 1 日の半分以上が待ちである」「成形機は自動運転が可能であるにもかかわらず、作業者の昼休み中に待ちになっている」など、「待ち」状態を丁寧に解答して、問題点で部分点を確保するといった対応が現実的であろう。

<図２：改訂版＞

時	分	作業者	改・作業者	成形機1	改・成形機1	成形機2	改・成形機2
8時	30-40	作業準備	作業準備	待ち	待ち	待ち	待ち
	40-50	製品A段取り	製品C段取り	製品A段取り	待ち	待ち	製品C段取り
	50-60	製品A段取り	製品C段取り	製品A段取り	待ち	待ち	製品C段取り
9時	0-10	製品A段取り	製品C段取り	製品A段取り	待ち	待ち	製品C段取り
	10-20	製品C段取り	製品A段取り	成形加工A	製品A段取り	製品C段取り	成形加工C
	20-30	製品C段取り	製品A段取り	成形加工A	製品A段取り	製品C段取り	成形加工C
	30-40	製品C段取り	製品A段取り	成形加工A	製品A段取り	製品C段取り	成形加工C
	40-50	待ち	待ち	成形加工A	成形加工A	成形加工C	成形加工C
	50-60	待ち	待ち	成形加工A	成形加工A	成形加工C	成形加工C
10時	0-10	休憩	休憩	成形加工A	成形加工A	成形加工C	成形加工C
	10-20	待ち	待ち	成形加工A	成形加工A	成形加工C	成形加工C
	20-30	待ち	待ち	成形加工A	成形加工A	成形加工C	成形加工C
	30-40	待ち	待ち	成形加工A	成形加工A	成形加工C	成形加工C
	40-50	待ち	待ち	成形加工A	成形加工A	成形加工C	成形加工C
	50-60	待ち	待ち	成形加工A	成形加工A	成形加工C	成形加工C
11時	0-10	待ち	待ち	成形加工A	成形加工A	成形加工C	成形加工C
	10-20	待ち	待ち	成形加工A	成形加工A	成形加工C	成形加工C
	20-30	待ち	製品D段取り	成形加工A	成形加工A	成形加工C	製品D段取り
	30-40	待ち	製品D段取り	成形加工A	成形加工A	成形加工C	製品D段取り
	40-50	待ち	製品D段取り	成形加工A	成形加工A	成形加工C	製品D段取り
	50-60	待ち	製品D段取り	成形加工A	成形加工A	待ち	製品D段取り
12時	0-10	昼休み	昼休み	成形加工A	成形加工A	待ち	成形加工D
	10-20	昼休み	昼休み	成形加工A	成形加工A	待ち	成形加工D
	20-30	昼休み	昼休み	待ち	成形加工A	待ち	成形加工D
	30-40	昼休み	昼休み	待ち	成形加工A	待ち	成形加工D
	40-50	昼休み	昼休み	待ち	成形加工A	待ち	成形加工D
	50-60	昼休み	昼休み	待ち	待ち	待ち	成形加工D
13時	0-10	製品B段取り	製品B段取り	製品B段取り	製品B段取り	待ち	成形加工D
	10-20	製品B段取り	製品B段取り	製品B段取り	製品B段取り	待ち	成形加工D
	20-30	製品B段取り	製品B段取り	製品B段取り	製品B段取り	待ち	成形加工D
	30-40	製品B段取り	製品B段取り	製品B段取り	製品B段取り	待ち	成形加工D
	40-50	製品D段取り	待ち	成形加工B	成形加工B	製品D段取り	成形加工D
	50-60	製品D段取り	待ち	成形加工B	成形加工B	製品D段取り	成形加工D
14時	0-10	製品D段取り	待ち	成形加工B	成形加工B	製品D段取り	成形加工D
	10-20	製品D段取り	待ち	成形加工B	成形加工B	製品D段取り	成形加工D
	20-30	待ち	待ち	成形加工B	成形加工B	成形加工D	成形加工D
	30-40	待ち	待ち	成形加工B	成形加工B	成形加工D	成形加工D
	40-50	待ち	待ち	成形加工B	成形加工B	成形加工D	待ち
	50-60	待ち	待ち	成形加工B	成形加工B	成形加工D	待ち
15時	0-10	休憩	休憩	成形加工B	成形加工B	成形加工D	待ち
	10-20	待ち	清掃2	成形加工B	成形加工B	成形加工D	清掃2
	20-30	待ち	清掃2	成形加工B	成形加工B	成形加工D	清掃2
	30-40	待ち	清掃2	成形加工B	成形加工B	成形加工D	清掃2
	40-50	待ち	待ち	成形加工B	成形加工B	成形加工D	待ち
	50-60	待ち	待ち	成形加工B	成形加工B	成形加工D	待ち
16時	0-10	待ち	待ち	成形加工B	成形加工B	成形加工D	待ち
	10-20	待ち	待ち	成形加工B	成形加工B	成形加工D	待ち
	20-30	待ち	待ち	成形加工B	成形加工B	成形加工D	待ち
	30-40	清掃1	清掃1	清掃1	清掃1	成形加工D	待ち
	40-50	清掃1	清掃1	清掃1	清掃1	成形加工D	待ち
	50-60	清掃1	清掃1	清掃1	清掃1	成形加工D	待ち
17時	0-10	清掃2	待ち	待ち	待ち	清掃2	待ち
	10-20	清掃2	待ち	待ち	待ち	清掃2	待ち
	20-30	清掃2	待ち	待ち	待ち	清掃2	待ち

注1：「改・作業者」「改・成形機1」「改・成形機2」は、それぞれ改善後（成形機2の先行後）を表す。
注2：「成形加工A～D」は、製品A～Dの成形加工を表す。
注3：「清掃1」は成形機1の清掃作業、「清掃2」は成形機2の清掃作業を表す。

＜図２：改訂版の説明＞

　成形機２を先行させると、ちょうど、午前中に製品Ｄの段取りが入る。おそらく、出題者があえてその設定にしたと考えられる（成形機２を先行させると11時20分〜12時の40分に空きができる。製品Ｄの段取りもちょうど40分である）。これにより、成形機２は昼休み中も稼働する。また、成形機１の昼休み中の稼働時間も長くなる（「待ち」が減る）。

　また、成形機２は14時40分に加工が終了する。そうすると、午後休憩後に成形機２の清掃ができるようになる。結果として、17時以降の作業がなくなるので、この時間帯に翌朝の段取り（作業準備等）を済ませることも可能になる。

　なお、昼休み中に成形機を稼働させることに違和感を覚えるかもしれないが、現在でも、成形機１は昼休み中に20分間稼働している。また、成形機１・２ともに、午前・午後の10分間の休憩中にも稼働している。もし、昼休みや休憩中に成形機を稼働させることが許されないのであれば、昼休み・休憩の都度、停止する必要がある。しかし、「また全ての成形機は、作業者が金型をセットし材料供給してスタートを指示すれば、製品の取り出しも含め<u>自動運転</u>し、指示した成形加工を終了すると<u>自動停止状態となる</u>。」(第11段落)という記述がある。成形機は、作業者がスタートを「指示」さえすれば加工終了まで稼働可能であり、停止も自動である（成形機の稼働中は、作業者は何もしなくてよい、という設定である）。このような成形機を有しているのに、わざわざ昼休み・休憩中に成形機を停止する必要性はないことになる。

第３問 (配点20点) ◢◢

(1) 要求内容の解釈

　問題要求は、生産計画策定方法と製品在庫数量の推移（図１）を分析して、Ｃ社の生産計画上の「問題点」と「改善策」を答えることである。本問も「問題点・改善策」と２つの事項が要求されており、解答がまとめにくいため、前者（問題点）で得点を確保することを意識したい。

　本問も図の分析が求められているが、その対象は「製品在庫数量の推移」であり、「生産計画策定方法」についての図はない。したがって、第２問と異なり、問題本文に根拠（生産計画策定方法）があると想定できる。

　本問は、生産計画策定方法（原因）→製品在庫数量の推移（結果）という構造であり、「改善策」は原因の裏返しになって解答しにくくなる。同じ「問題点」→「改善策」が要求されている第２問は作業内容に何らかの問題があることはわかるが、その内容までは要求には明示されていない。それに対し、本問の要求では生産計画策定方法に不備があり、それによって「在庫」に問題（在庫増、過大在庫等）が生じていることが想定できる。この点から、第２問よりも解答しにくい点はあるが、第２問はマン・

マシン・チャートの知識によって難易度は変わる。したがって、マン・マシン・チャートの知識が十分な方は第2問を優先し、そうでない方は本問を優先したほうがよいだろう。

(2) 解答の根拠探し

「生産計画」と「在庫」については第10段落に記述があるが、この段落は記述量が多いので、分割しながら整理する。

＜生産計画＞

① 「主要な顧客企業の成形加工品は、繰り返し発注され、毎日指定の数量を納品する。」

⇒繰り返し発注されることから、C社の製品は「規格品」であることがわかる。なお、第1問で、C社の「強み」として「金型設計・製作の内製化」をあげているが、現在は新規に金型を設計・製作するケースはほとんどないことがわかる（「金型設計・製作の内製化」は過去の強みとなる）。

② 「受注量の半数を占める顧客企業X社からの発注については、毎週末の金曜日に翌週の月曜日から金曜日の確定納品計画が指示される。」

⇒C社の受注量の半分の発注（注文）が、毎週金曜日にC社に届く。

③ 「C社の生産管理課ではX社の確定納品計画に基づき、それにその他の顧客企業の受注分を加え、毎週金曜日に翌週の生産計画を確定する。」

⇒残りの半分（X社以外の顧客企業）の受注分（注文）を、毎週金曜日に締めて、翌週の生産計画を策定している。このことから、C社は週次で生産計画を作成し、注文を受けてから生産計画を作成しているため、（本来的には）受注生産になる。

④ 「日々の各製品の成形加工は、各設備の能力、稼働状況を考慮して原則週1回計画される。」

⇒日々の計画（成形加工）も、週次で作成している。ただし、何をいつ作るかは、設備の能力・稼働状況を基準にしている。

以上からC社の生産計画の状況を整理すると、下図のようになる。

＜Ｃ社の生産計画＞

1日（日曜日）	2日（月曜日）	3日（火曜日）	4日（水曜日）	5日（木曜日）	6日（金曜日）	7日（土曜日）

X社・X社以外の受注をまとめ翌週（月〜金）の生産計画を作成

8日（日曜日）	9日（月曜日）	10日（火曜日）	11日（水曜日）	12日（木曜日）	13日（金曜日）	14日（土曜日）

日々の成形加工は各設備の能力・稼働状況で計画

事例Ⅲ ㉚

＜在庫＞（一部「生産計画」の内容を含む）

① 「生産ロットサイズは長時間を要するプラスチック射出成形機（以下「成形機」という）の段取り時間を考慮して決定される。」

② 「生産効率を上げるために生産ロットサイズは受注量よりも大きく計画され、製品在庫が過大である。」

⇒上記①②により、Ｃ社は受注生産であるから、本来であれば、生産量＝受注量となるはずである。しかし、製品在庫が過大となっているということは、生産量＞受注量ということである。これは、受注のないものまで作っているということであり、Ｃ社は実質的には見込生産となる。

これは、成形機の段取り時間が長く、生産ロットサイズ＝受注量とすると段取り替えが頻繁に生じ、生産効率が低下してしまう。それを避けるため（生産効率を上げるため）、生産ロットサイズ＞受注量としている。つまり、生産効率を優先した結果、過大な製品在庫を招いてしまっている。

③ 「製品Ａは、毎日600個前後の納品指定数であり、Ｃ社の生産ロットサイズは約3,000個で週1回の生産を行っている。」

④ 「他の製品は、毎日の指定納品数量が少なく、変動することもあるため、製品Ａ以上に在庫管理に苦慮している。」

⇒図1を分析すると、以下の内容を導ける。

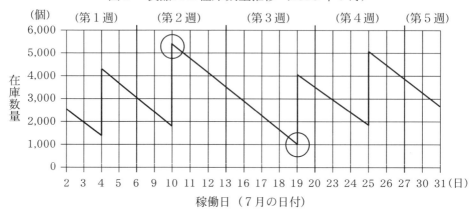

図1　製品Aの在庫数量推移（2018年7月）

　図1を見ると、7月単月であるが、製品Aの在庫は多い日で5,000強、少ない日で約1,000と変動している。あくまで製品Aのみの在庫数量の推移であるが、「他の製品」は在庫管理に苦慮しているため、製品Aよりも変動（サイクル）が大きいことが示唆される。

　ところで、製品Aの指定納品数は600個前後／日であるから、在庫も600個前後／日あれば足りる計算になる。しかし、7月における最少在庫は約1,000個である。つまり、C社は必要以上に製品Aを生産していることになり、第14段落に「ジャストインタイムな生産に移行」と記述されていることから、現在のC社はジャストインタイムな生産ができていない、ということになる。

　もう少し具体的に見ると、製品Aは19日に約3,000個生産されているが、その時点での在庫が約1,000個あるから、指定納品数量（600個前後）は確保できている。つまり、19日でなく20日に生産しても在庫は足りることになる。4日、10日、25日についても同じことがいえる。

　これができていないのは、「日々の各製品の成形加工は、各設備の能力、稼働状況を考慮」（第10段落）という計画に起因している。19日に製品Aを生産しているのは、たまたまその日に設備の稼働状況に余裕があったから、ということになる。結局、C社の生産計画は、実際の在庫（実在庫）を考慮していないことになる。

　以上をまとめると、C社の「生産計画上の問題点」として、以下の要素を導ける。
①　受注量よりも生産ロットサイズが大きい。
②　実在庫を考慮していない。
　上記①②の結果、在庫管理の煩雑さや過大在庫を招いている。
　そうすると、改善策はこの裏返しになる。結局のところ、在庫を考慮していない計画であることが問題なわけだから、実在庫も考慮した生産計画に変更するとともに、

生産効率だけでなく（許容できる）在庫水準も考慮して生産ロットサイズを設定（再設定）する（生産効率と在庫水準の最適化を図る）、という方向になる。

(3) 解答の根拠選択

そもそも、Ｃ社は受注生産であるから、生産ロットサイズ＝受注量とすべきである。それができないのは、結局のところ、段取り時間が長いことが原因になる。したがって、段取り時間を短くすれば、生産ロットサイズ＝受注量を実現することができるようになる。これについては、第14段落に「段取り作業時間の短縮などの改善」と記述されているように、Ｃ社もその対策を検討している。しかし、これについては第4問の根拠となるため、本問では採用しないほうがよい（第4問の解説で後述する）。

また、計画が週次であるから、これを日次にする、という考え方もある。しかし、そのためにはＸ社から毎日確定納品計画を入手する必要がある。Ｘ社がそれを了承しなければ実現できないため、解答の妥当性は低い。

さらに、製品Ａの納品指定数は600個前後／日であるから、毎日製品Ａを成形する計画にする、という考え方もある。しかし、製品Ａは、Ｃ社の受注量の半数を占めるＸ社の製品の一部であるから、製品Ａ以外の製品のほうが生産量は多い。各設備が毎日製品Ａを600個前後成形できるか不明なため、これも解答の妥当性は低い。

(4) 解答の構成要素検討

第2問と同様、本問も解答をまとめにくい。しかし、第2問はマン・マシン・チャートの知識の有無が原因であるが、本問は特別な知識は必要としない。ただし、図1の分析は時間をいくらでもかけられるため、第10段落に記述されている「製品在庫が過大」「在庫管理に苦慮」といった表現をうまく解答に盛り込み、「問題点」のほうで得点を確保し、極端にいえば改善策は外れても構わない、という割り切った対応のほうが、結果的には全体の得点確保につながるだろう。

第4問（配点20点）◢◢ ◢

(1) 要求内容の解釈

問題要求は、Ｃ社が検討している生産管理のコンピュータ化を進めるために、事前に整備しておくべき「内容」を答えることである。コンピュータ化の「内容」ではなく、コンピュータ化のために事前に整備する「内容」が要求されており、「情報項目」の問題とも考えられる。

本問は第2・3問と異なり、1つの事項（「内容」）しか要求されていない。制限字数も第2・3問と同じ120字で、解答がまとめにくいということもなさそうであるから、問題本文の根拠が明確であれば、第2・3問よりも優先したい。

(2) 解答の根拠探し

「生産管理のコンピュータ化」については、第14・15段落に記述がある。主要な

— 375 —

要素を抽出してみよう。

① 顧客企業から短納期化、小ロット化、多品種少量化がますます要望される状況になっているため、ジャストインタイムな生産に移行する必要がある。

⇒ジャストインタイム（JIT）とは、「すべての工程が、後工程の要求に合わせて、必要な物を、必要なときに、必要な量だけ生産（供給）する生産方式」のことである（JIS Z8141-2201）。第3問で確認したように、C社は生産ロットサイズ＞受注量、つまり受注量以上に生産していることから、「不要」なものまで（あるいは「不要なとき」に）作っていることになる。

② ①のために、段取り作業時間の短縮などの改善に取り組むことをC社の会社方針としている。

⇒第3問の解説でも述べたが、生産ロットサイズ＞受注量の原因は、段取り時間が長いことに起因する。段取り時間が長いまま生産ロットサイズ＝受注量（JIT）とすると、段取り替え回数が増えて生産効率が低下してしまう。したがって、JITの実現のためには、段取り時間（段取り作業時間）の短縮が必須となる。

③ その対策の一つとして、現在、生産管理のコンピュータ化を進めようとしている。

⇒「その対策」＝「段取り時間の短縮（対策）」である。

④ 生産現場で効率的に運用するために、成形加工課の作業者が効率よく金型、材料などを使用できるようにする必要がある。

⇒「効率的に運用」＝生産管理をコンピュータ化しても、生産現場で効率的に運用できなければ意味がない。効率的に運用するためには、成形加工課の作業者が効率よく金型、材料などを使用できるようにしなければならない。

⇒金型、材料の使用状況については第13段落に記述がある。これについては後述する。

⑤ そのためにデータベース化などの社内準備を検討中である。

⇒「そのため」＝作業者が効率よく金型、材料などを使用するため、である。そのためにデータベース化を準備するわけだから、現在は金型、材料についてはデータベース化されていない、ということになる。

さて、本問は「生産管理のコンピュータ化」の内容ではなく、生産管理のコンピュータ化を進めるために、事前に整備しておくべき内容が問われている。この点に着目して第13段落を確認すると、まず、冒頭で「成形機の段取り時間が長時間となっている主な原因は、金型、使用材料などを各置き場で探し、移動し、準備する作業に長時間要していることにある。」と記述されている。結局、金型・材料ともに、置き場で探して成形機まで移動することに時間がかっていることが段取り時間の長さの主原因である。

続いて、金型と材料について、以下のような置き場の現状が記述されている。

金型については、「金型は顧客からの支給品もまだあり、C社内で統一した識別コードがなく、また置き場も混乱していることから、成形加工課の中でもベテラン作業者しか探すことができない金型まである。」と記述されている。

非常にわかりやすい内容であり、内製・支給品を識別するための社内コード（統一コード）がないわけだから、整備すべき内容は、識別するための統一コードを設定すること、になる。また、置き場が混乱していて探すのに時間があるのであれば、置き場を整理・整頓すべきであろう。端的にいえば「5S」の徹底である。

次に、材料については、「仕入先から材料倉庫に納品されるが、その都度納品位置が変わり探すことになる。」と記述されている。

材料は仕入先から直接C社の材料倉庫（図2では材料置き場）に納品されている。しかし、都度納品位置が変わってしまうので探せない、というのであれば、納品位置を決める、ということになる。図2内の【段取り作業】を見ると、製品Bの成形加工前に製品Bの材料を用意している。製品Bの材料を取りに行く度に納品位置が都度違っていれば、探すのに時間がかかるのは当たり前であろう。したがって、材料ごとに納品位置を決めて、それを仕入先に伝えて遵守させる、ということになる。

(3) 解答の根拠選択

(2)で述べた内容でほぼ間違いないだろうが、それだけだと、字数が余る可能性がある。「データベース化などの社内準備を検討中」（第15段落）という状況であるから、データベース化を前提とした解答も考えてみたい。

図2内の【段取り作業】を見ると、製品Bの段取り内容は、製品B用の金型と製品B用の材料を用意することである。したがって、製品－金型－材料を紐付けることできる。金型を識別するための統一コードを設定するのであれば、製品ごとにコードを設定することが望ましい。例えば、製品Bについて「0002」というコードを付したとする。そうすると、製品B用の金型・材料もすべて「0002」というコードが付されていれば、ベテラン作業者以外でも探しやすくなる。さらに材料の納品位置にも同じコードが付されていれば、仕入先も納品位置を間違えることもないだろう。結論としては、製品を基準とした統一コードを設定し、そのコードで金型・材料も管理する、ということになる。

(4) 解答の構成要素検討

問題本文に、「金型、使用材料などを各置き場で探し、移動し、準備する作業に長時間要している」（第13段落）、「成形加工課の作業者が効率よく金型、材料などを使用できるようにする」（第15段落）という記述があることから、解答は「金型」「材料」を中心にまとめ、過度にコンピュータ化を意識しないほうがよいだろう。そもそも「IT化」「システム化」ではなく「コンピュータ化」であるから、出題者もそれほ

ど高度なものは想定していない可能性が高い（パソコンのイメージである）。

本問はおそらく本事例において最も得点を取りやすいだろう。「段取り時間の長さ」は第2問や第3問にも関連するが、直接的に関連するのは本問であるから、まず、本問を最初に解答すべきであろう。仮に第13段落を根拠として第2問や第3問を先に解答すると、根拠を重複させない限り、本問で第13段落を根拠としない解答になってしまう（コンピュータ化の一般的内容に終始してしまうおそれがある）。また、第2問と第3問は図の分析を伴うため、時間がかかるおそれがある。第4問から解答して第2問・第3問を後回しにしたほうが、結果的に全体の得点を確保しやすくなるだろう。

なお、第2問の解説で述べたが、成形機2の作業を先行させても、作業者の「待ち」は劇的には減らない。そこで、本問で「作業者の待ち時間に5Sを徹底させる」という解答も考えられる。しかし、この内容は、本問の「事前に整備しておくべき」内容とは異なるので（整備しなくても待ち時間で5Sは可能なため）、余程字数が余れば別であるが、あえて「作業者の待ち時間」を解答に加える必要はないだろう。

第5問 (配点20点) ◢◢

(1) 要求内容の解釈

問題要求は、C社が立地環境や経営資源を生かして付加価値を高めるための今後の「戦略」を助言することである。なお、「助言」という問題要求は、事例Ⅲでは初めてである。

問題要求は長いが、「立地環境」と「経営資源」を生かす、という戦略の方向性が明記されていることから、明記されていない問題と比較するとむしろ取り組みやすい。

「立地環境」については問題本文に何らかの根拠はあるはずであるから、まずはそれを確実に把握したい。次に「経営資源」は、戦略に生かすわけだから「強み」と考えられる。第1問ですでにC社の「強み」を答えており、それを本問でも生かすという方向性も考えられるが、第1問の前提は「業績の維持」である。それに対し、本問は「付加価値を高める」ための戦略であるから、第1問の「強み」とは異なることを想定しておきたい（第1問の「強み」をそのまま生かせるのであれば、C社の業績は「維持」ではなくすでに「向上」していると考えられる）。

なお、「わが国中小製造業の経営が厳しさを増す中」とも記述されているが、これについては過度に意識しないほうがよい。詳しくは(2)で述べる。

(2) 解答の根拠探し

問題要求の「わが国中小製造業の経営が厳しさを増す中」という記述については、対応する問題本文の記述は、せいぜい「顧客企業からは、短納期化、小ロット化、多

品種少量化がますます要望される状況」（第14段落）程度しかない。また、「近年、国内需要分の家電製品の生産が国内に戻る傾向があり、以前の国内生産品が戻りはじめた。」（第7段落）という記述もあり、それほど厳しさを増している印象は受けない。「わが国中小製造業の経営が厳しさを増す中」という記述は、言葉は悪いかもしれないが、「枕詞」程度にとらえたほうがよい。

(3) 解答の根拠選択

　本問は「立地環境」と「経営資源」を生かした今後の戦略が要求されている。立地環境については、第3、6段落に記述されているように、C社は「工業団地」に立地している。「経営資源」については、第1問で「金型設計・製作の内製化」「加工技術力強化」をC社の強みとして答えている。しかし、第3問の解説で述べたとおり、現在は「主要な顧客企業の成形加工品は、繰り返し発注」（第10段落）されていることから、新規の金型設計は少ないと考えられる。この点からC社の強みを探すと、第8段落に以下の記述がある。

　「最近C社は、成形加工の際に金属部品などを組み込んでしまう成形技術（インサート成形）を習得し、古くから取引のある顧客企業の1社からの受注に成功している。それまで他社の金属加工品とC社の成形加工品、そして顧客企業での両部品の組立という3社で分担していた工程が、C社の高度な成形技術によって金属加工品をC社の成形加工で組み込んで納品するため、顧客企業の工程数の短縮や納期の短縮、そしてコスト削減も図られることになる。」（第8段落）

　第1問で解答した「加工技術力」は「高度な成形技術」と記述されているため、金型設計・製作と異なり現在でもC社の強みと考えられる。また、本問は「付加価値を高めるため」の今後の戦略が要求されているが、顧客企業の工程数の短縮、納期の短縮、コスト削減が図られればそれだけC社製品の付加価値も（他社製品に比べれば）高まる。したがって、生かすべき「経営資源」としては「高度な成形技術」「インサート成形」が候補となる。

　また、C社は「インサート成形」の受注について、「他社の金属加工品」を利用している。つまり、他社との連携が必要となるが、この点については、「工業団地」という立地が生かせる。

　第3段落に「この工業団地には、現在、金属プレス加工、プラスチック加工、コネクター加工、プリント基板製作などの電気・電子部品に関連する中小企業が多く立地している。」という記述があるから、C社の「立地環境」には多くの連携先が存在することになる。

　さらに、インサート成形は「古くから取引のある顧客企業の1社からの受注に成功した」という状況である。C社は連携先は確保できているわけだから、できれば受注をもっと増やしたいはずである。この点から考えると、第7段落の以下の記述に着目

できる。

「近年、国内需要分の家電製品の生産が国内に戻る傾向があり、以前の国内生産品が戻りはじめた。それによって、C社ではどうにか安定した受注量を確保できる状態になったが、顧客企業からの1回の発注量が以前よりも少なく、受注量全体としては以前と同じレベルまでには戻っていない。」（第7段落）

「以前の国内生産品が戻りはじめた」ということは、C社にとって「古くから取引のある顧客企業」が国内に戻ってきたことを意味する。この状況はC社にとって「機会」であるから、国内に戻ってきた顧客企業は、インサート成形の顧客となり得る。この顧客企業から受注獲得できれば、全体の受注量を以前のレベルにまで戻すことが期待できるようになる。

第14段落に「小ロット化」の要望が書かれており、1回（あたり）の発注量を増やすことは期待できない。その状態で、受注回復を目指すのであれば、1回の発注量ではなく、C社への発注先（顧客企業）を増やす、という方向性になる。

＜補足＞

インサート成形は問題本文に説明があるとおり、「成形加工の際に金属部品などを組み込んでしまう成形技術」である。これを行うと、従来の「金属プレス加工」→「プラスチック射出成形加工」→「組立」という工程が、「金属プレス加工」→「インサート成形」となり、工程数の短縮（注：工程数であるから、「短縮」より「削減」のほうが妥当な印象を受ける）につながることになる（参考：佐藤郁夫・森永文彦・松本源太郎編著『北海道の企業3』北海道大学出版会、2012年、p.316）。

(4) 解答の構成要素検討

本問は事例Ⅲとしては初めて「助言」が問われたが、他の事例と異なり、「助言」のための根拠がはっきりと明示されている。第3、7、8段落を根拠とし、問題要求の「立地環境」「経営資源」「付加価値を高める（高付加価値化）」を意識して解答をまとめれば、高得点を見込める問題である。何度も述べているが、第2・3問はそれなりに時間がかかるため、本問や第4問を優先して解き、第2・3問は後回しにして（極端にいえば問題点だけ解答して）、答案を作成したほうが、全体の得点は高くなるだろう。

3 【平成29年】問題
中小企業の診断及び助言に関する実務の事例Ⅲ

[別冊解答用紙：⑮]

【C社の概要】

　C社は、1947年の創業で、産業機械やプラント機器のメーカーを顧客とし、金属部品の加工を行ってきた社長以下24名の中小企業である。受注のほとんどが顧客企業から材料や部品の支給を受けて加工を担う賃加工型の下請製造業で、年間売上高は約2億円である。

　現在の社長は、創業者である先代社長から経営を引き継いだ。10年前、CAD等のITの技能を備えた社長の長男（現在常務）が入社し、設計のCAD化や老朽化した設備の更新など、生産性向上に向けた活動を推進してきた。この常務は、高齢の現社長の後継者として社内で期待されている。

　C社の組織は、社長、常務の他、経理担当1名、設計担当1名、製造部20名で構成されている。顧客への営業は社長と常務が担当している。

　近年、売り上げの中心となっている産業機械・プラント機器の部品加工では、受注量が減少し、加えて受注単価の値引き要請も厳しい状況が続いている。その対応として、現在C社では新規製品の事業化を進めている。

【生産概要】

　製造部は機械加工班と製缶板金班で構成され、それぞれ10名の作業者が加工に従事している。機械加工班はNC旋盤、汎用旋盤、フライス盤などの加工機械を保有し、製缶板金班はレーザー加工機、シャーリング機、プレス機、ベンダー機、溶接機などの鋼板加工機械を保有している。

　C社では創業以来、顧客の要求する加工精度を保つため機械の専任担当制をとっており、そのため担当している機械の他は操作ができない作業者が多い。また、各機械の操作方法や加工方法に関する技術情報は各専任作業者それぞれが保有し、標準化やマニュアル化は進められていない。

　加工内容については、機械加工班はコンベアなどの搬送設備、食品加工機械、農業機械などに組み込まれる部品加工、鋳物部品の仕上げ加工など比較的小物でロットサイズが大きい機械加工であり、製缶板金班は農業機械のフレーム、建設用機械のバケット、各種産業機械の本体カバーなど大型で多品種少量の鋼材や鋼板の加工が中心である。

　顧客から注文が入ると、受注窓口である社長と常務から、担当する製造部の作業者に直接生産指示が行われる。顧客は古くから取引関係がある企業が多く、受注品の多

くは各顧客から繰り返し発注される部品である。そのため受注後の加工内容などの具体的な打ち合わせは、各機械を担当する作業者が顧客と直接行っている。

【新規事業の概要】

新規事業は、3次元CADで作成した3次元データを用いて、3次元形状の加工ができる小型・精密木工加工機「CNC木工加工機」の事業化である。この新規事業は、異業種交流の場で常務が耳にした木材加工企業の話がヒントになり進められた。「木工加工機は大型化、NC化が進み、加工機導入の際には多額の投資を必要とするようになった。以前使っていたならい旋盤のような汎用性があり操作性が良い加工機が欲しいが、見つからない」との情報であった。ならい旋盤とは、模型をなぞって刃物が移動し、模型と同じ形状の加工品を容易に再現できる旋盤である。

常務と設計担当者が中心となり加工機の設計、開発を進め、外部のCNC制御装置製作企業も加えて、試作機そして1号機の実現にこぎつけた。

しかし、それまで木工加工関連企業とのつながりも情報もないC社にとって、この新規事業の販路開拓をどのように進めるのか、製品開発当初から社内で大きな問題となっている。C社は、特に新規顧客獲得のための営業活動を積極的に行った経験がない。また、販売やマーケティングに関するノウハウもなく、機械商社などの販売チャネルもない。

そこで常務が中心となって、木工機械の展示会に出展することから始めた。展示会では、特徴である精密加工の内容を来展者に理解してもらうため、複雑な形状の加工を容易に行うCNC木工加工機の実演を行ったが、それによって多くの来展者の注目を集めることができた。特に、NC機械を使用した経験のない家具や工芸品などの木工加工関係者から、プログラムの作成方法、プログラムの提供の可能性、駆動部や刃物のメンテナンス方法、加工可能な材質などに関する質問が多くあり、それに答えることで、CNC木工加工機の加工精度や操作性、メンテナンスの容易性が来展者から評価され、C社内では大きな手応えを感じた。そして展示会後、来展者2社から注文が入り、本格的に生産がスタートしている。このCNC木工加工機については、各方面から注目されており、今後改良や新機種の開発を進めていく予定である。

この展示会での成功を参考に、現在は会社案内程度の掲載内容となっているホームページを活用して、インターネットで広くPRすることを検討している。

CNC木工加工機の生産は、内部部品加工を機械加工班で、制御装置収納ケースな

— 382 —

どの鋼板加工と本体塗装を製缶板金班でそれぞれ行い、それに外部調達したCNC制御装置を含めて組み立てる。これまで製造部では専任担当制で作業者間の連携が少なかったが、この新規事業では、機械加工班と製缶板金班が同じCNC木工加工機の部品加工、組み立てに関わることとなる。なお、最終検査は設計担当者が行う。

これまで加工賃収入が中心であったC社にとって、付加価値の高い最終製品に育つものとしてCNC木工加工機は今後が期待されている。

第1問（配点30点）
CNC木工加工機の生産販売を進めるために検討すべき生産管理上の課題とその対応策を140字以内で述べよ。

第2問（配点20点）
C社社長は、現在の生産業務を整備して生産能力を向上させ、それによって生じる余力をCNC木工加工機の生産に充てたいと考えている。それを実現するための課題とその対応策について120字以内で述べよ。

第3問（配点20点）
C社では、ホームページを活用したCNC木工加工機の受注拡大を考えている。展示会での成功を参考に、潜在顧客を獲得するためのホームページの活用方法、潜在顧客を受注に結び付けるための社内対応策を160字以内で述べよ。

第4問（配点30点）
C社社長は、今後大きな設備投資や人員増をせずに、高付加価値なCNC木工加工機事業を進めたいと思っている。これを実現するためには、製品やサービスについてどのような方策が考えられるか、140字以内で述べよ。

— 383 —

平成29年度　事例Ⅲ　解答・解説

解答例

第1問（配点30点）

専	任	担	当	制	で	作	業	者	の	連	携	経	験	が	少	な	い	中	、
今	後	は	小	物	か	つ	大	ロ	ッ	ト	が	中	心	の	機	械	加	工	班
と	、	大	型	か	つ	多	品	種	少	量	が	中	心	の	製	缶	板	金	班
の	連	携	が	必	要	に	な	る	た	め	、	全	体	の	計	画	立	案	お
よ	び	統	制	が	課	題	と	な	る	。	対	応	策	と	し	て	、	常	務
の	I	T	技	能	を	活	用	し	て	生	産	管	理	の	I	T	化	を	進
め	、	生	産	指	示	を	含	め	て	一	元	管	理	す	る	。			

第2問（配点20点）

担	当	機	械	以	外	は	操	作	で	き	な	い	作	業	者	が	多	く	、
技	術	情	報	等	も	各	専	任	作	業	者	が	専	有	し	て	い	る	た
め	、	作	業	の	兼	任	化	や	情	報	共	有	が	課	題	と	な	る	。
対	応	策	は	、	I	E	等	に	よ	り	標	準	化	や	マ	ニ	ュ	ア	ル
化	を	進	め	、	作	業	者	が	担	当	で	き	る	機	械	や	加	工	方
法	を	増	や	し	、	作	業	者	間	の	連	携	を	容	易	に	す	る	。

第3問（配点20点）

C	N	C	木	工	加	工	機	の	実	演	動	画	を	ホ	ー	ム	ペ	ー	ジ
上	に	掲	載	し	て	、	N	C	機	械	の	使	用	経	験	が	な	い	家
具	や	工	芸	品	な	ど	の	木	工	加	工	関	係	者	に	対	し	、	な
ら	い	旋	盤	と	同	様	、	模	型	と	同	じ	形	状	の	加	工	品	を
容	易	に	再	現	で	き	る	こ	と	を	P	R	す	る	。	ま	た	、	顧
客	か	ら	の	各	種	質	問	に	答	え	て	受	注	に	結	び	付	け	る
た	め	に	、	C	N	C	木	工	加	工	機	の	最	終	検	査	は	製	造
部	に	移	し	、	設	計	担	当	者	の	余	力	を	増	や	す	。		

第4問 （配点30点）

顧	客	か	ら	の	質	問	を	製	品	改	良	や	新	機	種	開	発	に	活
か	し	、	加	工	精	度	等	を	継	続	的	に	高	め	る	。	ま	た	、
汎	用	性	は	ま	だ	十	分	に	評	価	さ	れ	て	い	な	い	た	め	、
外	部	の	Ｃ	Ｎ	Ｃ	制	御	装	置	製	作	企	業	と	連	携	し	て	プ
ロ	グ	ラ	ム	作	成	や	プ	ロ	グ	ラ	ム	提	供	サ	ー	ビ	ス	を	行
う	と	と	も	に	、	汎	用	性	の	高	い	標	準	タ	イ	プ	の	最	終
製	品	を	開	発	し	て	、	事	業	の	付	加	価	値	を	高	め	る	。

解　説

1．事例の概要

　平成 29 年度の事例Ⅲは、問題本文に図表がなく、ブロック構成も標準的な 3 ブロック構成であった。

　問題は全 4 問構成であるが、小設問がなく、(a) 欄 (b) 欄問題もないため、解答箇所も 4 つとなった。そのため、1 問当たりの配点が 20 点および 30 点と、大きくなっている。解答の制限字数は 560 字と標準的であるが、解答箇所が少ないことから、すべての問題が 100 字以上（平均 140 字）となっている。字数の多い問題に苦手意識がある方の場合、解答の編集に時間がかかってしまうかもしれない。

　本事例の大きな特徴は、全 4 問が、CNC 木工加工機（事業）に関連していることである。よって、本事例では第 1 ～ 4 問となっているが、第 1 問（設問 1 ～ 4）という構成も可能である。そのため、問題本文の根拠の切り分けがかなり難しく、特に、「生産」で関連する第 1 問と第 2 問の切り分けが非常に難しい。この場合、無理に切り分けようとせず、あえて根拠を重ねたほうが、80 分という時間の制限を考えると、現実的な対応であろう。総じて、対応が難しいといえる。

□**難易度**

　・問題本文のボリューム　　　：標準

　・題材の取り組みやすさ　　　：難しい

　・問題要求の対応のしやすさ：標準

□**問題本文のボリューム（本試験問題用紙で計算）**

　　2 ページ半弱

□**構成要素**

　　文　　章：66 行

　　問題数：4 つ　解答箇所 4 箇所

　　　　　　（要求は、第 1 ～ 4 問各 1 つ）

　　第 1 問　30 点　　　　　140 字

　　第 2 問　20 点　　　　　120 字

　　第 3 問　20 点　　　　　160 字

　　第 4 問　30 点　　　　　140 字

　　　　　　（合計）　　　　560 字

(1) 問題本文のボリューム

問題本文のボリューム自体は標準的である。図表もないため、読み取り自体はそれほど時間はかからないだろう。

(2) 題材の取り組みやすさ

全問題に関連する「CNC 木工加工機」は、問題本文に説明文はあるものの、大半の方がイメージできないだろう。また、「CNC」の正式名称が書かれておらず（注：computerized numerical control）、この点で動揺した方もいるかもしれない。さらに、第5段落に記述されている各設備の名称や、第7段落に記述されている各製品の名称も、馴染みがないだろう。これらの用語に惑わされて、時間が足りなくなった方もいるかもしれない。

(3) 問題要求の対応のしやすさ

解きやすいかどうかは別にして、問題要求自体の解釈はそれほど難しくない。ただし、各問ともに前提条件が細かく付されているため、それを読み飛ばさないことに注意したい。前提条件を意識したか否かで、解答内容は大幅に変わってしまうだろう。

2. 取り組み方

問題本文および制限字数のボリュームは標準的であるが、題材の取り組みにくさや根拠の切り分けの難しさにより、時間不足になるおそれもある。後者については、第3問が「生産面」から独立しているため他の問題と根拠が切り分けやすく（かつ、第3問の解説で述べているように、見つけやすい）、第3問から解答したほうがよいだろう。第1問と第2問の切り分けは難しいが、第1問（生産販売）よりも第2問（生産業務）のほうが対象範囲が狭いため、第2問の解答をある程度固めてから、第1問に取り組んだほうがよいだろう。第4問は最後に解くことになる可能性が高いが、かなり難しい問題である。したがって、時間切れにならないように注意したい。

3. 解答作成

第1問 （配点30点） ◢◢

(1) 要求内容の解釈

CNC 木工加工機の生産販売を進めるために、検討すべき生産管理上の「課題」と「対応策」を答えることが問題要求である。

まず、「課題」と「対応策」を問われた場合、どちらも「良くする」というニュアンスになるため、書き分けが難しい。しかし、何らかの課題があって、それへの対応策であるから、課題を達成するための具体策が対応策ということになる。したがって、

課題はなるべく抽象的に書き、それを具体化すると対応策も書きやすくなる。

たとえば、課題を「品質の向上」とすれば、その対応策は「ISO9000 シリーズの取得」というように、具体化できる。これを、課題に「ISO9000 シリーズの取得」と書いてしまうと、「トップダウンによる取得推進」というように、対応策はさらに具体的になり、解答しにくくなる。

さて、本問は「生産」だけでなく「販売」も含んでいるためややこしいが、解答するのは「生産管理」上からであるので、「販売」については過度に意識しないほうがよいだろう。

また、「検討すべき」であるから、まだ生産管理面で手を付けていない事象である。したがって、C社の生産管理について、うまくいっていない点（あるいは改善の余地がある点）を問題本文から探すことになるが、前提はあくまで「CNC 木工加工機の生産販売」である。したがって、「CNC 木工加工機の生産販売」において、見直すべき生産管理内容を答えなければならないため、「CNC 木工加工機の生産販売」を行う際の「要件」も確認したい。下図を参考にしてほしい。

<「課題」の考え方>

なお、他の問題には、「C社社長は」「C社では」と主語が明示されているが、本問のみ、主語が書かれていない。つまり、「誰が検討するのか」が不明である。出題者が意図したかどうかはわからないが、もし意図したものであるとすると、主語が明示されていないことが、本問の解答を左右することになる。詳しくは後述する。

(2) 解答の根拠探し

JIS では、生産管理を、「財・サービスの生産に関する管理活動。備考：1 具体的には、所定の品質 Q（quality）・原価 C（cost）・数量および納期 D（delivery, due date）で生産するため、または QCD に関する最適化を図るため、人、物、金、情報を駆使して、需要予測、生産計画、生産実施、生産統制を行う手続およびその活動。2 狭義には、生産工程における生産統制を意味し、工程管理ともいう。」と定義している（JIS Z 8141-1215）。つまり、広義では「需要予測、生産計画、生産実施、生産統制」が、狭義では「生産統制」が、その対象となる。

ただし、本事例では、C社の生産計画や生産統制の状況が書かれていない（注：C社は受注生産であり、かつ材料・部品が支給されているため、需要予測は原則として不要）。唯一、「生産実施」について、第8段落に以下の記述がある。

「顧客から注文が入ると、受注窓口である社長と常務から、担当する製造部の作業者に直接生産指示が行われる。（中略）そのため受注後の加工内容などの具体的な打ち合わせは、各機械を担当する作業者が顧客と直接行っている。」（第8段落）

第6段落に、「機械の専任担当制をとっており、そのため担当している機械の他は操作ができない作業者が多い。」という記述がある。この記述と第8段落の記述を整理すると、下図のようになる。

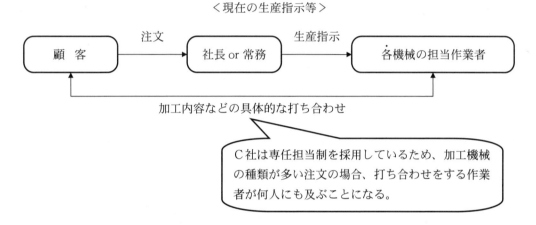

この図からわかることは、C社は、実際の生産は「作業者任せ」で、計画も統制も行っていないということである。ただし、これは「顧客は古くから取引関係がある企業が多く、受注品の多くは各顧客から繰り返し発注される部品である。」（第8段落）という状況であるから、現在においては特に問題ではない。やや蛇足になるが、本事例では既存事業の納期について全く記述がない。これは、顧客が「古くから取引関係がある企業」で、「繰り返し発注」される部品を生産しているため、仕様が大きく変わることが少なく（加工内容の打ち合わせはしているが、基本的には「同じ顧客」から「同じ部品」を何度も受注している）、受注によって納期が大きく変わることがないからであろう。

では、今後、つまり「CNC木工加工機の生産販売」を進めるにあたって、どのような管理が望ましいかを考えてみよう。第14段落に、以下の記述がある。

「CNC木工加工機の生産は、内部部品加工を機械加工班で、制御装置収納ケースなどの鋼板加工と本体塗装を製缶板金班でそれぞれ行い、それに外部調達したCNC制御装置を含めて組み立てる。これまで製造部では専任担当制で作業者間の連携が少なかったが、この新規事業では、機械加工班と製缶板金班が同じCNC木工加工機の部品加工、組み立てに関わることとなる。」（第14段落）

既存事業は、生産を作業者任せ、つまり何も「管理」しなくても特に問題はなかった。しかし、新規事業（CNC木工加工機の生産販売）では、機械の専任担当制をそれぞれ採用している機械加工班と製缶板金班が「連携」して、「CNC木工加工機の部品加工、組み立て」を行わなければならない。

　そして、C社では「専任担当制で作業者間の連携が少なかった」わけだから、作業者任せにするわけにもいかず、何かしらの「管理」、つまり「計画」や「統制」が必要となる。このあたりが本問で要求されている「課題」になるが、第7段落に以下の記述がある。

　「加工内容については、機械加工班はコンベアなどの搬送設備、食品加工機械、農業機械などに組み込まれる部品加工、鋳物部品の仕上げ加工など比較的小物でロットサイズが大きい機械加工であり、製缶板金班は農業機械のフレーム、建設用機械のバケット、各種産業機械の本体カバーなど大型で多品種少量の鋼材や鋼板の加工が中心である。」（第7段落）

　両班は、以下のように特徴が異なっている。
　・機械加工班：「小物」かつ「ロットサイズ」が大きい
　・製缶板金班：「大型」かつ「多品種少量」

　つまり、両班は、「小物」「大型」と作るモノが違うことに加え、「大ロット（注：少品種かどうかは不明）」と「多品種少量」と、生産形態も異なっている（さらにいえば、第5段落に記述されているように、保有設備も異なっている）。このように、作るモノと生産形態が異なるうえ、作業者任せで連携経験が少ない両班が、「CNC木工加工機の生産販売」を進めるにあたっては連携しなければならない。そのためには、計画や統制といった全体の生産管理をきちんとしなければならなくなる。これが、「課題」として妥当となる。

　「対応策」は、この「課題」をいかにして実現するか、ということになるが、これについては問題本文上に明確な根拠がなく、解答が困難である。第3段落に記述されているように、C社の組織は「社長、常務の他、経理担当1名、設計担当1名、製造部20名」で構成されており、製造部門の責任者が明示されていない。これは、そもそも今までは管理する必要がなかったからであるが、今後は管理が必要となる。製造部門に適任者がいるかどうか不明なため、社長か常務、あるいは両者が管理を進めていくことになるだろう。両者の違いは、第2段落に以下のように記述されている。

　「現在の社長は、創業者である先代社長から経営を引き継いだ。10年前、CAD等のITの技能を備えた社長の長男（現在常務）が入社し、設計のCAD化や老朽化した設備の更新など、生産性向上に向けた活動を推進してきた。この常務は、高齢の現社長の後継者として社内で期待されている。」（第2段落）

　まず、現社長は「経営を引き継いだ」と書かれているだけで、具体的な経営内容は

不明である。しかし、常務については詳細な記述がある。また、現社長は「高齢」であるから、近い将来、経営者交代が行われるだろう。一方で第15段落に記述されているように、「CNC木工加工機は今後が期待」されている。そうであれば、近い将来、C社の経営を引き継ぐ常務が、生産管理を担当するほうが妥当であろう。対応策の具体的な内容については(3)で述べる。

(3) 解答の根拠選択

もう一度、第2段落の記述に着目すると、常務は、「IT技能」を備えており、「生産性向上に向けた活動」を推進してきた。これをそのまま本問に適用させると、常務が有するIT技能を活用して生産性向上活動を推進する、ということになる。問題本文から読み取れるIT化は「設計のCAD化」(第2段落)程度であるから、これを生産管理面にも広げる。つまり、生産管理のIT化を進め、生産形態等が異なって連携経験も少ない両班の計画・統制を一元化する、という方向性になる。イメージするのはCIM※である。

> ※CIM(Computer Integrated Manufacturing System)
> 受注から製品開発・設計、生産計画、調達、製造、物流、製品納品など、生産にかかわるあらゆる活動をコントロールするための生産情報をネットワークで結び、さらに異なる組織間で情報を共有して利用するために一元化されたデータベースとして、コンピュータで統括的に管理・制御するシステム。
> 備考:情報の共有化と、物と情報の同期化・一体化によって、生産業務の効率化が期待でき、かつ、外部環境に対して迅速、かつ、フレキシブルに生産ができる統合化システム(JIS Z 8141-2308)。

なお、常務については【新規事業の概要】のブロックに何度も記述されているが、ここで述べられているのは、加工機の開発や展示会への出展である。これらは、一般の従業員(作業者)でも対応可能な業務である。一方で「生産管理」は、業務(オペレーション)ではなく「マネジメント」である。次代の社長として期待されている常務について、マネジメントに携わっている旨は問題本文には見つからない(常務が推進してきたのは「生産性の向上」であり、日常的な改善活動に近い)。そうであれば、全社的・一元的な生産管理を経験し、次代の社長になった際の経営管理に役立たせる、と考えれば、本問の根拠として妥当性をもつ。

また、第6段落の標準化・マニュアル化の記述が気になった方も多いと思うが、これについては第2問の根拠とした。その理由については第2問の解説で述べる。

(4) 解答の構成要素検討

本問は30点で、「課題」と「対応策」の配分はわからないが、解答しやすいのは「課題」のほうである(「対応策」は「課題」を前提とし、かつ、いろいろな手段が考えられるため)。

「課題」については、第6・8段落の記述と第14段落の記述を使って、作業者任せ（現状）⇒全社的・一元的な生産管理（今後）の関係を丁寧に指摘したい。第7段落の記述も使えればベストであるが、制限時間内でそこまで対応するのは難しいだろう。

　一方で「対応策」はかなり難しく、第2段落の記述に着目できても、解答にまとめるのは困難かもしれない。ただし、第2段落は直接的な根拠ではないので、「PDCAサイクルを回す」といった一般的な解答でも、許容範囲であろう。

　なお、第8段落では受注についても述べられており、本問が「CNC木工加工機の生産販売」と販売面まで含んでいるため、「受注管理」といった解答をしてしまうかもしれないが、問われているのは「生産管理上」のことであるので、「受注管理」といった用語は使わないほうがよいだろう。解答例では「生産指示」に留めている。

　さて、本問のみ、「C社社長は」や「C社では」といった主語がない。真意は出題者しかわからないが、本問の解答で「常務」を使うため（「誰が」行うかを問うため）、主語を明記しなかった可能性も考えられる。

【補足】
　例年、事例Ⅲの最初の問題では、C社の「強み」（または「弱み」）を問うSWOT分析関連の問題が出題されることが多い。本問は要求上、「強み」（または「弱み」）は問われていないが、課題＝弱み（生産管理の不備）の克服、対応策＝強み（常務のIT技能）の活用ととらえれば、本問も、例年どおり、SWOT分析関連の問題が出題されたと考えることもできる。

<参考：CNC木工加工機事業における生産体制>

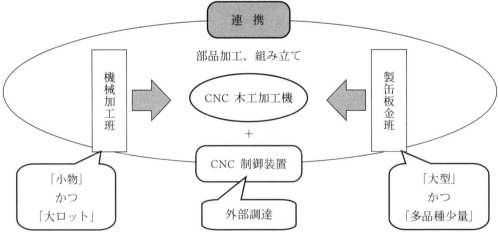

第2問 (配点20点) ▲ ▲ ▲

(1) 要求内容の解釈

　問題要求は長いが、簡略化すると、CNC木工加工機の生産のために、現在の生産業務の整備⇒生産能力の向上⇒余力確保を目的として、それ（現在の生産業務の整備⇒生産能力の向上⇒余力確保）を実現するための「課題」と「対応策」を答えることである。第1問と同様、課題と対応策を問われているため、課題をできる限り抽象的な内容に留めておきたい。

　さて、「生産業務の整備」であるから、対象は「（現在の）未整備の生産業務」となる。第1問と異なり「販売」が含まれておらず、また生産「管理」ではなく生産「業務」なので、解答対象は狭く、第1問よりも根拠は見つけやすいだろう。しかし、本問も「CNC木工加工機の生産」が前提となっているため、第1問と根拠が重複しやすい。したがって、対象範囲が狭い本問を、第1問より先に解いたほうが、時間を節約できるだろう。

　整備されているかどうかは意識せず、まずは問題本文からC社の生産「業務」に関する記述を探し、それから整備できる余地があるかないかで絞り込んでいったほうがよいだろう。

　なお、本問（と第4問）は、主語が「C社社長は」となっている。出題者が意図したかどうかはわからないが、なぜ、「C社は」ではなく「C社社長は」となっているのかも、できれば意識しておきたい。

> 【補足】
> 　第4段落に、C社の受注量が減少している旨が記述されている。したがって、生産業務を整備しなくても、ある程度の余力は確保できているはずであるが、このあたりはあまり気にしないほうがよい。

(2) 解答の根拠探し

　「生産業務」が対象であるから、【生産概要】のブロックに記述されている内容が、本問の根拠の可能性が高い（一方で、第1問は【新規事業の概要】のブロックの記述も根拠に使う）。そして、現在の「生産業務」で、未整備なものを探すと、第6段落の以下の記述にはすぐに着目できるだろう。

　「C社では創業以来、顧客の要求する加工精度を保つため機械の専任担当制をとっており、そのため担当している機械の他は操作ができない作業者が多い。また、各機械の操作方法や加工方法に関する技術情報は各専任作業者それぞれが保有し、標準化やマニュアル化は進められていない。」（第6段落）

　「担当している機械の他は操作ができない作業者が多い」「標準化やマニュアル化は進められていない」とあからさまに書かれており、この状態を改める必要があるとい

— 393 —

うことは、直感的に気づくだろう。つまり、「担当している機械以外も操作できる作業者を増やす」「標準化やマニュアル化を進める」ということになるが、これは、第1問の根拠にも、使おうと思えば使える（両班の連携が進めやすくなるため）。しかし、先に第1問の根拠として「固定」してしまうと、本問の根拠に困ることになる。なお、【新規事業の概要】のブロックにも生産業務の記述はいくつか見つかるが、これは「今後」の生産業務であり、「現在」の生産業務ではない（一方で第1問の根拠にはなる）。

【生産概要】のブロックでは、第7段落の記述も、生産業務といえば生産業務である（ただし、生産「体制」のほうが近い）。しかし、第1問の解説でも述べたように、両班は、以下のように特徴が異なっている。

　・機械加工班：「小物」かつ「ロットサイズ」が大きい
　・製缶板金班：「大型」かつ「多品種少量」

特に、生産形態が「大ロット」と「多品種少量」と大きく異なっており（明示されていないが、1947年の創業以来、この体制かもしれない）、さらに各班の保有設備も違うわけだから、両班を統合したり、あるいはそれぞれが別の班の応援に回るようにしたりすることは、不可能とまではいえないまでも、かなり時間がかかるだろう。第12段落に記述されているように、CNC木工加工機の生産が本格的にスタートしている。C社としては、できる限り早く余力を確保したいだろうから、第7段落は根拠として使いにくい（整備のために時間がかかるため）。やはり、第6段落の記述を根拠としたほうが、解答はしやすい。

第6段落を根拠としてどのように解答をまとめるかについては(3)で述べる。

(3) 解答の根拠選択

本問は「課題」と「対応策」を問われているが、第6段落を根拠とすると、以下のように裏返しの関係になる。

　・機械の専任担当制をとっており、そのため担当している機械のほかは操作ができない作業者が多い。
　　⇒機械の専任担当制を改め（兼任担当制に変えて）、担当している機械以外も操作できる作業者を増やす。
　・各機械の操作方法や加工方法に関する技術情報は各専任作業者それぞれが保有し、標準化やマニュアル化は進められていない。
　　⇒各機械の操作方法や加工方法に関する技術情報を共有し、標準化やマニュアル化を進める。

これらを「課題」と「対応策」に切り分けることになるが、第6段落の記述は、以下のように整理できる（注：専任担当制の採用自体は「加工精度の保持」が目的であり、既存事業のままであれば、特に問題はない）。

① 原因：専任担当制の採用

② 結果：「担当している機械の他は操作ができない作業者が多い」「各機械の操作
方法や加工方法に関する技術情報は各専任作業者それぞれが保有」とい
う状況を招いている。

　上記の関係から、担当している機械以外も操作できる作業者を増やすためには、専任担当制を改めることが必須となる。そのために、「標準化・マニュアル化」が必要であり、「標準化・マニュアル化」を進めるために、各機械の操作方法や加工方法に関する技術情報の「共有」が必要となるわけである。

　したがって、「課題＝専任担当制から機械の兼任化への移行、対応策＝技術情報の共有による標準化・マニュアル化」が解答の骨子となる。あとは、これを肉づけすればよい。

　なお、本問で第2段落の記述を根拠として、常務のIT技能の活用等を解答した方もいるかもしれない。確かに、常務のIT技能はC社の強みであり、本問で使うことも可能である（というより、本事例は全問がCNC木工加工機（事業）に関連しているため、どの問題でも使おうと思えば使える）。しかし、本問（と第4問）の主語は「C社社長」となっている。常務は後継者として「社内」で期待されているわけだから、当然、現社長も後継者としての役割を常務に期待しているだろう。よって、第1問の「生産管理」上の対応策のほうが、本問の「生産業務の整備」のための対応策より経営（マネジメント）レベルに近いため、第1問の根拠としたほうが妥当であろう（ただし、重ねて使っても構わない）。逆に、第2問の根拠として妥当性があるなら、同じ「C社社長」を主語とする第4問の根拠にも使えることになる。解答する立場ならともかく、作問する立場からすれば、余程のことがない限り同じ内容を複数の問題の根拠とすることは考えにくいため、主語が同じである第2問と第4問は、違う根拠を前提としていると考えたほうがよいだろう。

(4)　解答の構成要素検討

　解答例では、「作業の兼任化や情報共有」を課題とし、担当機械以外は操作できない作業者が多いことや技術情報等を各専任作業者が専有していることを、その原因、つまり、なぜ「作業の兼任化や情報共有」が課題となるのかの根拠とした。

　そして、「標準化・マニュアル化」は対応策とし（注：「IE」は標準化・マニュアル化を進める手段として解答例に含めているが、含めなくても構わない）、「作業者が担当できる機械・業務を増やし、作業者間の連携を容易にする」という内容を盛り込んだ。この内容は、「対応策」というよりは「効果」になるが、本問はCNC木工加工機の生産に充てるための余力確保が前提となっている。そして、第1問で解答したように、CNC木工加工機の生産は「連携」が前提のため、それを実現するための「生産業務の整備」ということを明確にするためにこの構成としている。ただし、この構

事例Ⅲ㉙

成でなくても、「課題＝専任担当制から機械の兼任化への移行、対応策＝技術情報の共有による標準化・マニュアル化」でも妥当であろう。

なお、「作業者が担当できる機械・業務を増やす」ことは、「多能工化」と同じである。ただし、「多能工化」を解答する場合、注意したい。それは、(2)で述べたように、各班の特徴（生産品種、生産形態、保有設備）がかなり異なっており、出題者が、班を横断するような多能工化を対象外としている可能性があるからである。「多能工化」を答える場合、班内での採用に留めておいたほうが安全である。

第3問 (配点20点) ◢◢

(1) 要求内容の解釈

問題要求は、「潜在顧客を獲得するためのホームページの活用方法」と、「潜在顧客を受注に結び付けるための社内対応策」を答えることである。「CNC木工加工機の受注拡大」が目的で、「生産」は直接関係しないため、第1・2問よりは根拠を見つけやすいだろう。

「潜在顧客」という要求は事例Ⅲでは珍しく（事例Ⅱに近い）、その点で戸惑った方もいるかもしれないが、要求から、潜在顧客の獲得＝見込客化（まだ受注していない）、潜在顧客からの受注＝見込客の新規顧客化という意味合いになる。したがって、まずは「CNC木工加工機」の見込客は誰なのか、また、どのようにして「CNC木工加工機」の顧客になったのか（どのようにしてC社は受注したのか）を確認したい。それを根拠として、ホームページの活用方法（もちろん、現在のホームページの状況の確認も必要である）と社内対応策を考えたい。

なお、「社内」対応策という要求は、素直に考えれば「外部を活用しない」ということになる。要求から、C社が「展示会」を利用したことは明白であるが、解答にあたっては、展示会等の外部と関連する内容は排除することを意識したい。

さて、本問は、「展示会での成功」が前提となっている。この点については問題本文に何らかの記述があるだろうから、それをしっかり確認したい。そうでないと、ホームページの一般的な活用方法（SEO等）を答えてしまうおそれがある。展示会で、C社が、どのようにして潜在顧客を獲得し、どのようにして新規顧客にしたのか（受注を獲得したのか）を出発点とし、そこからホームページの活用方法と社内対応策を考えたい。

また、本問は第2・4問と異なり、「C社社長は」ではなく「C社では」という要求になっている。これも出題者が意図したかどうかはわからないが、なぜC社「社長」ではないのかも、できれば意識しておきたい。

(2) 解答の根拠探し

本問の前提となっている「展示会での成功」は、第12段落にしか書かれておらず、

— 396 —

容易に着目できただろう。

　「そこで常務が中心となって、<u>木工機械の展示会に出展</u>することから始めた。展示会では、<u>特徴である精密加工の内容を来展者に理解してもらう</u>ため、<u>複雑な形状の加工を容易に行う CNC 木工加工機の実演を行った</u>が、それによって<u>多くの来展者の注目を集める</u>ことができた。特に、<u>NC 機械を使用した経験のない家具や工芸品などの木工加工関係者</u>から、プログラムの作成方法、プログラムの提供の可能性、駆動部や刃物のメンテナンス方法、加工可能な材質などに関する<u>質問が多く</u>あり、それに答えることで、CNC 木工加工機の加工精度や操作性、メンテナンスの容易性が<u>来展者から評価</u>され、C 社内では大きな手応えを感じた。そして展示会後、<u>来展者 2 社から注文</u>が入り、本格的に生産がスタートしている。」（第 12 段落）

　まず、この記述から、潜在顧客＝「NC 機械を使用した経験のない家具や工芸品などの木工加工関係者」ということがわかる。そして、本問で問われている潜在顧客の獲得＝見込客化（まだ受注していない）、潜在顧客からの受注＝見込客の新規顧客化にあてはめると、以下のようになる。

　①　「実演」によって、来展者（注：NC 機械を使用した経験のない家具や工芸品などの木工加工関係者）からの注目を集めた（潜在顧客の獲得）。

　②　多くの「質問」に答えることで加工精度や操作性、メンテナンスの容易性が来展者から評価され、来展者 2 名からの注文（＝受注）に結びついた（潜在顧客からの受注）。

　①を「ホームページの活用」、②を「受注に結び付けるための社内対応策」に当てはめれば、解答の骨子となる。

　つまり、①ホームページに実演動画を掲載する（現在は会社案内程度しか掲載されていない）、②質問回答体制を整備する、ということになる。あとはこれを肉づけすればよい。

(3)　解答の根拠選択

　まず、「ホームページの活用」については、実演動画掲載でほぼ間違いないだろう。「FAQ の掲載」と考えた方もいるかもしれないが、「FAQ」の場合、掲載されていない質問が来た場合の回答が用意されていないため、質問への対応度が弱くなるので、妥当性は低いだろう。

　次に、「受注に結び付けるための社内対応策」も、質問回答体制の整備で間違いないだろう。ただし、あくまで「社内」での体制整備をしなければならない（外部との連携等は対象から外れる）。展示会での質問対応を確認すると、「プログラムの作成方法、プログラムの提供の可能性、駆動部や刃物のメンテナンス方法、加工可能な材質などに関する質問」（第 12 段落）について回答している。誰が回答したかは不明であるが、展示会への出展は「常務が中心」で始めている。そのため、展示会では常務

が質問回答した可能性が高いが、そのまま常務を質問回答者としてよいのかの判断が必要となる。そして、何度も述べているが、常務は次代の経営者であり、質問回答のような煩雑な業務を担当させないほうがよいだろう。また、本問は「C社社長は」ではなく「C社では」と問われている。C社の経営陣は社長と常務であるから、多少強引にはなるが、「CNC木工加工機の受注拡大」を考えているのは社長だけでなく常務も含まれる可能性があるため、常務については解答に含めないほうがよいだろう。

では、常務以外の適任者を考えてみよう。第10段落に、常務と「設計担当者」が中心となって、加工機の設計・開発（試作機・1号機の実現）に成功している。そうすると、「設計担当者」も、CNC木工加工機の開発に携わっていることから、この機械の仕組み等については詳しいと考えられる。ほかにC社「社内」には適任者は見つからないため、設計担当者を活用する方向で考えてみたい。

そうすると、第14段落最後の「なお、最終検査は設計担当者が行う。」という記述があり、本問と関係なくても、この記述には多くの方が着目しただろう。第3段落に記述されているように、設計担当者は1名しかいない。この状態で最終検査と質問回答を兼任すると、CNC木工加工機の生産が本格化した場合、質問対応が遅れてしまうかもしれない。以上をまとめると、「設計担当者が質問対応できる余力を確保するために、最終検査を製造部に移す」ということが「社内」の対応策となる。

なお、なぜCNC木工加工機の最終検査を設計担当者が行うのかは不明である（既存事業の最終検査担当も不明であるが、普通に考えれば、製造部内で行っているはずである）。類推すれば、CNC木工加工機は、下請製造業だったC社が経験していない「最終製品」（第15段落）であり、検査のために製品知識が必要と考えられる。この点で、設計担当者以外が最終検査可能かどうかの判断が必要になる。しかし、第4問の解説で述べるが、C社が「標準タイプ」の最終製品の開発に成功すれば、検査業務もある程度定型化（標準化）できるため、設計担当者以外でも最終検査が可能と判断したい。

(4) 解答の構成要素検討

「展示会での成功」を前提とすれば、第12段落の記述が根拠となる。第12段落の記述から丁寧に解答すれば、大きく外すことはないだろう。本問は他の問題との関連性が低く、相対的に対応しやすい問題のため、確実に得点を確保しておきたい。

第11段落に記述されているように、C社の営業力が弱いことが気になる方もいるかもしれないが、第1段落に記述されているように、そもそもC社は「下請製造業」であるから、営業力が弱いのはある意味当たり前である。本事例ではその対応策として、「ホームページを活用して、インターネットで広くPRすること」が第13段落に明示されている。また、第12段落に記述されているように、「CNC木工加工機については、各方面から注目」されている。つまり、木材加工企業からの注目だけではな

いから、本事例では、「ホームページ・インターネットで PR すれば、各方面から受注できる」という作りになっている。現実的には営業力強化も課題にはなるだろうが、解答では言及しないほうが安全だろう。

第4問 （配点30点） ◢◢◢

(1) 要求内容の解釈

問題要求は、高付加価値な CNC 木工加工機事業を進めるための「製品」や「サービス」についての「方策」を答えることである。

まず、本問のみ、CNC 木工加工機「事業」となっていることに注意したい。「製品」や「サービス」についての「方策」を実施することで CNC 木工加工機「事業」の高付加価値化を図りたい、ということであるから、「サービス」の方策は、単なる顧客サービスではなく、（事業として成り立つ）有償サービスの可能性が高い。

また、CNC 木工加工機事業を高付加価値化したいわけだから、現状の CNC 木工加工機事業は低付加価値か、あるいは付加価値を高める余地がある、ということになる。CNC 木工加工機事業の現在の「製品」と「サービス」の改善点、あるいは顧客が期待する「製品」と「サービス」へのニーズ等を問題本文から探したい。

なお、「大きな設備投資や人員増」は否定されている。「小さな」設備投資や人員増は可能と考えるかもしれないが、現状の設備と人員で、つまり設備投資や人員増を「一切」しないで、と読み替えたほうがよいだろう。何をもって大小を判断するかが不明だからである。

第2問と同様、本問の主語は「C 社社長」である。「C 社」でないことも、できれば意識しておきたい。

(2) 解答の根拠探し

まず、「製品」の方策については、「今後改良や新機種の開発を進めていく予定」（第12段落）という記述には着目できただろう。解答例では、顧客からの質問を活用する旨を盛り込んであるが、手段はともかくとして、改良・新機種開発については何かしら言及しておきたい。

さて、そもそも C 社が CNC 木工加工機の事業化を考えたきっかけは、第9段落に以下のように記述されている。

「この新規事業は、異業種交流の場で常務が耳にした木材加工企業の話がヒントになり進められた。「木工加工機は大型化、NC 化が進み、加工機導入の際には多額の投資を必要とするようになった。以前使っていたならい旋盤のような汎用性があり操作性が良い加工機が欲しいが、見つからない」との情報であった。ならい旋盤とは、模型をなぞって刃物が移動し、模型と同じ形状の加工品を容易に再現できる旋盤である。」（第9段落）

― 399 ―

木材加工企業が、ならい旋盤のような「汎用性」と「操作性」を同時に満たし、か
つ容易に加工できる加工機を欲しているが、見つからないという状況を常務が「機会」
ととらえたわけである。では、Ｃ社が開発した試作機・１号機がどのようになってい
るかを確認してみよう。第12段落の記述から、以下のように整理できる。

- 「複雑な形状の加工を容易に行うＣＮＣ木工加工機の実演を行ったが、それによっ
  て多くの<u>来展者の注目を集める</u>ことができた。」⇒ならい旋盤と同様、模型と同
  じ形状の加工品を容易に再現できている。

- 「プログラムの作成方法、プログラムの提供の可能性、駆動部や刃物のメンテナン
  ス方法、加工可能な材質などに関する<u>質問が多く</u>あり、それに答えることで、
  ＣＮＣ木工加工機の<u>加工精度や操作性</u>、<u>メンテナンスの容易性</u>が来展者から<u>評価</u>
  <u>され</u>、Ｃ社内では大きな手応えを感じた。」⇒加工精度、操作性、メンテナンス
  の容易性については評価されている。しかし、「汎用性」について評価されてい
  るとは書かれていない。

　つまり、顧客ニーズのうち、唯一、「汎用性」についてはまだ実現できていない（あ
るいは高める余地がある）ということになる。したがって、「製品」の方策として、「汎
用性の高い製品の開発」が考えられる。

　なお、「汎用性が高い」という意味は、１台で、あらゆる加工に対応できる、とい
うことである。木材加工企業は、「加工機導入の際には<u>多額の投資を必要</u>」（第９段
落）という状況だから、何台も導入するわけにはいかない。そのため、汎用性の高い
加工機を必要としているわけである。

　さて、第12段落に、「そして展示会後、<u>来展者２社から注文が入り</u>、<u>本格的に生</u>
<u>産がスタート</u>している。」という記述がある。試作機あるいは１号機は汎用性を満た
していないわけだから、この２社からの注文は専用品、つまりカスタマイズ品（個別
生産）と考えられる。まだ２台の注文であるからＣ社も対応できるが、このままカス
タマイズ品が増えると、いずれは設備投資が必要になる可能性が高い。それに対し、
「標準タイプ」の最終製品（標準品）の開発に成功できれば、注文があっても、同じ
設備で生産することができる。本問は「設備投資」をしないことが条件であるから、
カスタマイズ化を進めることよりは、標準品を開発することで対応したい。そうすれ
ば、既存事業と同様、「繰り返し」（第８段落）の受注生産が可能となる。

　次に、「サービス」の方策は、解答が難しい。問題本文（第９、12段落）を根拠と
すれば、以下が候補となる。

①　３次元データの作成・提供サービス
②　メンテナンス・サービス
③　プログラム作成・提供サービス

どれを採用するかについては、(3)で述べる。

－ 400 －

(3) 解答の根拠選択

まず、①の３次元データの作成・提供サービスは、妥当性はあるが、そのために
は常務（CADに詳しいことが第２段落に明示されている）か設計担当者が担当しな
ければならない。しかし、何度も述べているように、常務はマネジメント業務に集中
させたい。また、設計担当者は第３問で質問回答者として解答している。さらに、設
計担当者の採用は本問の「人員増なし」という条件から外れるため、設計担当者が１
名しかいない状況では、実現しにくい。

また、３次元スキャナーを利用して対象物（立体物）をスキャンすれば、３次元
CADを利用しなくても、自動的に３次元データを作成することができる。したがって、
常務や設計担当者の手を煩わせなくても、３次元データの作成・提供サービスを実現
することは可能である。しかし、C社が３次元スキャナーを保有しているとは書かれ
ておらず、新たに導入する場合は「設備投資」を伴うことになる。いずれにしても、
３次元データの作成・提供サービスは、間違いとまではいえないまでも、解答しない
ほうが無難であろう。

②については、そもそも展示会において、メンテナンスの容易性が評価されており、
顧客ニーズがない可能性が高い（顧客自身でメンテナンスを容易にできてしまうた
め）。仮にニーズがあったとしても、C社の現在の人員では対応できず、人員増を伴っ
てしまう。さらに、連携する妥当な候補も見つからない。以上より、メンテナンスの
妥当性はかなり低いだろう。

③については、第12段落に「プログラムの作成方法、プログラムの提供の可能性」
について質問があったことが明示されている。そもそも、「NC機械を使用した経験
のない」木工加工関係者であるから、ニーズはあるだろう。ただし、C社社内に、そ
れを担当できる人材が見つからず、かつ、人員増をするわけにはいかない。その点で
社内では対応できないが、本問では第３問と異なり、「社内」対応策に限定されてい
ない。つまり、外部との連携は許されている。そうすると、以下の記述が根拠となる。

「常務と設計担当者が中心となり加工機の設計、開発を進め、<u>外部のCNC制御装
置製作企業も加えて</u>、試作機そして１号機の実現にこぎつけた。」（第10段落）

「CNC木工加工機の生産は、内部部品加工を機械加工班で、制御装置収納ケースな
どの鋼板加工と本体塗装を製缶板金班でそれぞれ行い、それに<u>外部調達したCNC制
御装置を含めて</u>組み立てる。」（第14段落）

つまり、CNC木工加工機は、外部のCNC制御装置製作企業と連携が前提となって
いるから、この企業と連携すれば、プログラム作成・提供サービスが可能となる（「制
御装置」とは、プログラムによってNC機械を制御・コントロールする装置である）。
本問は「CNC木工加工機」ではなく、「CNC木工加工機<u>事業</u>」の高付加価値化が目
的であるから、このサービスを有料（有償）で提供することができれば、単なる製品

事例Ⅲ㉙

の生産販売事業に比べて、付加価値を高めることが可能となる。

(4)　解答の構成要素検討

　本問で「高付加価値」にしたいのは、「CNC 木工加工機」ではなく、CNC 木工加工機「事業」である。何かしら、製品やサービスで「方策」を打つことで、「事業」の付加価値を上げたい、ということなので、製品自体よりも「サービス」のほうが重視されている可能性があるため、サービスの方策をなるべく多く解答に盛り込みたい。

　なお、本問は非常に難易度が高く、受験生の解答もかなりばらつくだろう。実際にどのように採点されるかは不明であるが、「方策」という大まかな要求であるから、設備投資や人員増を伴わない製品やサービスの方策であれば、幅広く採点される可能性が高い。

4

中小企業の診断及び助言に関する実務の事例

IV

【令和3年】問題
中小企業の診断及び助言に関する実務の事例Ⅳ

［別冊解答用紙：⑯］

　D社は地方都市に本社を置き、食品スーパーマーケット事業を中核として展開する企業である。D社の資本金は4,500万円、従業員数1,200名（パート、アルバイト含む）で、本社のある地方都市を中心に15店舗のチェーン展開を行っている。D社は創業90年以上の歴史の中で、常に地元産の商品にこだわり、地元密着をセールスポイントとして経営を行ってきた。またこうした経営スタイルによって、D社は本社を置く地方都市の住民を中心に一定数の固定客を取り込み、経営状況も安定していた。ところが2000年代に入ってからは地元住民の高齢化や人口減少に加え、コンビニエンスストアの増加、郊外型ショッピングセンターの進出のほか、大手資本と提携した同業他社による低価格・大量販売の影響によって顧客獲得競争に苦戦を強いられ、徐々に収益性も圧迫されてきている。

　こうした中でD社は、レジ待ち時間の解消による顧客サービスの向上と業務効率化による人件費削減のため、さらには昨今の新型コロナウイルス感染症の影響による非接触型レジに対する要望の高まりから、代金支払いのみを顧客が行うセミセルフレジについて、2022年度期首にフルセルフレジへ更新することを検討している。しかし、セミセルフレジの耐用年数が残っていることもあり、更新のタイミングについて慎重に判断したいと考えている。なお、D社は現在、全店舗合計で150台のレジを保有しており、その内訳は有人レジが30台、セミセルフレジが100台、フルセルフレジが20台である。

　さらにD社は、地元への地域貢献と自社ブランドによる商品開発を兼ねた新事業に着手している。この事業はD社が本社を置く自治体との共同事業として、廃校となった旧小学校の校舎をリノベーションして魚種Xの陸上養殖を行うものである。D社では、この新規事業の収益性について検討を重ねている。

　また、D社は現在、主な事業であるスーパーマーケット事業のほか、外食事業、ネット通販事業、移動販売事業という3つの事業を行っている。これらの事業は、主な事業との親和性やシナジー効果などを勘案して展開されてきたものであるが、移動販売事業は期待された成果が出せず現状として不採算事業となっている。当該事業は、D社が事業活動を行っている地方都市において高齢化が進行していることから、自身で買い物に出かけることができない高齢者に対する小型トラックによる移動販売を行うものである。販売される商品は日常生活に必要な食品および日用品で、トラックのキャパシティから品目を絞っており、また販売用のトラックはすべてD社が保有する車両である。さらに、移動販売事業は高齢化が進んでいるエリアを担当する店舗の従

業員が運転および販売業務を担っている。こうした状況から、Ｄ社では当該事業への対処も重要な経営課題となっている。

　Ｄ社と同業他社の 2020 年度の財務諸表は以下のとおりである。

貸借対照表
（2021 年 2 月 28 日現在）

（単位：万円）

	D社	同業他社		D社	同業他社
〈資産の部〉			〈負債の部〉		
流動資産	221,600	424,720	流動負債	172,500	258,210
現金預金	46,900	43,250	仕入債務	86,300	108,450
売掛金	61,600	34,080	短期借入金	10,000	0
有価証券	4,400	0	その他の流動負債	76,200	149,760
商品	64,200	112,120	固定負債	376,700	109,990
その他の流動資産	44,500	235,270	長期借入金	353,500	0
固定資産	463,600	1,002,950	その他の固定負債	23,200	109,990
有形固定資産	363,200	646,770	負債合計	549,200	368,200
無形固定資産	17,700	8,780	〈純資産の部〉		
投資その他の資産	82,700	347,400	資本金	4,500	74,150
			利益剰余金	131,000	625,100
			その他の純資産	500	360,220
			純資産合計	136,000	1,059,470
資産合計	685,200	1,427,670	負債・純資産合計	685,200	1,427,670

損益計算書

自 2020 年 3 月　1 日

至 2021 年 2 月 28 日

（単位：万円）

	D社	同業他社
売上高	1,655,500	2,358,740
売上原価	1,195,600	1,751,140
売上総利益	459,900	607,600
販売費及び一般管理費	454,600	560,100
営業利益	5,300	47,500
営業外収益	4,900	1,610
営業外費用	2,000	1,420
経常利益	8,200	47,690
特別損失	1,700	7,820
税引前当期純利益	6,500	39,870
法人税等	1,900	11,960
当期純利益	4,600	27,910

第1問（配点30点）

（設問1）

　　D社と同業他社の財務諸表を用いて経営分析を行い、同業他社と比較してD社が優れていると考えられる財務指標とD社の課題を示すと考えられる財務指標を2つずつ取り上げ、それぞれについて、名称を(a)欄に、その値を(b)欄に記入せよ。なお、優れていると考えられる指標を①、②の欄に、課題を示すと考えられる指標を③、④の欄に記入し、(b)欄の値については、小数点第3位を四捨五入し、単位をカッコ内に明記すること。

（設問2）

　　D社の財務的特徴と課題について、同業他社と比較しながら財務指標から読み取れる点を80字以内で述べよ。

第2問（配点30点）

　　D社はこれまで、各店舗のレジを法定耐用年数に従って5年ごとに更新してきたが、現在保有しているセミセルフレジ100台を2022年度期首にフルセルフレジへと取り替えることを検討している。またD社は、この検討において取替投資を行わないという結論に至った場合には、現在使用しているセミセルフレジと取得原価および耐用期間が等しいセミセルフレジへ2023年度期首に更新する予定である。

　　現在使用中のセミセルフレジは、2018年度期首に1台につき100万円で購入し有人レジから更新したもので、定額法で減価償却（耐用年数5年、残存価額0円）されており、2022年度期首に取り替える場合には耐用年数を1年残すことになる。一方、更新を検討しているフルセルフレジは付随費用込みで1台当たり210万円の価格であるが、耐用期間が6年と既存レジの耐用年数より1年長く使用できる。D社はフルセルフレジに更新した場合、減価償却においては法定耐用年数にかかわらず耐用期間に合わせて耐用年数6年、残存価額0円の定額法で処理する予定である。また、レジ更新に際して現在保有しているセミセルフレジは1台当たり8万円で下取りされ、フルセルフレジの代価から差し引かれることになっている。

　　D社ではフルセルフレジへと更新することにより、D社全体で人件費が毎年2,500万円削減されると見込んでいる。なお、D社の全社的利益（課税所得）は今後も黒字であることが予測されており、利益に対する税率は30％である。

— 408 —

（設問1）

　D社が2023年度期首でのセミセルフレジの更新ではなく、2022年度期首にフルセルフレジへと取替投資を行った場合の、初期投資額を除いた2022年度中のキャッシュフローを計算し、(a)欄に答えよ（単位：円）。なお、(b)欄には計算過程を示すこと。ただし、レジの取替は2022年度期首に全店舗一斉更新を予定している。また、初期投資額は期首に支出し、それ以外のキャッシュフローは年度末に一括して生じるものとする。

（設問2）

　当該取替投資案の採否を現在価値法に従って判定せよ。計算過程も示して、計算結果とともに判定結果を答えよ。なお、割引率は6％であり、以下の現価係数を使用して計算すること。

	1年	2年	3年	4年	5年	6年
現価係数	0.943	0.890	0.840	0.792	0.747	0.705

（設問3）

　当該取替投資案を検討する中で、D社の主要顧客が高齢化していることやレジが有人であることのメリットなどが話題となり、フルセルフレジの普及を待って更新を行うべきとの意見があがった。今回購入予定のフルセルフレジを1年延期した場合の影響について調べたところ、使用期間が1年短くなってしまうものの基本的な性能に大きな陳腐化はなく、人件費の削減も同等の2,500万円が見込まれることが分かった。また、フルセルフレジの導入を遅らせることについて業者と交渉を行った結果、更新を1年遅らせた場合には現在保有するセミセルフレジの下取り価格が0円となるものの、フルセルフレジを値引きしてくれることになった。

　取替投資を1年延期し2023年度期首に更新する場合、フルセルフレジが1台当たりいくら（付随費用込み）で購入できれば1年延期しない場合より有利になるか計算し、(a)欄に答えよ（単位：円）。なお、(b)欄には計算過程を示すこと。ただし、更新されるフルセルフレジは耐用年数5年、残存価額0円、定額法で減価償却する予定である。また、最終的な解答では小数点以下を切り捨てすること。

第3問（配点20点）

　D社は現在、新規事業として検討している魚種Xの養殖事業について短期の利益計画を策定している。

　当該事業では、自治体からの補助金が活用されるため、事業を実施することによるD社の費用は、水槽等の設備や水道光熱費、人件費のほか、稚魚の購入および餌代、薬剤などに限定される。D社は当面スタートアップ期間として最大年間養殖量が50,000kgである水槽を設置することを計画しており、当該水槽で魚種Xを50,000kg生産した場合の総経費は3,000万円である。また、この総経費に占める変動費の割合は60％、固定費の割合は40％と見積もられている。D社がわが国における魚種Xの販売実績を調査したところ、1kg当たり平均1,200円で販売されていることが分かった。

（設問1）

　D社は、当該事業をスタートするに当たり、年間1,500万円の利益を達成したいと考えている。この目標利益を達成するための年間販売数量を求めよ（単位：kg）。なお、魚種Xの1kg当たり販売単価は1,200円とし、小数点以下を切り上げて解答すること。

（設問2）

　D社は最適な養殖量を検討するため、D社の顧客層に対して魚種Xの購買行動に関するマーケティングリサーチを行った。その結果、魚種Xの味については好評を得たものの魚種Xがわが国においてあまりなじみのないことから、それが必ずしも購買行動につながらないことが分かった。そこでD社は魚種Xの販売に当たり、D社の商圏においては販売数量に応じた適切な価格設定が重要であると判断し、下表のように目標販売数量に応じた魚種Xの1kg当たり販売単価を設定することにした。

　この販売計画のもとで、年間1,500万円の利益を達成するための年間販売数量を計算し、(a)欄に答えよ（単位：kg）。また、(b)欄には計算過程を示すこと。なお、最終的な解答では小数点以下を切り上げすること。

事例
IV
③

表　魚種Xの販売計画

目標販売数量	販売単価
0 kg ～ 20,000 kg 以下	販売数量すべてを1 kg 当たり 1,400 円で販売
20,000 kg 超～ 30,000 kg 以下	販売数量すべてを1 kg 当たり 1,240 円で販売
30,000 kg 超～ 40,000 kg 以下	販売数量すべてを1 kg 当たり 1,060 円で販売
40,000 kg 超～ 50,000 kg 以下	販売数量すべてを1 kg 当たり 860 円で販売

注）　たとえば目標販売数量が 25,000 kg である場合、25,000 kg すべてが1 kg 当
たり 1,240 円で販売される。

第4問（配点 20 点）

　D社は現在不採算事業となっている移動販売事業への対処として、当該事業を廃止
しネット通販事業に一本化することを検討している。

（設問1）

　移動販売事業をネット通販事業に一本化することによる短期的なメリットについ
て、財務指標をあげながら 40 字以内で述べよ。

（設問2）

　D社の経営者は移動販売事業を継続することが必ずしも企業価値を低下させる
とは考えていない。その理由を推測して 40 字以内で述べよ。

— 411 —

令和3年度　事例Ⅳ　解答・解説

解答例

第1問（配点30点）

（設問1）

	(a)	(b)
①	棚卸資産回転率	25.79 （ 回 ）
②	当　座　比　率	65.45 （ ％ ）
③	売上高営業利益率	0.32 （ ％ ）
④	自　己　資　本　比　率	19.85 （ ％ ）

（設問2）

地	元	密	着	経	営	に	よ	り	商	品	の	購	入	・	保	管	等	が	効
率	的	で	あ	り	資	金	効	率	に	優	れ	て	い	る	。	一	方	、	人
件	費	の	削	減	等	に	よ	り	収	益	性	を	改	善	さ	せ	る	こ	と
と	内	部	留	保	を	蓄	積	し	て	い	く	こ	と	が	課	題	で	あ	る	。

第 2 問 （配点 30 点）

（設問 1 ）

(a)	25,600,000 （円）
(b)	差額減価償却費：21,000÷6－10,000÷5＝1,500 （万円） 売却損による節税効果：1,200×0.3＝360 （万円） キャッシュフロー（CF）： 　　2,500×0.7＋1,500×0.3＋360＝2,560 （万円） ＝25,600,000 （円）

（設問 2 ）

2022 年度期首の CF：－210×100＋8×100＝－20,200 （万円）

2022 年度末の CF：（設問 1 ）より 2,560 （万円）

2023 年度期首（2022 年度期末）の本投資を行わなかった場合の支出額：

　100×100＝10,000 （万円） ※支出が回避されるため CIF と考える。

2023 年度期末～2027 年度期末の CF：2,500×0.7＋1,500×0.3＝2,200 （万円）

NPV：（10,000＋2,560）×0.943＋2,200×（0.890＋0.840＋0.792＋0.747＋0.705）

　　　　－20,200＝386.88 （万円） ＝ 3,868,800 （円）

∴正味現在価値が 3,868,800 円と正であるため、当該取替投資案は採択に値する。

（設問 3 ）

(a)	1,932,159 （円）
(b)	2023 年度期首に購入する場合のフルセルフレジ 1 台の価格を x 万円とおく。 取得価額の合計：100x 減価償却費：100x÷5＝20x 2023 年度期末から 2027 年度期末までの年々の差額 CF： 　＝2,500×（1－0.3）＋（20x－2,000）×0.3＝6x＋1,150 2023 年度期首の更新が有利となるフルセルフレジ 1 台の価額： 　（10,000－100x）×0.943＋（6x＋1,150）×（0.890＋0.840＋0.792＋0.747 　＋0.705）＞386.88 x ＜ 193.2159078 （万円） → x ＜ 1,932,159.078 円 ∴1,932,159 円 （小数点以下切り捨て）

第3問（配点 20 点）

（設問1）

32,143	(kg)

（設問2）

(a)	38,572 (kg)	
(b)	年間販売量を $x$kg とおくと、以下の（ⅲ）が範囲内であり適しているため $x=38,571.428\cdots$ $x=38,572$（小数点以下切り上げ）となる。 （ⅰ）0kg ～ 20,000kg 以下：$1,040\times x-12,000,000=15,000,000$ 　　　　　　　　→ $x=25,961.538\cdots$ ∴不適 （ⅱ）20,000kg 超～ 30,000kg 以下：$880\times x-12,000,000=15,000,000$ 　　　　　　　　→ $x=30,681.818\cdots$ ∴不適 （ⅲ）30,000kg 超～ 40,000kg 以下：$700\times x-12,000,000=15,000,000$ 　　　　　　　　→ $x=38,571.428\cdots$ ∴適している （ⅳ）40,000kg 超～ 50,000kg 以下：$500\times x-12,000,000=15,000,000$ 　　　　　　　　→ $x=54,000$ ∴不適	

第4問（配点 20 点）

（設問1）

非	接	触	型	事	業	強	化	に	よ	る	売	上	増	加	、	資	源	集	中
に	よ	る	効	率	化	で	売	上	高	営	業	利	益	率	が	改	善	す	る。

（設問2）

高	齢	化	が	進	む	地	元	住	民	へ	の	地	域	貢	献	と	な	り	地
元	密	着	経	営	と	い	う	強	み	の	強	化	に	つ	な	が	る	か	ら。

解　説

1．事例の概要

　令和３年度（以下、本年度）の事例Ⅳは、令和２年度と比べると難易度が高い。問題数は４問で、設問数が９問である。問題形式としては、計算過程と記述形式を問うタイプが混在している。

　出題領域は経営分析、設備投資の経済性計算、CVP分析などが問われている。頻出論点からの出題が多いという点においては対応しやすいが、経営分析で４つの財務指標が要求されたり、個別問題の問題文の量が多く読み取りに苦慮する設定であったりなど対応しにくい側面もあった。総合的に見れば対応が難しい設定である。

　また、事例Ⅳは第１問で経営分析が問われる傾向があり、本年度においても第１問で経営分析が問われている。経営分析のタイプは「改善策（課題の解決）が要求されないタイプ」であり、「改善策が個別問題の設定で記されている」場合に該当する。

□**難易度**

　・問題本文のボリューム　　：やや多い

　・題材の取り組みやすさ　　：標準

　・問題要求の対応のしやすさ：難しい

□**問題本文のボリューム**

　　３ページ

　　※財務諸表を含む

□**構成要素**

　　文　章：34行

　　財務諸表（貸借対照表、損益計算書）

　　問題数：４つ　設問数９問

　　第１問　30点　　　　　　80字

　　第２問　30点

　　第３問　20点

　　第４問　20点　　40字と40字

　　　　　　（合計）　　160字

　D社は地方都市に本社を置き、食品スーパーマーケット事業を中核として展開する企業である（スーパーマーケット事業のほか、外食事業、ネット通販事業、移動販売事業という３つの事業および魚種Xの陸上養殖を行っている）。

— 416 —

D社は創業90年以上の歴史の中で、地域密着をセールスポイントとして経営を行ってきたことで固定客を取り込み、経営状況も安定していた。しかし、外部環境の変化により顧客獲得競争に苦戦を強いられ、徐々に収益性も圧迫されてきている。

　こうした中で、顧客サービスの向上、人件費削減、非接触型レジに対する要望の高まりからフルセルフレジへの更新に取り組むことが課題である（第2問）。また、不採算事業（移動販売事業）への対処も課題である（第4問）。さらに、新事業（魚種Xの陸上養殖）の収益性も検討していくことになる（第3問）。

　問題の全体像は次のとおりである。

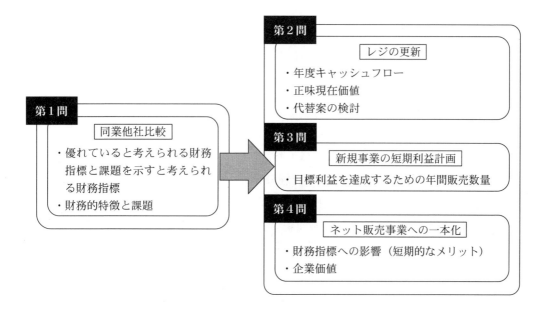

2．取り組み方

　第1問が配点30点、第2問が配点30点、第3問が配点20点、第4問が配点20点である。取り組み方としては、まずは問題全体（財務諸表を含む）を俯瞰した上で、対応しやすい問題から取り組む。本事例では、第2問（設問1）および第3問の計算問題に取り組んだのち、第1問および第4問に取り組み、最後に第2問（設問2）（設問3）に取り組むことで十分に合格答案を作成可能であったと考える。なお、第2問、第3問では例年よりも設定の説明文章が多いため、その中から必要なデータを素早く抽出する力を有していたかどうかが問題処理において重要であったと考える。

　前述したように本年度の経営分析のタイプは「改善策が要求されないタイプ」であり、「改善策が個別問題の設定で示されている」場合に該当する。したがって、問題本文と財務諸表から優れている点と課題を探り、課題については問題本文の方向性や個別問題で解決するかどうかを検討する。そして、選択した財務指標が適切かどうかの裏付けとして数値を計算し、解答する財務指標を決定する。

3. 解答作成

問題本文の構成は以下のとおりである。

□問題本文

第1段落：D社の概要

第2段落：フルセルフレジへの更新について

第3段落：新事業（魚種Xの陸上養殖）について

第4段落：移動販売事業について

第5段落：財務諸表への誘導

□事例概況

・食品スーパーマーケット事業を中核として展開する企業である。

・資本金4,500万円

・総資産685,200万円

・売上高1,655,500万円

・従業員1,200名（パート、アルバイト含む）

・本社のある地方都市を中心に15店舗のチェーン展開を行っている。

・D社が行っている主な事業の概況は次のとおりである。

事業	概況	課題・今後の方向性
スーパーマーケット	（セールスポイント） 常に地元産の商品にこだわり、地元密着をセールスポイントとして経営を行ってきた →地域住民を中心に一定数の固定客を取り込み、経営状況も安定していた （外部環境の変化・問題点） 地元住民の高齢化や人口減少に加え、コンビニエンスストアの増加、郊外型ショッピングセンターの進出のほか、大手資本と提携した同業他社による低価格・大量販売の影響によって顧客獲得競争に苦戦を強いられ、徐々に収益性も圧迫されてきている	（対応策） セミセルフレジのフルセルフレジへの更新 →第2問へ （得られる効果） ① 顧客サービスの向上 ② 人件費削減 ③ 感染症対策 ※ただし、第2問では売上の増加（①③による顧客の増加）は記されていない

— 418 —

魚種Xの陸上養殖	D社が本社を置く自治体との共同事業として、廃校となった旧小学校の校舎をリノベーションして魚種Xの陸上養殖を行うものである。なお、この事業では、自治体からの補助金が活用されるため、事業を実施することによるD社の費用は、水槽等の設備や水道光熱費、人件費のほか、稚魚の購入および餌代、薬剤などに限定される	（今後の方向性） 収益性についての検討 →<u>第3問へ</u>
移動販売事業	自身で買い物に出かけることができない高齢者に対する小型トラックによる移動販売を行うものである。なお、期待された成果が出せず現状として不採算事業となっている	（今後の方向性） ネット販売事業への一本化の検討 →<u>第4問へ</u>

【財務諸表を俯瞰する】

D社と同業他社の2020年度の財務諸表が与えられている。

損益計算書を俯瞰すると、D社の売上高は同業他社よりも少ない。費用負担や利益率は一目ではわかりにくいが、営業外費用の負担の大きさには着目することができる（D社の売上高が少ないのに対して営業外費用は多いため、負担が大きいことが一目でわかる）。

貸借対照表を俯瞰すると、D社の資産合計は同業他社よりも少ない。資産の細目を見ると流動資産では、D社の当座資産の多さに着目できる。一方で、有形固定資産はD社のほうが少ない。負債・純資産を見ると、D社のほうが負債は多く、純資産は少ない。負債の細目を見ると、長期借入金に大きな差がある。純資産の細目を見ると、全ての項目に大きな差があるが、とくに利益剰余金の差に着目できる。

以下、各問題の解答作成の詳細について説明していく。

第1問（配点30点）▲▲

経営分析に関する問題である。（設問1）では、同業他社と比較した場合の優れていると考えられる財務指標と課題を示すと考えられる財務指標を2つずつ取り上げることが問われており、（設問2）では、D社の財務的特徴と課題について、同業他社と比較しながら財務指標から読み取れる点が問われている。D社の優れていると考えられる点と課題を示すと考えられる点を財務指標（定量的分析）と記述（定性的分析）により解答することになるため、（設問1）と（設問2）を同時に検討するとよい。

— 419 —

（設問１）

(1) 要求内容の解釈

「D社と同業他社の財務諸表を用いて経営分析を行い、同業他社と比較してD社が優れていると考えられる財務指標とD社の課題を示すと考えられる財務指標を２つずつ取り上げ、それぞれについて、名称を (a) 欄に、その値を (b) 欄に記入せよ。なお、優れていると考えられる指標を①、②の欄に、課題を示すと考えられる指標を③、④の欄に記入し、(b) 欄の値については、小数点第３位を四捨五入し、単位をカッコ内に明記すること。」

D社および同業他社の財務諸表を比較して、「優れていると考えられる財務指標」と「課題を示すと考えられる財務指標」を２つずつ取り上げ、財務指標値をそれぞれ計算することが問われている。

(2) 解答の根拠探し

問題本文、財務諸表の数値（財務指標）、さらに第２問以降の問題（個別問題）から根拠を探す。

・優れていると考えられる点

問題本文より読み取る。

<u>「D社は創業 90 年以上の歴史の中で、常に地元産の商品にこだわり、地元密着をセールスポイントとして経営を行ってきた。またこうした経営スタイルによって、D社は本社を置く地方都市の住民を中心に一定数の固定客を取り込み、経営状況も安定していた。（第１段落）」</u>

→地元からの仕入により在庫効率（購入・保管など）が高い可能性が考えられる。

※ただし、販売量や販売速度などは顧客獲得競争の苦戦から指摘しにくい。

→在庫にかける資金が少ない状態で事業を展開できる（＝資金効率が良い）可能性が考えられる。

→付加価値の高い商品販売ができている可能性が考えられる。

・課題と考えられる点

問題本文および個別問題より読み取る。

「こうした中でD社は、レジ待ち時間の解消による顧客サービスの向上と業務効率化による人件費削減のため、さらには昨今の新型コロナウイルス感染症の影響による非接触型レジに対する要望の高まりから、代金支払いのみを顧客が行うセミセルフレジについて、<u>2022 年度期首にフルセルフレジへ更新することを検討している。しかし、セミセルフレジの耐用年数が残っていることもあり、更新のタイミングについて慎重に判断したいと考えている。（第２段落）」</u>

「D社では<u>フルセルフレジへと更新することにより、D社全体で人件費が毎年2,500 万円削減されると見込んでいる。（第２問）」</u>

— 420 —

→セミセルフレジのフルセルフレジへの更新が課題であり、これにより費用の削
　減効果が得られると描かれている（収益性の改善につながると考えられる）。

　「さらにD社は、地元への地域貢献と自社ブランドによる商品開発を兼ねた新
事業に着手している。この事業はD社が本社を置く自治体との共同事業として、
廃校となった旧小学校の校舎をリノベーションして魚種Xの陸上養殖を行うも
のである。D社では、この新規事業の収益性について検討を重ねている。（第3
段落）」

　「当該事業では、自治体からの補助金が活用されるため、事業を実施すること
によるD社の費用は、水槽等の設備や水道光熱費、人件費のほか、稚魚の購入お
よび餌代、薬剤などに限定される。（第3問）」

　「そこでD社は魚種Xの販売に当たり、D社の商圏においては販売数量に応じ
た適切な価格設定が重要であると判断し、下表のように目標販売数量に応じた魚
種Xの1kg当たり販売単価を設定することにした。（第3問）」

→営業にかかる費用に対して、適切な販売単価と販売量を実現することで適切な
　収益性での事業活動が可能であると読み取れる。

　「こうした状況から、D社では当該事業への対処も重要な経営課題となってい
る。（第4段落）」

　※当該事業＝移動販売事業

　「D社は現在不採算事業となっている移動販売事業への対処として、当該事業
を廃止しネット通販事業に一本化することを検討している。（第4問）」

　「移動販売事業をネット通販事業に一本化することによる短期的なメリットに
ついて、財務指標をあげながら40字以内で述べよ。（第4問）」

　「D社の経営者は移動販売事業を継続することが必ずしも企業価値を低下させ
るとは考えていない。（第4問）」

→移動販売事業のネット販売事業への一本化の方向が描かれている。ただし、こ
　れによる財務上の短期的なメリットが発生するが、企業価値の観点から必ずし
　も実現するとは限られない方向性が描かれている（明確に対応策を講じること
　までは描かれておらず課題に含めるかに曖昧さが残る）。

— 421 —

・財務諸表の数値

代表的な数値を計算すると次のようになる。

	財務指標	D社	同業他社	比較
収益性	総資本経常利益率	1.20％	3.34％	×
	売上高総利益率	27.78％	25.76％	○
	売上高売上原価比率	72.22％	74.24％	○
	売上高営業利益率	0.32％	2.01％	×
	売上高販管費比率	27.46％	23.75％	×
	売上高経常利益率	0.50％	2.02％	×
	売上高営業外費用比率	0.12％	0.06％	×
効率性	総資本回転率	2.42回	1.65回	○
	売上債権回転率	26.88回	69.21回	×
	棚卸資産回転率	25.79回	21.04回	○
	有形固定資産回転率	4.56回	3.65回	○
安全性	流動比率	128.46％	164.49％	×
	当座比率	65.45％	29.95％	○
	固定比率	340.88％	94.67％	×
	固定長期適合率	90.42％	85.76％	×
	自己資本比率	19.85％	74.21％	×
	負債比率	403.82％	34.75％	×

（○：同業他社より優れている、×：同業他社より劣っている）

(3) 解答の根拠選択

本年度の経営分析では4つの財務指標の選択が要求されている。前述の内容をもとに、解答パターンを検討する。

	財務指標	備考
パターン①	（優れている）・売上高総利益率 ・棚卸資産回転率 （課　　題）・売上高営業利益率 ・自己資本比率	売上高総利益率が高い反面で、売上高営業利益率を課題とすると、収益性が良いのか悪いのか曖昧になる。これに対して、事例の構造上収益性は明確に課題にしたい。また、顧客獲得競争に苦戦しているため販売面で優れているという指摘はしにくい。よって、当組み合わせの解答優先度は下げる。
パターン②	（優れている）・有形固定資産回転率 ・棚卸資産回転率 （課　　題）・売上高営業利益率 ・自己資本比率	課題としてセミセルフレジのフルセルフレジへの更新が明示されているため、事例の構造上有形固定資産回転率を優れているとは指摘しにくい。よって、当組み合わせの解答優先度は下げる。

| パターン③☆ | (優れている) ・棚卸資産回転率
 ・当座比率
(課 題) ・売上高営業利益率
 ・自己資本比率 | 短期安全性と資本調達構造の安全性であれば観点としての切り分けもできていると考えられ、当事例の構造に最も合致したパターンであると考える。 |

（4） **解答の構成要素検討**

財務指標の数値は次のようになる。

・優れていると考えられる財務指標

① 棚卸資産回転率：$1,655,500 \div 64,200 = 25.786\cdots \fallingdotseq \underline{25.79}$ （回）

② 当座比率：$(46,900 + 61,600 + 4,400) \div 172,500 \times 100 = 65.449\cdots$
$\fallingdotseq \underline{65.45}$ （％）

・課題を示すと考えられる指標

③ 売上高営業利益率：$5,300 \div 1,655,500 \times 100 = 0.320\cdots \fallingdotseq \underline{0.32}$ （％）

④ 自己資本比率：$136,000 \div 685,200 \times 100 = 19.848\cdots \fallingdotseq \underline{19.85}$ （％）

【補足】その他の財務指標についての考察

●課題を示すと考えられる指標として売上高営業利益率のかわりに売上高経常利益率

　課題の解決で得られる効果が、レジ更新に係る人件費の削減や陸上養殖に係る営業費用と売上の適正化など営業費用と売上に係ることであるため、解答例では売上高営業利益率を採用している。ただし、借入の多さからくる営業外費用の多さにも着目せざるを得ないため、売上高経常利益率でも妥当性はあると考えられる。

●課題を示すと考えられる財務指標として売上債権回転率

　指標値では劣っているものの、売掛金の性質を考えるとクレジット売掛金など（セルフレジの進展も影響していると推測される）である可能性が高いと考える。この場合には、事例の展開から問題点とは指摘しにくいと考えており、解答としての優先度を下げている。

●課題を示すと考えられる財務指標として売上高販管費比率

　直接的な課題として描かれているのが人件費の削減など営業費用に係ることであるため妥当性はあると考える。

●課題を示すと考えられる財務指標として負債比率

　借入金が多いこともあり、この観点から指摘しても妥当であると考える。

（設問2）

(1)　要求内容の解釈

「D社の財務的特徴と課題について、同業他社と比較しながら財務指標から読み取れる点を80字以内で述べよ。」

（設問1）で指摘した財務指標を踏まえて、D社の財務的特徴と課題を記述する。

(2)　解答の根拠探し

（設問1）で検討済みである。

(3)　解答の根拠選択

（設問1）で検討済みである。

(4)　解答の構成要素検討

（設問1）の解答を踏まえて（設問2）の解答を決定する。解答例では、優れていると考えられる点として、常に地元産の商品にこだわり、地元密着をセールスポイントとして経営を行ってきたこととそれによる財務的影響（特徴）を記述している。ただし、顧客獲得競争に苦戦しているため、販売が優れているという観点の指摘は避けている。課題としては、収益性の改善（解答例では、事例の方向性として明示されている解決策を優先して（設問1）で売上高営業利益率を選択し、第2問で明示されている人件費の削減を（設問2）で記述している）およびそれによる内部留保（利益の蓄積）を通じた資本調達構造の改善を記述している。

第2問（配点30点）◢◢

設備投資の経済性計算が問われている。

（設問1）

(1)　要求内容の解釈

「D社が2023年度期首でのセミセルフレジの更新ではなく、2022年度期首にフルセルフレジへと取替投資を行った場合の、初期投資額を除いた2022年度中のキャッシュフローを計算し、(a)欄に答えよ（単位：円）。なお、(b)欄には計算過程を示すこと。ただし、レジの取替は2022年度期首に全店舗一斉更新を予定している。また、初期投資額は期首に支出し、それ以外のキャッシュフローは年度末に一括して生じるものとする。」

フルセルフレジへと取替投資を行った場合のキャッシュフローが問われている。

(2)　解答の根拠探し

問題文で与えられている情報を使用する。

(3)　解答の根拠選択

特にない。

— 424 —

(4) 解答の構成要素検討

設問文に「D社が2023年度期首でのセミセルフレジの更新ではなく」、第2問の問題文に「D社ではフルセルフレジへと更新することにより、D社全体で人件費が毎年2,500万円削減されると見込んでいる。」と記述されている。D社ではフルセルフレジへと更新しなければセミセルフレジを使用する。つまり、セミセルフレジを使用する場合と比べてフルセルフレジを使用する場合は毎年2,500万円を削減できるということである。よって、本問で求めるフルセルフレジへと取替投資を行った場合のキャッシュフローは、2023年度期首でのセミセルフレジの更新との差額キャッシュフローと考える。

① 2022年度期首時点

仕訳を考えると以下のとおりである。

（単位：万円）

（借）減価償却累計額	8,000	（貸）機械[※1]	10,000
（借）機械[※2]	21,000	（貸）現金預金	20,200
（借）機械売却損	1,200		

● 2022年度期首時点のセミセルフレジの帳簿価額
  ・機械（セミセルフレジ）の取得価額（※1）：100×100＝10,000万円
  ・減価償却費：10,000万円÷5＝2,000万円
  ・減価償却累計額：2,000万円×4＝8,000万円
  ・売却する機械（セミセルフレジ）の帳簿価額：10,000－8,000＝2,000万円

● 機械（セミセルフレジ）売却損
  ・売却額：8×100＝800万円
  ・売却損：2,000－800＝1,200万円

● 2022年度期首時点の機械（フルセルフレジ）の取得価額、支出額
  ・機械（フルセルフレジ）の取得価額（※2）：210×100＝21,000万円
  ・支出額：21,000－800＝20,200万円

※第2問の問題文からセミセルフレジの下取り価額がフルセルフレジの代価から差し引かれる。

② 初期投資額を除いた2022年度中のキャッシュフロー

「(CIF－COF)×(1－税率)＋非現金支出費用(減価償却費)×税率」で計算する。設問文に「初期投資額は期首に支出し、それ以外のキャッシュフローは年度末に一括して生じる」とあり、売却損は費用であるが支出ではないため、売却損の影響は期末に生じるものと考える。

● 差額減価償却費
  上記より、フルセルフレジの取得原価が21,000万円である。

・減価償却費：21,000万円÷6＝3,500万円
・セミセルフレジとの差額の減価償却費：3,500－2,000＝1,500万円
●売却損による節税効果
「売却損×税率」で計算する。
1,200×0.3＝360万円
●初期投資額を除いた2022年度中のキャッシュフロー
2,500×(1－0.3)＋1,500×0.3＋360＝2,560万円＝25,600,000円

（設問2）
(1) 要求内容の解釈
「当該取替投資案の採否を現在価値法に従って判定せよ。計算過程も示して、計算結果とともに判定結果を答えよ。なお、割引率は6％であり、以下の現価係数を使用して計算すること。」
2022年度期首にフルセルフレジへと取替投資を行った場合の正味現在価値を計算し、それによる評価が問われている。
(2) 解答の根拠探し
特にない。
(3) 解答の根拠選択
特にない。
(4) 解答の構成要素検討

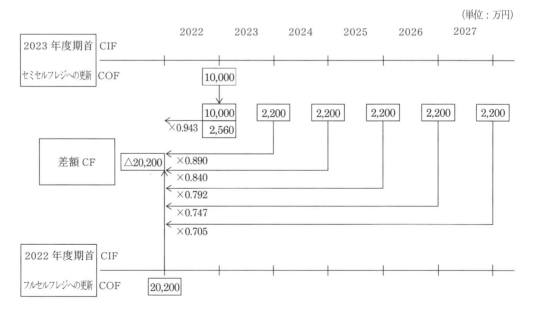

● 2022年度期首の差額キャッシュフロー
2023年度期首でのセミセルフレジの更新の場合、2022年度期首の支出はない。

$0-20,200＝-20,200$

● 2022 年度期末の差額キャッシュフロー

　　2023 年度期首でのセミセルフレジの更新の場合、2023 年度期首（＝2022 年度期末）に 100 万円×100 台＝10,000 万円の支出がある。この支出は、2022 年度期首にフルセルフレジへと取替投資を行った場合回避されるため、差額 CIF と考える。また、（設問 1）の 2,560 万円も 2022 年度期末に発生するキャッシュフローとして加える。

● 2023 年度期末から 2027 年度期末までの年々の差額キャッシュフロー

　　「(CIF−COF)×(1−税率)＋非現金支出費用(減価償却費)×税率」で計算する。

　　$2,500×(1-0.3)＋1,500×0.3＝2,200$ 万円

● 正味現在価値

　　$(10,000＋2,560)×0.943＋2,200×(0.890＋0.840＋0.792＋0.747＋0.705)$

　　　$-20,200＝386.88$ 万円

　　　　　　　$＝3,868,800$ 円

　　<u>∴正味現在価値が 3,868,800 円と正であるため、当該取替投資案は採択に値する。</u>

　　※（設問 3）との関係で「採択に値する」という表現を採用している。

（設問 3）

(1)　要求内容の解釈

　　「取替投資を 1 年延期し 2023 年度期首に更新する場合、フルセルフレジが 1 台当たりいくら（付随費用込み）で購入できれば 1 年延期しない場合より有利になるか計算し、(a) 欄に答えよ（単位：円）。なお、(b) 欄には計算過程を示すこと。ただし、更新されるフルセルフレジは耐用年数 5 年、残存価額 0 円、定額法で減価償却する予定である。また、最終的な解答では小数点以下を切り捨てすること。」

　　取替投資を 1 年延期し 2023 年度期首にフルセルフレジへと取替投資した場合の有利になる購入価格について問われている。

(2)　解答の根拠探し

　　特にない。

(3)　解答の根拠選択

　　特にない。

(4)　解答の構成要素検討

　　（設問 2）と同様、2023 年度期首でのセミセルフレジの更新の場合と 2023 年度期首でのフルセルフレジへと取替投資を行った場合の正味現在価値を比較する。

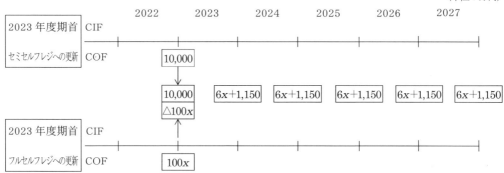

● 2023年度期末から2027年度期末までの年々の差額キャッシュフロー

2023年度期首に購入するフルセルフレジ1台の価格を x 万円とおく。

・取得価額：$x \times 100 = 100x$ 万円
・減価償却費：$100x \div 5 = 20x$ 万円
・2023年度期末から2027年度期末までの年々の差額CF

「(CIF－COF)×(1－税率)＋非現金支出費用(減価償却費)×税率」で計算する。

差額CF：$2,500 \times (1-0.3) + (20x - 2,000) \times 0.3$

$= 1,750 + 6x - 600$

$= 6x + 1,150$（万円）

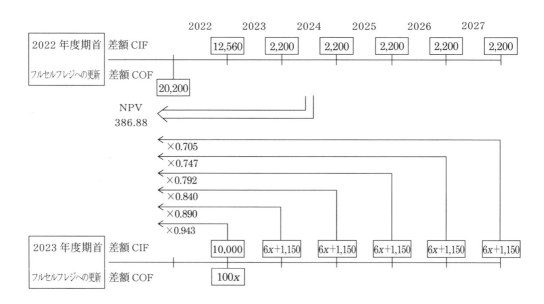

● 2022年度期首にフルセルフレジへ更新する場合との比較

上記で求めた差額CFから正味現在価値を算出し、（設問2）と比較して有利となる価額を算出する。なお、（設問2）の正味現在価値を利用して求めるため、2022年度期首に割り引く。（設問2）より、2022年度期首時点での正味現在価値

— 428 —

において、2022年度期首にフルセルフレジへと取替投資をした場合の正味現在価値は386.88万円である。これと比較して、2023年度期首にフルセルフレジへと取替投資をした場合の正味現在価値が大きければよい。よって、以下の式を解けばよい。

$$(10,000-100x) \times 0.943 + (6x+1,150) \times (0.890+0.840+0.792+0.747$$
$$+0.705) > 386.88$$

$$9,430-94.3x+(6x+1,150) \times 3.974 > 386.88$$

$$9,430-94.3x+23.844x+4,570.1 > 386.88$$

$$-70.456x > -13,613.22$$

$$x < 193.2159078 万円$$

$$x < 1,932,159.078 円 \quad \therefore \underline{1,932,159 円} （小数点以下切り捨て）$$

第3問 (配点20点) ◢◢

CVP分析が問われている。

(設問1)

(1) 要求内容の解釈

「D社は、当該事業をスタートするに当たり、年間1,500万円の利益を達成したいと考えている。この目標利益を達成するための年間販売数量を求めよ（単位：kg）。なお、魚種Xの1kg当たりの販売単価は1,200円とし、小数点以下を切り上げて解答すること。」

D社の魚種Xの養殖事業について、年間1,500万円の利益を達成するための年間販売数量が問われている。

(2) 解答の根拠探し

特にない。

(3) 解答の根拠選択

特にない。

(4) 解答の構成要素検討

まずは、第3問の問題文から1kg当たり変動費と固定費を算出する。

● 1kg当たりの変動費、固定費

1kg当たりの変動費：30,000,000円×60％÷50,000kg＝360円

固定費：30,000,000円×40％＝12,000,000円

● 年間販売数量

「限界利益の合計額－固定費＝利益」で計算する。

年間販売量を x kgとすると、

$(1,200-360) \times x - 12,000,000 = 15,000,000$

$840x = 27,000,000$

$x = 32,142.857\cdots \rightarrow x \fallingdotseq \underline{32,143\text{kg}}$ （小数点以下切り上げ）

（設問2）

(1) 要求内容の解釈

「この販売計画のもとで、年間1,500万円の利益を達成するための年間販売数量を計算し、(a)欄に答えよ（単位：kg）。また、(b)欄には計算過程を示すこと。なお、最終的な解答では小数点以下を切り上げすること。」

（設問1）と同様、D社の魚種Xの養殖事業について、年間1,500万円の利益を達成するための年間販売数量が問われている。

(2) 解答の根拠探し

特にない。

(3) 解答の根拠選択

特にない。

(4) 解答の構成要素検討

目標販売数量で場合分けをし、それぞれ検討する。

● 1kg当たりの限界利益

0kg～20,000kg以下	$1,400-360=1,040$
20,000kg超～30,000kg以下	$1,240-360=880$
30,000kg超～40,000kg以下	$1,060-360=700$
40,000kg超～50,000kg以下	$860-360=500$

● 年間販売数量

（ⅰ）0kg～20,000kg以下

$1,040 \times x - 12,000,000 = 15,000,000$

$1,040x = 27,000,000$

$x = 25,961.538\cdots$

0kg～20,000kg以下でないため不適である。

（ⅱ）20,000kg超～30,000kg以下

$880 \times x - 12,000,000 = 15,000,000$

$880x = 27,000,000$

$x = 30,681.818\cdots$

20,000kg超～30,000kg以下でないため不適である。

（ⅲ）30,000kg超～40,000kg以下

— 430 —

$$700 \times x - 12{,}000{,}000 = 15{,}000{,}000$$

$$700x = 27{,}000{,}000$$

$$x = 38{,}571.428\cdots$$

30,000kg 超〜 40,000kg 以下であるため適している。

（iv）40,000kg 超〜 50,000kg 以下

$$500 \times x - 12{,}000{,}000 = 15{,}000{,}000$$

$$500x = 27{,}000{,}000$$

$$x = 54{,}000$$

40,000kg 超〜 50,000kg 以下でないため不適である。

以上のことから（iii）が範囲内であり適しているため

$x = 38{,}571.428\cdots \rightarrow x = \underline{38{,}572\text{kg}}$（小数点以下切り上げ）となる。

第4問 (配点25点) ◢◢

移動販売事業を廃止しネット通販事業に一本化することについて問われている。

（設問1）

（1）要求内容の解釈

「移動販売事業をネット通販事業に一本化することによる短期的なメリットについて、財務指標をあげながら 40 字以内で述べよ。」

移動販売事業をネット通販事業に一本化することによる財務的メリットが問われている。

（2）解答の根拠探し

移動販売をネット通販事業に一本化することによる短期的なメリットについて、財務指標をあげながら説明することが問われている。財務指標の影響が問われているため、貸借対照表および損益計算書への影響を問題本文より検討していく。

【貸借対照表】

「販売される商品は日常生活に必要な食品および日用品で、トラックのキャパシティから品目を絞っており、また販売用のトラックはすべてD社が保有する車両である。（第4段落）」

→販売用トラックなどの資産売却により資産が圧縮される可能性がある。また、その資産の売却収入を負債の返済原資にあてられる可能性がある。

【損益計算書】

「こうした中でD社は、レジ待ち時間の解消による顧客サービスの向上と業務効率化による人件費削減のため、さらには昨今の新型コロナウイルス感染症の影響に

よる非接触型レジに対する要望の高まりから、代金支払いのみを顧客が行うセミセルフレジについて、2022年度期首にフルセルフレジへ更新することを検討している。(第2段落)」

→非接触型事業の強化により客数の向上(=売上の向上)が期待される。

「さらに、移動販売事業は高齢化が進んでいるエリアを担当する店舗の従業員が運転および販売業務を担っている。(第4段落)」

→人件費については、店舗の従業員が担当しているため削減できるのか不明である(回避可能原価であるかどうかが曖昧な表現である)。

※ただし、経営資源の選択と集中による業務効率の改善により一定の費用削減は可能であると類推する。

→トラックの移動に係る燃料費等はネット販売の配送費に変更されると考えられるが、その有利・不利は不明である。

(3) **解答の根拠選択**

特にない。

(4) **解答の構成要素検討**

当社および当事業の課題から検討していく。

＜当社の課題＞

(売上高営業利益率)

固定的な費用負担に対する売上が高まることで収益性が改善し、さらに業務効率の改善により費用削減が進めばより一層の収益性の改善が進むと考えられる。

※ただし、これはコロナ禍における一時的な効果である可能性もある(非接触型事業への一時的なニーズの高まり)。このように考えると問題要求の「短期的なメリット」との整合性が高い。

(自己資本比率)

販売用トラックを売却することで借入金の返済原資とし、自己資本比率を高めることができると考えられる。ただし、販売用トラックの売却については販売の確実性(売れるかどうか)や金額の客観性(いくらで売れるのか)が不明であるため指摘しにくい要素を含んでいる。

＜当事業の課題＞

当事業の課題は不採算事業であることと明記されている。そのため、収益性に関する改善の指摘が優先されると考えられる。

上記より、解答例では収益性の改善に関する事項を記述している。

（設問2）

(1) 要求内容の解釈

「D社の経営者は移動販売事業を継続することが必ずしも企業価値を低下させるとは考えていない。その理由を推測して40字以内で述べよ。」

移動販売事業とD社の企業価値の関係について問われている。ただし、（設問1）の問題要求との比較からここでは財務的な観点が必ずしも聞かれているわけではないと判断される。

(2) 解答の根拠探し

「D社は創業90年以上の歴史の中で、常に地元産の商品にこだわり、<u>地元密着をセールスポイントとして経営を行ってきた</u>。また<u>こうした経営スタイルによって、D社は本社を置く地方都市の住民を中心に一定数の固定客を取り込み、経営状況も安定していた</u>。（第1段落）」

→地元密着ということがD社の価値を高めていると判断される。

「当該事業は、<u>D社が事業活動を行っている地方都市において高齢化が進行していることから、自身で買い物に出かけることができない高齢者に対する小型トラックによる移動販売を行うものである</u>。（第4段落）」

　→当該事業（移動販売事業）は、高齢化が進む地元住民に対するものであり、地域貢献の一環としての価値を有しているものであると考えられる。

(3) 解答の根拠選択

特にない。

(4) 解答の構成要素検討

地元密着ということがD社の価値を高めてきたと考えられる。これに対して地元住民は高齢化が進んでいるため、この現状に貢献できる活動を行うことは、たとえ不採算であっても地域貢献の一環としての価値を有しているものであると考えられ、このことが企業価値の向上にもつながる（必ずしも企業価値を低下させない）と考えられる。解答例ではこれらのことを40字以内でコンパクトにまとめている。

【令和2年】問題
中小企業の診断及び助言に関する実務の事例Ⅳ

［別冊解答用紙：⑰］

【注意事項】
　新型コロナウイルス感染症（COVID-19）とその影響は考慮する必要はない。

　D社は、約40年前に個人事業として創業され、現在は資本金3,000万円、従業員数106名の企業である。連結対象となる子会社はない。

　同社の主な事業は戸建住宅事業であり、注文住宅の企画、設計、販売を手掛けている。顧客志向を徹底しており、他社の一般的な条件よりも、多頻度、長期間にわたって引き渡し後のアフターケアを提供している。さらに、販売した物件において引き渡し後に問題が生じた際、迅速に駆け付けたいという経営者の思いから、商圏を本社のある県とその周辺の3県に限定している。このような経営方針を持つ同社は、顧客を大切にする、地域に根差した企業として評判が高く、これまでに約2,000棟の販売実績がある。一方、丁寧な顧客対応のための費用負担が重いことも事実であり、顧客対応の適正水準について模索を続けている。

　地元に恩義を感じる経営者は、「住」だけではなく「食」の面からも地域を支えたいと考え、約6年前から飲食事業を営んでいる。地元の食材を扱うことを基本として、懐石料理店2店舗と、魚介を中心に提供する和食店1店舗を運営している。さらに、今後1年の間に、2店舗目の和食店を新規開店させる計画をしている。このほか、ステーキ店1店舗と、ファミリー向けのレストラン1店舗を運営している。これら2店舗については、いずれも当期の営業利益がマイナスである。特に、ステーキ店については、前期から2期連続で営業利益がマイナスとなったことから、業態転換や即時閉店も含めて対応策を検討している。

　戸建住宅事業および飲食事業については、それぞれ担当取締役がおり、取締役の業績は各事業セグメントの当期ROI（投下資本営業利益率）によって評価されている。なお、ROIの算定に用いる各事業セグメントの投下資本として、各セグメントに帰属する期末資産の金額を用いている。

　以上の戸建住宅事業および飲食事業のほか、将来の飲食店出店のために購入した土地のうち現時点では具体的な出店計画のない土地を駐車場として賃貸している。また、同社が販売した戸建住宅の購入者を対象にしたリフォーム事業も手掛けている。リフォーム事業については、高齢化の進行とともに、バリアフリー化を主とするリフォームの依頼が増えている。同社は、これを事業の拡大を図る機会ととらえ、これまで構築してきた顧客との優良な関係を背景に、リフォーム事業の拡充を検討してい

る。

　D社および同業他社の当期の財務諸表は以下のとおりである。

貸借対照表
（20X2 年 3 月 31 日現在）

（単位：百万円）

	D社	同業他社		D社	同業他社
＜資産の部＞			＜負債の部＞		
流動資産	2,860	3,104	流動負債	2,585	1,069
現金及び預金	707	1,243	仕入債務	382	284
売上債権	36	121	短期借入金	1,249	557
販売用不動産	1,165	1,159	その他の流動負債	954	228
その他の流動資産	952	581	固定負債	651	115
固定資産	984	391	社債・長期借入金	561	18
有形固定資産	860	255	その他の固定負債	90	97
建物・構築物	622	129	負債合計	3,236	1,184
機械及び装置	19	－	＜純資産の部＞		
土地	87	110	資本金	30	373
その他の有形固定資産	132	16	資本剰余金	480	298
無形固定資産	11	17	利益剰余金	98	1,640
投資その他の資産	113	119	純資産合計	608	2,311
資産合計	3,844	3,495	負債・純資産合計	3,844	3,495

損益計算書

(20X1 年 4 月 1 日〜 20X2 年 3 月 31 日)

(単位：百万円)

	D社	同業他社
売上高	4,555	3,468
売上原価	3,353	2,902
売上総利益	1,202	566
販売費及び一般管理費	1,104	429
営業利益	98	137
営業外収益	30	26
営業外費用	53	6
経常利益	75	157
特別利益	—	—
特別損失	67	4
税金等調整前当期純利益	8	153
法人税等	△ 27	67
当期純利益	35	86

事例 IV ②

第 1 問（配点 25 点）

（設問 1）

　D 社および同業他社の当期の財務諸表を用いて比率分析を行い、同業他社と比較した場合の D 社の財務指標のうち、①優れていると思われるものを 1 つ、②劣っていると思われるものを 2 つ取り上げ、それぞれについて、名称を (a) 欄に、計算した値を (b) 欄に記入せよ。(b) 欄については、最も適切と思われる単位をカッコ内に明記するとともに、小数点第 3 位を四捨五入した数値を示すこと。

（設問 2）

　D 社の当期の財政状態および経営成績について、同業他社と比較した場合の特徴を 60 字以内で述べよ。

第 2 問（配点 30 点）

（設問 1）

　ステーキ店の当期の売上高は 60 百万円、変動費は 39 百万円、固定費は 28 百万円であった。変動費率は、売上高 70 百万円までは当期の水準と変わらず、70 百万円を超えた分については 60％になる。また、固定費は売上高にかかわらず一定とする。その場合の損益分岐点売上高を求めよ。(a) 欄に計算過程を示し、計算した値を (b) 欄に記入すること。

（設問 2）

　このステーキ店（同店に関連して所有する資産の帳簿価額は 35 百万円である）への対応を検討することとした。D 社の取りうる選択肢は、①広告宣伝を実施したうえでそのままステーキ店の営業を続ける、②よりカジュアルなレストランへの業態転換をする、③即時閉店して所有する資産を売却処分する、という 3 つである。それぞれの選択肢について、D 社の想定している状況は以下のとおりである。

— 438 —

①	・広告宣伝の契約は次期期首に締結し、当初契約は3年間である。広告料は総額15百万円であり、20X2年4月1日から、毎年4月1日に5百万円ずつ支払う。 ・広告宣伝の効果が出る場合には毎年35百万円、効果が出ない場合には毎年△5百万円の営業キャッシュ・フロー（いずれも税引後の金額である。以下同様）を、契約期間中継続して見込んでいる。なお、この金額に広告料は含まない。 ・効果が出る確率は70％と想定されている。 ・効果が出る場合、広告宣伝の契約を2年間延長する。広告料は総額10百万円であり、毎年4月1日に5百万円ずつ支払う。延長後も広告宣伝の効果は出続け、営業キャッシュ・フローの見込み額は同額であるとする。その後、20X7年3月31日に閉店し、同日に、その時点で所有する資産の処分を予定している。資産の処分から得られるキャッシュ・フローは24百万円を予定している。 ・効果が出ない場合、3年後の20X5年3月31日に閉店し、同日に、その時点で所有する資産の処分を予定している。資産の処分から得られるキャッシュ・フローは28百万円を予定している。
②	・業態転換のための改装工事契約を次期期首に締結し、同日から工事を行う。改装費用（資本的支出と考えられ、改装後、耐用年数を15年とする定額法によって減価償却を行う）は30百万円であり、20X2年4月1日に全額支払う。 ・改装工事中（20X2年9月末日まで）は休店となる。 ・改装後の営業が順調に推移した場合には毎年25百万円、そうでない場合には毎年15百万円の営業キャッシュ・フローを見込んでいる。ただし、営業期間の短い20X2年度は、いずれの場合も半額となる。 ・改装後の初年度における営業キャッシュ・フローがその後も継続する。 ・営業が順調に推移する確率を40％と見込んでいる。 ・いずれの場合も、5年後の20X7年3月31日に閉店し、同日に、その時点で所有する資産の処分を予定している。資産の処分から得られるキャッシュ・フローは27百万円を予定している。
③	・20X2年4月1日に、30百万円で処分する。

以上を基に、D社が次期期首に行うべき意思決定について、キャッシュ・フローの正味現在価値に基づいて検討することとした。①の場合の正味現在価値を(a)欄に、②の場合の正味現在価値を(b)欄に、3つの選択肢のうち最適な意思決定の番号を(c)欄に、それぞれ記入せよ。(a)欄と(b)欄については、(i)欄に計算過程を示し、(ii)欄に計算結果を小数点第3位を四捨五入して示すこと。

　なお、将来のキャッシュ・フローを割り引く必要がある場合には、年8％を割引率として用いること。利子率8％のときの現価係数は以下のとおりである。

	1年	2年	3年	4年	5年
現価係数	0.926	0.857	0.794	0.735	0.681

第3問（配点20点）

　D社は、リフォーム事業の拡充のため、これまで同社のリフォーム作業において作業補助を依頼していたE社の買収を検討している。当期末のE社の貸借対照表によれば、資産合計は550百万円、負債合計は350百万円である。また、E社の当期純損失は16百万円であった。

（設問1）

　D社がE社の資産および負債の時価評価を行った結果、資産の時価合計は500百万円、負債の時価合計は350百万円と算定された。D社は50百万円を銀行借り入れ（年利4％、期間10年）し、その資金を対価としてE社を買収することを検討している。買収が成立した場合、E社の純資産額と買収価格の差異に関してD社が行うべき会計処理を40字以内で説明せよ。

（設問2）

　この買収のリスクについて、買収前に中小企業診断士として相談を受けた場合、どのような助言をするか、60字以内で述べよ。

第4問（配点25点）

　D社の報告セグメントに関する当期の情報（一部）は以下のとおりである。

（単位：百万円）

	戸建住宅事業	飲食事業	その他事業	合計
売上高	4,330	182	43	4,555
セグメント利益	146	△ 23	△ 25	98
セグメント資産	3,385	394	65	3,844

※内部売上高および振替高はない。

※セグメント利益は営業利益ベースで計算されている。

D社では、戸建住宅事業における顧客満足度の向上に向けて、VR（仮想現実）を用い、設計した図面を基に、完成予定の様子を顧客が確認できる仕組みを次期期首に導入することが検討されている。ソフトウェアは400百万円で外部から購入し、5年間の定額法で減価償却する。必要な資金400百万円は銀行借り入れ（年利4％、期間5年）によって調達する予定である。このソフトウェア導入により、戸建住宅事業の売上高が毎年92百万円上昇することが見込まれている。以下の設問に答えよ。

（設問1）

(a) 戸建住宅事業および(b) D社全体について、当期のROIをそれぞれ計算せよ。解答は、％で表示し、小数点第3位を四捨五入すること。

（設問2）

各事業セグメントの売上高、セグメント利益およびセグメント資産のうち、このソフトウェア導入に関係しない部分の値が次期においても一定であると仮定する。このソフトウェアを導入した場合の次期における戸建住宅事業のROIを計算せよ。解答は、％で表示し、小数点第3位を四捨五入すること。

（設問3）

取締役に対する業績評価の方法について、中小企業診断士として助言を求められた。現在の業績評価の方法における問題点を(a)欄に、その改善案を(b)欄に、それぞれ20字以内で述べよ。

— 441 —

令和2年度　事例Ⅳ　解答・解説

解答例

第1問（配点25点）

（設問1）

	(a)	(b)
①	棚卸資産回転率	3.91　（　回　）
②	売上高経常利益率	1.65　（　%　）
	負債比率	532.24　（　%　）

（設問2）

顧	客	の	評	判	が	高	い	た	め	棚	卸	資	産	の	販	売	速	度	が
速	く	効	率	性	は	高	い	が	、	顧	客	対	応	の	費	用	負	担	や
借	入	・	利	息	負	担	が	重	く	収	益	性	、	安	全	性	は	低	い。

第2問（配点30点）

（設問1）

(a)	●売上高70百万円までの限界利益率 　$1-(39\div60)=0.35$ ●売上高が70百万円超えた分の限界利益率 　$1-0.6=0.4$ ●損益分岐点売上高 　$70\times0.35+(S-70)\times0.4=28$　　∴ $\underline{S=78.75}$（百万円）
(b)	78.75　（百万円）

（設問２）

(a)

(i)	●効果が出る場合の正味現在価値 $-5+\{(35-5)\times(0.926+0.857+0.794+0.735)\}+\{(24+35)\times0.681\}$ $=134.539$ ●効果が出ない場合の正味現在価値 $-5+\{(-5-5)\times(0.926+0.857)\}+\{(28-5)\times0.794\}=\triangle4.568$ ●①の場合の正味現在価値 $134.539\times0.7+(\triangle4.568)\times0.3=92.8069\fallingdotseq\underline{92.81}$　（百万円）
(ii)	92.81　　　　（百万円）

(b)

(i)	●20X2年度末の営業キャッシュ・フローの期待値 $(25\times0.5)\times0.4+(15\times0.5)\times0.6=9.5$ ●20X3年度末〜20X6年度末（４年間）の各年の営業キャッシュ・フローの 　期待値 $25\times0.4+15\times0.6=19$ ●②の場合の正味現在価値 $-30+(9.5\times0.926)+\{19\times(0.857+0.794+0.735+0.681)\}+(27\times0.681)$ $=55.457\fallingdotseq\underline{55.46}$　（百万円）
(ii)	55.46　　　　（百万円）

(c)

①

第３問 (配点20点)

（設問１）

純	資	産	額	と	買	収	価	格	と	の	差	額	10	0	百	万	円	を	負
の	の	れ	ん	と	し	て	当	年	度	の	特	別	利	益	に	計	上	す	る。

（設問２）

E	社	は	純	損	失	を	計	上	し	て	お	り	将	来	キ	ャ	ッ	シ	ュ
フ	ロ	ー	を	十	分	に	得	ら	れ	な	い	可	能	性	が	あ	る	た	め、
D	C	F	法	な	ど	も	考	慮	に	入	れ	て	買	収	評	価	を	行	う。

第 4 問（配点 25 点）

（設問 1 ）

(a)	4.31	（％）
(b)	2.55	（％）

（設問 2 ）

4.18	（％）

（設問 3 ）

(a) 評価の関心が利益額の増大に向かわないこと。

(b) 資本コストを控除した後の利益でも評価する。

解　説

1．事例の概要

　令和２年度（以下、本年度）の事例Ⅳは、令和元年度と比べるとやや対応しにくい。問題数は４問で、設問数が９問である。問題形式としては、計算過程と記述を問うタイプが混在している。

　出題領域は経営分析、CVP分析、正味現在価値、企業結合（買収）、ROI（業績評価）が問われている。頻出論点からの出題が多いという点においては対応しやすいが、問題の設定の読み取りに苦慮するという点ではやや対応しにくく、総合的に見れば標準レベルの設定である。

　また、事例Ⅳは第１問で経営分析が問われる傾向があり、本年度においても第１問で経営分析が問われている。経営分析のタイプは「改善策（課題の解決）が要求されないタイプ」であり、「改善策が個別問題の設定で記されている」場合に該当する。

□**難易度**

　・問題本文のボリューム　　：標準

　・題材の取り組みやすさ　　：やや取り組みにくい

　・問題要求の対応のしやすさ：標準

□**問題本文のボリューム**

　２ページ

　※財務諸表を含む

□**構成要素**

　文　　章：30行

　財務諸表（貸借対照表、損益計算書）

　問題数：４つ　設問数９問

　第１問　25点　　　　　　60字

　第２問　30点

　第３問　20点　　40字と60字

　第４問　25点　　20字と20字

　　　　　（合計）　　　200字

　D社は、戸建住宅事業、飲食事業、その他事業を営む企業である（メイン事業は戸建住宅事業である）。損益状況としては、戸建住宅事業のみが黒字であり、飲食事業、

その他事業は赤字である。そのため、不採算事業の立て直しにより業績を回復させることおよび適正な評価のもとでの戸建住宅事業における顧客対応の適正水準化ならびにサービス拡充がD社の課題である。

第1問では、財務諸表を用いての同業他社比較（経営分析）、第2問以降では、ステーキ店の損益分岐点分析および改善（第2問）、リフォーム事業の拡充のための買収（第3問）、戸建住宅事業の改善および評価（第4問）が問われている。

問題の全体像は次のとおりである。

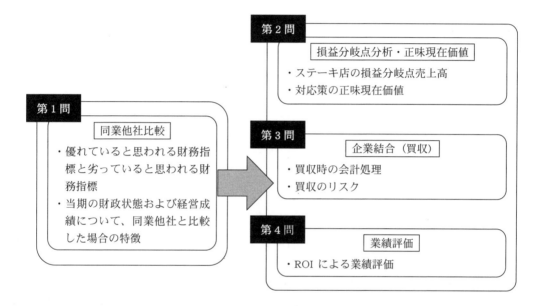

2．取り組み方

第1問が配点25点、第2問が配点30点、第3問が配点20点、第4問が配点25点である。取り組み方としては、まずは問題全体（財務諸表を含む）を俯瞰したうえで、対応しやすい問題から取り組む。本事例では、第2問(設問1)、第3問(設問1)および第4問(設問1)(設問2)の計算問題に取り組んだのち、第1問および記述問題に取り組み、最後に第2問(設問2)に取り組むことで十分に合格答案を作成可能であったと考える（経営分析や記述問題およびに第2問(設問2)に必要以上に時間をかけてしまった場合には、タイムマネジメントに苦慮したかもしれない）。

前述したように本年度の経営分析のタイプは「改善策が要求されないタイプ」であり、「改善策が個別問題の設定で示されている」場合に該当する。したがって、問題本文と財務諸表から優れている点と劣っている点を探り、劣っている点については問題本文の方向性や個別問題で解決するかどうかを検討する。そして、選択した財務指標が適切かどうかの裏付けとして数値を計算し、解答する財務指標を決定する。

3．解答作成

問題本文の構成は以下のとおりである。

□問題本文

第1段落：D社の概要

第2段落：戸建住宅事業について

第3段落：飲食事業について

第4段落：事業の評価について

第5段落：その他事業について

第6段落：財務諸表への誘導

□事例概況

・戸建住宅事業を主に営む企業である。

・資本金30百万円

・総資産3,844百万円

・売上高4,555百万円

・従業員106名

・戸建住宅事業、飲食事業、その他事業の3つの事業を営んでいる。

・それぞれの事業の状況は次のとおりである。

（単位：百万円）

事業	売上高	セグメント利益	セグメント資産	現状・今後
戸建住宅	4,330	146	3,385	●D社のメイン事業 ●顧客からの評判は高い ●丁寧な顧客対応のための費用負担が重い →顧客対応の適正水準化（問題本文） →顧客満足度の向上に向けたサービスの変更（第4問）
飲食	182	△23	394	●懐石料理店2店舗、魚介を中心に提供する和食店1店舗、ステーキ店1店舗、ファミリー向けレストラン1店舗を運営している →業績の悪いステーキ店の改善（第2問）
その他	43	△25	65	●販売した戸建住宅の購入者を対象にしたリフォーム事業など →リフォーム事業の拡充のための買収（第3問）

— 448 —

・経営課題：不採算事業の立て直しにより業績を回復させることおよび適正な評
　　　　　価のもとでの戸建住宅事業における顧客対応の適正水準化ならびに
　　　　　サービス拡充
・対応策：
①　飲食事業（ステーキ店）の改善　→第2問へ
②　その他事業（リフォーム事業）の拡充　→第3問へ
③　戸建住宅事業の顧客満足度向上　→第4問へ

【財務諸表を俯瞰する】

　D社と同業他社の当期の財務諸表が与えられている。

　損益計算書を俯瞰すると、D社の売上高は同業他社よりも多い。しかし、営業利益以降の各利益はD社の方が少なくなっている。

　貸借対照表を俯瞰すると、D社の資産合計は同業他社よりもやや多い。資産の細目を見ると流動資産では、D社のほうが現金及び預金と売上債権は少なく、販売用不動産（棚卸資産）はほぼ同値である。一方で、有形固定資産はD社のほうが多く、特に建物・構築物に差がある。負債・純資産を見ると、D社のほうが負債は多く、純資産は少ない。負債の細目を見ると、流動負債、固定負債ともに多く、短期借入金や社債・長期借入金に差がある。純資産の細目を見ると、利益剰余金が少ない。

　以下、各問題の解答作成の詳細について説明していく。

第1問 (配点25点) ◢◢

　経営分析に関する問題である。（設問1）では、同業他社と比較した場合のD社の財務指標のうち優れていると思われるものを1つ、劣っていると思われるものを2つ取り上げることが問われており、（設問2）では、D社の当期の財政状態および経営成績について、同業他社と比較した場合の特徴が問われている。D社の優れていると思われる点と劣っていると思われる点を財務指標（定量的分析）と記述（定性的分析）により解答することになるため、（設問1）と（設問2）を同時に検討するとよい。

（設問1）

(1)　要求内容の解釈

　「D社および同業他社の当期の財務諸表を用いて比率分析を行い、同業他社と比較した場合のD社の財務指標のうち、①優れていると思われるものを1つ、②劣っていると思われるものを2つ取り上げ、それぞれについて、名称を(a)欄に、計算した値を(b)欄に記入せよ。(b)欄については、最も適切と思われる単位をカッコ内に明記するとともに、小数点第3位を四捨五入した数値を示すこと。」

D社および同業他社の財務諸表を比較して、「優れていると思われる財務指標」を1つ、「劣っていると思われる財務指標」を2つあげ、財務指標値をそれぞれ計算することが問われている。

(2) 解答の根拠探し

問題本文、財務諸表の数値（財務指標）から根拠を探す。

・優れていると思われるもの

　　問題本文より読み取る。

　　「顧客志向を徹底しており、他社の一般的な条件よりも、多頻度、長期間にわたって引き渡し後のアフターケアを提供している（第2段落）」

　　「このような経営方針を持つ同社は、顧客を大切にする、地域に根差した企業として評判が高く、これまでに約2,000棟の販売実績がある（第2段落）」

　　「同社は、これを事業の拡大を図る機会ととらえ、これまで構築してきた顧客との優良な関係を背景に、リフォーム事業の拡充を検討している（第5段落）」

　　→顧客志向の徹底により、顧客からの高い評判を獲得していることが確かな販売実績（高い販売力）につながっていると読み取れる。

・劣っていると思われるもの

　　問題本文より読み取る。

　　「顧客志向を徹底しており、他社の一般的な条件よりも、多頻度、長期間にわたって引き渡し後のアフターケアを提供している（第2段落）」

　　「一方、丁寧な顧客対応のための費用負担が重いことも事実であり、顧客対応の適正水準について模索を続けている（第2段落）」

　　→顧客志向の徹底により、営業費用の負担が重いと読み取れる。

　　　また、財務諸表の数値（貸借対照表の負債、損益計算書の営業外費用など）より、負債依存度の高い資金調達が行われており、それに伴うコスト負担も大きいと読み取れる。

・財務諸表の数値

代表的な数値を計算すると次のようになる。

	財務指標	D社	同業他社	比較
収益性	総資本経常利益率	1.95％	4.49％	×
	売上高総利益率	26.39％	16.32％	○
	売上高売上原価比率	73.61％	83.68％	○
	売上高営業利益率	2.15％	3.95％	×
	売上高販管費比率	24.24％	12.37％	×
	売上高経常利益率	1.65％	4.53％	×
	売上高営業外費用比率	1.16％	0.17％	×
効率性	総資本回転率	1.18回	0.99回	○
	売上債権回転率	126.53回	28.66回	○
	棚卸資産回転率	3.91回	2.99回	○
	有形固定資産回転率	5.30回	13.6回	×
安全性	流動比率	110.64％	290.36％	×
	当座比率	28.74％	127.60％	×
	固定比率	161.84％	16.92％	×
	固定長期適合率	78.16％	16.12％	×
	自己資本比率	15.82％	66.12％	×
	負債比率	532.24％	51.23％	×

（○：同業他社より優れている、×：同業他社より劣っている）

(3) 解答の根拠選択

・優れていると思われる財務諸表

顧客志向の徹底により、顧客からの高い評判を獲得していることが確かな販売実績（高い販売力）につながっていると読み取れる。また、財務諸表に着目すると棚卸資産の販売速度が早いため、同業他社と同規模の棚卸資産でもより多い売上高を獲得できていると読み取れる。

以上より、優れていると思われる指標は、効率性の観点から「棚卸資産回転率」を選択する。

・劣っていると思われる財務指標

顧客志向の徹底により、顧客からの高い評判を獲得していることで、付加価値が高い商品（販売用不動産）を高値で販売できているために、売上総利益ベースの利益率が良いと判断される。ただし、これを獲得するために、営業費用の負担が重くなっており、営業利益以降の利益率は悪い。また、負債依存度の高い資金調達が行われており、それに伴うコスト負担も大きい。

以上より、劣っていると思われる財務指標は、収益性の観点から「売上高経常利益率」、安全性の観点から「負債比率」を選択する。

(4) 解答の構成要素検討

財務指標の数値は次のようになる。

・優れていると思われる財務指標

① 棚卸資産回転率：4,555÷1,165＝3.909…≒<u>3.91</u>（回）

・劣っていると思われる指標

② 売上高経常利益率：75÷4,555×100＝1.646…≒<u>1.65</u>（％）

　　負債比率：3,236÷608×100＝532.236…≒<u>532.24</u>（％）

【補足】その他の財務指標についての考察

●優れていると思われる指標として「売上高総利益率」

　　前述のとおりD社の売上総利益ベースの利益率（売上高総利益率）は高い。ただし、これを獲得するために丁寧な顧客対応を行っており、この費用負担は重い。売上総利益を獲得するために、販管費などを多くかけているという対応関係から考えると、売上高総利益率の高さをもって収益性の高さを指摘できるかは判断に迷う。よって、解答としての優先度を下げている。

●劣っていると思われる指標として「有形固定資産回転率」

　有形固定資産回転率の悪さを指摘する場合には、建物・構築物やその他の有形固定資産の資産効率を指摘することになり、これは飲食事業もしくはその他事業（駐車場）の効率性の低さを指摘することになると考えられる。しかし、第4問より、これらの事業の売上割合はD社全体の5％に満たないものなので、ここの低さ（および改善）をD社の特徴として優先するかは判断に迷う。よって、解答の優先度を下げている。

●劣っていると思われる指標として「自己資本比率」

　利益剰余金が少なく、この観点から資本調達構造が劣っていることを指摘しても妥当であると判断する。

●劣っていると思われる指標として「当座比率」

　当座比率の数値は低く妥当性はある。ただし、流動比率は100％を超えており、かつD社は高い販売力を有しており、債権回収も速いため販売用不動産を同業他社よりも現金化しやすいと考える事ができ、短期安全性を優先するかは判断に迷う。よって、解答の優先度は下げている。

（設問 2）

(1)　要求内容の解釈

「D社の当期の財政状態および経営成績について、同業他社と比較した場合の特徴を 60 字以内で述べよ。」

（設問 1）で指摘した財務指標を踏まえて、当期の財政状態および経営成績について優れていると思われる点と劣っていると思われる点を記述する。

(2)　解答の根拠探し

（設問 1）で検討済みである。

(3)　解答の根拠選択

（設問 1）で検討済みである。

(4)　解答の構成要素検討

（設問 1）の解答を踏まえ、収益性、効率性、安全性の観点から解答を構成する。解答例では、優れていると思われる点として、顧客の評判が高いため棚卸資産の販売速度は速く効率性が高いことを、劣っていると思われる点として、顧客対応の費用負担や借入・利息負担が重く収益性、安全性が低い点を記述している。

第 2 問 （配点 30 点） ◢◢ ◢

CVP 分析および正味現在価値が問われている。

（設問 1）

(1)　要求内容の解釈

「ステーキ店の当期の売上高は 60 百万円、変動費は 39 百万円、固定費は 28 百万円であった。変動費率は、売上高 70 百万円までは当期の水準と変わらず、70 百万円を超えた分については 60％になる。また、固定費は売上高にかかわらず一定とする。その場合の損益分岐点売上高を求めよ。(a) 欄に計算過程を示し、計算した値を (b) 欄に記入すること。」

ステーキ店の損益分岐点売上高が問われている（変動費率が段階的に変化する場合の損益分岐点売上高が問われている）。

(2)　解答の根拠探し

問題文で与えられている情報を使用する。

(3)　解答の根拠選択

特にない。

(4)　解答の構成要素検討

損益分岐点売上高は、「限界利益＝固定費」となる点であることより計算する。

●売上高 70 百万円までの限界利益率

変動費を売上高で除して変動費率を計算し、「1－変動費率」より限界利益率を計算する。

変動費率：39÷60＝0.65

限界利益率：1－0.65＝0.35

●売上高が70百万円を超えた分の限界利益率

問題文より、変動費率は0.6（60％）。

限界利益率：1－0.6＝0.4

●損益分岐点売上高

「限界利益＝固定費」より損益分岐点売上高を計算する。

損益分岐点売上高：70×0.35＋(S－70)×0.4＝28

$$0.4S=31.5$$

$$S=78.75（百万円）$$

または、「S－αS－FC＝P」より次のように計算することもできる。

(i) S＝70の場合

70－70×0.65－28＝△3.5 ∴ 損益分岐点売上高は70より大きい

(ii) S＞70の場合

S－70×0.65－(S－70)×0.6－28＝0

$$0.4S=31.5$$

$$S=\underline{78.75}（百万円）$$

（設問2）

(1) 要求内容の解釈

「D社が次期期首に行うべき意思決定について、キャッシュ・フローの正味現在価値に基づいて検討することとした。①の場合の正味現在価値を(a)欄に、②の場合の正味現在価値を(b)欄に、3つの選択肢のうち最適な意思決定の番号を(c)欄に、それぞれ記入せよ。(a)欄と(b)欄については、(i)欄に計算過程を示し、(ii)欄に計算結果を小数点第3位を四捨五入して示すこと。」

各案の正味現在価値を計算し、それによる評価が問われている。

(2) 解答の根拠探し

特にない。

(3) 解答の根拠選択

特にない。

(4) 解答の構成要素検討

① 広告宣伝を実施したうえでそのままステーキ店の営業を続ける

キャッシュ・フローの発生が複雑なため、それぞれに場合分けして解説する。

なお、営業キャッシュ・フローは各期末に発生すると仮定して計算する。

＜効果が出る場合（70％）＞

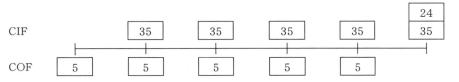

NPV：$-5+\{(35-5)\times(0.926+0.857+0.794+0.735)\}+\{(24+35)\times 0.681\}$
　　　$=134.539$

＜効果が出ない場合（30％）＞

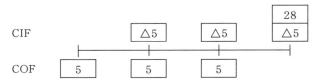

NPV：$-5+\{(-5-5)\times(0.926+0.857)\}+\{(28-5)\times 0.794\}=\triangle 4.568$

＜正味現在価値＞

効果が出る場合が70％、効果が出ない場合が30％で期待値を計算する。
　$134.539\times 0.7+(\triangle 4.568)\times 0.3=92.8069\fallingdotseq \underline{92.81（百万円）}$

② よりカジュアルなレストランへの業態転換をする

20X2年度末と20X3年度末～20X6年度末（4年間）で営業キャッシュ・フローの期待値が異なるので、それぞれの期待値を算出し、正味現在価値を計算する。

● 20X2年度末の営業キャッシュ・フロー（CF）の期待値

　営業CF：$(25\times 0.5)\times 0.4+(15\times 0.5)\times 0.6=9.5$

● 20X3年度末～20X6年度末（4年間）の各年の営業キャッシュ・フロー（CF）の期待値

　営業CF：$25\times 0.4+15\times 0.6=19$

● 正味現在価値

　NPV：$-30+(9.5\times 0.926)+\{19\times(0.857+0.794+0.735+0.681)\}$
　　　　$+(27\times 0.681)=55.457\fallingdotseq \underline{55.46（百万円）}$

または、①と同様に、それぞれの場合の正味現在価値を計算した後に期待値を算出することで解を出すこともできる。

＜営業が順調に推移する場合（40％）＞

　NPV：$-30+(25\times 0.5)\times 0.926+25\times(0.857+0.794+0.735+0.681)+27$
　　　　$\times 0.681=76.637$

＜営業が順調に推移しない場合（60％）＞

　NPV：$-30+(15\times 0.5)\times 0.926+15\times(0.857+0.794+0.735+0.681)+27$
　　　　$\times 0.681=41.337$

＜正味現在価値＞

$$76.637 \times 0.4 + 41.337 \times 0.6 = 55.457 \fallingdotseq \underline{55.46}（百万円）$$

③　即時閉店して所有する資産を売却処分する

売却収入の 30 百万円がキャッシュインする。キャッシュ項目はこれのみであり、発生時点は 20X2 年 4 月 1 日であるため、割引計算はない。

よって、正味現在価値は 30（百万円）

上記より、正味現在価値は「①＞②＞③」である。

よって、NPV が最大となる①を選択する。

第 3 問 (配点 20 点)

E 社の買収についての会計処理および買収のリスクが問われている。

(設問 1)

(1)　要求内容の解釈

「D 社が E 社の資産および負債の時価評価を行った結果、資産の時価合計は 500 百万円、負債の時価合計は 350 百万円と算定された。D 社は 50 百万円を銀行借り入れ（年利 4 ％、期間 10 年）し、その資金を対価として E 社を買収することを検討している。買収が成立した場合、E 社の純資産額と買収価格の差異に関して D 社が行うべき会計処理を 40 字以内で説明せよ。」

買収時の純資産額と買収価格の差異に関する会計処理が問われている。

(2)　解答の根拠探し

特にない

(3)　解答の根拠選択

特にない

(4)　解答の構成要素検討

企業結合を行った場合、その経済的実態から原則として「取得（ある企業が他の企業又は企業を構成する事業に対する支配を獲得して一つの報告単位となること）」とされ、パーチェス法により会計処理を行う。

パーチェス法は、取得企業の観点から企業結合をみるものであり、受け入れた資産および引き受けた負債の公正な評価額（時価）と対価との差額は、のれんまたは負ののれんとして認識する。

取得原価（買収価格）が、受け入れた資産および負債に配分された純額（純資産額）を上回る場合には、その超過額はのれんとして、下回る場合には、その不足額は負ののれんとして会計処理される。

E 社を買収するにあたっては、買収価額 50 百万円が、純資産額 150 百万円（資産

時価500百万円－負債時価350百万円）を下回るため、負ののれん100百万円が計上される。

また、負ののれんが生じる場合には、当該負ののれんが生じた事業年度の利益として処理する（負ののれんは、原則として、特別利益に表示する）。

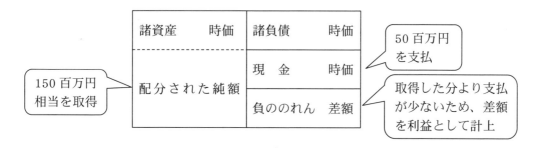

（設問2）
(1) 要求内容の解釈
「この買収のリスクについて、買収前に中小企業診断士として相談を受けた場合、どのような助言をするか、60字以内で述べよ。」

買収のリスクについての助言が問われている。なお、助言の内容として①リスクの内容についてのみを助言する場合と、②リスクの内容およびそれに対する改善策についての助言が問われている場合が考えられるが、当解説では②の場合を想定して解答を検討する。

(2) 解答の根拠探し
「D社は、リフォーム事業の拡充のため、これまで同社のリフォーム作業において作業補助を依頼していたE社の買収を検討している。当期末のE社の貸借対照表によれば、資産合計は550百万円、負債合計は350百万円である。また、<u>E社の当期純損失は16百万円であった（問題文）</u>」

→（設問1）では使用しないデータであるため、（設問2）で使用すると考えて解答を検討する。

(3) 解答の根拠選択
特にない。

(4) 解答の構成要素検討
（設問1）においては、E社の貸借対照表における資産、負債に基づいた知識が問われている。そして、この観点で明らかになるのは過去の蓄積（ストック）を基礎としたものであり、企業が継続的に生み出す成果（フロー）に着目することはできないということである。これに対して、企業の成果である当期純損失が与えられていることからDCF法など将来キャッシュ・フローに着目した方法も考慮に入れることを助言する。なお、その他の条件が不明であるが、当期純損失より、将来キャッシュ・フ

ローを十分に獲得できない可能性があることをリスクとして指摘する。

第4問 (配点25点) ◢◢

ROIによる業績評価が問われている。

（設問1）

(1)　要求内容の解釈

　「(a)戸建住宅事業および(b)D社全体について、当期のROIをそれぞれ計算せよ。解答は、％で表示し、小数点第3位を四捨五入すること。」

　セグメント情報を基に、戸建住宅事業およびD社全体のROIを計算することが問われている。

(2)　解答の根拠探し

　特にない。

(3)　解答の根拠選択

　特にない。

(4)　解答の構成要素検討

　「セグメント利益（営業利益ベース）÷セグメント資産×100」より計算する。

　(a)　戸建住宅事業

　　$146 \div 3,385 \times 100 = 4.313 \cdots \fallingdotseq \underline{4.31}$（％）

　(b)　D社全体

　　$98 \div 3,844 \times 100 = 2.549 \fallingdotseq \underline{2.55}$（％）

（設問2）

(1)　要求内容の解釈

　「各事業セグメントの売上高、セグメント利益およびセグメント資産のうち、このソフトウェア導入に関係しない部分の値が次期においても一定であると仮定する。このソフトウェアを導入した場合の次期における戸建住宅事業のROIを計算せよ。解答は、％で表示し、小数点第3位を四捨五入すること。」

　セグメント情報および次期の予測より戸建住宅事業のROIを計算することが問われている。

(2)　解答の根拠探し

　特にない。

(3)　解答の根拠選択

　特にない。

(4) 解答の構成要素検討

「各事業セグメントの売上高、セグメント利益およびセグメント資産のうち、このソフトウェア導入に関係しない部分の値が次期においても一定であると仮定する。」という指示より、このソフトウェア導入による影響部分だけを抽出していくと次のとおりである。

●収益の増加額

問題文より 92（百万円）

●費用の増加額

ソフトウェアの減価償却費が増加するため「取得原価 ÷ 耐用年数」より計算する。

減価償却費：400÷5＝80（百万円）

●営業利益の増加額

「収益の増加額－費用の増加額」より計算する。

92－80＝12（百万円）

●資産の増減

売上高の上昇による資産の増加、ソフトウェアの増加、利息の支払いによる資産の減少を考慮する。

売上高の上昇による資産の増加：92（百万円）

ソフトウェアの増加：取得原価 400－減価償却累計額 80＝320（百万円）

利息の支払いによる資産の減少：400×4％＝16（百万円）

資産の増加：92＋320－16＝396（百万円）

●次期における戸建住宅事業の ROI

（146＋12）÷（3,385＋396）×100＝4.178…≒<u>4.18</u>（%）

（設問3）

(1) 要求内容の解釈

「取締役に対する業績評価の方法について、中小企業診断士として助言を求められた。現在の業績評価の方法における問題点を (a) 欄に、その改善案を (b) 欄に、それぞれ 20 字以内で述べよ。」

現在の業績評価（ROI による評価）の問題点と改善策が問われている。

(2) 解答の根拠探し

特にない。

(3) 解答の根拠選択

特にない。

(4) 解答の構成要素検討

　企業はさまざまな手段により調達した資本を利用して経営活動を行う。そこで、経営活動に投下された資本からどの程度の利益を獲得できたかについて経営活動の業績を測定するための指標により評価することがある。

　ここで業績測定は、単に利益額の大小で判断するのではなく、投下された資本と関連づけることが望ましい。一般的に、投下資本と関連づけた業績測定の指標としては、次の2つがあげられる。

① 比率による指標（資本利益率）

　比率による業績測定指標は、資本利益率（rate of return investment；ROI）といい、活動に投下した資本が効率よく使用されているかどうかを比率で表したものである。

> 資本利益率（％）＝利益／投下資本×100

　なお、資本利益率は、最低限資本コスト率を上回ることが必要である。

　また、資本利益率は、売上高を関連づけることで、さらに次の2つの比率に分解することができる。

　資本利益率の分解式

> 資本利益率　＝　売上高利益率　×　資本回転率

$$\frac{利益}{資本} = \frac{利益}{売上高} \times \frac{売上高}{資本}$$

　売上高利益率：販売によるマージン比を表す収益性の指標

　資本回転率：資本の利用効率を表す活動性の指標

② 金額による指標（残余利益）

　金額による業績測定指標は、残余利益（residual income；RI）という。残余利益は、資本コストを控除した後の利益を計算するものであり、次の式で計算される。

> 残余利益　＝　利益　－　資本コスト

　なお、残余利益は、投下資本に対する費用を差し引いた後に残る利益であるため、プラスになることが必要である。

　また、歴史的に見ると資本利益率の短所を克服するために残余利益は開発された指標であるが、どちらの指標にも長所と短所があり、これらの指標は相互に補完して使用すべきであるといえる。したがって、解答では現在の業績評価であるROIだけではなく、残余利益によっても評価すべきであることを指摘する。

— 460 —

	資本利益率	残余利益
長所	・業績が比率で表示されるので規模に関係なく比較できる。 ・業績の良否を売上収益性と資本効率性に分解して把握できる。	・業績測定の際、関心が利益額の増大へ向くため、全社的な利害と特定部門の利害が対立しない。
短所	・業績評価の差異、関心が利益額の増大よりも利益率の増大へ向いてしまい、全社的な利害と特定部門の利害が対立するおそれがある。	・規模の異なる部門間の比較に適さない。 ・業績の良否を売上収益性と資本効率性に分解して把握できず、それぞれについての有用な情報が入手できない。

事例 IV ②

4 【令和元年】問題
中小企業の診断及び助言に関する実務の事例Ⅳ

[別冊解答用紙：⑱]

　D社は、1940年代半ばに木材および建材の販売を開始し、現在は、資本金2億円、従業員70名の建材卸売業を主に営む企業である。同社は、連結子会社（D社が100％出資している）を有しているため、連結財務諸表を作成している。

　同社は3つの事業部から構成されている。建材事業部では得意先である工務店等に木材製品、合板、新建材などを販売しており、前述の連結子会社は建材事業部のための配送を専門に担当している。マーケット事業部では、自社開発の建売住宅の分譲およびリフォーム事業を行っている。そして、同社ではこれらの事業部のほかに、自社所有の不動産の賃貸を行う不動産事業部を有している。近年における各事業部の業績等の状況は以下のとおりである。

　建材事業部においては、地域における住宅着工戸数が順調に推移しているため受注が増加しているものの、一方で円安や自然災害による建材の価格高騰などによって業績は低迷している。今後は着工戸数の減少が見込まれており、地域の中小工務店等ではすでに厳しい状況が見られている。また、建材市場においてはメーカーと顧客のダイレクトな取引（いわゆる中抜き）も増加してきており、これも将来において業績を圧迫する要因となると推測される。このような状況において、同事業部では、さらなる売上の増加のために、地域の工務店等の取引先と連携を深めるとともに質の高い住宅建築の知識習得および技術の向上に努めている。また、建材配送の小口化による配送コストの増大や非効率な建材調達・在庫保有が恒常的な収益性の低下を招いていると認識している。現在、よりタイムリーな建材配送を実現するため、取引先の了解を得て、受発注のみならず在庫情報についてもEDI（Electronic Data Interchange、電子データ交換）を導入することによって情報を共有することを検討中である。

　マーケット事業部では、本社が所在する都市の隣接地域において建売分譲住宅の企画・設計・施工・販売を主に行い、そのほかにリフォームの受注も行っている。近年、同事業部の業績は低下傾向であり、とくに、当期は一部の分譲住宅の販売が滞ったことから事業部の損益は赤字となった。経営者は、この事業部について、多様な広告媒体を利用した販売促進の必要性を感じているだけでなく、新規事業開発によってテコ入れを図ることを検討中である。

　不動産事業部では所有物件の賃貸を行っている。同事業部は本社所在地域においてマンション等の複数の物件を所有し賃貸しており、それによって得られる収入はかなり安定的で、全社的な利益の確保に貢献している。

　D社の前期および当期の連結財務諸表は以下のとおりである。

事例Ⅳ㊟

連結貸借対照表

（単位：百万円）

	前期	当期		前期	当期
＜ 資 産 の 部 ＞			＜ 負 債 の 部 ＞		
流 動 資 産	2,429	3,093	流 動 負 債	2,517	3,489
現 金 預 金	541	524	仕 入 債 務	899	1,362
売 上 債 権	876	916	短 期 借 入 金	750	1,308
棚 卸 資 産	966	1,596	その他の流動負債	868	819
その他の流動資産	46	57	固 定 負 債	1,665	1,421
固 定 資 産	3,673	3,785	長 期 借 入 金	891	605
有 形 固 定 資 産	3,063	3,052	その他の固定負債	774	816
建 物 及 び 構 築 物	363	324	負 債 合 計	4,182	4,910
機 械 設 備	9	7	＜ 純 資 産 の 部 ＞		
その他の有形固定資産	2,691	2,721	資 本 金	200	200
無 形 固 定 資 産	10	12	利 益 剰 余 金	1,664	1,659
投 資 そ の 他 の 資 産	600	721	そ の 他 の 純 資 産	56	109
			純 資 産 合 計	1,920	1,968
資 産 合 計	6,102	6,878	負 債 ・ 純 資 産 合 計	6,102	6,878

連結損益計算書

（単位：百万円）

	前期	当期
売 上 高	4,576	4,994
売 上 原 価	3,702	4,157
売 上 総 利 益	874	837
販 売 費 及 び 一 般 管 理 費	718	788
営 業 利 益	156	49
営 業 外 収 益	43	55
営 業 外 費 用	37	33
経 常 利 益	162	71
特 別 利 益	2	7
特 別 損 失	7	45
税 金 等 調 整 前 当 期 純 利 益	157	33
法 人 税 等	74	8
親会社に帰属する当期純利益	83	25

第1問（配点25点）

（設問1）

　D社の前期および当期の連結財務諸表を用いて比率分析を行い、前期と比較した場合のD社の財務指標のうち、①悪化していると思われるものを2つ、②改善していると思われるものを1つ取り上げ、それぞれについて、名称を(a)欄に、当期の連結財務諸表をもとに計算した財務指標の値を(b)欄に記入せよ。なお、(b)欄の値については、小数点第3位を四捨五入し、カッコ内に単位を明記すること。

（設問2）

　D社の当期の財政状態および経営成績について、前期と比較した場合の特徴を50字以内で述べよ。

第2問（配点25点）

　D社のセグメント情報（当期実績）は以下のとおりである。

（単位：百万円）

	建 材 事業部	マーケット 事業部	不動産 事業部	共 通	合 計
売 上 高	4,514	196	284	－	4,994
変 動 費	4,303	136	10	－	4,449
固 定 費	323	101	30	20	474
セグメント利益	－112	－41	244	－20	71

　　注：セグメント利益は経常段階の利益である。売上高にセグメント間の取引
　　　　は含まれていない。

（設問1）

　事業部および全社（連結ベース）レベルの変動費率を計算せよ。なお、％表示で小数点第3位を四捨五入すること。

（設問2）

当期実績を前提とした全社的な損益分岐点売上高を(a)欄に計算せよ。なお、（設問1）の解答を利用して経常利益段階の損益分岐点売上高を計算し、百万円未満を四捨五入すること。

また、このような損益分岐点分析の結果を利益計画の資料として使うことには、重大な問題がある。その問題について(b)欄に30字以内で説明せよ。

（設問3）

次期に目標としている全社的な経常利益は250百万円である。不動産事業部の損益は不変で、マーケット事業部の売上高が10％増加し、建材事業部の売上高が不変であることが見込まれている。この場合、建材事業部の変動費率が何％であれば、目標利益が達成できるか、(a)欄に答えよ。(b)欄には計算過程を示すこと。なお、（設問1）の解答を利用し、最終的な解答において％表示で小数点第3位を四捨五入すること。

第3問（配点30点）

D社は、マーケット事業部の損益改善に向けて、木材の質感を生かした音響関連の新製品の製造販売を計画中である。当該プロジェクトに関する資料は以下のとおりである。

〈資料〉

大手音響メーカーから部品供給を受け、新規機械設備を利用して加工した木材にこの部品を取り付けることによって製品を製造する。

・新規機械設備の取得原価は20百万円であり、定額法によって減価償却する（耐用年数5年、残存価値なし）。

・損益予測は以下のとおりである。

（単位：百万円）

	第1期	第2期	第3期	第4期	第5期
売 上 高	20	42	60	45	35
原 材 料 費	8	15	20	14	10
労 務 費	8	12	12	11	6
減 価 償 却 費	4	4	4	4	4
その他の経費	5	5	5	5	5
販 売 費	2	3	4	3	2
税 引 前 利 益	−7	3	15	8	8

・キャッシュフロー予測においては、全社的利益（課税所得）は十分にあるものとする。また、運転資本は僅少であるため無視する。なお、利益（課税所得）に対する税率は30％とする。

（設問1）

各期のキャッシュフローを計算せよ。

（設問2）

当該プロジェクトについて、(a)回収期間と(b)正味現在価値を計算せよ。なお、資本コストは5％であり、利子率5％のときの現価係数は以下のとおりである。解答は小数点第3位を四捨五入すること。

	1年	2年	3年	4年	5年
現価係数	0.952	0.907	0.864	0.823	0.784

（設問３）

〈資料〉記載の機械設備に替えて、高性能な機械設備の導入により原材料費および労務費が削減されることによって新製品の収益性を向上させることができる。高性能な機械設備の取得原価は 30 百万円であり、定額法によって減価償却する（耐用年数５年、残存価値なし）。このとき、これによって原材料費と労務費の合計が何％削減される場合に、高性能の機械設備の導入が〈資料〉記載の機械設備より有利になるか、(a)欄に答えよ。(b)欄には計算過程を示すこと。なお、資本コストは５％であり、利子率５％のときの現価係数は（設問２）記載のとおりである。解答は、％表示で小数点第３位を四捨五入すること。

第４問（配点 20 点）

（設問１）

D社は建材事業部の配送業務を分離し連結子会社としている。その(a)メリットと(b)デメリットを、それぞれ 30 字以内で説明せよ。

（設問２）

建材事業部では、EDI の導入を検討している。どのような財務的効果が期待できるか。60 字以内で説明せよ。

— 468 —

令和元年度　事例Ⅳ　解答・解説

解答例

第1問（配点25点）

（設問1）

	(a)	(b)
①	売 上 高 総 利 益 率	16.76 （　％　）
	当　座　比　率	41.27 （　％　）
②	有 形 固 定 資 産 回 転 率	1.64 （　回　）

（設問2）

受	注	増	加	に	よ	り	投	資	効	率	は	改	善	し	て	い	る	が	建
材	の	価	格	高	騰	等	と	在	庫	の	停	滞	に	よ	り	収	益	性	と
安	全	性	が	悪	化	し	て	い	る。										

第2問（配点25点）

（設問1）

建　　材	95.33 （％）
マーケット	69.39 （％）
不　動　産	3.52 （％）
全　　社	89.09 （％）

（設問2）

(a)	4,345 （百万円）

(b)	異	な	る	費	用	構	造	に	つ	い	て	の	考	慮	が	不	十	分	で	あ
	り、	分	析	精	度	が	低	い	点。											

（設問3）

(a)	91.49 （％）

(b)
- ●建材事業部の変動費の削減額
  - （250−71）−196×0.1×（1−0.6939）＝173.00044 （百万円）
- ●目標経常利益を達成する建材事業部の変動費
  - 4,303−173.00044＝4,129.99956 （百万円）
- ●目標経常利益を達成する建材事業部の変動費率
  - 4,129.99956÷4,514×100＝91.493…≒<u>91.49</u>（％）

第3問 （配点30点）

（設問1） （単位：百万円）

第1期	第2期	第3期	第4期	第5期
−0.9	6.1	14.5	9.6	9.6

（設問2）

(a)	3.03 （年）
(b)	12.63 （百万円）

（設問3）

(a)	10.52 （％）

(b)

● 減価償却費の差額

$(30 \div 5) - 4 = 2$

● 税引後 CF の差額（原材料費と労務費の削減割合を x とする）

第1期：$16x \times (1-0.3) + 2 \times 0.3 = 11.2x + 0.6$

第2期：$27x \times (1-0.3) + 2 \times 0.3 = 18.9x + 0.6$

第3期：$32x \times (1-0.3) + 2 \times 0.3 = 22.4x + 0.6$

第4期：$25x \times (1-0.3) + 2 \times 0.3 = 17.5x + 0.6$

第5期：$16x \times (1-0.3) + 2 \times 0.3 = 11.2x + 0.6$

● 原材料費と労務費の削減率

$(11.2x + 0.6) \times 0.952 + (18.9x + 0.6) \times 0.907 + (22.4x + 0.6) \times 0.864 + (17.5x + 0.6) \times 0.823 + (11.2x + 0.6) \times 0.784 > 10$

$x > 0.10522\cdots$ → $x \fallingdotseq \underline{10.52\%}$

第4問 （配点20点）

（設問1）

(a) 配送事業に対する投資のポジションとその成果を明確にできる点。

(b) 事務処理や会社管理などにかかるコストの負担が増加する点。

（設問2）

タイムリーな配送によるコストの削減と恒常的な在庫の削減に伴う運転資本の減少および在庫に投下された資金の回収が期待される。

解　説

1. 事例の概要

　令和元年度（以下、本年度）の事例Ⅳは、平成30年度と比べて対応しやすい。問題数は4問で、設問数が10問である。問題形式としては、計算過程と記述形式を問うタイプが混在している。

　出題領域は経営分析、CVP分析、設備投資の経済性計算、その他（建材事業部の配送業務を連結子会社としているメリット・デメリットおよびEDI導入による財務的効果）が問われている。頻出論点からの出題が多く対応しやすい設定である。

　また、事例Ⅳは第1問で経営分析が問われる傾向があり、本年度においても第1問で経営分析が問われている。経営分析のタイプは「改善策（課題の解決）が要求されないタイプ」であり、「改善策が個別問題の設定で記されている」場合に該当する。

□**難易度**
- ・問題本文のボリューム　　　：標準
- ・題材の取り組みやすさ　　　：やや取り組みにくい
- ・問題要求の対応のしやすさ：対応しやすい

□**問題本文のボリューム**

　2ページ

　※財務諸表を含む

□**構成要素**

　文　章：31行

　財務諸表（連結貸借対照表、連結損益計算書）

　問題数：4つ　設問数　10問

第1問　25点		50字
第2問　25点		30字
第3問　30点		
第4問　20点		120字
（合計）		200字

　D社は、建材卸売業を主に営む企業である。同社は、建材事業部、マーケット事業部、不動産事業部の3つの事業部から構成されている。また、建材事業部のための配送を専門に担当する連結子会社（D社が100%出資している）を有している。建材事業部およびマーケット事業部のセグメント利益はマイナスであり、これらの事業部の

— 472 —

立て直しにより業績を回復させることがD社の課題である。

第1問では、財務諸表を用いての期間比較（経営分析）、第2問以降では、セグメント情報と損益予想および変動費率の低減（第2問）、新規事業への投資（第3問）、子会社のメリット・デメリットおよびEDI導入による財務的効果（第4問）が問われている。

問題の全体像は次のとおりである。

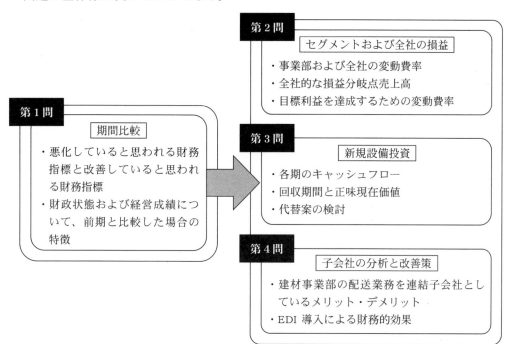

2．取り組み方

第1問が配点25点、第2問が配点25点、第3問が配点30点、第4問が配点20点である。取り組み方としては、まずは問題全体（財務諸表を含む）を俯瞰したうえで、対応しやすい問題から取り組む。本事例では第2問および第3問（設問1）（設問2）の計算問題が比較的対応しやすく、次いで第1問が対応しやすい。したがって、これらの計算問題に取り組んだのち、第1問および記述問題に取り組めば十分に合格答案を作成可能であったと考える（経営分析や記述問題に必要以上に時間をかけてしまった場合には、タイムマネジメントに苦慮したかもしれない）。また、第3問（設問3）は正答できていなくても合否に影響はないであろうと判断する。

前述したように本年度の経営分析のタイプは「改善策が要求されないタイプ」であり、「改善策が個別問題の設定で示されている」場合に該当する。したがって、問題本文と財務諸表から悪化している点と改善している点を探り、悪化している点については個別問題で解決するかどうかを検討する。そして、選択した財務指標が適切かど

うかの裏付けとして数値を計算し、解答する財務指標を決定する。

３．解答作成

問題本文の構成は以下のとおりである。

□**問題本文**

第１段落：Ｄ社の概要

第２段落：Ｄ社の部門構成

第３段落：建材事業部について

第４段落：マーケット事業部について

第５段落：不動産事業部について

第６段落：財務諸表への誘導

□**事例概況**

・建材卸売業を主に営む企業である。

・資本金２億円

・総資産6,878百万円

・売上高4,994百万円

・従業員70名

・建材事業部、マーケット事業部、不動産事業部の３つの事業部から構成されている。

・建材事業部のための配送を専門に担当する連結子会社（Ｄ社が100％出資している）を有している。

・それぞれの事業部の状況は次のとおりである。

	現状・今後
建　　　材	●売上高は4,514百万円であり、セグメント利益は－112百万円である ●受注の増加が売上の拡大につながっている ●建材の価格高騰などによって業績が低迷している 　→変動費の削減（第２問） ●中抜きの増加 　→取引先との連携を深めるとともに知識取得や技術の向上に努める ●配送コストの増大など 　→EDIの導入（第４問）

— 474 —

マーケット	●売上高は 196 百万円であり、セグメント利益は−41 百万円である ●業績は低下傾向であり、とくに当期は一部の分譲住宅の販売が滞ったことから事業部の損益は赤字となった →販売促進による販売量増加（第 2 問）および新規事業開発（第 3 問）によってテコ入れを図る
不　動　産	●売上高は 284 百万円であり、セグメント利益は 244 百万円である ●得られる収入はかなり安定的で、全社的な利益の確保に貢献している

・経営課題：不採算事業（建材事業部、マーケット事業部）の立て直しによる業績の回復

・対応策：

① 　建材事業部の変動費削減　→第 2 問へ

② 　マーケット事業部の改善　→第 2 問、第 3 問へ

③ 　子会社のコスト削減等　→第 4 問へ

【財務諸表を俯瞰する】

　D 社の前期と当期の連結財務諸表が与えられている。

　連結損益計算書を俯瞰すると、売上高は前期よりも増加している。しかし、売上総利益は減少しており、その後の各利益においてもすべて減少している。

　貸借対照表を俯瞰すると、資産合計は前期よりも増加している。資産の細目を見ると、（売上高が増加している中で）現金預金は減少している。また、棚卸資産が大きく増加している。一方で、有形固定資産は減少している。負債・純資産を見ると、負債・純資産はともに増加している。負債の細目を見ると、流動負債が増加し、固定負債は減少している。純資産の細目を見ると、利益剰余金は減少している。

【問題本文・個別問題を俯瞰する】

　問題本文を俯瞰する。D 社は、建材卸売業を主に営む企業であり、建材事業部、マーケット事業部、不動産事業部の 3 つの事業部から構成されている。また、建材事業部のための配送を専門に担当する連結子会社（D 社が 100％出資している）を有している。それぞれの事業部の状況は次のとおりである。

　建材事業部は、地域における住宅着工戸数が順調に推移しているため受注は増加している一方で、円安や自然災害による建材の価格高騰などによって業績は低迷している。また、今後は着工戸数の減少やメーカーと顧客のダイレクトな取引（いわゆる中

抜き）の増加により、業績の悪化が予測される。これに対して、変動費率の低減や地域の工務店等の取引先と連携を深めるとともに質の高い住宅建築の知識習得および技術の向上に努めているという対応策が描かれている。

また、連結子会社においては、建材配送の小口化による配送コストの増大や非効率な建材調達・在庫保有が恒常的な収益性の低下を招いている。これに対して、EDI（Electronic Data Interchange、電子データ交換）を導入することによって情報を共有することを検討中である。

マーケット事業部は、近年の業績は低下傾向であり、とくに、当期は一部の分譲住宅の販売が滞ったことから事業部の損益は赤字となった。これに対して、多様な広告媒体を利用した販売促進および新規事業開発によるテコ入れが描かれている。

不動産事業部は、本社所在地域においてマンション等の複数の物件を所有し賃貸しており、それによって得られる収入はかなり安定的で、全社的な利益の確保に貢献している。

次に個別問題を俯瞰する。第1問では、D社の前期および当期の連結財務諸表を用いて改善していると思われる点と悪化していると思われる点を分析することが問われている。第2問では、セグメント情報と全社的な損益予想および変動費率の低減が問われている。第3問では新規事業への投資についての分析が問われており、第4問で建材事業部の配送業務を連結子会社としているメリット・デメリットおよびEDI導入による財務的効果が問われている。

全体を俯瞰すれば、不採算事業についての改善を図っていくことで、全社的な財務状況を改善させていくというストーリーが読み取れる。

以下、各問題の解答作成の詳細について説明していく。

第1問 （配点25点）

経営分析に関する問題である。（設問1）では、悪化していると思われる財務指標と改善していると思われる財務指標が、（設問2）では、D社の当期の財政状態および経営成績について、前期と比較した場合の特徴が問われている。D社の悪化している点と改善している点を財務指標（定量的分析）と記述（定性的分析）により解答することになるため、（設問1）と（設問2）を同時に検討するとよい。

（設問1）

(1) 要求内容の解釈

「D社の前期および当期の連結財務諸表を用いて比率分析を行い、前期と比較した場合のD社の財務指標のうち、①悪化していると思われるものを2つ、②改善していると思われるものを1つ取り上げ、それぞれについて、名称を(a)欄に、当期の連結

— 476 —

財務諸表をもとに計算した財務指標の値を(b)欄に記入せよ。なお、(b)欄の値については、小数点第3位を四捨五入し、カッコ内に単位を明記すること。」

　D社の前期と当期の連結財務諸表を比較して、D社が「悪化していると思われる財務指標」を2つ、「改善していると思われる財務指標」を1つあげ、財務指標値をそれぞれ計算する。

(2)　解答の根拠探し

　問題本文、財務諸表の数値（財務指標）、さらに第2問以降の問題文から根拠を探す。

・悪化していると思われるもの

　　問題本文より読み取る。

　　「建材事業部においては、地域における住宅着工戸数が順調に推移しているため受注が増加しているものの、一方で円安や自然災害による建材の価格高騰などによって業績は低迷している（第3段落）」

　　「また、建材配送の小口化による配送コストの増大や非効率な建材調達・在庫保有が恒常的な収益性の低下を招いていると認識している（第3段落）」

　　「近年、同事業部の業績は低下傾向であり、とくに、当期は一部の分譲住宅の販売が滞ったことから事業部の損益は赤字となった（第4段落）」

　　また、第2問以降の問題文に示されている改善策から、当期に悪化しているものを推測する。

　　「この場合、建材事業部の変動費率が何％であれば、目標利益が達成できるか（第2問）」

　→建材事業部のコスト（建材事業部の大半は変動費である）の改善が必要であることが読み取れるため、ここに問題があると考えることができる。

　　「D社は、マーケット事業部の損益改善に向けて、木材の質感を生かした音響関連の新製品の製造販売を計画中である（第3問）」

　→マーケット事業部の損益状況の改善が必要であることが読み取れるため、ここに問題があると考えることができる。

　　「建材事業部では、EDIの導入を検討している。どのような財務的効果が期待できるか（第4問）」

　→EDIの導入は建材配送にかかる改善であるため、ここに問題があると考えることができる。

・改善していると思われるもの

　　問題本文より読み取る。

　　「建材事業部においては、地域における住宅着工戸数が順調に推移しているため受注が増加している（第3段落）」

事例Ⅳ（元）

「同事業部は本社所在地域においてマンション等の複数の物件を所有し賃貸しており、それによって<u>得られる収入はかなり安定的で、全社的な利益の確保に貢献している</u>（第5段落）」

・財務諸表の数値

代表的な数値を計算すると次のようになる。

	財務指標	前期	当期	比較
収益性	総資本経常利益率	2.65％	1.03％	×
	売上高総利益率	19.10％	16.76％	×
	売上高売上原価比率	80.90％	83.24％	×
	売上高営業利益率	3.41％	0.98％	×
	売上高販管費比率	15.69％	15.78％	×
	売上高経常利益率	3.54％	1.42％	×
	売上高営業外費用比率	0.81％	0.66％	○
効率性	総資本回転率	0.75回	0.73回	×
	売上債権回転率	5.22回	5.45回	○
	棚卸資産回転率	4.74回	3.13回	×
	有形固定資産回転率	1.49回	1.64回	○
安全性	流動比率	96.50％	88.65％	×
	当座比率	56.30％	41.27％	×
	固定比率	191.30％	192.33％	×
	固定長期適合率	102.45％	111.68％	×
	自己資本比率	31.47％	28.61％	×
	負債比率	217.81％	249.49％	×

（○：前期より改善している、×：前期より悪化している）

(3) 解答の根拠選択

・悪化していると思われる財務指標

D社は、前期から当期にかけて売上高が増加しているにもかかわらず各段階の利益額がすべて前期を下回っている。そして、この原因は建材の価格高騰や配送コストの増加などにより売上原価が多くかかるようになったからであると考えられる。これを第2問や第4問で改善していくストーリーである。

また、売上高が増加している中で（事業に必要な運転資金も増加すると考えられる）、利益が減少していることや棚卸資産が停滞している（資金として回収できていない）ことにより資金繰りが悪化している。そして、この資金不足を短期借入金でカバーしていると考えられ、これを第2・3・4問で改善していく。

以上より、悪化していると思われる指標は、収益性の観点から「売上高総利益率」、安全性の観点から「当座比率」を選択する。

【補足】配送に係る費用の計上区分

　D社と子会社の取引（親子会社間の取引）は、企業集団内において内部取引となるため、連結決算にあたっては、その取引高を相殺消去しなければならない。よって、D社の個別財務諸表に計上されていると類推される外注委託費および子会社の個別財務諸表に計上されている売上高は、連結財務諸表上では消去されている。このため、配送に係る費用について連結財務諸表上では、子会社が配送のためにかけた費用のみが計上されていることになるが、この費用は売上原価に計上されていると考えるのが妥当である（子会社は配送を専門に担当している事業者であるため）。

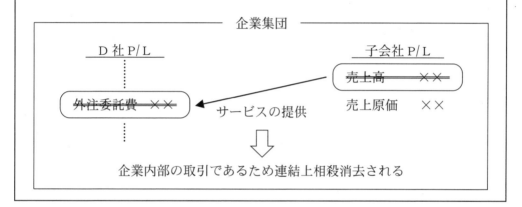

・改善していると思われる財務指標

　　前期と当期の財務諸表より、当期中においてD社は大きな投資活動などは行っていないと判断される。その一方で、不動産事業部で安定した収入を獲得しつつ（売上高を落としたりせず）、建材事業部の受注を増加させているため（マーケット事業部の販売不振を上回る売上高の増加を得られていると推測される）、投資資産に対する効率性が高まっている（ただし、不動産事業部の状況は「安定」であるため、前期から当期の改善要素に含まれるかは判断に迷う）。

　　よって、改善していると思われる指標は、効率性の観点から「有形固定資産回転率」を選択する。

(4) 解答の構成要素検討

財務指標の数値は次のようになる。

・悪化していると思われる財務指標

① 売上高総利益率：837÷4,994×100＝16.760…≒<u>16.76（％）</u>
　　当座比率：（524＋916）÷3,489×100＝41.272…≒<u>41.27（％）</u>

・改善していると思われる財務指標

　　有形固定資産回転率：4,994÷3,052＝1.636…≒1.64（回）

【補足】その他の財務指標についての考察

●悪化していると思われる指標として「棚卸資産回転率」

　　D社の財務指標の悪化の主原因として、棚卸資産の増加が上げられる。この観点から、棚卸資産回転率を選択しても妥当性があると判断する。ただし、棚卸資産の停滞が資金不足につながることおよびこれに対して短期借入金で資金を調達していると想定されることや、多面的な分析の観点（収益性・効率性・安全性などの異なる側面から企業を分析する観点）より、解答例では当座比率を優先している。

●悪化していると思われる指標として「売上高営業利益率」

それぞれの事業部の損益状況などに着目する。

＜建材事業部＞

・売上規模の約90％を占める

・建材の価格高騰→売上原価の増加→売上高総利益率の悪化につながっている
　→第2問（設問3）変動費率の低減が改善策と考えられる。

・着工数の減少および中抜き→固定的費用の負担が今後増加すると懸念されるが、今後のことであり、過去の結果である財務諸表には反映はない。なお、改善策は取引先との連携や知識・技術の向上で対応であると考えられる。

・配送コスト等→配送を専門としている子会社の配送に係る費用であるため、売上原価に計上されていると推測される→売上総利益率の悪化につながっている→改善策は第4問（設問2）EDIの導入であると考えられる。

＜マーケット事業部＞

・販売不振により赤字となった→費用構造は不明であるが、固定的な売上原価・販管費の負担の増加が考えられる→売上高総利益率・売上高営業利益率の悪化につながっている→改善策は第2問および第3問であると考えられる。

※広告媒体を利用した販売促進が改善策のひとつと考えられるため、販管費が収益を圧迫しているという指摘はしにくさがある（推測の域を出ないが、作問者が販管費の問題を指摘させないための制約条件ととらえることもできる）。

＜不動産事業部＞

・好調であり、悪化の要素となり得ない。

— 480 —

上記より、Ｄ社の収益性の低下は、建材事業部の建材の価格高騰や配送コストの増大などが大きく、次いでマーケット事業部の売上原価、最後に販管費という影響であると考えられ（費用負担の規模および今後さらに販管費をかけていく状況を考えれば、マーケット部門の販管費の影響は低く、これによりＤ社の収益性が悪化しているとまではいいにくい）、財務指標値を確認すると売上高販管費比率は「15.69％→15.78％」と0.09％しか増加していないこと（相対的に見ても販管費の負担が増えているとはいいにくい）を考えれば、定性的分析・定量的分析の両面から考えても、売上高営業利益率は解答の優先度が下がる。

●悪化していると思われる指標として「負債比率（自己資本比率)」
　　前述のとおり、Ｄ社では資金不足を補うために短期借入金を増加させたと考えられる。この観点から負債比率を選択しても妥当性がないわけではない。ただし、この原因は棚卸資産の増加および利益獲得力の低下であるため、この原因に紐付いたものを解答としては優先すべきであると考えられる。よって、負債比率は解答の優先度が下がる。

事例Ⅳ㊋

（設問２）
（1）　要求内容の解釈
　「Ｄ社の当期の財政状態および経営成績について、前期と比較した場合の特徴を50字以内で述べよ。」
　（設問１）で指摘した財務指標をふまえて、当期の財政状態および経営成績について悪化している点と改善している点を記述する。
（2）　解答の根拠探し
　（設問１）で検討済みである。
（3）　解答の根拠選択
　（設問１）で検討済みである。
（4）　解答の構成要素検討
　（設問１）の解答をふまえ、収益性、効率性、安全性の観点から解答を構成する。解答例では、改善点として受注の増加（不動産事業部は「安定」であることおよび事業部ごとの売上規模より、建材事業部の受注増加が売上増加の大半であると判断している）をあげ、悪化している点では売上高総利益率の悪化要素である建材の価格高騰等（建材の価格高騰や配送コストの増大など）と当座比率の悪化要素である建材の価格高騰等（売上高が増加する中で利益獲得力が低下したことにより資金繰りの悪化を招

－ 481 －

いている）および在庫の滞留をあげている。

第2問 (配点 25 点) ◢◢ ◢◢

セグメント情報を基に全社的な損益分析が問われている。

(設問 1)

(1) 要求内容の解釈

「事業部および全社（連結ベース）レベルの変動費率を計算せよ。なお、％表示で小数点第3位を四捨五入すること。」

セグメント情報（当期実績）を基に各事業部および全社レベルの変動費率を計算する。

(2) 解答の根拠探し

与えられているセグメント情報を使用する。

(3) 解答の根拠選択

特にない。

(4) 解答の構成要素検討

「変動費÷売上高×100」より、各変動費率を計算すると次のとおりである。

	計算結果	計算過程
建　　　材	<u>95.33％</u>	4,303÷4,514×100＝95.325…≒95.33（％）
マーケット	<u>69.39％</u>	136÷196×100＝69.387…≒69.39（％）
不　動　産	<u>3.52％</u>	10÷284×100＝3.521…≒3.52（％）
全　　　社	<u>89.09％</u>	4,449÷4,994×100＝89.086…89.09（％）

(設問 2)

(1) 要求内容の解釈

「当期実績を前提とした全社的な損益分岐点売上高を(a)欄に計算せよ。なお、（設問1）の解答を利用して経常利益段階の損益分岐点売上高を計算し、百万円未満を四捨五入すること。また、このような損益分岐点分析の結果を利益計画の資料として使うことには、重大な問題がある。その問題について(b)欄に30字以内で説明せよ。」

全社的な損益分岐点売上高を計算し、過去の実績に基づいた利益計画の問題点を記述する。

(2) 解答の根拠探し

特にない。

(3) 解答の根拠選択

特にない。

— 482 —

(4) 解答の構成要素検討

(a)

「S－αS－FC＝0」より損益分岐点売上高を計算する。なお、変動費率（α）は(設問1)の解答を利用する点に注意する。

S－0.8909S－474＝0

0.1091S＝474

S＝4,344.6…≒<u>4,345（百万円）</u>

(b)

過去のデータに基づいて全社の将来的な損益分岐点分析を行うことは、将来の企業行動に関するデータとしては欠陥がある。この方法を用いた場合には、過去の売上構成のとおりに販売状況が変化すれば問題はないが、この構成が異なった場合には予測と現実が乖離する。たとえば、全社的に100百万円の売上が増加した場合、この100百万円の売上構成割合が過去のデータどおりであれば問題ないが、そうでなかった場合にはかかる費用と獲得できる利益について予測と現実の数値に大きな差が生じる。

(例)

100百万円の売上の構成が、①過去データどおりであった場合、②すべて建材事業部の売上であった場合、③すべて不動産事業部の売上であった場合の変動費と限界利益は次のとおりである。

（単位：百万円）

	売上高	変動費	限界利益
① 過去データ	100	89.09	10.91
② すべて建材	100	95.33	4.67
③ すべて不動産	100	3.52	96.48

※過去のデータに基づいた場合には、獲得できる限界利益を10.91百万円と予測するが、売上構造が変化した場合には、予測と現実が大きく乖離することになる。

したがって、将来の利益計画に役立たせるためには、将来の見積売上高をセグメントごとに予測し、これに応じた見積平均変動費率などを算定し、それに従った新たなCVP関係を把握しなければならない。過去のデータに基づいて一律に分析したものは、事業部ごとの異なる費用構造に対する考慮が不十分であり、分析精度が低いという問題点を抱えているといえる。

（設問3）

(1)　要求内容の解釈

「次期に目標としている全社的な経常利益は250百万円である。不動産事業部の損益は不変で、マーケット事業部の売上高が10％増加し、建材事業部の売上高が不変であることが見込まれている。この場合、建材事業部の変動費率が何％であれば、目標利益が達成できるか、(a)欄に答えよ。(b)欄には計算過程を示すこと。なお、（設問1）の解答を利用し、最終的な解答において％表示で小数点第3位を四捨五入すること。」

　各セグメントの予測を基に全社的な経常利益250百万円を達成する建材事業部の変動費率を計算する。なお、（設問1）の解答を利用するように指示されている点に注意する。

(2)　解答の根拠探し

　問題文に記述されている。

(3)　解答の根拠選択

　特にない。

(4)　解答の構成要素検討

　（設問1）の解答を利用するように指示されている。この（設問1）の解答とは変動費率のことである。よって、変動費率を使う計算方法について考察していく。

【「経常利益の増分＝限界利益の増分」と考えるパターン】

　次期の予測においては固定費の増減がないため、「経常利益の増分＝限界利益の増分」と考えることができる。そして、「限界利益の増分＝建材事業部の変動費の削減分＋マーケット事業部の限界利益の増分」と考えると次の計算が成り立つ。

＜計算式＞

　経常利益の増分＝限界利益の増分

　　　　　　　　＝建材事業部の変動費の削減分

　　　　　　　　　＋マーケット事業部の限界利益の増分

　　　　　　　　＝建材事業部の変動費の削減分

　　　　　　　　　＋マーケット事業部の当期売上高×0.1×限界利益率

したがって、

建材事業部の変動費の削減分＝経常利益の増分－マーケット事業部の当期売上高×0.1×（1－変動費率）

よって、

建材事業部の変動費の削減分＝（250－71）－196×0.1×（1－0.6939）

　　　　　　　　　　　　　＝173.00044（百万円）

次に、目標経常利益を達成する建材事業部の変動費を当期変動費から上記の削減分

を差し引くことで計算する。

目標経常利益を達成する建材事業部の変動費＝4,303－173.00044

＝4,129.99956

最後に、「変動費÷売上高×100」より変動費率を計算する。

4,129.99956÷4,514×100＝91.493…≒<u>91.49（％）</u>

なお、「目標変動費率＝当期変動費率－削減分の変動費率」で計算すると次のとおりである。

目標変動費率＝95.33－（173.00044÷4,514×100）＝91.497…＝<u>91.50（％）</u>

【全社的な売上高と費用より計算するパターン】

全社的な売上と変動費と固定費より計算すると、次のとおりである。

●売上高

マーケット事業部の売上高の増加分を考慮し、全社的な売上高を計算する。

4,514＋196×1.1＋284＝5,013.6

もしくは

4,994＋196×0.1＝5,013.6

●変動費

建材事業部の変動費率をαと置いて計算する。なお、マーケット事業部の変動費率は（設問1）の解答を利用するという題意より、次期の売上高に69.39％を乗じて計算する。

4,514α＋196×1.1×0.6939＋10＝4,514α＋159.60484

●建材事業部の変動費率

「S－αS－FC＝250」より変動費率（α）を計算する。

5,013.6－（4,514α＋159.60484）－474＝250

－4,514α＋4,379.99516＝250

－4,514α＝－4,129.99516

α＝0.91493…≒<u>91.49％</u>

上記のとおり、当設問においてはいくつかの計算パターンが考えられる。

「（設問1）の解答を利用し」という趣旨は不明であるが、上記のいずれの最終数値および計算過程を解答しても正答であると判断する。

第3問 （配点30点）◢◢

新規機械設備についての投資の効果測定が問われている。

(1) 要求内容の解釈

「各期のキャッシュフローを計算せよ。」

— 485 —

設備投資による各年度の効果（CF）を計算する。

(2) 解答の根拠探し

問題文と与えられた表から計算する。

(3) 解答の根拠選択

特にない。

(4) 解答の構成要素検討

営業利益が与えられているため、営業利益をベースにし「税引後営業利益＋減価償却費」より各期のキャッシュフローを計算する。

（単位：百万円）

	計算結果	計算過程
第1期	-0.9	$-7 \times (1-0.3) + 4 = -0.9$
第2期	6.1	$3 \times (1-0.3) + 4 = 6.1$
第3期	14.5	$15 \times (1-0.3) + 4 = 14.5$
第4・5期	9.6	$8 \times (1-0.3) + 4 = 9.6$

【補足】課税関係について

事業レベルで赤字であったとしても、全社的に黒字であれば、税金の支払いが発生する。したがって、この場合には、税金の影響を考慮しなければならない。本問題では、問題文で「全社的利益（課税所得）は十分にあるものとする」という前提がおかれている。これは、十分な課税所得があるという前提で計算せよということであり、事業として赤字であっても税金の影響を考慮して計算せよということである。したがって、第1期については、事業レベルで赤字であっても税金が発生するという立場から計算する。

【補足】第1期における初期投資額の取り扱い

正味現在価値の計算においては、各期のCF（正味CF、税引後CFなどとよばれるCF）の現在価値合計から初期投資額を差し引くことで正味現在価値計算を計算するため、（設問1：各期CF計算）では初期投資を含まない各期の経済的効果が問われており、（設問2：NPV計算）において投資額を考慮した投資全体の効果が問われていると考える。そのため、各期のCFと初期投資額を区別して対応する（設備投資の経済性計算では、通常各期のCFと初期投資にかかるCFは区別される）。

（設問 2 ）

(1)　要求内容の解釈

「当該プロジェクトについて、(a)回収期間と(b)正味現在価値を計算せよ。なお、資本コストは 5 ％であり、利子率 5 ％のときの現価係数は以下のとおりである。解答は小数点第 3 位を四捨五入すること。」

新規機械設備の導入について、回収期間と正味現在価値を計算する。

(2)　解答の根拠探し

問題文に記述されている。

(3)　解答の根拠選択

特にない。

(4)　解答の構成要素検討

（a）回収期間

回収期間は、投資額÷CF で計算される。回収期間の計算において、毎期のCF が異なる場合は、CF を積み上げることになる（投資額を回収できるところまで積み上がった時点で投資額が回収されたと考える）。

	CF	累計		投資額
第 1 期	−0.9	−0.9	<	20
第 2 期	6.1	5.2	<	20
第 3 期	14.5	19.7	<	20
第 4 期	9.6	29.3	>	20

$$回収期間 = 3 + (20 - 19.7) \div 9.6$$
$$= 3.03125 \fallingdotseq \underline{3.03}（年）$$

（b）正味現在価値

①将来得られるキャッシュフローをすべて現在価値に割り引き、②その現在価値を合計し、③その合計額から、投資額を差し引くことで、投資案の正味現在価値を計算する。

$$NPV：-0.9 \times 0.952 + 6.1 \times 0.907 + 14.5 \times 0.864 + 9.6 \times (0.823 + 0.784) - 20$$
$$= 12.6311 \fallingdotseq \underline{12.63}（百万円）$$

（設問 3 ）

(1)　要求内容の解釈

「＜資料＞記載の機械設備に替えて、高性能な機械設備の導入により原材料費および労務費が削減されることによって新製品の収益性を向上させることができる。高性能な機械設備の取得原価は 30 百万円であり、定額法によって減価償却する（耐用年数 5 年、残存価値なし）。このとき、これによって原材料費と労務費の合計が何％削

減される場合に、高性能の機械設備の導入が＜資料＞記載の機械設備より有利になるか、(a)欄に答えよ。(b)欄には計算過程を示すこと。なお、資本コストは５％であり、利子率５％のときの現価係数は(設問２)記載のとおりである。解答は、％表示で小数点第３位を四捨五入すること。」

代替投資案について、有利となる原材料費と労務費の削減合計割合を計算する。

(2) 解答の根拠探し

問題文および(設問１)の解答内容から検討する。

(3) 解答の根拠選択

特にない。

(4) 解答の構成要素検討

代替案の税引後 CF の現在価値合計と投資額を比較し、税引後 CF による CIF が投資による COF を上回る原材料費と労務費の合計削減率（削減額）を計算する。なお、税引後 CF と投資額は計算上どちらも「代替案に投資する場合－当初投資案に投資する場合」の差額とする。

●投資額の差額

$30-20=10$

●減価償却費の差額

$(30÷5)-4=2$

●税引後 CF の差額（原材料費と労務費の削減割合を x とする）

「(CIF－COF)×(1－税率)＋減価償却費×税率」より計算する。なお、原材料費と労務費の削減額の合計は支出の減少であるため、CIF ととらえる。

第１期：$16x×(1-0.3)+2×0.3=11.2x+0.6$

第２期：$27x×(1-0.3)+2×0.3=18.9x+0.6$

第３期：$32x×(1-0.3)+2×0.3=22.4x+0.6$

第４期：$25x×(1-0.3)+2×0.3=17.5x+0.6$

第５期：$16x×(1-0.3)+2×0.3=11.2x+0.6$

●原材料費と労務費の削減率

$(11.2x+0.6)×0.952+(18.9x+0.6)×0.907+(22.4x+0.6)×0.864$

$+(17.5x+0.6)×0.823+(11.2x+0.6)×0.784>10$

$x>0.10522⋯$ → $x≒10.52％$

上記の流れを図示すると、以下のとおりである。

＜税引前差額＞

※税金の影響がない場合には、減価償却費の差額はCFに影響を与えないが、便宜上図示する。

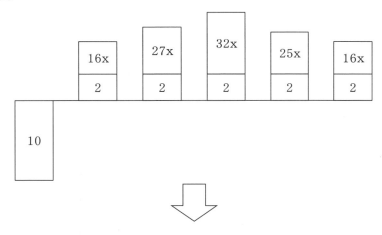

＜税引後差額＞

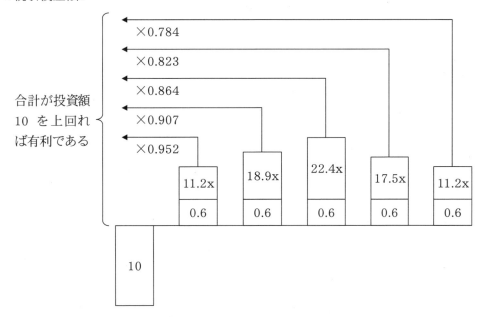

第4問（配点20点）

建材事業部の配送業務を連結子会社としているメリット・デメリットおよびEDI導入による財務的効果が問われている。

（設問1）

(1) 要求内容の解釈

「D社は建材事業部の配送業務を分離し連結子会社としている。その(a)メリットと(b)デメリットを、それぞれ30字以内で説明せよ。」

事業分離によるメリットおよびデメリットを記述する（ただし、事業分離後に当該事業が他の事業集団に結合されるわけではなく、D社の企業集団を構成することに変化はない）。

(2)　解答の根拠探し

特にない

(3)　解答の根拠選択

連結財務諸表などに関する知識から検討する。

(4)　解答の構成要素検討

（a）メリット

当事例の設定では、事業部を子会社にした場合でも業務内容等に変化はないと考える（専門化される等の観点はあるかもしれないが、明確ではない）。よって、財務的な観点として、事業部から会社組織となることにより、報告義務として財務諸表を作成しなければならないことを解答根拠とする。財務諸表（貸借対照表および損益計算書を中心に考える）を作成することにより、事業活動についていくらの投資をしていて（投資のポジション）、いくらの成果を得られたか（投資の成果）を明らかにすることができるため、配送事業の姿をより明確にできるというメリットがあると考えることができる。

> 事業部を子会社化することで、この事業個別の財務諸表を作成することになり、投資のポジション（ストック）とその成果（フロー）を明確にすることができる。　　　　　　　↓　　　　　　　　　↓
> 　　　　　　　　　　貸借対照表　　　　　　損益計算書

（b）デメリット

前述のとおり、子会社化することで、配送事業にいくらの投資をしていくらの成果をあげているかを明確にできるが、その一方で、事務処理や会社管理などにかかるコストが増加する（事業部の場合にはかからなかった追加的コストが発生する）というデメリットが考えられる。

（設問2）

(1)　要求内容の解釈

「建材事業部では、EDI の導入を検討している。どのような財務的効果が期待できるか。60字以内で説明せよ。」

EDI 導入による財務的効果を記述する。

(2)　解答の根拠探し

問題本文に記載されている。

(3) 解答の根拠選択

特にない。

(4) 解答の構成要素検討

建材配送の問題点を基に解答を作成する（これを改善できることが効果である）。

問題本文より問題点等を抽出する。

「また、建材配送の小口化による配送コストの増大や非効率な建材調達・在庫保有が恒常的な収益性の低下を招いていると認識している。現在、よりタイムリーな建材配送を実現するため、取引先の了解を得て、受発注のみならず在庫情報についてもEDI（Electronic Data Interchange、電子データ交換）を導入することによって情報を共有することを検討中である（第3段落）」

上記の記述を基に、以下の効果があると類推する。

・取引先の在庫量の把握により、適切な在庫量でタイムリーな配送を行うこと（小口化への対応）および配送量・時期を予測できることによるタイムリーな配送で非効率な建材調達を軽減すること（あらかじめ準備や計画が行えることなど）により、コストを削減させる効果があると判断する。

・恒常的な在庫保有を減少させることにより、運転資本が減少し、さらに在庫に投下されていた資金が回収できる。これにより余剰資金が生まれる、もしくは短期借入金等の返済にあてることができる効果があると判断する。

解答にあたっては、上記の内容を60字以内にまとめて記述する。

事例Ⅳ元

【平成30年】問題
中小企業の診断及び助言に関する実務の事例Ⅳ

［別冊解答用紙：⑲］

　D社は資本金5,000万円、従業員55名、売上高約15億円の倉庫・輸送および不動産関連のサービス業を営んでおり、ハウスメーカーおよび不動産流通会社、ならびに不動産管理会社およびマンスリーマンション運営会社のサポートを事業内容としている。同社は、顧客企業から受けた要望に応えるための現場における工夫をブラッシュアップし、全社的に共有して一つ一つ事業化を図ってきた。

　D社は、主に陸上貨物輸送業を営むE社の引越業務の地域拠点として1990年代半ばに設立されたが、新たなビジネスモデルで採算の改善を図るために、2年前に家具・インテリア商材・オフィス什器等の大型品を二人一組で配送し、開梱・組み立て・設置までを全国で行う配送ネットワークを構築した。

　同社は、ハウスメーカーが新築物件と併せて販売するそれらの大型品を一度一ヵ所に集め、このネットワークにより一括配送するインテリアのトータルサポート事業を開始し、サービスを全国から受注している。その後、E社の子会社F社を吸収合併することにより、インテリアコーディネート、カーテンやブラインドのメンテナンス、インテリア素材調達のサービス業務が事業に加わった。

　さらに、同社は、E社から事業を譲り受けることにより不動産管理会社等のサポート事業を承継し、マンスリーマンションのサポート、建物の定期巡回やレンタルコンテナ点検のサービスを提供している。定期巡回や点検サービスは、不動産巡回点検用の報告システムを活用することで同社の拠点がない地域でも受託可能であり、全国の建物を対象とすることができる。

　D社は受注した業務について、協力個人事業主等に業務委託を行うとともに、配送ネットワークに加盟した物流業者に梱包、発送等の業務や顧客への受け渡し、代金回収業務等を委託しており、協力個人事業主等の確保・育成および加盟物流業者との緊密な連携とサービス水準の把握・向上がビジネスを展開するうえで重要な要素になっている。

　また、D社は顧客企業からの要望に十分対応するために配送ネットワークの強化とともに、協力個人事業主等ならびに自社の支店・営業所の拡大が必要と考えている。同社の事業は労働集約的であることから、昨今の人手不足の状況下で、同社は事業計画に合わせて優秀な人材の採用および社員の教育にも注力する方針である。

　D社と同業他社の今年度の財務諸表は以下のとおりである。

貸借対照表

（単位：百万円）

	D社	同業他社		D社	同業他社
＜資産の部＞			＜負債の部＞		
流動資産	388	552	流動負債	290	507
現金及び預金	116	250	仕入債務	10	39
売上債権	237	279	短期借入金	35	234
たな卸資産	10	1	未払金	－	43
前払費用	6	16	未払費用	211	87
その他の流動資産	19	6	未払消費税等	19	50
固定資産	115	64	その他の流動負債	15	54
有形固定資産	88	43	固定負債	34	35
建物	19	2	負債合計	324	542
リース資産	－	41	＜純資産の部＞		
土地	66	－	資本金	50	53
その他の有形固定資産	3	－	資本剰余金	114	3
無形固定資産	18	6	利益剰余金	15	18
投資その他の資産	9	15	純資産合計	179	74
資産合計	503	616	負債・純資産合計	503	616

損益計算書

（単位：百万円）

	D社	同業他社
売上高	1,503	1,815
売上原価	1,140	1,635
売上総利益	363	180
販売費及び一般管理費	345	121
営業利益	18	59
営業外収益	2	1
営業外費用	2	5
経常利益	18	55
特別損失	－	1
税引前当期純利益	18	54
法人税等	5	30
当期純利益	13	24

第1問（配点24点）
（設問1）

　D社と同業他社の財務諸表を用いて経営分析を行い、同業他社と比較してD社が優れていると考えられる財務指標を1つ、D社の課題を示すと考えられる財務指標を2つ取り上げ、それぞれについて、名称を(a)欄に、その値を(b)欄に記入せよ。なお、優れていると考えられる指標を①の欄に、課題を示すと考えられる指標を②、③の欄に記入し、(b)欄の値については、小数点第3位を四捨五入し、単位をカッコ内に明記すること。

（設問2）

　D社の財政状態および経営成績について、同業他社と比較してD社が優れている点とD社の課題を50字以内で述べよ。

第2問（配点31点）

　D社は今年度の初めにF社を吸収合併し、インテリアのトータルサポート事業のサービスを拡充した。今年度の実績から、この吸収合併の効果を評価することになった。以下の設問に答えよ。なお、利益に対する税率は30％である。

（設問1）

　吸収合併によってD社が取得したF社の資産及び負債は次のとおりであった。

（単位：百万円）

流動資産	99	流動負債	128
固定資産	91	固定負債	10
合　計	190	合　計	138

　今年度の財務諸表をもとに①加重平均資本コスト（WACC）と、②吸収合併により増加した資産に対して要求されるキャッシュフロー（単位：百万円）を求め、その値を(a)欄に、計算過程を(b)欄に記入せよ。なお、株主資本に対する資本コストは8％、負債に対する資本コストは1％とする。また、(a)欄の値については小数点第3位を四捨五入すること。

事例 Ⅳ ㉚

（設問 2）

インテリアのトータルサポート事業のうち、吸収合併により拡充されたサービスの営業損益に関する現金収支と非資金費用は次のとおりであった。

（単位：百万円）

収 益	収 入	400
費 用	支 出	395
	非資金費用	1

　企業価値の増減を示すために、吸収合併により増加したキャッシュフロー（単位：百万円）を求め、その値を(a)欄に、計算過程を(b)欄に記入せよ。(a)欄の値については小数点第3位を四捨五入すること。また、吸収合併によるインテリアのトータルサポート事業のサービス拡充が企業価値の向上につながったかについて、（設問1）で求めた値も用いて理由を示して(c)欄に70字以内で述べよ。なお、運転資本の増減は考慮しない。

（設問3）

　（設問2）で求めたキャッシュフローが将来にわたって一定率で成長するものとする。その場合、キャッシュフローの現在価値合計が吸収合併により増加した資産の金額に一致するのは、キャッシュフローが毎年度何パーセント成長するときか。キャッシュフローの成長率を(a)欄に、計算過程を(b)欄に記入せよ。なお、(a)欄の成長率については小数点第3位を四捨五入すること。

第3問（配点30点）

　D社は営業拠点として、地方別に計3ヵ所の支店または営業所を中核となる大都市に開設している。広域にビジネスを展開している多くの顧客企業による業務委託の要望に応えるために、D社はこれまで営業拠点がない地方に営業所を1ヵ所新たに開設する予定である。

　今年度の売上原価と販売費及び一般管理費の内訳は次のとおりである。以下の設問に答えよ。

— 496 —

（単位：百万円）

変動費	売上原価		1,014
		外注費	782
		その他	232
	販売費及び一般管理費		33
	計		1,047
固定費	売上原価		126
	販売費及び一般管理費		312
	支店・営業所個別費		99
		給料及び手当	79
		賃借料	16
		その他	4
	本社費・共通費		213
	計		438

（設問1）

　来年度は外注費が7％上昇すると予測される。また、営業所の開設により売上高が550百万円、固定費が34百万円増加すると予測される。その他の事項に関しては、今年度と同様であるとする。

　予測される以下の数値を求め、その値を (a) 欄に、計算過程を (b) 欄に記入せよ。

　①変動費率（小数点第3位を四捨五入すること）

　②営業利益（百万円未満を四捨五入すること）

（設問2）

　D社が新たに営業拠点を開設する際の固定資産への投資規模と費用構造の特徴について、60字以内で説明せよ。

（設問3）

　（設問2）の特徴を有する営業拠点の開設がD社の成長性に及ぼす当面の影響、および営業拠点のさらなる開設と成長性の将来的な見通しについて、60字以内で説明せよ。

第4問（配点15点）

　D社が受注したサポート業務にあたる際に業務委託を行うことについて、同社の事業展開や業績に悪影響を及ぼす可能性があるのはどのような場合か。また、それを防ぐにはどのような方策が考えられるか。70字以内で説明せよ。

平成30年度　事例Ⅳ　解答・解説

解答例

第1問 (配点24点)

(設問1)

	(a)	(b)
①	自 己 資 本 比 率	35.59 （ ％ ）
②	売上高営業利益率	1.20 （ ％ ）
③	有形固定資産回転率	17.08 （ 回 ）

(設問2)

払	込	資	本	の	多	さ	に	優	れ	て	い	る	一	方	で	、	有	形	固
定	資	産	と	営	業	費	用	に	見	合	う	売	上	を	獲	得	し	て	い
く	こ	と	が	課	題	で	あ	る 。											

第2問 (配点31点)

(設問1)

	(a)	(b)
①	3.30　　　％	1％×（1−0.3）×324／503＋8％×179／503 ＝3.297…≒3.30（％）
②	6.27　百万円	CF÷0.033＝190 CF＝190×0.033 CF＝6.27（百万円）

(設問2)

(a)	3.8　百万円	(b)	(400−395−1)×（1−0.3）＋1＝3.8（百万円）

(c)	CF	が	3 .	8	百	万	円	増	加	し	た	も	の	の	、	増	加	し	た	資
	産	に	対	し	て	要	求	さ	れ	る	CF	6 .	27	百	万	円	を	満	た	し
	て	は	い	な	い	た	め	、	企	業	価	値	の	向	上	に	つ	な	が っ	
	て	い	な	い 。																

(設問3)

(a)	1.27　％	(b)	{3.8×（1＋g）}÷（0.033−g）＝190 {3.8×（1＋g）}＝190×（0.033−g） 193.8g＝2.47 g＝0.01274…≒1.27（％）

— 500 —

【別解】

	(a)		(b)
(a)	1.3　%	(b)	$3.8 \div (0.033 - g) = 190$ $3.8 = 190 \times (0.033 - g)$ $190g = 2.47$ $g = 0.013 = 1.3$（%）

第3問 （配点30点）

（設問1）

	(a)	(b)
①	73.30　%	$(782 \times 1.07 + 232 + 33) \div 1{,}503 \times 100$ $= 73.302 \cdots \fallingdotseq 73.30$（%）
②	76　百万円	売 上 高：$1{,}503 + 550 = 2{,}053$ 変 動 費：$2{,}053 \times 0.7330 = 1{,}504.849$ 固 定 費：$438 + 34 = 472$ 営業利益：$2{,}053 - 1{,}504.849 - 472$ $= 76.151 \fallingdotseq 76$（百万円）

（設問2）

固	定	資	産	へ	の	投	資	規	模	は	小	さ	い	。	費	用	構	造	は
固	定	費	の	増	加	は	少	な	く	、	変	動	費	の	増	加	は	多	い
た	め	、	開	設	に	よ	り	固	定	費	の	割	合	は	低	く	な	る	。

（設問3）

開	設	に	よ	り	売	上	・	利	益	と	も	に	増	加	す	る	が	、	開
設	に	よ	る	費	用	構	造	の	変	化	に	よ	り	、	売	上	の	増	加
率	に	対	す	る	利	益	の	増	加	率	は	逓	減	し	て	い	く	。	

第4問 （配点15点）

個	人	事	業	主	等	の	確	保	や	サ	ー	ビ	ス	水	準	の	維	持	が
で	き	な	い	場	合	に	悪	影	響	を	及	ぼ	す	可	能	性	が	あ	る	。
方	策	は	、	個	人	事	業	主	等	の	確	保	・	育	成	体	制	を	強
化	す	る	こ	と	で	あ	る	。											

事例 IV ㉚

解 説

1．事例の概要

平成 30 年度（以下、本年度）の事例Ⅳは、平成 29 年度と同様に難易度が高い。問題数は 4 問で、設問数は 9 問である。問題形式としては、計算過程と記述形式を問うタイプが混在している（例年より記述問題が多くなっている）。

出題領域は経営分析、企業価値、CVP 分析など学習済みのものが多い。ただし、問題要求が読み取りづらく、非常に対応がしづらい。

また、事例Ⅳは第 1 問で経営分析が問われる傾向があり、本年度においても第 1 問で経営分析が問われている。経営分析のタイプは「改善策（課題の解決）が要求されないタイプ」であり、「改善策が個別問題の設定で記されている」場合に該当する。

□**難易度**

・問題本文のボリューム 　　：標準

・題材の取り組みやすさ 　　：難しい

・問題要求の対応のしやすさ：難しい

□**問題本文のボリューム**

・1 ページ

※財務諸表を含め、2 ページ

□**構成要素**

文 　章：29 行

財務諸表（貸借対照表、損益計算書）

問題数：4 つ　設問数　9 つ

第 1 問　24 点　　　　　50 字

第 2 問　31 点　　　　　70 字

第 3 問　30 点　　　　120 字

第 4 問　15 点　　　　　70 字

　　　　（合計）　　　310 字

D 社は、倉庫・輸送および不動産関連のサービス業を営んでおり、ハウスメーカーおよび不動産流通会社、ならびに不動産管理会社およびマンスリーマンション運営会社のサポートを事業内容としている。主に陸上貨物輸送業を営む E 社の引越業務の地域拠点として設立されたのち、E 社の子会社である F 社を吸収合併したり、E 社か

ら事業を譲り受けていたりする。また、D社は受注した業務について、協力個人事業主等に業務委託を行っている。

D社の課題は、自社の支店・営業所の拡大により、有形固定資産や営業費用に見合った売上を獲得していくことや、協力個人事業主等の確保・育成および加盟物流業者との緊密な連携とサービス水準の把握・向上などにより事業リスクを軽減していくことである。

第1問では、財務諸表を用いての同業他社比較（経営分析）、第2問以降では、吸収合併の効果の評価（第2問）、営業所の開設についてのCVP分析（第3問）、事業リスクへの方策（第4問）などが問われている。

なお、問題の全体像は次のとおりである。

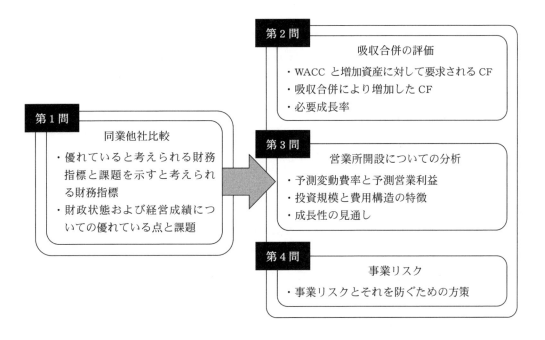

2．取り組み方

第1問が配点24点、第2問が配点31点、第3問が配点30点、第4問が配点15点であり、第2問と第3問の配点が大きい。

取り組み方としては、まずは問題全体（財務諸表を含む）を俯瞰した上で、対応しやすい問題から取り組む。本事例では第4問が比較的対応しやすい。第1問は企業の状況を把握するのはやや難しいが、問題本文や個別問題の設定等を考慮し、解答を検討していく。第2問と第3問は、問題設定が読み取りづらく、また設問間の関連性を検討するためにも、十分な時間を確保しておく必要がある。また、第4問では、事業展開や業績に悪影響を及ぼす可能性とそれを防ぐための方策が問われているため、問

題本文から事業展開や事業リスクを読み取り、それに対する方策を検討する。ただし、第2問・第3問の方向性が第4問に影響する可能性も考えられるため、第2問・第3問の解答が出た段階で時間に余裕がある場合には、改めて第4問を見直す対応が望ましい。

　前述したように本年度の経営分析のタイプは「改善策（課題の解決）が要求されないタイプ」であり、「改善策が個別問題の設定で示されている」場合に該当する。したがって、問題本文と財務諸表から優れている点と課題を探り、課題については個別問題で解決するかどうかを検討する。そして、選択した財務指標が適切かどうかの裏付けとして数値を計算し、解答する財務指標を決定する。なお、本事例では、第2問がすでに実施した吸収合併に対する評価がテーマであるため、定量的な改善策は第3問であると考えられる。

　本事例は、第2問と第4問を適切に処理した上で、第1問と第3問にある程度対応できていれば、合格ラインに到達すると思われる。

3．解答作成

　問題本文の構成は以下のとおりである。

□**問題本文**

　第1段落：D社の概要

　第2段落：D社の設立経緯とビジネスモデル

　第3段落：インテリアのトータルサポート事業と吸収合併

　第4段落：不動産管理会社等のサポート事業と事業譲受

　第5段落：業務委託

　第6段落：今後の課題と方針

　第7段落：財務諸表への誘導

□**事例概況**

　・倉庫・輸送および不動産関連のサービス業

　・資本金50百万円

　・総資産503百万円

　・売上高1,503百万円

　・従業員55名

　・主に陸上貨物輸送業を営むE社の引越業務の地域拠点として設立されたのち、E社の子会社であるF社を吸収合併したり、E社から事業を譲り受けていたりする。

　・受注した業務について、協力個人事業主等に業務委託を行っている。

・協力個人事業主等の確保・育成および加盟物流業者との緊密な連携とサービス水準の把握・向上がビジネスを展開するうえで重要な要素となっている。

・D社は顧客企業からの要望に十分対応するために配送ネットワークの強化とともに、協力個人事業主等ならびに自社の支店・営業所の拡大が必要と考えている。

・事業計画に合わせて優秀な人材の採用および社員の教育にも注力する方針である。

・経営課題：支店・営業所の拡大、協力個人事業主等の確保・育成および加盟物流業者との緊密な連携とサービス水準の把握・向上

・対応策：

① 既存事業の評価（吸収合併の効果の評価）　→<u>第2問へ</u>

② 新しい営業拠点の開設　→<u>第3問へ</u>

③ 事業リスクとそれを防ぐための方策　→<u>第4問へ</u>

【財務諸表を俯瞰する】

D社と同業他社の今年度の財務諸表が与えられている。

損益計算書を俯瞰すると、売上高は同業他社よりも少ないが、売上総利益は同業他社より多い。しかし、営業利益以降の利益は同業他社より少なくなっている。

貸借対照表を俯瞰すると、資産合計はD社の方が同業他社より数値が小さい。資産の細目を見ると、主に現金及び預金が少ないために流動資産が小さい。一方で、建物・土地の数値が大きいために、有形固定資産が大きい。また、無形固定資産が大きく、投資その他の資産が小さい。推測の域を出ないが、無形固定資産は企業結合時ののれんの影響、投資その他の資産は差入保証金等の影響（D社は本社機能を自社で有しているが、同業他社は賃貸により有している、そのため同業他社は有形固定資産が少ない代わりに保証金が多い等）が考えられる。負債・純資産を見ると、負債はD社の数値の方が小さく、純資産は大きい。負債の細目を見ると、固定負債はほぼ同額であり、流動負債に差がある。流動負債の差としては、短期借入金と未払費用が特に大きい。純資産の部の細目を見ると資本剰余金の差が大きい。

【問題本文・個別問題を俯瞰する】

問題本文を俯瞰する。D社は、主に陸上貨物輸送業を営むE社の引越業務の地域拠点として1990年代半ばに設立されたが、2年前に新たなビジネスモデルとしてインテリアのトータルサポート事業を開始した。その後、E社の子会社F社を吸収合併することによりサービス業務を拡大したり、E社から事業を譲り受けることにより不動産管理会社等のサポート事業を承継したりしている。また、D社は受注した業務について、協力個人事業主等や配送ネットワークに加盟した物流業者に業務委託を行っている。D社の今後の方向性としては、協力個人事業主等の確保・育成および加盟物流業者との緊密な連携とサービス水準の把握・向上に注力しビジネスを展開していくこ

— 505 —

とや、顧客企業からの要望に十分対応するために配送ネットワークの強化とともに、協力個人事業主等ならびに自社の支店・営業所の拡大を行っていくこと、また事業計画に合わせて優秀な人材の採用および社員の教育にも注力する方針などが描かれている。

次に個別問題を俯瞰する。第1問では、D社と同業他社の財務諸表を用いてD社の優れている点と課題を分析することが問われている。第2問では、F社を吸収合併したことについての効果の評価が問われている。第3問では新たな営業所の開設についての分析が問われており、第4問では業務委託を行うことについての事業展開や業績へのリスクとそれを防ぐための方策が問われている。

全体を俯瞰すれば、現状では過大な資産や費用に対して、支店・営業所の拡大により、資産や費用に見合った売上を獲得していくことと、協力個人事業主等の確保・育成および加盟物流業者との緊密な連携とサービス水準の把握・向上などにより事業リスクを軽減していくというストーリーが読み取れる。

以下、各問題の解答作成の詳細について説明していく。

第1問 (配点24点) ◢◢

経営分析に関する問題である。(設問1)では優れていると考えられる財務指標と課題を示すと考えられる財務指標が、(設問2)ではD社の財政状態および経営成績について優れている点と課題が問われている。D社の優れている点と課題を財務指標（定量的分析）と記述（定性的分析）により解答することになるため、(設問1)と(設問2)を同時に検討するとよい。

(設問1)
(1) 要求内容の解釈
「D社と同業他社の財務諸表を用いて経営分析を行い、同業他社と比較してD社が優れていると考えられる財務指標を1つ、D社の課題を示すと考えられる財務指標を2つ取り上げ、それぞれについて、名称を(a)欄に、その値を(b)欄に記入せよ。なお、優れていると考えられる指標を①の欄に、課題を示すと考えられる指標を②、③の欄に記入し、(b)欄の値については、小数点第3位を四捨五入し、単位をカッコ内に明記すること。」

D社と同業他社を比較して、D社が「優れていると考えられる財務指標」を1つ、「課題を示すと考えられる財務指標」を2つあげ、財務指標値をそれぞれ計算することが問われている。

(2) 解答の根拠探し
問題本文、財務諸表の数値（財務指標）、さらに第2問以降の問題文から根拠を探

す。

・優れていると考えられる点

　　問題本文より読み取る。

　　「D社は、主に陸上貨物輸送業を営むE社の引越業務の地域拠点として1990年代半ばに設立されたが」（第2段落）

　　「その後、E社の子会社F社を吸収合併することにより、インテリアコーディネート、カーテンやブラインドのメンテナンス、インテリア素材調達のサービス業務が事業に加わった」（第3段落）

　　「さらに、同社は、E社から事業を譲り受けることにより不動産管理会社等のサポート事業を承継し、マンスリーマンションのサポート、建物の定期巡回やレンタルコンテナ点検のサービスを提供している」（第4段落）

・課題と考えられる点

　　問題本文と第3問の問題文より読み取る。

　　「同社は、ハウスメーカーが新築物件と併せて販売するそれらの大型品を一度一ヵ所に集め」（第3段落）

　　「定期巡回や点検サービスは、不動産巡回点検用の報告システムを活用することで同社の拠点がない地域でも受託可能であり、全国の建物を対象とすることができる」（第4段落）

　　「協力個人事業主等の確保・育成および加盟物流業者との緊密な連携とサービス水準の把握・向上がビジネスを展開するうえで重要な要素となっている」（第5段落）

　　「また、D社は顧客企業からの要望に十分対応するために配送ネットワークの強化とともに、協力個人事業主等ならびに自社の支店・営業所の拡大が必要と考えている」（第6段落）

　　「同社の事業は労働集約的であることから、昨今の人手不足の状況下で、同社は事業計画に合わせて優秀な人材の採用および社員の教育にも注力する方針である」（第6段落）

　　「広域にビジネスを展開している多くの顧客企業による業務委託の要望に応えるために、D社はこれまでの営業拠点がない地方に営業所を1カ所新たに開設する予定である」（第3問）

・財務諸表の数値

　　代表的な数値を計算すると次のようになる。

	財務指標	D社	同業他社	比較
収益性	総資本経常利益率	3.58%	8.93%	×
	売上高総利益率	24.15%	9.92%	○
	売上高売上原価比率	75.85%	90.08%	○
	売上高営業利益率	1.20%	3.25%	×
	売上高販管費比率	22.95%	6.67%	×
	売上高経常利益率	1.20%	3.03%	×
	売上高営業外費用比率	0.13%	0.28%	○
効率性	総資本回転率	2.99 回	2.95 回	○
	売上債権回転率	6.34 回	6.51 回	×
	棚卸資産回転率	150.3 回	1,815 回	×
	有形固定資産回転率	17.08 回	42.21 回	×
安全性	流動比率	133.79%	108.88%	○
	当座比率	121.72%	104.34%	○
	固定比率	64.25%	86.49%	○
	固定長期適合率	53.99%	58.72%	○
	自己資本比率	35.59%	12.01%	○
	負債比率	181.01%	732.43%	○

（○：同業他社より優れている、×：同業他社より劣っている）

(3) 解答の根拠選択

・優れていると考えられる財務指標

　　上記した問題本文の記述より、D社はE社の引越業務の地域拠点として設立され（設立時から安定した出資者が存在していた可能性が類推される）、その後、吸収合併や事業譲受などの企業結合を行っていることが読み取れる。そのため、払込資本（資本金＋資本剰余金）が多くなっていることが財務諸表上で読み取れる。このことは、同業他社と比較した場合のD社の優れている点であると考えられるため、財務指標は「自己資本比率」を選択する。

【補足】資本剰余金額の推測

　　資本剰余金額についてD社114百万円、同業他社3百万円と大きく差がある。これは、設立時の払込資本の差（たとえば100百万円の払込を資本金と資本準備金で50百万円ずつとしたなど）や吸収合併・事業譲受による差が主であると推測する。吸収合併では、存続会社が消滅会社から資産・負債を引き継ぎ、その対価として、消滅会社の株主に消滅会社の株式と引換えに存続会社の株式等を交付する。この時の、存続会社の新株の発行により増加する株主資本は「払込資本」として処理するが、その内訳は、合併契約にもとづき会社が決定できるとされている（事業譲受も同様の処理となる）。

・課題と考えられる財務指標

上記した問題本文等の記述および財務諸表より以下のことが読み取れる。

D社では、ハウスメーカーが新築物件と併せて販売する家具・インテリア商材・オフィス什器等の大型品を一度一ヵ所に集めて、サービスを提供している。また、事業譲受により承継した不動産管理会社等のサポート事業や協力個人事業主等への委託業務においても本社的な管理機能が必要であり、そのための有形固定資産を所有していると考えられる（ここが同業他社よりも建物・土地が大きくなっている部分であると思われる）。しかし、営業所の拡大が図られていないために現状では有形固定資産に対する売上が十分ではなく、効率性が悪くなっていると考えられる。よって、新たな営業所の開設（第3問のテーマ）により、有形固定資産の効率性を高めていくことが課題であると判断される。なお、新たな営業所は賃貸契約によると推測される（第3問にて後述）ため、有形固定資産の増加はなく（もしくは少なく）売上を獲得していけると考えられる。

また、上記のとおりD社は管理機能の必要性が高いため本社費・共通費（販管費）が多くなっていると考えられる。これにより、現在は営業利益が少ない状態である。よって、新たな営業所の開設により、本社的な営業費用に見合う売上を獲得していくことが課題であると判断される。

以上より、課題を示すと思われる財務指標は、「売上高営業利益率」と「有形固定資産回転率」を選択する。

(4) 解答の構成要素検討

財務指標の数値は次のようになる。

・優れていると考えられる指標

① 自己資本比率：179÷503×100＝35.586…≒<u>35.59</u>（%）

・課題を示すと考えられる指標

② 売上高営業利益率：18÷1,503×100＝1.197…≒<u>1.20</u>（%）

③ 有形固定資産回転率：1,503÷88＝17.079…≒<u>17.08</u>（回）

【補足】その他の財務指標についての考察

・優れている点として「売上高総利益率」

売上高総利益率の数値を見るとD社の数値はかなり良好である。この理由については、明確に描かれているわけではないが、費用構造によるものであると推測する。現状D社は業務委託（外注）を活用することで売上原価を下げられていると推測される。しかし、その分販売費及び一般管理費が多くかかっている状態である。売上高総利益率を優れているとした場合、それは業務委託を活用していることにより費用的に優れていると指摘することになるが、その分販

販売費及び一般管理費がかかっているため、費用・利益的に優れていると言えるのかは難しい。実際に、今年度の営業活動による利益は同業他社よりも少なく、業務委託を活用していることを優れている点とするのは優先度を下げる（この費用特性を活かすことが求められるが、それは課題として売上高営業利益率で包摂して指摘する）。

・課題を示すと考えられる指標として「固定資産回転率」

　　無形固定資産を「のれん」と考え、投資その他の資産を「差入保証金」と考えると、吸収合併した会社の投資効果を向上させることや、営業所開設により増加が想定される保証金も含めて十分な売上を獲得することが課題と考えると「固定資産回転率」も妥当性があると判断する。ただし、無形固定資産、投資その他の資産の内容は推測の域を出ないこと、直接的な改善策は過大な本社資産（有形固定資産）の効率性向上（そのための新営業所開設）であると判断し、解答としては有形固定資産回転率を優先する。

・課題を示すと考えられる指標として「売上高販管費比率」

　　現状では過大な販管費に対し、今後売上拡大を行い費用に見合う売上を獲得していくことが事例テーマであるため、売上高販管費比率も解答としての妥当性があると判断する。ただし、売上原価と販管費に上記のような業務特性があると考えた場合、販管費単体で見るのではなく、売上と営業費用の関係を見ていく方が今後の課題としては妥当であると考える。よって、解答としては売上高営業利益率を優先する。

（設問2）

(1) 要求内容の解釈

「D社の財政状態および経営成績について、同業他社と比較してD社が優れている点とD社の課題を50字以内で述べよ。」

（設問1）で指摘した財務指標を踏まえて、定性的な観点から優れている点と課題を解答する。

(2) 解答の根拠探し

（設問1）で検討済みである。

(3) 解答の根拠選択

（設問1）で検討済みである。

(4) 解答の構成要素検討

（設問1）の解答を踏まえ、収益性、効率性、安全性の観点から解答を構成する。「安全性が高い」「収益性を向上させる」「効率性を向上させる」などの言葉を全て盛り込んだ解答も十分に得点になると考えられるが、解答例では制限字数を考慮し、優れて

いる点と課題の要素を抽出した記述としている。

第2問 (配点31点) ◢◢◢

吸収合併の効果を評価することが問われている。

(設問1)

(1) 要求内容の解釈

「今年度の財務諸表をもとに①加重平均資本コスト（WACC）と、②吸収合併により増加した資産に対して要求されるキャッシュフロー（単位：百万円）を求め、その値を(a)欄に、計算過程を(b)欄に記入せよ。」

今年度の財務諸表をもとに加重平均資本コストを計算し、吸収合併により増加した資産とコストとの関係から、要求されるキャッシュフローを計算する。

(2) 解答の根拠探し

D社の今年度の財務諸表と問題文で与えられているF社の資産及び負債から計算する。

(3) 解答の根拠選択

特にない。

(4) 解答の構成要素検討

① 加重平均資本コスト（WACC）

問題文で与えられた資本コストおよび税率と、今年度の貸借対照表から資本構造割合を読み取り、WACCを計算する。

$$\text{WACC}：1\% \times (1-0.3) \times 324／503 + 8\% \times 179／503 = 3.297\cdots ≒ \underline{3.30}（\%）$$

② 増加した資産に対して要求されるキャッシュフロー

企業は資金を調達し、それを運用することで企業活動を行っていく。この場合、資金調達にはコストがかかるため、そのコストと資産に見合うキャッシュフローを生み出すことが企業には要求される。ここで割引キャッシュフロー法の考え方を用いると、CFを資本コストで除することで価値が算出される（たとえば、企業の価値なら「FCF÷WACC＝企業価値」となり、株価なら「配当（その株式が生み出すCF）÷期待収益率（資本コスト）＝株式の価値」となる）。この関係を計算式で表すと「CF÷資本コスト＝（資産の）価値」という式が成り立つ。よって、増加した資産に対して要求されるキャッシュフローは以下のとおりである。

要求キャッシュフロー：CF÷0.033＝190

CF＝190×0.033

CF＝<u>6.27</u>（百万円）

【補足】WACC が F 社の負債・自己資本に対するものであると考えられるか

WACC の計算においては D 社の今年度の財務諸表をもとに計算している。しかし、D 社全体ではなく F 社の資産及び負債をもとに計算するという解釈が成り立つかを検討する。

① （設問 2）との関係

（設問 2）では吸収合併が企業価値の向上につながったかどうかが問われている。これを判断するためには、（設問 1）では D 社全体の全社的な WACC を計算しておくのが妥当であると判断される。なぜなら、たとえ個別事業に対する要求を満たすものであっても、全社的な要求を満たすものでなければ企業の価値が向上したとは言えないためである。

② 今年度の財務諸表

財務諸表とは、企業の利害関係者に対して企業の経営活動の内容とその結果を報告するための報告書のことであり、一般的には貸借対照表や損益計算書などのことを指す。当設問の F 社資料については、資産及び負債と与えられており、この資産・負債についてのデータを財務諸表と呼ぶかは判断が悩ましい。また、F 社の資料は今年度初めのデータであると考えられるため、今年度の財務諸表（資産・負債の情報なら期末の状態を指すと考えるのが妥当である）という問い方とも合致するとは判断しにくい。

①・②より F 社の資産及び負債から WACC を計算するのは妥当性が低いと判断する。

（設問 2）

(1) 要求内容の解釈

「企業価値の増減を示すために、吸収合併により増加したキャッシュフロー（単位：百万円）を求め、その値を(a)欄に、計算過程を(b)欄に記入せよ。(a)欄の値については小数点第 3 位を四捨五入すること。また、吸収合併によるインテリアのトータルサポート事業のサービス拡充が企業価値の向上につながったかについて、（設問 1）で求めた値も用いて理由を示して(c)欄に 70 字以内で述べよ。」

吸収合併により増加したキャッシュフローを計算し、（設問 1）との比較により、企業価値の増減について評価することが問われている。

(2) 解答の根拠探し

問題文と与えられた表に記述されている。

(3) 解答の根拠選択

特にない。

(4) 解答の構成要素検討

「CF＝税引後利益＋非資金費用」より増加した CF を計算する。

　増加 CF：$(400-395-1)\times(1-0.3)+1=\underline{3.8}$（百万円）

　計算結果より、吸収合併により 3.8 百万円のキャッシュフローが増加したことがわかる。しかし、この 3.8 百万円は（設問 1）で計算した増加した資産に対して要求されるキャッシュフロー 6.27 百万円を満たしていない。つまり、資産と資本コストに見合ったキャッシュフローを獲得できていないということであり、企業価値の向上につながったとは言えない（吸収合併をせずに既存事業に投資を行った方が、企業価値は高まったと考えられる）。

（設問 3）

(1) 要求内容の解釈

　「（設問 2）で求めたキャッシュフローが将来にわたって一定率で成長するものとする。その場合、キャッシュフローの現在価値合計が吸収合併により増加した資産の金額に一致するのは、キャッシュフローが毎年度何パーセント成長するときか。キャッシュフローの成長率を(a)欄に、計算過程を(b)欄に記入せよ。」

　（設問 2）の評価結果より、吸収合併が企業価値の向上にはつながっていないと判断される。それでは、（設問 2）で計算したキャッシュフローが毎年度何パーセント成長すると企業価値の向上につながるのかが問われている。

(2) 解答の根拠探し

　問題文に記述されている。

(3) 解答の根拠選択

　特にない。

(4) 解答の構成要素検討

　割引キャッシュフロー法の定率成長モデルを用いる（$V_E=\dfrac{CF_1}{r-g}$）。

● 1 年後の CF

　（設問 2）で計算した CF が一定率（g で表す）で成長するものとする。

　1 年後 CF：$CF=3.8\times(1+g)$

●増加した資産の金額

　（設問 1）表より 190

●成長率

　$\{3.8\times(1+g)\}\div(0.033-g)=190$

　$\{3.8\times(1+g)\}=190\times(0.033-g)$

　$3.8+3.8g=6.27-190g$

　$193.8g=2.47$

g＝0.01274…≒1.27（％）

【別解】

　計算の基準時点を今年度末ではなく、吸収合併時点とした場合には、以下の解答も成り立つ。

●1年後のCF：3.8（百万円）

●成長率

3.8÷（0.033－g）＝190

これを解くと、

g＝0.013＝1.3（％）

第3問 （配点30点）◢◢◢◢

（設問1）

(1)　要求内容の解釈

「予測される以下の数値を求め、その値を(a)欄に、計算過程を(b)欄に記入せよ。

① 　変動費率（小数点第3位を四捨五入すること）

② 　営業利益（百万円未満を四捨五入すること）」

来年度の変動費率および営業利益の予測が問われている。ただし、本設問の記述内容の読み取りは複数の解釈が可能であり、対応しづらい設定である。

(2)　解答の根拠探し

問題文と与えられた表から計算する。

(3)　解答の根拠選択

特にない。

(4)　解答の構成要素検討

設問文について、1文目の「来年度は外注費が7％上昇すると予測される。」という記述は営業所の開設に関係ない事象であり、その後営業所の開設による予測が記されていると読み取る。また、売上の増加内容は明記されてはいないが、新たな営業所の開設によるものであるため、営業量の増加によるものであると判断する。よって、売上550百万円の増加に比例して変動費も増加すると考える（外注費が7％上昇した変動費率を使用すると判断する）。

① 　変動費率（α）

外注費が7％上昇することによる変動費率の変化を計算する。

α：（782×1.07＋232＋33）÷1,503×100＝73.302…≒73.30（％）

― 514 ―

② 営業利益

売上高、変動費、固定費の変化を計算し、予測営業利益を算出する。

●売上高

今年度の売上高に営業所の開設により増加する売上高を加える。

売上高：1,503＋550＝2,053（百万円）

●変動費

上記で計算した売上高に上記で算出した変動費率を乗じて計算する。

変動費：2,053×0.7330＝1,504.849（百万円）

●固定費

今年度の固定費に営業所の開設により増加する固定費を加える。

固定費：438＋34＝472（百万円）

●営業利益

「売上（S）－変動費（αS）－固定費（FC）＝利益（P）」より、予測される営業利益を計算する。

営業利益：2,053－1,504.849－472＝76.151≒<u>76</u>（百万円）

【補足】変動費の読み取り

当設問の変動費の読み取りは悩ましい。通常の管理会計の問題文としては①変動費の増加は外注費の７％のみと読み取ることや、②外注費の増加は７％のみで、その他の売上原価と販売費及び一般管理費の変動費部分は売上の増加に比例して変化すると読み取ることも可能であり妥当性はある。ただし、このように考えた場合には営業量の伸びに対して変動費の伸びが少ないこと、これにともない営業利益が極端に多くなること、および（設問２）・（設問３）との関連を考慮し、本解説では上記の解答を解答例として優先している。

（設問２）

(1) **要求内容の解釈**

「D社が新たに営業拠点を開設する際の固定資産への投資規模と費用構造の特徴について、60字以内で説明せよ。」

営業拠点の開設による投資規模と費用構造の分析が問われている。

(2) **解答の根拠探し**

問題文、売上原価と販管費及び一般管理費の内訳、（設問１）の解答内容から検討する。

(3) **解答の根拠選択**

特にない。

(4) 解答の構成要素検討

＜投資規模の特徴＞

費用内訳を見ると、支店・営業所個別費に賃借料が計上されているため、新たな営業所開設については賃貸契約を行うものであると推測される。よって、建物・土地への投資はない（もしくは少ない）と考えられる（D社の今年度の貸借対照表に計上されている建物・土地は本社機能についてのものであると考えられる）。備品などのその他の固定資産への投資があるかもしれないが、その投資額は少ないものと判断される。

＜費用構造の特徴＞

費用構造の特徴を見ると、（設問1）より、固定費の増加は34百万円であるのに対し、変動費の増加は約458（約1,505－1,047＝458）百万円である。ここから、固定費の増加は少なく、変動費の増加は多くなると判断される。よって、新営業所を開設することにより、固定費の割合が下がり変動費の割合が上がることになる。なお、費用構造の変化は売上高の増減に伴う利益の増減に対して影響を与えるため、以上の内容を（設問3）で指摘する。

解答では上記の投資規模と費用構造についての特徴を60字以内で端的に説明する。

（設問3）

(1) 要求内容の解釈

「（設問2）の特徴を有する営業拠点の開設がD社の成長性に及ぼす当面の影響、および営業拠点のさらなる開設と成長性の将来的な見通しについて、60字以内で説明せよ。」

営業拠点の開設による成長性についての分析が問われている

(2) 解答の根拠探し

問題文、売上原価と販管費及び一般管理費の内訳、（設問1）・（設問2）の解答内容から検討する。

(3) 解答の根拠選択

特にない。

(4) 解答の構成要素検討

（設問2）より、新たな営業拠点への投資規模は小さく、比較的容易に開設していけると判断できる。そして、（設問1）より、営業拠点の開設によって売上・利益は増加することになる。ただし、（設問2）より、営業拠点をさらに開設していくにつれて費用に占める固定費の割合は下がっていく。固定費の割合が下がるということは、相対的に変動費の割合が上がり、売上高が増加したときの営業利益の増減率が小さくなる費用構造の企業になっていくと判断される。

以上のことより、営業拠点の開設により、売上・利益が増加し、企業としての成長が見込めるが、費用構造の変化により、売上の増加率に対する利益の増加率が逓減していくため、その点で成長が鈍化していくと見通される。

第4問 （配点15点）◢◢◢

（設問1）

（1） 要求内容の解釈

「D社が受注したサポート業務にあたる際に業務委託を行うことについて、同社の事業展開や業績に悪影響を及ぼす可能性があるのはどのような場合か。また、それを防ぐにはどのような方策が考えられるか。70字以内で説明せよ。」

業務委託を行うことについての事業リスクとそれを防ぐ方策が問われている。

（2） 解答の根拠探し

問題本文より根拠を検討する。

（3） 解答の根拠選択

問題文には解答を作成する根拠についての特段の記載がない。また数値面での分析も行うことができないと判断されるため、問題本文より根拠を抽出する。

（4） 解答の構成要素検討

問題本文から根拠を探す。

「D社は受注した業務について、協力個人事業主等に業務委託を行うとともに、配送ネットワークに加盟した物流業者に梱包、発送等の業務や顧客への受け渡し、代金の回収業務等を委託しており、協力個人事業主等の確保・育成および加盟物流業者との緊密な連携とサービス水準の把握・向上がビジネスを展開するうえで重要な要素となっている（第5段落）」

「同社の事業は労働集約的であることから、昨今の人手不足の状況下で、同社は事業計画に合わせて優秀な人材の採用および社員の教育にも注力する方針である（第6段落）」

D社では、受注した業務について、業務委託を行って事業を運営しているため、委託先が確保できなかったり、サービス水準が悪かったりすると、事業展開や業績に悪影響を及ぼすと考えられる。また、昨今の人手不足により、業務委託を行っているすべての業務をD社内部で処理することも難しいと考えられる。よって、協力個人事業主等の確保・育成を強化するという方策により、確実に事業を運営できる体制を整えることで事業展開への悪影響を防いだり、サービス水準を高めることで業績（受注）への悪影響を防いでいったりすることが考えられる。

解答にあたっては、事業展開や業績に悪影響を及ぼす可能性がある場合とそれを防

ぐ方策を整理し、70字以内にまとめて記述する。

4 【平成29年】問題
中小企業の診断及び助言に関する実務の事例Ⅳ

［別冊解答用紙：⑳］

　D社は、所在地域における10社の染色業者の合併によって70年前に設立され、それ以来、染色関連事業を主力事業としている。現在、同社は、80％の株式を保有する子会社であるD-a社とともに、同事業を展開している。D社の資本金は2億円で、従業員はD社単体（親会社）が150名、子会社であるD-a社が30名である。

　親会社であるD社は織物の染色加工を主たる業務とし、子会社であるD-a社がその仕立て、包装荷造業務、保管業務を行っている。先端技術を有するD社の主力工場においてはポリエステル複合織物を中心に加工作業を行っているが、他方で、人工皮革分野やマイクロファイバーにおいても国内のみならず海外でも一定の評価を得ている。またコーティング加工、起毛加工などの多様な染色加工に対応した仕上げ、後処理技術を保有し、高品質の製品を提供している。

　現状におけるD社の課題をあげると、営業面において、得意先、素材の変化に対応した製品のタイムリーな開発と提案を行い、量・質・効率を加味した安定受注を確保すること、得意先との交渉による適正料金の設定によって採算を改善すること、生産面においては、生産プロセスの見直し、省エネルギー診断にもとづく設備更新、原材料のVAおよび物流の合理化による加工コスト削減があげられている。

　D社は新規事業として発電事業に着手している。D社の所在地域は森林が多く、間伐等で伐採されながら利用されずに森林内に放置されてきた小径木や根元材などの未利用木材が存在しており、D社はこれを燃料にして発電を行う木質バイオマス発電事業を来年度より開始する予定である。同社所在の地方自治体は国の基金を活用するなどして木質バイオマス発電プラントの整備等を支援しており、同社もこれを利用することにしている（会計上、補助金はプラントを対象に直接減額方式の圧縮記帳を行う予定である）。この事業については、来年度にD社の関連会社としてD-b社を設立し、D社からの出資2千万円および他主体からの出資4千万円、銀行からの融資12億円を事業資金として、木質バイオマス燃料の製造とこれを利用した発電事業、さらに電力販売業務を行う。なお、来年度上半期にはプラント建設、試運転が終了し、下半期において商業運転を開始する予定である。

　以下は、当年度のD社と同業他社の実績財務諸表である。D社は連結財務諸表である一方、同業他社は子会社を有していないため個別財務諸表であるが、同社の事業内容はD社と類似している。

貸借対照表

（単位：百万円）

	D社	同業他社		D社	同業他社
＜資産の部＞			＜負債の部＞		
流動資産	954	798	流動負債	636	505
現金及び預金	395	250	仕入債務	226	180
売上債権	383	350	短期借入金	199	200
棚卸資産	166	190	その他	211	125
その他	10	8	固定負債	1,807	602
固定資産	2,095	1,510	長期借入金	1,231	420
有形固定資産	1,969	1,470	社債	374	－
建物	282	150	リース債務	38	42
機械設備	271	260	退職給付引当金	164	140
リース資産	46	55	負債合計	2,443	1,107
土地	1,350	1,000	＜純資産の部＞		
その他	20	5	資本金	200	250
投資その他の資産	126	40	資本剰余金	100	250
投資有価証券	111	28	利益剰余金	126	701
その他	15	12	非支配株主持分	180	－
			純資産合計	606	1,201
資産合計	3,049	2,308	負債・純資産合計	3,049	2,308

損益計算書

(単位：百万円)

	D社	同業他社
売上高	3,810	2,670
売上原価	3,326	2,130
売上総利益	484	540
販売費及び一般管理費	270	340
営業利益	214	200
営業外収益	32	33
営業外費用	70	27
経常利益	176	206
特別損失	120	—
税金等調整前当期純利益	56	206
法人税等	13	75
非支配株主損益	16	—
当期純利益	27	131

注　営業外収益は受取利息・配当金、営業外費用は支払利息、特別損失は減損損失および工場閉鎖関連損失である。また、法人税等には法人税等調整額が含まれている。

第1問（配点25点）

（設問1）

　　D社と同業他社のそれぞれの当年度の財務諸表を用いて経営分析を行い比較した場合、D社の課題を示すと考えられる財務指標を2つ、D社が優れていると思われる財務指標を1つ取り上げ、それぞれについて、名称を(a)欄に、財務指標の値を(b)欄に記入せよ。なお、解答にあたっては、①、②の欄にD社の課題を示す指標を記入し、③の欄にD社が優れていると思われる指標を記入すること。また、(b)欄の値については、小数点第3位を四捨五入し、カッコ内に単位を明記すること。

（設問2）

　　D社の財政状態および経営成績について、同業他社と比較した場合の特徴を40字以内で述べよ。

第2問（配点18点）

（設問1）

　　以下の来年度の予測資料にもとづいて、染色関連事業の予測損益計算書を完成させよ。なお、端数が生じる場合には、最終的な解答の単位未満を四捨五入すること。

＜予測資料＞

　　当年度の損益計算書における売上原価のうち1,650百万円、販売費及び一般管理費のうち120百万円が固定費である。当年度に一部の工場を閉鎖したため、来期には売上原価に含まれる固定費が100百万円削減されると予測される。また、当年度の売上高の60％を占める大口取引先との取引については、交渉によって納入価格が3％引き上げられること、さらに、材料価格の高騰によって変動製造費用が5％上昇することが見込まれる。なお、その他の事項に関しては、当年度と同様であるとする。

予測損益計算書

(単位:百万円)

売上高	( )
売上原価	( )
売上総利益	( )
販売費及び一般管理費	( )
営業利益	( )

(設問2)

　発電事業における来年度の損益は以下のように予測される。発電事業における予想営業利益(損失の場合には△を付すこと)を計算せよ。

＜来年度の発電事業に関する予測資料＞

　試運転から商業運転に切り替えた後の売電単価は1kWhあたり33円、売電量は12百万kWhである。試運転および商業運転に関する費用は以下のとおりである。

(単位:百万円)

	試運転	商業運転
年間変動費	60	210
年間固定費	370	

(設問3)

　再来年度以降、発電事業の年間売電量が40百万kWhであった場合の発電事業における年間予想営業利益を計算せよ。また、売電単価が1kWhあたり何円を下回ると損失に陥るか。設問2の予測資料にもとづいて計算せよ。なお、売電単価は1円単位で設定されるものとする。

事例
Ⅳ
㉙

第3問（配点29点）

（設問1）

　染色関連事業の収益性を改善するために、設備更新案を検討中である。以下に示す設備更新案にもとづいて、第X1年度末の差額キャッシュフロー（キャッシュフローの改善額）を解答欄に従って計算したうえで、各年度の差額キャッシュフローを示せ。なお、利益に対する税率は30％、更新設備の利用期間においては十分な利益が得られるものとする。また、マイナスの場合には△を付し、最終的な解答において百万円未満を四捨五入すること。

＜設備更新案＞

　第X1年度初めに旧機械設備に代えて汎用機械設備を導入する。これによって、従来の染色加工を高速に行えることに加えて、余裕時間を利用して新技術による染色加工を行うことができる。

　旧機械設備を新機械設備（初期投資額200百万円、耐用年数5年、定額法償却、残存価額0円）に取り換える場合、旧機械設備（帳簿価額50百万円、残存耐用年数5年、定額法償却、残存価額0円）の処分のために10百万円の支出が必要となる（初期投資と処分のための支出は第X1年度初めに、旧機械設備の除却損の税金への影響は第X1年度末に生じるものとする）。設備の更新による現金収支を伴う、年間の収益と費用の変化は以下のように予想されている（現金収支は各年度末に生じるものとする）。

（単位：百万円）

| | 旧機械設備 | 汎用機械設備 | |
		従来の染色加工分	新技術加工分
収益	520	520	60
費用	380	330	40

　なお、耐用年数経過後（5年後）の設備処分支出は、旧機械設備と新機械設備ともに5百万円であり、この支出および税金への影響は第X5年度末に生じるものとする。

第X1年度末における差額キャッシュフローの計算		各年度の差額キャッシュフロー	
項　　目	金　　額		金　　額
税引前利益の差額	（　　　）	第X1年度初め	（　　　）
税金支出の差額	（　　　）	第X1年度末	（　　　）
税引後利益の差額	（　　　）	第X2年度末	（　　　）
非現金支出項目の差額	（　　　）	第X3年度末	（　　　）
第X1年度末の差額キャッシュフロー	（　　　）	第X4年度末	（　　　）
		第X5年度末	（　　　）

注　金額欄については次のとおり。

　　1．単位は百万円。

　　2．マイナスの場合には△を付すこと。

（設問2）

　この案の採否を検討する際に考慮するべき代表的な指標を安全性と収益性の観点から1つずつ計算し、収益性の観点から採否を決定せよ。資本コストは7％である。なお、解答にあたっては、以下の複利現価係数を利用し、最終的な解答の単位における小数点第3位を四捨五入すること。

利子率7％における複利現価係数

	1年	2年	3年	4年	5年
複利現価係数	0.9346	0.8734	0.8163	0.7629	0.7130

事例
IV
㉙

— 525 —

第4問（配点28点）

（設問1）

親会社D社単体の事業活動における当年度の損益状況を、30字以内で説明せよ。なお、子会社からの配当は考慮しないこと。

（設問2）

再来年度に関連会社D-b社を子会社化するか否かを検討している。D-b社を子会社にすることによる、連結財務諸表の財務指標に対する主要な影響を30字以内で説明せよ。

（設問3）

関連会社を子会社化することによって、経営上、どのような影響があるか。財務指標への影響以外で、あなたが重要であると考えることについて、60字以内で説明せよ。

平成29年度　事例Ⅳ　解答・解説

解答例

第1問（配点25点）

（設問1）

	(a)	(b)
①	売上高総利益率	12.70 （　％　）
②	負債比率	573.47 （　％　）
③	棚卸資産回転率	22.95 （　回　）

（設問2）

売	上	規	模	は	大	き	い	が	、	価	格	と	コ	ス	ト	が	適	正	で
は	な	い	た	め	収	益	性	が	低	く	、	借	入	依	存	度	が	高	い。

第2問（配点18点）

（設問1）　（単位：百万円）

売上高	（　3,879　）
売上原価	（　3,310　）
売上総利益	（　569　）
販売費及び一般管理費	（　270　）
営業利益	（　299　）

（設問2）

△ 244　（百万円）

（設問3）

再来年度以降の予想営業利益	250　（百万円）
最低売電単価	27　（円/kWh）

— 528 —

第3問 (配点29点)

（設問1）

第X1年度末における差額キャッシュフローの計算		各年度の差額キャッシュフロー	
項　目	金　額		金　額
税引前利益の差額	（　△20　）	第X1年度初め	（　△210　）
税金支出の差額	（　△6　）	第X1年度末	（　76　）
税引後利益の差額	（　△14　）	第X2年度末	（　58　）
非現金支出項目の差額	（　90　）	第X3年度末	（　58　）
第X1年度末の差額キャッシュフロー	（　76　）	第X4年度末	（　58　）
		第X5年度末	（　58　）

注　金額欄については次のとおり。
　　1．単位は百万円。
　　2．マイナスの場合には△を付すこと。

（設問2）

	【指標の名称】	【数値（単位）】
安全性	割引回収期間	3.93　（　　年　　）
収益性	正味現在価値	44.63　（　百万円　）

【収益性の観点から】

この案の採否について （いずれかに○を付ける）	採用する　　・　　採用しない

第4問 (配点28点)

（設問1）

D社に帰属する子会社利益64百万円を除くと、当期純損失である。

（設問2）

完全連結となるため、借入金の負担が増加し、安全性が低下する。

（設問3）

影響から支配へと関係が移行することにより、意思決定に対する機動性が高まる一方で、より厳格な内部統制が求められるようになる。

事例
IV
㉙

解 説

1．事例の概要

平成 29 年度（以下、本年度）の事例Ⅳは、平成 28 年度と比較して対応が難しい。問題数は 4 問で、設問数が 10 問である。問題形式としては、空欄形式と記述形式の問題が出題されている。

出題領域は経営分析、予測損益計算書作成、損益分岐点分析、設備投資の経済性計算など学習済みのものが多い。ただし、連結財務諸表の知識などの未出題かつ詳細な論点からの出題がされており、非常に対応がしづらい。

なお、事例Ⅳは第 1 問で経営分析が問われる傾向があり、本年度においても第 1 問で経営分析が問われている。経営分析のタイプは「改善策（課題の解決）が要求されないタイプ」であり、「改善策が個別問題の設定で示されている」場合に該当する。

□難易度

　・問題本文のボリューム　　　：標準

　・題材の取り組みやすさ　　　：難しい

　・問題要求の対応のしやすさ：難しい

□問題本文のボリューム

　　1 ページ

　　※財務諸表を含め、3 ページ。

□構成要素

　　文　章　29 行

　　財務諸表

　　　（貸借対照表、損益計算書　※D 社は連結財務諸表が与えられている）

　　問題数：4 つ　設問数 10 問

　　第 1 問　25 点　　　　　　　40 字

　　第 2 問　18 点

　　第 3 問　29 点

　　第 4 問　28 点　　　　　　　120 字

　　　　　　（合計）　　　160 字

　　※第 2 問（設問 1）、第 3 問（設問 1）は空欄形式が出題されている。

— 530 —

D社は、70年前に設立され、染色関連事業を主力事業としている。また、80％の株式を保有する子会社であるD-a社とともに事業を展開している。

　D社の課題は、既存事業の改善と新規事業への着手である。具体的な対策としては、営業活動の見直し、適正料金の設定、加工コスト削減、発電事業への着手などが示されている。

　問題構成は、第1問で、財務諸表を用いての同業他社比較（経営分析）、第2問以降で、染色関連事業の予測損益計算書作成（第2問）、発電事業の予想営業利益計算と損益分岐点分析（第2問）、設備更新案の経済的効果の計算と投資案の検討（第3問）、連結財務諸表の知識（第4問）などである。

　なお、問題の全体像は次のとおりである。

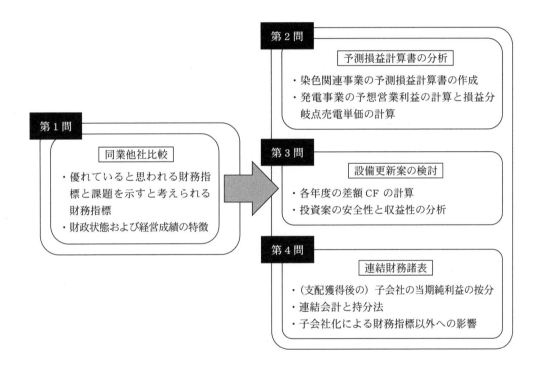

2．取り組み方

　第1問が配点25点、第2問が配点18点、第3問が配点29点、第4問が配点28点である。比較的取り組みやすい第2問の配点が低く、第3問は（設問1）で計算した数値が（設問2）にも影響するため、（設問1）を適切に処理できないと大きな失点につながることになる。また、第4問の連結財務諸表については未出題の論点であり対応がしづらい。結果として得点を積み上げにくい問題構成となっている。

　取り組み方としては、まずは問題全体（財務諸表を含む）を俯瞰した上で、第1問の経営分析に取り組む。前述したように本年度の経営分析のタイプは「改善策（課題

の解決）が要求されないタイプ」であり、「改善策が個別問題の設定で示されている」場合に該当する。したがって、問題本文と財務諸表から優れている点と課題を探り、課題については個別問題で解決するかどうかを検討する。そして、選択した財務指標が適切かどうかの裏付けとして数値を計算し、解答する財務指標を決定する。

次に比較的取り組みやすい第２問を処理する。そして、残りの時間で第４問と第３問に取り組むことが得策であろう。

本事例は、第１問、第２問を適切に処理したうえで、第３問（設問１）と第４問の記述問題にある程度対応できていれば、合格ラインに到達すると思われる。

3. 解答作成

問題本文の構成は以下のとおりである。

□**問題本文**

第１段落：D社の概要

第２段落：D社および子会社の業務と強み

第３段落：D社の課題

第４段落：新規事業の概要

第５段落：財務諸表への誘導

□**事例概況**

・染色関連事業

・80％の株式を保有する子会社であるD-a社とともに、事業を展開している。

・資本金２億円

・総資産 3,049 百万円

・売上高 3,810 百万円

・従業員D社単体（親会社）150 名、D-a社（子会社）30 名

・親会社であるD社は織物の染色加工を主たる業務とし、子会社であるD-a社がその仕立て、包装荷造業務、保管業務を行っている。

・D社は国内のみならず海外からも一定の評価を得ている。また、高品質の製品を提供している。

・現状における課題は、営業面において、得意先、素材の変化に対応した製品のタイムリーな開発と提案を行い、量・質・効率を加味した安定受注を確保すること。得意先との交渉による適正料金の設定によって採算を改善すること。生産面においては、生産プロセスの見直し、省エネルギー診断にもとづく設備更新、原材料のVAおよび物流の合理化による加工コスト削減である。

・新規事業として発電事業に着手している。この事業については、来年度にD社の

— 532 —

関連会社としてD－b社を設立し、D社からの出資２千万円および他主体からの出資４千万円、銀行からの融資12億円を事業資金として、木質バイオマス燃料の製造とこれを利用した発電事業、さらに電力販売業務を行う。

・経営課題：既存事業の改善と新規事業への着手による収益力の向上

・今後の対応策：

① 得意先との交渉による適正料金の設定　→第２問へ

② 発電事業への着手　→第２問・第４問へ

③ 染色関連事業の設備更新　→第３問へ

【財務諸表を俯瞰する】

当年度のD社と同業他社の実績財務諸表が与えられている。D社は連結財務諸表である一方、同業他社は個別財務諸表であるが、比較可能性は確保されていると読み取れる。

損益計算書を俯瞰すると、売上高は同業他社よりも大きい。しかし、売上総利益は同業他社より小さく、営業利益は大きく、経常利益は小さい。また、特別損失が計上されており、税金等調整前当期純利益および当期純利益はさらに小さい。また、非支配株主損益が計上されている。

貸借対照表を俯瞰すると、資産合計はD社の方が同業他社に比べ大きい。資産の細目を見ると、同業他社より棚卸資産とリース資産は小さいが、その他の資産項目が大きい。負債の細目を見ると、同業他社よりも長期借入金が大きく、同業他社が行っていない社債による資金調達も行っている。純資産の部の細目を見ると利益剰余金の差が大きい。また、純資産の部のうち株主資本以外に表示される非支配株主持分が計上されている。

【問題本文・個別問題を俯瞰する】

問題本文を俯瞰する。D社は、70年前に設立され、現在は子会社であるD－a社とともに、染色関連事業を主力として事業を展開している。国内のみならず海外でも一定の評価を得ており、高品質な製品を提供している。現状におけるD社の課題は、営業面において、得意先、素材の変化に対応した製品のタイムリーな開発と提案を行い、量・質・効率を加味した安定受注を確保すること、得意先との交渉による適正料金の設定によって採算を改善すること、生産面においては、生産プロセスの見直し、省エネルギー診断にもとづく設備更新、原材料のVAおよび物流の合理化による加工コスト削減である。

次に個別問題を俯瞰する。第１問では、実績財務諸表を用いて同業他社と比較することが問われている。第２問では、染色関連事業の予測損益計算書の作成と発電事業の予想営業利益と損益分岐点分析が問われている。第３問では染色関連事業の収益性を改善するための設備更新案の検討が問われており、第４問では連結財務諸表につい

ての知識が問われている。

　全体を俯瞰すれば、既存事業の改善と新規事業への着手を通じ、収益力を向上させるというストーリーが読み取れる。

　以下、各問題の解答作成の詳細について説明していく。

第1問 (配点25点) ◢ ◢

　経営分析に関する問題である。(設問1)では課題を示すと考えられる財務指標と優れていると思われる財務指標が、(設問2)ではD社の財政状態および経営成績の特徴がそれぞれ問われている。D社の財政状態および経営成績の特徴から、優れている点と課題と考えられる点を抽出することになるため、(設問1)と(設問2)を同時に検討するとよい。

(設問1)

(1) 要求内容の解釈

　「D社と同業他社のそれぞれの当年度の財務諸表を用いて経営分析を行い比較した場合、D社の課題を示すと考えられる財務指標を2つ、D社が優れていると思われる財務指標を1つ取り上げ、それぞれについて、名称を(a)欄に、財務指標の値を(b)欄に記入せよ。なお、解答にあたっては、①、②の欄にD社の課題を示す指標を記入し、③の欄にD社が優れていると思われる指標を記入すること。また、(b)欄の値については、小数点第3位を四捨五入し、カッコ内に単位を明記すること。」

　D社と同業他社の財務諸表を比較して、「課題を示すと考えられる財務指標」を2つ、「優れていると思われる財務指標」を1つあげ、財務指標をそれぞれ計算することが問われている。

(2) 解答の根拠探し

　問題本文、財務諸表の数値(財務指標)、さらに第2問以降の問題文から根拠を探す。

・課題となる点

　　問題本文の第3段落と第2問・第3問の問題文に記述されている。

　　「現状におけるD社の課題をあげると、営業面において、得意先、素材の変化に対応した製品のタイムリーな開発と提案を行い、量・質・効率を加味した安定受注を確保すること、得意先との交渉による適正料金の設定によって採算を改善すること、生産面においては、生産プロセスの見直し、省エネルギー診断にもとづく設備更新、原材料のVAおよび物流の合理化による加工コスト削減があげられている」(第3段落)

　　「また、当年度の売上高の60％を占める大口取引先との取引については、交渉に

— 534 —

よって納入価格が３％引き上げられること、さらに、材料価格の高騰によって変動製造費用が５％上昇することが見込まれる」（第２問）

「染色関連事業の収益性を改善するために、設備更新案を検討中である」（第３問）

・優れている点

問題本文の第２段落に記述されている。

「親会社であるＤ社は織物の染色加工を主たる業務とし、子会社であるＤ－ａ社がその仕立て、包装荷造業務、保管業務を行っている」（第２段落）

「人工皮革分野やマイクロファイバーにおいても国内のみならず海外でも一定の評価を得ている。またコーティング加工、起毛加工などの多様な染色加工に対応した仕上げ、後処理技術を保有し、高品質の製品を提供している」（第２段落）

・財務諸表の数値

代表的な数値を計算すると次のようになる。

	経営指標	D社	同業他社	比較
収益性	総資本経常利益率	5.77％	8.93％	×
	売上高総利益率	12.70％	20.22％	×
	売上高売上原価比率	87.30％	79.78％	×
	売上高営業利益率	5.62％	7.49％	×
	売上高販管費比率	7.09％	12.73％	○
	売上高経常利益率	4.62％	7.72％	×
	売上高営業外費用比率	1.84％	1.01％	×
効率性	総資本回転率	1.25 回	1.16 回	○
	売上債権回転率	9.95 回	7.63 回	○
	棚卸資産回転率	22.95 回	14.05 回	○
	有形固定資産回転率	1.93 回	1.82 回	○
安全性	流動比率	150％	158.02％	×
	当座比率	122.33％	118.81％	○
	固定比率	345.71％	125.73％	×
	固定長期適合率	86.82％	83.75％	×
	自己資本比率	13.97％	52.04％	×
	負債比率	573.47％	92.17％	×

（○：同業他社より優れている、×：同業他社より劣っている）

財務指標を比較する。収益性の財務指標では売上高販管費比率は同業他社よりも優れているが、その他はすべて劣っている。効率性の財務指標は同業他社よりも全て優れている。安全性の財務指標では当座比率は同業他社よりも優れているが、その他はすべて劣っている。

(3) 解答の根拠選択

・課題を示すと考えられる指標

　　上記した問題本文等の記述および財務諸表より、現状では価格とコストが適切ではないために利益率が悪い。そのため、内部留保の蓄積も少なく、借入依存度が高くなっている状態であると読み取れる。それに対して課題は、価格と加工コストの適正化を図ることおよびタイムリーな製品開発と提案を行うことである。適正価格・適正コストの製品を安定的に販売していくことで利益を獲得していき、それにより内部留保を蓄積し、借入依存度を低下させていく。

　　よって、課題を示すと考えられる指標は、収益性の観点から「売上高総利益率」と安全性の観点から「負債比率」を選択する。なお、収益性の観点として、借入金による支払利息（営業外費用）の負担にも着目し、「売上高経常利益率」としても妥当性があると考えられる。ただし、売上高経常利益率を指摘した場合、D社の方が優れた数値である売上高販管費比率の要素も課題として含まれてしまうため、解答例は売上高総利益率としている。また、安全性の観点として「自己資本比率」としてもよい。

・優れていると思われる財務指標

　　上記した問題本文等の記述および財務諸表より以下のことが読み取れる。

　　国内のみならず海外でもD社の評価は高く、またD社は高品質の製品を提供している。それにより、受注量を獲得できており売上規模は大きい（売上が高いことは損益計算書から読み取れ、単価が適切ではないことから受注量が多いと類推される）。これに対し、D社の棚卸資産額は同業他社よりも小さい（子会社が包装荷造業務や保管業務を専門的に行うことにより、より適切な在庫管理が行えていると類推される）。

　　以上のことより、売上に対し、棚卸資産が少なく（＝棚卸資産の消化速度が速い）、効率性が高いと判断される。

　　よって、優れていると思われる財務指標は、「棚卸資産回転率」を選択する。

(4) 解答の構成要素検討

財務指標の数値は次のようになる。

・課題を示すと考えられる指標

　① 売上高総利益率：484÷3,810×100＝12.703…≒12.70（％）

　② 負債比率：2,443÷(606－180)×100＝573.474…≒573.47（％）

・優れていると思われる財務指標

　③ 棚卸資産回転率：3,810÷166＝22.951…≒22.95（回）

— 536 —

> **【補足】非支配株主持分**
>
> 　親会社の持株比率が100％でない場合には、子会社の株主には親会社と親会社以外の株主が存在することになる。この親会社以外の株主を非支配株主という。
>
> 　非支配株主が存在する場合、子会社の資本は持分割合に応じて親会社持分と非支配株主持分に按分計算を行い、非支配株主に帰属する分は非支配株主持分として処理される。この非支配株主持分は現行制度上、連結財務諸表の純資産の部の株主資本以外に表示されるものであり、負債比率や自己資本比率を計算する際の自己資本には含めないのが妥当である。

（設問2）

(1)　要求内容の解釈

　「D社の財政状態および経営成績について、同業他社と比較した場合の特徴を40字以内で述べよ。」

　D社の財政状態および経営成績の特徴についての記述が問われている。

　（設問1）で指摘した財務指標をふまえて、課題および優れていると判断しうる根拠となったD社の財政状態および経営成績の特徴を端的にまとめることが求められている。

(2)　解答の根拠探し

　（設問1）で検討済みである。

(3)　解答の根拠選択

　（設問1）で検討済みである。

(4)　解答の構成要素検討

　（設問1）の解答をふまえ、収益性、効率性、安全性の観点から解答を構成する。「効率性が高い」「収益性が低い」「安全性が低い」などの言葉を全て盛り込んだ解答も十分に得点になると考えられるが、解答例では制限字数を考慮し、その要素を抽出した記述としている。

第2問 （配点18点）

　染色関連事業の予測損益計算書の作成と発電事業における予想営業利益・損益分岐点売電単価が問われている。

（設問1）

(1)　要求内容の解釈

　「以下の来年度の予測資料にもとづいて、染色関連事業の予測損益計算書を完成さ

せよ。なお、端数が生じる場合には、最終的な解答の単位未満を四捨五入すること。」

　与えられた予測資料をもとに、予測損益計算書の空欄部分をそれぞれ計算し、予測損益計算書を完成させることが問われている。計算項目は予測損益計算書で与えられているため、予測資料に示された変化項目を正確に読み取り、予測損益計算書のそれぞれの項目への影響を正確にとらえて計算する。

(2) 解答の根拠探し

　D社の実績損益計算書と予測資料から予測損益計算書の各項目を計算する。

(3) 解答の根拠選択

　特にない。

(4) 解答の構成要素検討

● 売上高

　大口取引先への納入価格引き上げ分が変化するため、変化額を計算し、当年度の売上高と合算することにより予測売上高を計算する。

　予測売上高：$3,810 \times 0.6 \times 0.03 + 3,810 = 3,878.58 ≒ \underline{3,879}$（百万円）

● 売上原価

　売上原価を変動費と固定費に分解し、それぞれの予測数値を計算し、合算することで予測売上原価を計算する。

＜変動費＞

・当年度変動費：$3,326 - 1,650 = 1,676$（百万円）

・予　測　変　動　費：$1,676 \times 1.05 = 1,759.8$（百万円）

＜固定費＞

・当年度固定費：$1,650$（百万円）

・予　測　固　定　費：$1,650 - 100 = 1,550$（百万円）

＜予測売上原価＞

　予測売上原価：$1,759.8 + 1,550 = 3,309.8 ≒ \underline{3,310}$（百万円）

● 売上総利益

　「売上総利益＝売上高－売上原価」より、予測売上総利益を計算する。

　予測売上総利益：$3,879 - 3,310 = \underline{569}$（百万円）

● 販売費及び一般管理費

　販管費に影響する変化項目はないため、実績財務諸表値と同様 $\underline{270}$（百万円）

● 営業利益

　「営業利益＝売上総利益－販売費及び一般管理費」より、予測営業利益を計算する。

　予測営業利益：$569 - 270 = \underline{299}$（百万円）

（設問2）

（1） **要求内容の解釈**

「発電事業における来年度の損益は以下のように予測される。発電事業における予想営業利益（損失の場合には△を付すこと）を計算せよ。」

与えられた損益予測をもとに、予想営業利益を計算することが問われている。

（2） **解答の根拠探し**

問題文と与えられた表に記述されている。

（3） **解答の根拠選択**

特にない。

（4） **解答の構成要素検討**

「S－VC－FC＝P」より予想営業利益を計算する。

●売　上（S）　　　　：33×12＝396（百万円）

●変動費（VC）　　　：60＋210＝270（百万円）

●固定費（FC）　　　：370（百万円）

●予想営業利益（P）：396－270－370＝<u>△244（百万円）</u>

（設問3）

（1） **要求内容の解釈**

「再来年度以降、発電事業の年間売電量が40百万kWhであった場合の発電事業における年間予想営業利益を計算せよ。また、売電単価が1kWhあたり何円を下回ると損失に陥るか。設問2の予測資料にもとづいて計算せよ。なお、売電単価は1円単位で設定されるものとする。」

再来年以降の年間予想営業利益と損益分岐点売電単価が問われている。

（2） **解答の根拠探し**

問題文に記述されている。

（3） **解答の根拠選択**

特にない。

（4） **解答の構成要素検討**

＜年間予想営業利益＞

売電量が変化するため、売上高と変動費に影響を与える。変化する売上高と変動費を計算し、「S－VC－FC＝P」より予想営業利益を算出する。

●売上高（S）

売電単価1kWhあたり33円、売電量40百万kWhより、予想売上を計算する。

予想売上：33×40＝1,320（百万円）

●変動費（VC）

売電量 12 百万 kWh の時の変動費額 210 百万円より、売電量 40 百万 kWh の場合の変動費額を計算する。

予想変動費：$210 \times \dfrac{40}{12} = 700$（百万円）

●固定費（FC）

固定費に影響する変化項目はないため、来年度と同様に 370（百万円）

●年間予想営業利益（P）

年間予想営業利益：$1,320 - 700 - 370 = \underline{250（百万円）}$

＜売電単価＞

損益分岐点売上高を S とし、損益分岐点売電単価を x とすると、以下の計算式が成り立つ。

「売上＝単価×販売量」より

S＝x×40百万kWh

S＝40x … ①

また、「S＝VC＋FC」より、

S＝700＋370

S＝1,070 … ②

①②式より

40x＝1,070

x＝26.75（円）

∴売電単価が 1 kWh あたり <u>27 円</u>を下回ると損失に陥る。

第 3 問 （配点 29 点）◢◢ ◢

（設問 1 ）

（1） 要求内容の解釈

「染色関連事業の収益性を改善するために、設備更新案を検討中である。以下に示す設備更新案にもとづいて、第 X 1 年度末の差額キャッシュフロー（キャッシュフローの改善額）を解答欄に従って計算したうえで、各年度の差額キャッシュフローを示せ。なお、利益に対する税率は 30％、更新設備の利用期間においては十分な利益が得られるものとする。また、マイナスの場合には△を付し、最終的な解答において百万円未満を四捨五入すること。」

設備投資の経済性計算における各年度の経済的効果（差額キャッシュフロー）の計算が空欄形式で問われている。

（2） 解答の根拠探し

問題文と与えられた表から空欄部分を計算する。

（3） 解答の根拠選択

— 540 —

特にない。

（4）　解答の構成要素検討

［第Ｘ1年度末における差額キャッシュフローの計算］

＜税引前利益の差額＞

設備の更新前と更新後の税引前利益の差額を計算する。

●更新前

現金収入を伴う収益から現金支出を伴う費用を差し引き、そこから減価償却費を差し引くことで、税引前利益を計算する。

・減価償却費：$50 \div 5 = 10$

・税引前利益：$(520 - 380) - 10 = 130$

●更新後

現金収入を伴う収益から現金支出を伴う費用を差し引き、そこから減価償却費と除却損を差し引くことで、税引前利益を計算する。

・減価償却費：$200 \div 5 = 40$

・除　却　損：$50 + 10 = 60$

・税引前利益：$\{\underset{\text{従来の染色加工分}}{(520 - 330)} + \underset{\text{新技術加工分}}{(60 - 40)}\} - 40 - 60 = 110$

●税引前利益の差額

$110（更新後）- 130（更新前）= \triangle 20（百万円）$

＜税金支出の差額＞

税引前利益の減少額に税率をかけることで税金支出の差額を計算する。

$\triangle 20 \times 0.3 = \triangle 6（百万円）$

＜税引後利益の差額＞

税引前利益の差額と税金支出の差額より税引後利益の差額を計算する。

$\triangle 20 - (\triangle 6) = \triangle 14（百万円）$

＜非現金支出項目の差額＞

減価償却費の差額と除却損の差額を合算して、非現金支出項目の差額を計算する。

●減価償却費の差額

$40（更新後）- 10（更新前）= 30（百万円）$

●除却損の差額

$60（更新後）- 0（更新前）= 60（百万円）$

●非現金支出項目の差額

$30 + 60 = 90（百万円）$

事例 IV ㉙

— 541 —

＜第Ｘ1年度末の差額キャッシュフロー＞

　　税引後利益の差額と非現金支出項目の差額を合算し、第Ｘ1年度末の差額キャッシュフローを計算する。

　　　　△14＋90＝76（百万円）

[各年度の差額キャッシュフロー]

＜第Ｘ1年度初め＞

　　第Ｘ1年度初めに発生する初期投資と処分のための支出を合算し、COFを計算する。

　　　　△200＋△10＝△210（百万円）

＜第Ｘ1年度末＞

　　上記で計算済みである。

　　76（百万円）

＜第Ｘ2年度末～第Ｘ5年度末＞

　　第Ｘ2年度末～第Ｘ5年度末における各年度の税引後利益および減価償却費の更新前との差額より各年度の差額キャッシュフローを計算する。

　●第Ｘ2年度末～第Ｘ5年度末

　　　現金収入を伴う収益から現金支出を伴う費用を差し引き、そこから減価償却費を差し引くことで、税引前利益を計算する。

　　・減価償却費：200÷5＝40

　　・税引前利益：｛（520－330）＋（60－40）｝－40＝170
　　　　　　　　　　　　従来の染色加工分　新技術加工分

　●更新前

　　　上記で計算済みであり、以下のとおりである。

　　・減価償却費：10

　　・税引前利益：130

　●差額キャッシュフロー

　　　税引後利益の差額に減価償却費（非現金支出項目）の差額を足し戻すことで差額キャッシュフローを計算する。

　　　（170－130）×（1－0.3）＋（40－10）＝58（百万円）

　　もしくは、第Ｘ1年度末との差額により各年度の差額キャッシュフローを計算する。

　　第Ｘ1年度末との差は除却損の有無である（税引後利益は除却損×（1－税率）分プラスとなり、非現金支出項目の足し戻しは除却損分マイナスとなる）。

　　　76＋60×（1－0.3）－60＝58（百万円）

— 542 —

なお、第X5年度末の設備処分支出については、旧機械設備と新機械設備のどちらにおいても発生するため差額は発生しない。

【補足】除却費用の取り扱い

解体撤去費用などの処分のための除却費用は、有形固定資産除却損勘定で会計処理を行う。そのため、処分に伴う現金支出10百万円については、第X1年度初めのCOFとなる一方で、第X1年度末に生じる除却損として、第X1年度末に計算される税引前利益を減少させると同時に、非現金支出項目の足し戻しとして第X1年度末のキャッシュフローに影響を与えることになる。

【補足】収支ベースによる差額キャッシュフローの計算

本問では利益ベースによる差額キャッシュフローの計算が問われているが、収支ベースにより各年度の差額キャッシュフローを計算することもできる。計算過程は以下のとおりである。

●第X1年度末

「正味 CF＝(CIF−COF)×(1−税率)＋非現金支出項目×税率」を用いて計算を行う。

・差額（CIF−COF）：{(520−330)＋(60−40)}−(520−380)＝70(百万円)

・差額非現金支出項目：100−10＝90(百万円)

・差額キャッシュフロー：70×(1−0.3)＋90×0.3＝<u>76(百万円)</u>

●第X2年度末〜第X5年度末

・差額（CIF−COF）：{(520−330)＋(60−40)}−(520−380)＝70(百万円)

・差額非現金支出項目：40−10＝30(百万円)

・差額キャッシュフロー：70×(1−0.3)＋30×0.3＝<u>58(百万円)</u>

（設問2）

(1) 要求内容の解釈

「この案の採否を検討する際に考慮するべき代表的な指標を安全性と収益性の観点から1つずつ計算し、収益性の観点から採否を決定せよ。資本コストは7％である。なお、解答にあたっては、以下の複利現価係数を利用し、最終的な解答の単位における小数点第3位を四捨五入すること。」

この案の採否を検討する際に考慮するべき安全性と収益性の観点を1つずつ計算し、収益性の観点から採否を決定することが問われている。

(2) 解答の根拠探し

問題文と与えられた複利現価係数より計算する。

— 543 —

(3) 解答の根拠選択

特にない。

(4) 解答の構成要素検討

＜安全性の指標＞

　　安全性の指標としては、資金の回収の安全性を判断することができる回収期間を選択する。さらに、解答にあたっては、複利現価係数を利用するという指示より、割引回収期間を選択する。

　　割引回収期間法では、貨幣の時間的価値を考慮して回収期間を計算する。与えられた複利現価係数は利子率であるため、この利子率7％を時間の価値（金利）として、将来得られるCFを現在の価値に割り引く。

　　割引回収期間は、毎期のCFが異なる場合は、CFを積み上げて計算する（投資額を回収できるところまで積み上げる）。

	CFの現在価値	累計		投資額
第X1年度	71.0296[※1]	71.0296	<	210
第X2年度	50.6572[※2]	121.6868	<	210
第X3年度	47.3454[※3]	169.0322	<	210
第X4年度	44.2482[※4]	213.2804	>	210

※1：76×0.9346＝71.0296

※2：58×0.8734＝50.6572

※3：58×0.8163＝47.3454

※4：58×0.7629＝44.2482

∴割引回収期間＝3＋（210－169.0322）÷44.2482＝3.925…≒<u>3.93（年）</u>

＜収益性の指標＞

　　収益性の指標としては、投資の採否に最も適している正味現在価値を選択する。

$$NPV＝76×0.9346＋58×（0.8734＋0.8163＋0.7629＋0.7130）－210$$
$$＝44.6344≒\underline{44.63（百万円）}$$

∴正味現在価値が正であるため、<u>この投資案を採用する。</u>

第4問 (配点28点) ◢◢

(設問1)

(1) 要求内容の解釈

　「親会社D社単体の事業活動における当年度の損益状況を、30字以内で説明せよ。なお、子会社からの配当は考慮しないこと。」

　親会社単体の損益状況が問われている。親会社単体の損益状況を実績財務諸表などから読み取る必要がある。

— 544 —

(2) 解答の根拠探し

問題本文および実績財務諸表より、親会社単体の損益状況を計算する。

(3) 解答の根拠選択

特にない。

(4) 解答の構成要素検討

連結財務諸表における支配獲得後の子会社の当期純利益の按分が問われている。

連結財務諸表では、子会社の当期純利益（子会社の利益剰余金の変動要因）のうち、親会社と子会社の当期純利益を単純合算した当期純利益から非支配株主持分相当額を非支配株主に帰属する当期純利益として減額するとともに、非支配株主持分当期変動額として非支配株主持分に振り替える処理を行う。

したがって、連結財務諸表より以下の損益状況が計算される。

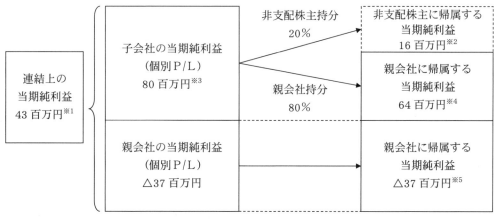

※1：連結財務諸表の税金等調整前当期純利益56－法人税等13＝43
※2：連結財務諸表の非支配株主損益
※3：16÷0.2＝80百万円
※4：80×0.8＝64百万円　もしくは　80－16＝64百万円
※5：43－（16＋64）＝△37百万円

以上より、親会社D社単体の事業活動では当期純利益がマイナス（当期純損失）の状況であると計算される。

(設問2)

(1) 要求内容の解釈

「再来年度に関連会社D-b社を子会社化するか否かを検討している。D-b社を子会社にすることによる、連結財務諸表の財務指標に対する主要な影響を30字以内で説明せよ。」

関連会社と子会社の連結財務諸表上での違いと、その違いによる財務指標への影響が問われている。

(2) 解答の根拠探し

問題本文および実績財務諸表より、連結財務諸表の財務指標に対する影響を検討する。

(3) 解答の根拠選択

特にない。

(4) 解答の構成要素検討

連結財務諸表における連結と持分法の違いが問われている。

企業集団のうち、連結子会社には連結会計が適用され、関連会社には持分法が適用されることになる。連結は、連結会社の財務諸表を勘定科目ごとに合算するため、完全連結（全部連結）といわれる。これに対して持分法による処理は、被投資会社の純資産および損益に対する投資会社の持分相当額を、原則として貸借対照表上は投資有価証券の修正、損益計算書上は、持分法による投資損益によって連結財務諸表に反映することから一行連結といわれる。

関連会社を子会社化することで、D−b社の資産と負債をすべて連結財務諸表に合算することになる。D−b社の出資比率はD社からの出資2千万円および他主体からの出資4千万円、銀行からの融資12億円である。したがって、D−b社の勘定科目をすべて合算することで、負債の負担が増し、安全性が低下すると読み取ることができる。

【補足】圧縮記帳（直接減額方式）

圧縮記帳とは国庫補助金収入などに対する一時的な課税を避け、課税の繰延を図るための制度をいう。

直接減額方式による圧縮記帳とは、決算時に国庫補助金などの受入益に相当する額を固定資産圧縮損として計上し、新規に取得した固定資産の取得原価を同額だけ減額する方法である。

D−b社が利用する補助金の補助率や木質バイオマス発電プラントの整備にかかる金額などは不明であるが、取得した固定資産のうち、補助金収入と同額分は固定資産圧縮損として損失処理することになり、固定資産圧縮損は補助金の受入益と相殺されるため、補助金を受け入れることによる財務指標に対する影響等は考慮する必要がない。

（設問3）

(1) 要求内容の解釈

「関連会社を子会社化することによって、経営上、どのような影響があるか。財務指標への影響以外で、あなたが重要であると考えることについて、60字以内で説明

— 546 —

せよ。」

(2) 解答の根拠探し

特にない。

(3) 解答の根拠選択

特にない。

(4) 解答の構成要素検討

子会社と関連会社の違いに着目し、その違いにより経営上どのような影響がでるかを検討する。

子会社とは、その総株主の議決権の過半数を有する株式会社その他の当該会社がその経営を支配している法人として法務省令で定めている会社のことをいう。

子会社は、主に次の条件に該当しているかどうかで判断する。

① 当社が50％超の議決権を保有している会社

② 当社が40％以上50％以下の議決権を保有していて、財務および事業の方針の決定を支配していると認められる一定の事実がある会社

関連会社とは、会社が他の会社等の財務および事業の方針の決定に対して、重要な影響を与えることができる場合における当該他の会社等（子会社を除く）のことをいう。

関連会社は、主に次の条件に該当しているかどうかで判断する。

① 当社が20％以上の議決権を保有している会社（子会社を除く）

② 当社が15％以上20％未満の議決権を保有していて、財務および事業の方針の決定に対して重要な影響を与えることができると認められる一定の事実がある会社

親会社との関係に着目すると、関連会社は影響を与えることができる会社のことであり、子会社は支配している会社のことである。

したがって、関連会社を子会社化することによって、子会社の意思決定を支配できるようになるため、意思決定の機動性が高まる。一方で、子会社の管理の重要性や親子間の連携の重要性および業務処理の煩雑さなどが増すとも考えられ、業務の有効性・効率性を確保するためには、企業集団としてより厳格な内部統制が必要になると考えられる。

事例 Ⅳ ㉙

— 547 —

■ 付　　　録

■令和2・元・平成30・29年度　2次口述試験　問題例

令和2・元・平成30・29年度の2次口述試験の問題例を掲載しています。
事例Ⅰ～Ⅳの各企業は、2次筆記試験で出題された事例Ⅰ～Ⅳの各事
例企業の内容になります。

なお、掲載内容は、東京会場での出口調査に基づきます。

■令和２年度　２次口述試験　問題例

事例Ⅰ（Ａ社に対する質問）

・A社は、これまで成果主義型賃金制度を採用せず、年功序列型賃金制度を採用してきました。A社が年功序列型賃金制度を採用している理由にはどのようなことが考えられますか。

・A社は今後、成果主義型賃金制度の導入を予定しています。成果主義型賃金制度を導入する際の留意点を教えてください。

・A社は外国人従業員を採用していますが、そのメリットについて教えてください。

・A社は同族経営の企業です。同族経営によるデメリットを教えてください。

・酒造事業などに取り組んでいるA社が新製品開発をしていくために必要なことを教えてください。

・A社は、伝統や技術を生かして、今後どのような製品づくりをしていったらよいと考えますか。

・ベテラン従業員がA社に残ることのデメリットを答えてください。

・A社の非正規社員は離職率が低くなっています。その理由について教えてください。

・A社は、現在の非正規社員のうち数人を正規社員に転換しようと考えています。その場合のリスクについて答えてください。

・A社が、友好的買収後に日本酒造りのノウハウをどのように承継したかについて、教えてください。

事例Ⅱ（Ｂ社に対する質問）

・B社の製品を空港や港で販売する場合、どのような製品がよいと考えますか。

・B社が、Yと異なるハーブの売上げを伸ばす方法を教えてください。

・B社が、Yと異なるハーブの効能をもっと知ってもらうためにはどうすればよいでしょうか。

・B社が、Yと異なるハーブを販売展開する場合、どのように島の事業者と連携すればよいかについて教えてください。

・B社は、自社ブランドの構築を目指しています。ブランディングの方向性について教えてください。

・B社が、自社オンラインサイトでの売上げを伸ばす方法を教えてください。

・B社の事業はZ社との取引に依存しています。これによってどのような問題が生じていますか。

・B社は、Z社との取引量が減少しています。これについてのB社の対応策を教えてください。

・今後、B社は、ヘルスケアメーカーとどのように取引をしていくべきかについて助言してください。

・B社が、弱みを解消するための自社製品開発とプロモーションについて助言してください。

事例Ⅲ（C社に対する質問）

・C社は個別受注生産を行う企業です。この生産形態の問題点や課題を教えてください。

・C社は下請企業ですが、下請企業の問題点や課題を説明してください。

・C社の顧客であるビル建築用金属品メーカーが、C社に注文する理由にはどのようなことが考えられますか。

・C社が技術力を向上させるための施策について教えてください。

・C社は製造部門の強化を図ることを考えています。どのような方策があるか教えてください。

・C社は、製作工程でチーム制を採用しています。これは、C社にとってどのようなメリットがあると考えられますか。

・C社は、施工図や製作図の作成に時間がかかっています。これを解決するためにはどのようにすればよいでしょうか。

・C社は5Sに取り組むことを計画しています。5Sを実施することの効果を教えてください。

・C社は、3次元CADをどのように活用すべきか、教えてください。

・C社は、3Dプリンターの導入を考えています。どのような効果が期待できるか教えてください。

事例Ⅳ（D社に対する質問）

・D社の財務諸表を見たうえで、どのような状態にあるかを教えてください。

・D社は同業他社に比べて負債の割合が大きくなっています。このことがD社の経営に与える影響について答えてください。

・D社は負債比率が高い状況にありますが、財務上どのようなマイナスの影響が考えられますか。

・D社は、手厚いアフターケアが顧客支持を得る一方で、利益を圧迫しています。どのように改善していけばよいでしょうか。

・D社は、赤字の飲食店の売却を考えています。売却する際の留意点を教えてください。

・D社が経営するステーキ店は赤字ですが、その赤字を解消するためにはどうすればよいか、助言してください。

・D社は、ステーキ店をカジュアルなレストランに業態転換することを検討しています。それにより、財務面にどのような影響があるかについて教えてください。

・D社がE社を買収した場合、どのようなコストの削減につながるか、教えてください。

・D社がE社を買収する際、どのようなことに留意すべきでしょうか。

・D社は、リフォーム事業を拡充することを検討しています。リフォーム事業の拡充による費用面でのメリットを教えてください。

付

録

■令和元年度　2次口述試験　問題例

事例Ⅰ（A社に対する質問）

- A社は創業者一族による同族経営ですが、同族経営の一般的なメリットについて説明してください。
- A社は創業者一族による同族経営ですが、同族経営の一般的なデメリットについて説明してください。
- A社は新規事業開発の体制として、プロジェクトを組んで推進してきました。プロジェクト体制の運営について留意すべき事項を説明してください。
- A社は、社員の挑戦意欲の維持のために社内提案制度を導入することにしました。導入に際しての注意点について答えてください。
- A社は、新規事業を拡大させるために営業力を強化することを考えています。留意すべき点を答えてください。
- A社は海外に進出しようと考えています。A社が海外で生産や販売を行うために採るべき施策を答えてください。
- A社はコア技術戦略を採用していますが、現場でよりコア技術を活用していくためにはどうすればよいでしょうか。
- A社の今後の人材確保策を説明してください。
- A社が、社員の自主性や主体的な取り組みを奨励するために採るべき施策について説明してください。
- A社は、新製品の開発にあたり外部の大学と連携しています。外部の大学と連携する際の留意点を教えてください。

事例Ⅱ（B社に対する質問）

- B社は、今後顧客情報のデータベース化を検討しています。顧客情報のデータベース化に当たり必要となる情報項目とその活用方法について述べてください。
- B社の強みとそれを生かした事業展開について説明してください。
- B社の競合である大手チェーンによる低価格ネイルサロンの弱みと、それに対するB社の対応策について説明してください。
- B社は客単価の向上を目指しています。B社の具体的な取り組みを助言してください。
- B社は新規顧客獲得のために、商店街の店舗にチラシを置くことを考えています。どのような店舗に置くのがよいかアドバイスしてください。
- B社は、商店街のイベントを通じて新規顧客の開拓を考えています。どのように新規顧客を獲得するか教えてください。
- B社はSNS等を活用していますが、デジタルコミュニケーションツールを利用していない顧客とのコミュニケーション方法にはどういうものがあるか教えてください。
- B社は、来店客にクーポンを渡して売上増につなげることを考えています。どのようなクーポンを渡せば効果的か説明してください。
- B社が今後、商店街で自社をPRする方法について助言してください。
- B社は商店街にどのような貢献ができるか説明してください。

事例Ⅲ（C社に対する質問）

- C社は、教育のためにOJTを行っています。OJTの留意点を教えてください。
- C社は、人材不足や高齢化にどのように対応していくべきかを教えてください。
- C社の熱処理工程では、スキル習熟に時間がかかり人材不足です。人材不足への対応策を提案してください。
- C社が人員を補うためには、どのような採用活動をするべきですか。助言してください。
- C社は受注生産を行っています。受注生産における問題として、どのようなことがありますか。
- C社は、特定の取引先から繰り返し受注を受けていると考えられます。繰り返し受注を受けることの問題点と改善策は何か説明してください。
- X社から機械加工を受注する場合、C社のX社への依存度が高まると考えられますが、それにはどのようなリスクがありますか。
- X社は、自社の機械加工工程の全てをC社に移管しようとしていますが、そのX社側の意図は何か説明してください。
- C社が、今後の新規事業展開を進めるにあたり設計開発力を強化するには、どうすればよいかアドバイスしてください。
- X社から後工程引き取り方式を行うよう提案があるが、X社はどのような意図をもっていると考えられますか。

事例Ⅳ（D社に対する質問）

- D社が新規事業を行うとき、投資を検討するためのキャッシュフローの算出方法にはどのようなものがあるか教えてください。
- D社が新プロジェクトを進めるにあたり、キャッシュフローを考慮してどのような方法で評価しますか。
- D社の新規事業への設備投資が必要な場合、その可否をどのように判断するか教えてください。
- D社は配送業務を子会社化していますが、外注する手段もあります。両者のD社への影響の違いを答えてください。
- D社のマーケット事業部で今期に建設した物件の販売が、来季にずれ込むことで生じる財務面の影響を教えてください。
- D社が計画している新規事業を始めた場合、新規事業を行うことによるD社財務面への影響はどのようなものか教えてください。
- D社は、短期借入金を長期借入金の追加借り入れにより返済しようとしています。これにより、どのように財務状況が変わりますか。
- D社全社の変動比率を低下させるための方法を答えてください。
- D社は、損益分岐点を用いた経営分析を行っているが、どのような点に留意して利益計画を立てるべきだと考えますか。
- D社の建材事業部の業績改善のために行うべきことを答えてください。

付

録

■平成30年度　2次口述試験　問題例

事例Ⅰ（A社に対する質問）

・A社の人事制度の強みを述べてください。
・A社は、創業者が経営トップのオーナー系企業ですが、A社のようなオーナー系企業のデメリットをお答えください。
・A社は同業他社と比較して離職率が低くなっていますが、離職率が低い要因は何ですか？
・A社は成果主義を採用しています。成果主義を導入する際の留意点について、教えてください。
・A社は家族主義的な取り組みのひとつとして、従業員全員で海外旅行に行っていますが、このことは、どのような効果をもたらしていますか。
・今後、組織を活性化させるためのA社の施策を述べてください。
・A社がプロジェクトチームを編成するうえでの留意点は何ですか。
・A社は、製品開発に対する考えの転換を行い、新規事業開発を進めてきましたが、A社のような研究開発型企業が、地域の研究機関や大学と連携するメリットについて答えてください。
・A社の事業承継について、どのようなアドバイスをしますか。
・A社が、今後も継続して研究開発力を高めていくための施策をお答えください。

事例Ⅱ（B社に対する質問）

・B社の既存顧客は、ビジネス客とインバウンド客ですが、新規顧客はどのような顧客層ですか。また、その対象顧客層に、どのような施策を実施しますか。
・B社は、国内の若者客を増加させたいと考えています。どのようにPRしますか。
・B社の顧客として、固定客、インバウンド客、国内の若者が考えられます。これらの顧客に対して、B社はどのような戦略を展開していくべきでしょうか。
・B社は、シニアのビジネス客を獲得しようとしています。どのような点に留意すればよいですか。
・ビジネス客以外のリピート客を増やすための施策には、どのようなものがありますか。
・B社の設備・施設に関する強みと弱みについて、説明してください。
・B社は、今後、施設の改築を考えています。どのような点について留意しながら改築を進めるべきか、B社社長に助言してください。
・夕食の提供をしていないことについて、B社にはどのようなメリットがありますか。
・B社は、夕食の提供を開始したいと考えていますが、どのような内容にすればよいですか。
・B社が、X市の他経営者と協力を行う際、どのような施策があるか教えてください。

事例Ⅲ（C社に対する質問）

- 1980年代後半に、C社の顧客企業が生産拠点を海外に移転した背景、理由には、どのようなことが考えられますか。
- C社の受注量の半数を顧客企業X社が占めていますが、特定の企業に売上が依存するリスクについて答えてください。
- 現在、金属からプラスチックへのシフトが進んでおり、これはC社にとってもチャンスといえる状況かと思いますが、一般的に、金属からプラスチックが採用されるようになっているのはなぜですか。
- C社は、高度化資金を利用して工業団地に移転しました。高度化資金を利用したことにより、C社が得たメリットについて説明してください。
- C社は、高度化資金を用いて、工業団地に移転し、操業しています。工業団地で操業することのメリットを述べてください。
- C社は、顧客から小ロット化を要請されています。小ロット化することにより生じる、C社への影響について説明してください。
- C社の段取り時間を短縮するための施策には、どのようなものがありますか。
- あなたが、C社のために社長に一番言いたいことは何ですか。
- C社は、従業員の採用を進めたいと考えています。その場合の留意点について、中小企業診断士として助言してください。
- C社の技術力をさらに高めるために、どのような施策を行うべきですか。

事例Ⅳ（D社に対する質問）

- D社の総資産回転率は、同業他社と同程度ですが、総資産利益率は低水準にあります。その理由およびアドバイスを述べてください。
- D社の財務諸表では、同業他社と比べて自己資本が充実していますが、なぜだと考えますか。
- D社はF社を吸収合併した結果、キャッシュフローが悪化しました。その要因は何ですか。
- F社の吸収合併に伴うキャッシュフローの悪化を防ぐために、D社がやるべきことは何でしたか。
- D社が吸収合併したC社の事業の収益はよろしくありません。収益が増えるための改善策を答えてください。
- 一般的に、吸収合併を行う際に注意すべき点を述べてください。
- 業務委託の収益性について、注意すべき点を教えてください。
- D社は、業務委託を自社へ移行しようとしています。その際の営業費用への影響を説明してください。
- D社は営業拠点を新たに開設しようとしています。営業拠点を開設するための意思決定はどうあるべきか、説明してください。
- D社が営業拠点を拡大すると、営業キャッシュフローと投資キャッシュフローにどのような影響を与えるか説明してください。

■平成29年度　2次口述試験　問題例

事例Ⅰ （A社に対する質問）

・A社は非正規社員のうち数名を正規社員にしようと考えています。この場合、どのような留意点があるでしょうか。

・A社のような機能別組織のメリット、デメリットについて説明してください。

・A社が前身のX社からの社風や風土を今後引き継ぐためには、どのような施策をしたらよいでしょうか。

・A社の技術、伝統、文化といったものを、社員の世代間を越えて共有しようとした場合、どのような方法が考えられますか。

・A社は自社店舗を有していませんが、一般的に自社店舗を持たないことにより、どのようなメリットがあるか答えてください。

・A社は無店舗経営ですが、無店舗による経営上の課題について説明してください。

・非正規社員を正規社員に登用する際に生じるリスクについて教えてください。

・A社は社員、パートともに離職率が低いように思われますが、その原因は何だと思われますか。

・A社は新製品開発に取り組んでいます。どのように取り組めばよいでしょうか。

・A社が新たな商品開発をする際に留意すべき事項として、どのようなものがありますか。

事例Ⅱ （B社に対する質問）

・大型スーパーの弱みとそれに乗じたB社の取るべき方策として何が想定されますか。

・一般的に直営店を保有することでどのようなメリットが得られるのかを説明してください。

・B社の弱みについて説明してください。

・今後B社が30代の子育て世代をターゲットに商品・サービスを提供する場合、どのような商品・サービスを提供すべきか助言してください。

・現在のデータ数が少ない状態でのデータベースの利用方法として、どのようなものが考えられますか。

・データベースの更新方法について教えてください。

・X市の中小建築業者が、B社と連携することのメリットはどのようなものがありますか。

・B社が地域内の建築業者と連携して売上を増やす方法について提案してください。

・B社はシルバー世代に対して、どのような施策を行うべきかを助言してください。

・B社の顧客であるシルバー世代の顧客生涯価値を高めるためには、どのような施策を行うべきかについて説明してください。

事例Ⅲ （C社に対する質問）

・C社は下請企業ですが、下請企業の課題と対応策を答えてください。

・C社のような加工賃を収入とする企業の特徴を教えてください。

・C社の今までの生産形態とその特徴をコスト面も含めて答えてください。

— 556 —

・C社は長年特定の顧客から繰り返し受注しています。このような企業のデメリットには、どのようなものがありますか。
・C社の専任担当制のように、単能工で生産を行うことのメリットとデメリットには、どのようなものがありますか。
・設計業務にCADを導入するメリットとして、どのようなものがありますか。
・C社の今までの生産形態とその特徴を教えてください。
・C社は独自の商品を開発しようとしています。より幅広い技術が必要になっていくと思われますが、どのようなアドバイスをしますか。
・C社の今後の新商品開発に向けた人材確保の進め方について助言してください。
・C社のような部品加工業のデメリットを教えてください。

事例Ⅳ（D社に対する質問）
・D社の売上総利益と経常利益は同業他社よりも少ないですが、営業利益は多くなっています。その理由を述べてください。
・D社が設備更新案を検討する際に安全性の観点から検討することの意義について説明してください。
・新規事業において、変動費と固定費はどのように分けたらよいですか。
・D社は同業他社と比較して売上は多いものの利益は少なくっています。どのような状況だと考えられますか。
・D社は減損をしています。一時的に大きな損が出ますが先々にはメリットがあります。どのようなメリットがありますか。数値の例を挙げて説明してください。
・D社は既存の旧機械設備に代えて汎用機械設備の導入を計画していますが、設備の更新投資を検討する際に、どのような留意点があるか教えてください。
・販売価格のアップによる影響、調達コストの上昇による影響において、損益分岐点および損益に与える影響について答えてください。
・D社が発電プラント事業を行うにあたり、固定費と変動費にはどのようなものが当てはまるか教えてください。
・D社は別事業の子会社を有していますが、子会社化するメリットにはどういったことがありますか。
・D社がD－B社を子会社化した場合、財務諸表上どのような影響が生じるか教えてください。

付

録

中小企業診断士　2022年度版

最速合格のための第2次試験過去問題集

（2007年度版　2007年1月15日　初版　第1刷発行）

2022年2月23日　初　版　第1刷発行

編　著　者	Ｔ Ａ Ｃ 株 式 会 社	
	（中小企業診断士講座）	
発　行　者	多　　田　　敏　　男	
発　行　所	ＴＡＣ株式会社　出版事業部	
	（ＴＡＣ出版）	

〒101-8383
東京都千代田区神田三崎町3-2-18
電　話　03(5276)9492（営業）
FAX　03(5276)9674
https://shuppan.tac-school.co.jp

印　　　刷	日 新 印 刷 株 式 会 社
製　　　本	東 京 美 術 紙 工 協 業 組 合

Ⓒ TAC 2022　　　Printed in Japan　　　　　　　ISBN 978-4-8132-9750-5
N.D.C. 335

本書は，「著作権法」によって，著作権等の権利が保護されている著作物です。本書の全部または一部につき，無断で転載，複写されると，著作権等の権利侵害となります。上記のような使い方をされる場合，および本書を使用して講義・セミナー等を実施する場合には，小社宛許諾を求めてください。

乱丁・落丁による交換，および正誤のお問合せ対応は，該当書籍の改訂版刊行月末日までといたします。なお，交換につきましては，書籍の在庫状況等により，お受けできない場合もございます。また，各種本試験の実施の延期，中止を理由とした本書の返品はお受けいたしません。返金もいたしかねますので，あらかじめご了承くださいますようお願い申し上げます。

TAC 中小企業診断士講座からのご案内

▶受講相談したい！ 相談無料！

コース選択や資格についてのご相談

TACの受講相談で疑問や不安を解消して、資格取得の一歩を踏み出しませんか？

こんな疑問や不安がある方！！
- 学校や仕事が忙しいけど両立はできる？ どれくらいの勉強時間が必要なの？
- どんなコース、受講メディア、フォロー制度、割引制度があるの？

やっぱり直接相談したい！	忙しくて相談する時間が取れない！	校舎に行けない。でも聞きたい！
TAC校舎で受講相談	メールで受講相談	電話で受講相談

頼れるTAC受講相談 [検索]

▶各種セミナー・体験講義を見たい！ 視聴無料

TAC 診断士 YouTube

TAC中小企業診断士講座のセミナーをご自宅で！

資格の概要や試験制度・TACのカリキュラムをお話する「講座説明会」、実務の世界や戦略的な学習方法をお話する「セミナー」、実際の講義を視聴できる「体験講義」等、多様なジャンルの動画を全て無料でご覧いただけます！

▶▶▶ TAC 診断士 YouTube [検索]

公開動画の例
- ◎コースガイダンス
- ◎体験講義
- ◎合格者インタビュー
- ◎2次口述試験対策セミナー
- ◎直前期の効果的な学習法　など

資格の学校 TAC

本試験を体感できる！実力が正確にわかる！
2次実力チェック模試・2次公開模試

TACの「2次公開模試」は、万全な試験対策問題として徹底的に研究・開発しています。そのレベル・規模・特典・解説・フォローの全てにおいて、受験者の皆様に自信を持っておすすめできます。実力を測る評価メジャーとして、ぜひご活用ください。

2次実力チェック模試…
　　2022年5月 1日（日）実施予定 ※詳細は2月下旬頃TACホームページにてご案内

2次公開模試…
　　2022年9月 4日（日）実施予定 ※詳細は6月上旬頃TACホームページにてご案内

★ TAC 2次公開模試 3つの特長 ★

特長1　受験者数"全国最大級"の公開模試！

TACの「2次公開模試」は、全国から多くの方が受験する**全国最大級の公開模試**です。事例ごとの点数・順位、合格可能性（A〜E）を掲載した**「個人成績表」**や受験者全体の得点分布がわかる**「試験データ」**により**自分の実力がどの位置にあるのかを正確に把握**することができます。さらに「設問別平均データ」も公表しますので、他の受験生がどこで得点しているかもわかります。

特長2　充実の添削指導でポイントが一目瞭然！

TACの添削指導は、単なる誤りの指摘ではなく、解答を導く**「考え方」**や手堅く得点するための**「書き方」**など事例問題攻略の"ポイント"を、TACならではの視点でしっかりアドバイスします。ぜひ得点力アップにつなげてください。

特長3　満足できる復習用コンテンツ！

TACメソッドから導かれる模範解答と詳細な解説を収録した**「模範解答集」**のほか、TAC WEB SCHOOLマイページでは、**「Web解説講義」**の無料配信や**「質問メール」「問題・解答用紙のPDF」**をご利用いただけます。復習にぜひお役立てください。

※TACメソッドとは…「出題者の意図は必ずしも正確にわかるものではない」「問題要求を特定できない場合もある」ことを前提とし、あらゆる事例で常に安定した得点ができることを狙いとしたTACオリジナルの答案作成プロセスのことです。

2022年度 中小企業診断士試験 （第1次試験・第2次試験）

TAC出版では、中小企業診断士試験（第1次試験・第2次試験）にスピード合格を目指される方のために、科目別、用途別の書籍を刊行しております。資格の学校TAC中小企業診断士講座とTAC出版が強力なタッグを組んで完成させた、自信作です。ぜひご活用いただき、スピード合格を目指してください。

※刊行内容・刊行月・装丁等は変更になる場合がございます。

基礎知識を固める

▶ みんなが欲しかった！シリーズ

**みんなが欲しかった！
中小企業診断士
合格へのはじめの一歩** 好評発売中

A5判

- フルカラーでよくわかる、「本気でやさしい入門書」！試験の概要、学習プランなどのオリエンテーションと、科目別の主要論点の入門講義を収載。

**みんなが欲しかった！
中小企業診断士の教科書**

上：企業経営理論、財務・会計、運営管理
下：経済学・経済政策、経営情報システム、経営法務、中小企業経営・政策

A5判　10～11月刊行　全2巻

- フルカラーでおもいっきりわかりやすいテキスト
- 科目別の分冊で持ち運びラクラク
- 赤シートつき

**みんなが欲しかった！
中小企業診断士の問題集**

上：企業経営理論、財務・会計、運営管理
下：経済学・経済政策、経営情報システム、経営法務、中小企業経営・政策

A5判　10～11月刊行　全2巻

- 診断士の教科書に完全準拠
- 各科目とも論点別に約50問収載
- 科目別の分冊で持ち運びラクラク

▶ 最速合格シリーズ

科目別 全7巻
①企業経営理論
②財務・会計
③運営管理
④経済学・経済政策
⑤経営情報システム
⑥経営法務
⑦中小企業経営・中小企業政策

**最速合格のための
スピードテキスト**

A5判　9月～12月刊行

- 試験に合格するために必要な知識のみを集約。初めて学習する方はもちろん、学習経験者も安心して使える基本書です。

科目別 全7巻
①企業経営理論
②財務・会計
③運営管理
④経済学・経済政策
⑤経営情報システム
⑥経営法務
⑦中小企業経営・中小企業政策

**最速合格のための
スピード問題集**

A5判　9月～12月刊行

- 『スピードテキスト』に準拠したトレーニング用問題集。テキストと反復学習していただくことで学習効果を飛躍的に向上させることができます。

1次試験への総仕上げ

**最速合格のための
第1次試験過去問題集**

A5判　12月刊行

- 過去問は本試験攻略の上で、絶対に欠かせないトレーニングツールです。また、出題論点や出題パターンを知ることで、効率的な学習が可能となります。5年分の本試験問題を科目別にまとめた本書は、丁寧な解説つきで、理解もぐんぐん進みます。

科目別 全7巻
①企業経営理論　③運営管理　⑤経営情報システム　⑦中小企業経営・中小企業政策
②財務・会計　　④経済学・経済政策　⑥経営法務

受験対策書籍のご案内　TAC出版

要点整理と弱点補強

全2巻
1日目
（経済学・経済政策、財務・会計、企業経営理論、運営管理）
2日目
（経営法務、経営情報システム、中小企業経営・中小企業政策）

最速合格のための
要点整理ポケットブック
B6変形判　1月刊行
- 第1次試験の日程と同じ科目構成の「要点まとめテキスト」です。コンパクトサイズで、いつでもどこでも手軽に確認できます。買ったその日から本試験当日の会場まで、フル活用してください!

集中特訓 財務・会計 計算問題集 第8版
B5判　9月刊行
- 財務・会計を苦手とする受験生の「計算力」を飛躍的に向上することを目的として、第1次試験の基礎的なレベルから、第2次試験の応用レベルまでを広くカバーした良問を厳選して収載しました。集中特訓で苦手科目脱却を図りましょう。

2次試験への総仕上げ

最速合格のための
**第2次試験
過去問題集**
B5判　2月刊行
- 過去5年分の本試験問題を収載し、問題文の読み取り方から解答作成まで丁寧に解説しています。抜き取り式の解答用紙付きです。最高の良問である過去問題に取り組んで、合格をたぐりよせましょう。

**集中特訓 診断士
第2次試験 第2版**
B5判
- 本試験と同様の4つの事例を4回分、計16問の問題を収載。実際に問題を解き、必要な確認・修正を行い、次の問題に取り組むことを繰り返すことで、2次試験への対応力を高めることができます。

好評発売中

TACの書籍はこちらの方法でご購入いただけます

1 全国の書店・大学生協　**2** TAC各校 書籍コーナー　**3** インターネット

CYBER BOOK STORE　TAC出版書籍販売サイト
アドレス https://bookstore.tac-school.co.jp/

・2021年8月現在　・価格等詳細は、決定しだい上記のサイバーブックストアに掲載されますのでご参照ください

書籍の正誤についてのお問合わせ

万一誤りと疑われる箇所がございましたら、以下の方法にてご確認いただきますよう、お願いいたします。

なお、正誤のお問合わせ以外の書籍内容に関する解説・受験指導等は、**一切行っておりません。**
そのようなお問合わせにつきましては、お答えいたしかねますので、あらかじめご了承ください。

1 正誤表の確認方法

TAC出版書籍販売サイト「Cyber Book Store」の
トップページ内「正誤表」コーナーにて、正誤表をご確認ください。

CYBER TAC出版書籍販売サイト
BOOK STORE

URL:https://bookstore.tac-school.co.jp/

2 正誤のお問合わせ方法

正誤表がない場合、あるいは該当箇所が掲載されていない場合は、書名、発行年月日、お客様のお名前、ご連絡先を明記の上、下記の方法でお問合わせください。
なお、回答までに1週間前後を要する場合もございます。あらかじめご了承ください。

文書にて問合わせる

●郵 送 先 〒101-8383 東京都千代田区神田三崎町3-2-18
TAC株式会社 出版事業部 正誤問合わせ係

FAXにて問合わせる

●FAX番号 **03-5276-9674**

e-mailにて問合わせる

●お問合わせ先アドレス **syuppan-h@tac-school.co.jp**

※お電話でのお問合わせは、お受けできません。また、土日祝日はお問合わせ対応をおこなっておりません。
※正誤のお問合わせ対応は、該当書籍の改訂版刊行月末日までといたします。

乱丁・落丁による交換は、該当書籍の改訂版刊行月末日までといたします。なお、書籍の在庫状況等により、お受けできない場合もございます。
また、各種本試験の実施の延期、中止を理由とした本書の返品はお受けいたしません。返金もいたしかねますので、あらかじめご了承くださいますようお願い申し上げます。

TACにおける個人情報の取り扱いについて
■お預かりした個人情報は、TAC(株)で管理させていただき、お問い合わせへの対応、当社の記録保管および当社商品・サービスの向上にのみ利用いたします。お客様の同意なしに業務委託先以外の第三者に開示、提供することはございません(法令等により開示を求められた場合を除く)。その他、個人情報保護管理者、お預かりした個人情報の開示等及びTAC(株)への個人情報の提供の任意性については、当社ホームページ(https://www.tac-school.co.jp)をご覧いただくか、個人情報に関するお問い合わせ窓口(E-mail:privacy@tac-school.co.jp)までお問合せください。

(2020年10月現在)

＜解答用紙のご利用にあたって＞

「解答用紙」につきましては、この色紙を残したままていねいに抜き取り、綴じ込みの針金をはずしてご利用ください（そのままではご利用になれません）。

なお、針金をはずす際は素手ではなく、ドライバー等の器具を必ずご使用ください。

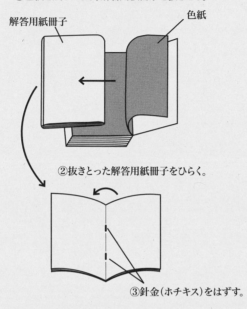

★抜き取りの際の損傷によるお取替えはできません。予めご了承ください。
★ご自身の学習進度に合わせて、解答用紙をコピーしてご利用ください。また、TAC出版書籍販売サイト「サイバーブックストア」の「解答用紙ダウンロードサービス」からのダウンロードもご利用いただけます。

＜解答用紙の形式について＞

「解答用紙」は全部で10枚あり、両面に印刷されて、2つ折りで差し込んでいます。
2つ折りになった解答用紙を開くと、右上に丸囲み数字が記載されており、それぞれ、以下の問題と対応するようになっています。

		（表面）		（裏面）
解答用紙	1枚目	① 令和 3 年度　事例Ⅰ　／	⑳ 平成29 年度　事例Ⅳ
	2枚目	② 令和 2 年度　事例Ⅰ　／	⑲ 平成30 年度　事例Ⅳ
	3枚目	③ 令和 元 年度　事例Ⅰ　／	⑱ 令和 元 年度　事例Ⅳ
	4枚目	④ 平成30 年度　事例Ⅰ　／	⑰ 令和 2 年度　事例Ⅳ
	5枚目	⑤ 平成29 年度　事例Ⅰ　／	⑯ 令和 3 年度　事例Ⅳ
	6枚目	⑥ 令和 3 年度　事例Ⅱ　／	⑮ 平成29 年度　事例Ⅲ
	7枚目	⑦ 令和 2 年度　事例Ⅱ　／	⑭ 平成30 年度　事例Ⅲ
	8枚目	⑧ 令和 元 年度　事例Ⅱ　／	⑬ 令和 元 年度　事例Ⅲ
	9枚目	⑨ 平成30 年度　事例Ⅱ　／	⑫ 令和 2 年度　事例Ⅲ
	10枚目	⑩ 平成29 年度　事例Ⅱ　／	⑪ 令和 3 年度　事例Ⅲ

★問題文の冒頭にも同様に番号（丸囲み数字）が記載されていますので、同じ番号の解答用紙を選んでご利用ください。